中国顶级度假村指南
寻找我们的梦里桃源

75 个顶级风情度假村
10 大特色度假类别
12 大板块切分设计
30 万字浓缩精华评点
800 多张炫目华丽图片写真

上海锦绣文章出版社
上海故事会文化传媒有限公司

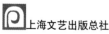上海文艺出版总社

图书在版编目 (CIP) 数据

中国顶级度假村指南 / 携程旅行网 旅游天地杂志社编 .
－上海：上海锦绣文章出版社，2007.11 重印（中国旅游导航；2）
ISBN 978-7-80685-812-7

Ⅰ. 中 ... Ⅱ. 携 ... Ⅲ. 旅游度假村－简介－中国 Ⅳ .F592

中国版本图书馆 CIP 数据核字（2007）第 113220 号

中国顶级度假村指南

寻找我们的梦里桃源

总 策 划	范 敏 何承伟
策划统筹	携程旅行网 旅游天地杂志社
责任编辑	汤颐颖
编 著	汤颐颖 王草倩 黄燕华 张媛媛 庄 黎 赵倩琳 杜黎远
特邀审读	王瑞祥
美 编	王 伟 颜 明 严克勤 孙 娌

出版发行 上海锦绣文章出版社 · 上海故事会文化传媒有限公司
　　　　　　地址：上海绍兴路 74 号
　　　　　　电子信箱：cslcm@public.sta.net.cn

印 制	上海文艺大一印刷有限公司
规 格	770×960 毫米 1/16
印 张	24
印 数	8001－18000 册
版 次	2007 年 11 月第 2 版 2007 年 11 月第 2 次印刷
书 号	ISBN 978-7-80685-812-7/G · 044
定 价	48.00 元

上海故事会文化传媒有限公司 出品 (00106) www.storychina.cn

STORIES

上海故事会文化传媒有限公司所有图书可办理邮购，免收邮费（挂号除外）
汇款地址：上海市南绍兴路 74 号（200020）；收款人：上海故事会文化传媒有限公司
联系电话：021-5466/910

特别提示：

度假村（酒店）价格随季节和时间的不同，可能会有所变动。
本书中所列价格仅供参考，具体信息请以 http://www.ctrip.com/ 网上发布为准。
或致电：800-820-6666（免费），400-820-6666（手机）

前言

下一站 » 梦里桃源

什么是度假？

度假，和景点间的赶场奔波无关，和浮光掠影的走马观花无关，也和风餐露宿的野营苦旅无关。

度假就是对自己好一点。去到一个精心选择的度假村，放下行装，拉开窗帘，任被窗外的润山秀水滋润着双目，然后体验一下特色水疗，舒解一下旅途劳顿。在度假村，身处其中或游走其外都有一种悠然的浪漫。真正的度假旅途，应该是没有仓促的行程，没有必到的景点，真正的度假是让自己和家人静静享受的一次幽山绿水、百态人文的华丽盛宴。

其实，度假村并不是一个新鲜概念，但顶级度假村一定让人觉得新鲜。一月一次也好，半年一次也好，甚至一年一次，重要的是感受"住下来"旅游的"慢游"姿态，放松心情，放慢脚步，放空自己，然后在这个特别的空间，感受只为自己停步的时间。

我们有幸，中国大地上的多姿山水与厚重人文孕育着如此精彩丰富的度假文化，或热烈在海滨沙滩，或张扬在山岳之颠，或静立在山谷湖畔，或怒放在高原边疆。

在此，我们联合国内最大的在线旅游服务机构——携程旅游网和业内权威的旅游专业杂志——《旅游天地》，精选 75 个国内顶级度假酒店和度假村，依据七大度假目标人群的贴心需求，把大家梦想中的桃源胜地——收纳在其中，于此火热夏日热烈呈现！

本书集合了中国最顶级的 75 个风情度假目的地，10 大度假类别，30 万字浓缩精华，800 多张华丽图片，解读各类度假村和度假酒店的优雅奢华，零距离体验各地度假风情。

在这里，每个度假村都有着入住尝鲜的绝对理由，每个板块都是众里选一的热力推荐。

在这里，有抒情的文化解读，精练的度假信息，贴心的风尚补给，实用的地图交通，丰富的旅游导向，直至每一条度假感言都是绝对真实与非常感性的汇聚之作。

在这里，会有你的度假新方向，你生活的下一站，你梦中的度假桃源！

请注意：时尚中国的度假风潮即将启动。
从今天开始，请告别那面带你匆匆来去的导游小旗，也无需再为度假居所的无从选定而迷茫。和我们一起感受中国最悦目、最养生、最怡情的度假村，开始一场好山、好水、好居所的漫步悠游。在中国最不容错过的梦里桃源，感受"住下来"度假的"慢游"时光。

序言

寻找隐逸
——城市边缘的延伸旅行

携程旅行网 CEO 范敏

有人说，上帝在创造人类的同时，就创造了人和自然的相遇。城市里呆久了，总会生出逃离的冲动，人需要时不时到自然中独处，在闲散的生活中躲避几日，逍遥于天地之间而心意自得。

这就是隐逸，以远离尘嚣来换取人与自然的物我和谐。

隐逸不同于一般意义上的旅行。

传统概念上的旅行强调人对自然万物的认知，所谓读万卷书，行万里路，要通过旅途见闻增长知识阅历。隐逸则更关注于自然对人类精神层面的提升，强调反观内心，注重精神和心智的自由，可以说是旅行的深度必然。

几年前，"旅行"多少还是个有点奢侈的字眼儿。而今，旅行已成为当下最新鲜最时尚的生活方式之一。有了黄金周，有了带薪假，人们邀朋唤友，脚步越走越远越走越快，身心却越来越疲惫。于是，有人开始反思，旅行的意义何在？是一日看尽长安花？抑或是积得越来越多、常常来不及梳理的到此一游照片？还是找一处寻常的田园山林，静观春花秋荷

于是，提倡闲适、自由、放松、享受的隐逸旅行方式渐入人心。

其实，旅行的本真状态就是放松，就是回归自然。会心处不必在远，信步而来，随性而去，姿态逍遥，心无杂念。而旅行的终极感受应该就是享受，让人们真正享受到旅游休闲的乐趣。也正基于此，携程旅行网自04年涉足度假业务之后，一直坚持推广深度游、休闲游、自由行，提倡个性化、多元化的出行方式和"自由、享受"的休闲旅游理念，着重于旅行带给人们的心灵的愉悦与满足。

为此，本书特别汇集了这样一些隐逸旅行的去处。在这里，自然和人类和谐共存。让我们屏息凝神，悉心谛听，等待久违的隐逸清音，悄然融入我们的寻常生活。

这，正是编写本书的目的所在。

享受"慢游"的乐趣
——寻找一种适合自己的度假方式

上海文艺出版总社 社长 何承伟

尽管还没有退休，但不得不承认，旅游的时间是足够了。一年3个长假、52个双休日、再加上公休，几乎接近全年365天的三分之一。你还能说，没有时间外出旅游吗？就闲暇时间而言，中国不仅早就达到了"小康"水平，即使与发达国家相比，也毫不逊色。

但兴奋之余，总觉得缺了什么，有点不满足。

现代社会，凡事都讲效率。"时间就是金钱"，已渗透到我们生活的方方面面。就出国旅游来说，看着旅行社开出的旅游菜单，头就有点晕了：欧洲5国10天游，上午在德国，下午游奥地利……这对一个从来没有出过国门的中国人来说，看上去挺美：要么不出国门，一出去就将一长串让人眼花的目的地一网打尽，然而随着行程结束，内心却万分空虚：一旦朋友问起自己一路上有些什么难忘经历，却必定哑口无言，因为走马观花似的赶路，再美的旅途也来不及留下什么印象。

但今天毕竟与那个时代不一样了：我们时间有了，钱也多了。于是，总觉得"到此一游"不够爽，不到位，不解渴。我们不想把长假的宝贵时间用在来回奔波的路上，匆匆而过的旅途生活，既得不到休息，也难以给我们的心灵带来震撼。

于是，一到长假，总感到有了时间，却没了方向。呆在家里，于心不甘，出去走走，比上班还累，何苦呢？既然我们想要好好欣赏和体验这个世界，又觉得随团观光的方式让人不爽，为什么不换种方式去旅游呢？

最近一次长假，我决定抛弃跟团出游的方式，全家享受一次休闲度假游。目的地是浙江乌镇新开辟的西栅度假区。据说，它用了三四年的时间，花费近10亿元人民币重新修建，但没有一般古镇旅游景点内的现代商业气息。全家计划在古镇沿河边上的仿古民居里住下来，感悟这个江南水乡24小时的光影变迁，做一天古镇居民，体验一下"慢游"的味道。

乌镇西栅的接待中心很现代，但从中心进入景区却得乘传统的乌篷船。水路不长，设计者却用一个古老的交通工具，连接起截然不同的两个世界，落差很大，不免让我们游兴大增。

一上码头，像是进入世外桃源。时空隧道一下子把我们带到数百年前。镇上人很少，全然没有了一般古镇旅游点上那种人头济济的热闹景象，现代都市人追求的宁静一下子凸现在我面前，这种氛围，在旅游途中很少碰到。细细一打听，才知道下午三、四点后，团队观光游的客人都已散去，留下的全是准备住下"慢游"的客人。

我不由得庆幸自己选择的正确。

再环顾四周，进入眼帘的是精美的明清样式的建筑，古朴的老街小道，清清的河水，精巧的石桥，高高的古树，天然的湿地……当然，也有商店，但决不是一般古镇上接二连三的旅游纪念品商店，而是数量不多的传统老店。它不是现代的象征，而是传统的标志。

来之前就听说整个西栅景区就像一个旅游度假村，确切点说，更像个旅游"度假镇"。接待中心的人问我想住哪里？在精致的通安客栈和高端的锦堂会所的诱惑面前，我还是选择了最有水乡代表性的乌镇民宿。

这些位于古街两侧的民居建筑，都是典型的明清样式，而且前面临街，后面依水，用的全是古旧木板，至今还散发着陈年的幽香。民宿有一半的建筑是凌空建在水上的，在一道木制的栅栏旁，是观赏河道风光的绝佳之处。我随旅游团匆匆忙忙、限时限刻地不知游过多少个古镇，今天倒是第一次一家三口，依水而坐，品茶聊天，不像游客，倒像是这里的主人。

这一夜，周边的宁静，给了我心灵上的洗涤。人，有时真的需要有一个宁静的处所，在这里，心中所有的不安、烦躁、纷争都会消失殆尽。我真想就这样一直下去，回到生命最初的地方，回到儿时的简单与澄澈。

回顾这次行程，虽然乌镇西栅的民宿并不算得上这里最顶级的度假居所，但是，这样的一种悠游方式和文化体验恰恰是我所心仪的。因为，旅游重要的是选择一种适合自己的方式，然后才能有一种游走风景与体味人文的放松心态。

其实中国人更熟悉的出游方式共有三种：随团观光游、背包自助游和休闲度假游。这三种方式现占据中国旅游市场的三大块，各自侧重不同，自然也有着不一样的适合人群。

随团观光游在中国已经发展得很成熟，多为短时间的游览，高效率地穿行在目的地的诸多景点中，这种旅游适合现代人快节奏的生活方式，所以占据的旅游市场份额也最大，缺点是过于规范化和程式化，约束力大。对于平日已经被朝九晚五的生活折腾够了的人而言，自然是不愿在假期还早出晚归，辛辛苦苦地赶景点，因为不能享受行走的舒畅快乐。

背包自助游的出游方式则走向另一个极端。需要行前收集各方资料，在路线行程和地理特征方面都要做足功课，然后背上行李，体验不走寻常路的惊喜与刺激。这样充满不确定性的旅游，听上去很诱人，自由自在而且省钱，但是真的进行一次就知道其中的艰辛和费神了。

而休闲度假游，旅游者可以利用旅游服务商提供的机票、度假村等，根据自己的时间和喜好自主把握行程。好的度假村往往会有全套的接送服务，还能提供为来客量身定做的旅游资讯。可以让人享受到背包游的自由空间，又能有跟团游的便利实在。虽然价格不菲，却是一种潜在的发展新趋势。

在国外，这样的休闲度假方式已经成为旅游主体，每一年几乎每个家庭都会腾出一个多月的时间进行一次远途家庭度假，而情侣与商务方面的度假更是频繁。与国外相比，虽然目前我们身边的很多人都没有尝试过度假旅游，或者说没有体验过真正的度假游，但这样的一种新兴旅游方式已经萌发出燎原之势，受到各个年龄层的欢迎，旅行社的统计数字表明，休闲度假游的旅游者正以年均20%左右的增长率快速发展。

在开始一次休闲度假之前，非常关键的一点是选择好适合自己的度假村。度假理念、建筑风格、地理位置、休闲设施都要考虑在内，然后安顿下来，慢慢调整，好好享受，一住就是三四天，直至忘却各种世俗烦扰。

那么，什么才是真正意义上的度假村，而不是以度假为名的商业酒店呢？个人觉得作为度假村一定要有一个明显的文化主题，你一住进去，就能浓烈地感受到它的特色，如温泉养身文化，热带海景风情，山野竹海风光等。因此，它区别于风光景点，也有别于高级酒店。其次，度假村所提供的服务和设施一定要给度假人"第二个家"的感觉，一个文化主题鲜明的"短居"之所。当你在"另一个家"，住下来，静下来后，让匆忙的时间也停下来，这时，你就可以与你的家人看景、品茗、养身、去忙。此外，度假村一定要给度假人提供人文氛围以外的康乐服务，设施上以康体、健身、休闲、娱乐等为主，不追求奢华，但讲究居住质量，将旅游的舒适度大大提高。

满足以上条件的度假村虽然大多价格不菲，但是绝对值得一住，度假回来的美好回忆与舒畅心情，是不能用金钱来衡量的。而且，与一般走豪华酒店路线的旅游方式不同，以文化体验为导向的度假游，在享受度假生活的同时，又能深入感受中国地域特色和文化百态，我深切地相信，这样的休闲"慢游"方式必定会引发一股遍及神州的度假热潮！

目录

目录

碧海银沙

三亚特辑

中国最大的度假天堂

雕刻一段三亚时光

三亚是个天生的度假天堂，充足的阳光，碧蓝的海湾，摇曳的椰林荡漾出的浪漫气氛也是带着三分甘甜，五分柔媚的。

当北国千里冰封、万里雪飘之时，三亚这片迷人的热土依然绿意盎然，暖风袭人。而夏日艳阳下的三亚也比别处多了爽朗通透的开阔氛围。于是，无论四季，无论晴雨，来三亚都无需任何顾虑，背上行囊就可以出发。

多少年来，三亚都以山海奇观、阳光沙滩、椰风海韵吸引着无数双眼睛。这座聚居黎、苗、回等少数民族的滨海旅游城市，宛如一颗美丽的浮珠镶嵌在南海一汪碧波之中。在如此仙山美景之中，当然少不了绝顶度假地的点缀。三亚有着中国最为密集的度假村与度假酒店，见证随处可见的甜蜜故事与爱情回忆，行走在海风徐徐的银色沙滩上，总觉得这里的每一颗砂砾都包容了人们的热带情结。

三亚的多彩、三亚的热辣，三亚的浪漫，三亚的慵懒是人们需要放慢脚步，放缓心情，放缓行程，然后一点一滴地体会的。

所以，那些在"天涯海角"处匆匆留影的旅游方式已经不受大多数人的欢迎，既然那么千里迢迢来一次这个心目中的"天涯海角"，那么为何不珍惜这难得的悠闲假期，多住几日，多闲几日，多醉几日。

你可以在这里的海滩上独自散步，静享海风，也可以索性半躺在舒适的浴缸聆听浪曲风歌，或者闲坐在沙滩边与心爱的人一起看海上夕阳渐落……

这样的三亚才是留在记忆里最真、最美、最值得一辈子珍惜的精彩片断。

三亚特辑

游走三亚

周边旅游风向标

南山文化旅游区／三亚南山文化旅游区，位于海南省三亚市西南40公里处的南山，融热带海洋风光、中国佛教文化、福寿文化、历史古迹、民间传说为一体。

南山古称鳌山。唐代著名鉴真和尚和日本遣唐僧空海和尚都曾因台风而阻滞留南山，在此建造佛寺，传法布道，后经休整渡海成功。元代纺织家黄道婆就是在这里向黎族同胞学习民间的纺织技术，开创了中国纺织业的新纪元。

南山大小洞天旅游区／南山大小洞天一带植被密、风景秀，近3万株龙血树（南山不老松）郁郁葱葱，

山中有清澈泉水和各种野生动物；山峦起伏连绵，其中的山洞、巨石、密林、怪树，形如仙境；山下7公里海岸线蜿蜒曲折，海岸上遍布鬼斧神工、肖形状物的大小磊群，滨海石景堪称世界自然景观，自古被称为"海山奇观"。

天涯海角景区／在海南岛的最南端，有一处令人神往的游览胜地，名字叫做"天涯海角"，背负马岭山，

面向大海。这里奇石耸立，椰林摇曳，俨然一派"南天幻影"的景象。海湾、沙滩上大小百块磊石耸立，上有众多石刻，其中一块高约10米的巨上铭刻"天涯"二字，史载为清雍正年间崖州知州程哲所题；"天涯"右侧一块尖石的顶端，刻有"海角"二字，据说是清末文人题写。这两块巨石通称"天涯海角"，景区以此得名。

海南 >> 三亚　度假类型　碧海银沙

三亚风俗节庆

多民族聚居／海南省的居民，分属汉、黎、苗、回、藏、彝、壮、满、侗、瑶、白、傣、佤、畲、水、京等30多个民族。世居的有黎、苗、回、汉等族。千百年来，古朴独特的民族风情使本岛社会风貌显得更加丰富多彩，其中最具有特色的便是黎族与苗族的生活习俗。

苗族蜡染／由于诸多原因海南苗族至今仍保留着一些传统生产方式。而染布就是其中保留比较完整的。于是苗族的蜡染也就成为海南工艺品重要部分。在海口和三亚随处可以买蜡染的挂画。这些挂画大多以海南民族风情为主题，色彩鲜艳、价格便宜。苗族的传统蜡染所采用的布都为苗族妇女用山上植物染色而成，而其图案也比较古朴、简单。通常是树叶、动物等造型，体现了民族的特色。

民间编织／三亚的民间编织历史悠久，扬名海内外。大体可分为：布织和竹织。布织主要以黎族织绵为代表，图案精美、色彩斑斓。有毯、布巾、腰带、头盖、背包、裙等各种款式；民间竹织以山间竹子为材料，经劈刮、刷亮等复杂工序，制成品种齐全、观赏实用皆宜的竹器工艺美术品。

民俗"三月三"／"三月三"民族节日，全民欢庆。羊栏和天涯的坡地、沙滩排球赛；荔枝沟的射箭、粉枪赛；田独、林旺的跳竹竿舞赛；鹿回头的椰子舞、荡秋千、拉乌龟等都是富有特色的活动，每年都吸引了大量的国内外游客前来观看。

度假风尚补给站

亚龙湾的来历／古称琊琅湾后称牙龙湾，过去是一处不为人知的荒僻海滩。据清朝光绪二十六年编纂的《崖州志》记载，"琊琅湾，在榆林港东五十里"。据"琊琅湾"出自本地黎语，这与这里海湾的沙子有关，琊或琅意为白玉、洁白，形容沙子洁白如玉。因为这里的海湾呈月牙形，后来又被人们称为"牙龙湾"。"亚龙"、"牙龙"都和"琊

琅"谐音，但字面含义却大不相同。1992年三亚亚龙湾开发股份有限公司成立，并经国务院批准在此建立亚龙湾国家旅游度假区时，开始统一使用"亚龙湾"的地名，寓意着这块沉睡千年的美丽海湾，将像巨龙一样腾飞而起，光照亚洲。

三亚之最／三亚是中国唯一的热带滨海旅游度假胜地，地处北纬18°，是地球上最浪漫的阳光海岸；是中国空气质量最好的城市，大气质量中国第一，世界第二；是中国海域能见度最高的城市，享有19个优质海湾，海水能见度均在10米以上；又是中国先进园林城市，森林覆盖率达60%；还是中国首选度假旅游目的地；中国人居环境最佳城市；同时还是中国最长寿地区之一，国际最佳养生城市之一，世界最大的潜水基地之一。

心怡之地　非你莫属

金茂三亚希尔顿大酒店

Hilton Sanya Resort & Spa

　　位于亚龙湾的金茂三亚希尔顿大酒店傍海而立，占尽海水沙滩、阳光空气之优势，精致园林风景和建筑物将海南岛美丽的自然景致、独特的植物与当地文化完美融合。

　　代表当地特色的火山岩、茅草屋顶的亭阁和木质的地面装饰等都浓缩在酒店的布局之中，棕榈、池塘、沙滩，以及辽阔的梯田，每一处景致都在诠释着海南三亚的精髓。

适合人群　享受蜜月的新婚夫妇、商务会务活动、家庭出游者　　　适合居住长度　4-10天

金茂三亚希尔顿大酒店

海南 》》 三亚　度假类型　碧海银沙

找一个理由住在这里

金茂三亚希尔顿大酒店是希尔顿全球度假村（Hilton Worldwide Resorts）在中国的首次登陆，酒店占地10万平方米，拥有400米长的洁白细腻的优质沙滩，将"与众不同的完美度假享受"这一理念融合到建筑风格与服务特色中。

酒店葱郁的精致园林风景和错落的建筑细致地将海南岛美丽的自然景致、独特的植物与当地文化完美地融合在当代设计之中，为住店的客人提供独一无二的海滩度假休闲体验。

酒店的设计理念极富创意，将代表当地特色的火山岩、茅草屋顶的亭阁和木质的地面装饰置于纯正的自然景色之中，如椰子棕榈叶、池塘、沙滩，以及辽阔的梯田，这些独特的组合令在三亚希尔顿的住客耳目一新。

度假居所

酒店拥有501间客房、套间和别墅，绝大多数为海景房，可俯瞰中国南海广阔的新月形沙滩。占据亚龙湾西端400米辽阔的天然沙滩上的黄金位置，宽敞的房间（除阳台，房间面积48.5平方米起不等）具有中国南部当代设计风格。房间内设有液晶彩电、DVD播放机、宽带，给人以舒适豪华的享受。

正对阳台的浴缸使您在沐浴时可以欣赏到心旷神怡的风景。阶梯错层给人不同的空间感觉，绝非一般的度假酒店客房可以比拟。

美食诱惑

传统五行带来六大与众不同的体验 —— 酒店拥有5个餐厅和酒吧以及一个池畔吧，设计理念依据中国传统的五行：金、木、水、火、土，并融合当代设计元素建造而成。

.IZE冰源 —— 一个以水为主题的餐厅，纯正的海鲜和高档的红酒就是其特色，用餐环境优雅舒适。

与众不同之处：高至天花板的鱼缸，透明的玻璃地板俯视红鲤鱼池，以及特别的视觉享受 —— 各种精心编排的表演。

Teak Lounge霖轩 —— 白天，客人能点一份精致的海南风味小食，或者在Caffé Cino享受一份自制西式糕点、咖啡、茶或饮料。夜晚，这里的女歌手们用动人的歌声深情的旋律为客人们演绎乐曲。

与众不同之处：白天悠闲的氛围与夜间的浪漫之间完美切换。

休闲盘点

水世界/酒店的整个水域融合了自然湖泊、瀑布、沙滩泳池、一个40米的造波池、儿童池、冲浪区、按摩池、泳池休闲区，以及可以直接通向客房的泳池，还为客人提供多种体验、不同的景观和水上乐趣。

与众不同之处：十字形游泳池、自然水体、河流、瀑布以及花园中的水景形成了一个完整的水系。

个性化的水疗体验/放归自我，寻找热带趣味。无论是初次体验还是水疗的热衷者，这里的水疗向导都会为你提供全套个性化的服务。水疗向导如同你的私人助理，从预订到为你度身定做一套健身计划，为你安排整个水疗过程。

与众不同之处：在六千多平方米的水疗区内陪同你体验每一重享受。

Bar d'Or锦湾/锦湾是夜晚娱乐休闲的绝佳去处，高尔夫球迷们也能在此获知最新的赛事和最热门的新闻。

与众不同之处：伏特加、雪茄烟以及令人放松的音乐。

La-La Bar啦啦吧/在中国度假酒店最大的十字形游泳池畔戏水，享受阳光、小食或者一杯冰品。这里有泳池畔的酒吧，宽敞的日光浴平台让情侣以及新婚伉俪们有机会静静地享受轻松时刻。

与众不同之处：泳池内色彩亮丽的水上漂浮充气椅及别具一格啦啦吧漂浮菜单！

度假村精华

亚龙湾娱乐探险俱乐部

这里为住客提供的娱乐活动不仅为度假游客服务，同时也迎合会展市场的诸多需求。为会展的参加者以及他们的家属提供一流服务。无论是25岁还是65岁的游客，或是带着2岁大的孩子来度假的父母，在这里都能各尽其欢。

人们可以在酒店内或酒店外的娱乐项目中任意选择，无论是休闲的或是刺激的，无论是艺术的、文化的还是历险的，这里都能找到自己想要的。

如果是休闲运动的爱好者，那么找提供一站式服务（即将所有服务打包在一起，可简化服务流程）的亚龙湾探险俱乐部就对了！俱乐部可安排钓鱼、潜水、滑水、划船、高尔夫、攀岩以及徒步等，还可以安排参观少数民族村，岛上导游及其他各种活动。

008

金茂三亚希尔顿大酒店

海南

》

三亚

度假类型

碧海银沙

度假村实用信息
消费指南

金茂三亚希尔顿大酒店

豪华房(48.5m²) 门市价2580元	池畔房(48.5m²) 门市价4280元
湖景房(48.5m²) 门市价3080元	全海景房(48.5m²) 门市价4580元
海景房(48.5m²) 门市价3880元	海景套房(97m²) 门市价5080元
豪华海景房(48.5m²) 门市价4280元	豪华海景套房(97m²) 门市价5880元

以上房价需加收15%服务费

度假小贴士

度假的真正意义在于在娱乐中健身，在健身中享受。现代的康乐型度假不再是以往的旅游观光。旅游观光虽然听起来光鲜惬意，但实际上总是在旅游景点匆匆而过，在拥挤的人群中挤进挤出，领略不到美景反而弄得周身劳累。在度假村，在娱乐探险俱乐部，你可以随意选择中意的娱乐项目，自由自在，并且在娱乐的同时健身健体。

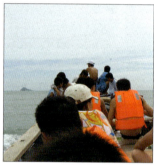

服务设施一览

高尔夫球场／在度假区周边5至30分钟车程内有3个世界级高尔夫球场；岛上也有13个高尔夫球场。如果你是高尔夫的爱好者，那么在这里可以随时随地挥上几杆。

网球场／两个灯光网球场。

还有完备的会展及独立式亭台，以及空间广阔，设施齐全，配有多用途的草坪。

地理位置

中国海南省三亚市亚龙湾国家旅游度假区。

地址：海南省三亚市亚龙湾
　　　国家旅游度假区
电话：0898-88588888
网址：www.hilton.com.cn/sanya

交通信息指南

■离三亚市凤凰机场40公里，约30分钟车程；离海口市美兰机场350公里，约2.5小时车程；

■岛上有出租车和公共汽车供旅游之用，也可以租借自行车来自助游。

度假感言

金茂三亚希尔顿大酒店是亚龙湾最里面的一个酒店，所以沙滩上晚上不会有太多人。走走沙滩，看看月亮，吹吹海风，感觉特好。酒店的游泳池也不错。如果你选入住池畔房，那更不错了，从阳台出来就可以直接跳进游泳池去游泳，感觉特棒。

皇族气质冠三亚

三亚华宇皇冠假日酒店

Crowne Plaza Sanya

　　谁说三亚已经被"巴厘岛化"了？谁说三亚的风光里除了热带风情还是热带风情？又是谁说三亚的时空里，海滨风已经足够，容不下更多的文化呼吸？这些论断在华宇皇冠假日酒店的面前都是苍白无力的。

　　站立在皇冠酒店那巍峨气势的建筑前，一切语言都是徒劳的，在这里小到一个雍容华贵的灯具都让人欣喜不已，这里有三亚最古典的皇室风格建筑，最大总面积的居住占地，最宽敞的大型宴会厅和户外草坪，和唯一的国际商业街……

　　一个海滨的古典皇家酒店就如此切近而真实地站立于面前。

　　适合人群 高级会务、情侣度假、亲子出游　　**适合居住长度** 适合短期度假或长期居住

找一个理由住在这里

三亚华宇皇冠假日酒店由全球著名酒店管理集团洲际集团管理，是世界排名第一的顶级酒店设计公司WATG和美国最大的环境景观规划设计事务所之一—EDSA的又一精彩杰作，以占地12万多平方米的总面积居所有亚龙湾酒店之冠。

正如其名——皇冠，这里的建筑风格完全体现了皇宫般尊贵非凡的气派，最大限度地表现中国文化精髓，融入现代建筑理念并和美丽的热带滨海风光巧妙融合，在亚龙湾的现代建筑群中傲立一方，尤其受到西方度假人士的宠爱。

2007年1月30日，世界小姐组织机构执行主席朱丽亚·莫莉夫人与三亚华宇皇冠假日酒店签署了世界先生这一国际性赛事合作协议，酒店成为"2007世界先生大赛官方指定酒店"，目前作为"2007世界先生之家"接待过来自50多个国家的魅力先生们。

度假居所

设计风格：酒店整体建筑风格简洁明快，古色古香的中式建筑配以小桥流水环绕其间，秉承了中国传统的古风灵韵并融入动感与休闲的现代气息。该酒店拥有466间客房，最小房间面积在50平方米以上，堪居亚龙湾首位。房间内部设计风格贯通中西，高贵雅致而不失国际时尚元素。

客房设施：客房配备有豪华的家具和陈设品以及国际水准的客用品，酒店还拥有特别为残障人士设计装修的房间。所有房间均配备宽带上网接口与国际卫星频道。酒店20间客房配有私人泳池，29间客房配有专门的厨房，为举家休闲提供最大的便利。

美食诱惑

酒店内设4间格调各异的餐厅及酒吧，从意式佳肴到日本料理，从中式浓香再到拉丁野味一应俱全。独创的三合一餐厅将意式美味、日本料理与中国传统美食完美地结合，用餐同时还可俯瞰花园及泳池美景。

三味轩——创意三合一餐厅

这是亚龙湾最具创新性的三合一餐厅：分别提供意式美味、日本料理以及中式传统美食。可自由享受不同民族的特色风味，还可通过开放式厨房零距离欣赏大厨技艺。

巴西烤肉——你的烤肉你做主

富有巴西传统风味爽口的烤肉将一片片地为来客切入盘中，可以在这里尽情享受巴西烤肉带来无限的美味及回味！

推荐选择：由巴西厨师长朱尼奥精心准备的牛肉、羊肉、猪肉、鸡肉、海鲜及各种腌制时蔬并含有汤、沙拉及各式自助开胃菜。

采蝶轩——富有传统中式及粤式特色风味

"采蝶轩"经营中式及粤菜为主，并有各种鲜活海鲜及每日精选各款点心，贵宾包厢配有卡拉OK。

风海廊大堂吧——尽赏亚龙湾百花谷景色

周二至周日晚上7：30至11：00驻店吉他音乐歌手丹尼现场演唱，热情邀请来宾一同加入。

沙滩吧——喝杯咖啡看海景

随着徐徐海风，倾听海浪的声音，沙滩吧白天供应各款三明治及糕点，喝杯咖啡或茶随意欣赏着海边迷人的风景。

每天下午5：00至7：00提供沙嗲小吃。

休闲盘点

水疗与健身／酒店的茶树水疗中心尤其受到女性住客的欢迎，其设计十分优美。周围是木制栏杆和灰色砖柱走廊，配以朦胧的黄色灯笼更加使游客赞叹不已。唯独在这里才能找到的中国古代庭院，周边环境无处不体现浓郁的水疗气息。

此外还有按摩池、蒸气浴、桑拿等。泳池方面也有礁湖式泳池和儿童泳池等多个泳池。这里的健身房设备齐全，是可以充分享受运动快乐的绝佳场所。

国际购物中心／坐落于酒店中心区的国际购物中心是亚龙湾地区仅

有的大型国际商业、餐饮、娱乐中心，云集了100多家世界知名品牌商店及众多中外特色餐厅，以及中国传统文化丝绸和珠宝店，这里还是古玩爱好者和收藏者的天堂。

哈瓦那啤酒广场／哈瓦那啤酒广场是皇冠最引人注目的新增项目，常规的拉丁之夜来自哥伦比亚的索奈罗乐队表演，他们曾在全世界许多城市的豪华度假酒店演出。

高尔夫／亚龙湾高尔夫球场和红峡谷高尔夫球场近在咫尺，是观光旅游和挥杆放松的好去处。

儿童游乐设施／为儿童特设的室内、室外儿童乐园俨然成为小朋友的天堂。

度假村精华

绝世海滨有芳华

很难想象在海南三亚有着这样一处古典华贵的度假居所，或许是太过习惯热带风情惯有的巴厘氛围或是马来特色，而从没有想过在这里的浪漫空气里邂逅一个中国味十足的华丽天堂。

不得不说一下华宇皇冠假日酒店的设计定位，选取了丰富多彩的中国古建筑类型，从大气而壮观的宫殿、宗庙、公府、坛、祠，到细节精致的警鼓台、观景阁等。种类与功能有别，但无不流露着"天人合一"的思想，让人在这片热烈的海滨度假世界里，也能静静享受自然中人的自我反观，陶醉于中国文化的厚重与多元。

在这座园景式酒店中，中式拱桥、板桥、廊桥星罗棋布，充分利用了海南天然的水资源，让这里的水系得以凌空飞越，道路得以畅通无阻。就连特色水疗——茶树水疗中心也把中国国画一样的意境融入其中，不仅设置在一个古代庭院中，而且庭院里独特水池内还养着小鱼和绿色荷花，一动一静，相得益彰。水疗结束坐下来，看着这样的场景，谁都会沉醉不知归处的。

三亚华宇皇冠假日酒店

海南 ∨∨ 三亚　度假类型　碧海银沙

度假村实用信息

消费指南

三亚华宇皇冠假日酒店

房型	门市价	前台现付价	房型	门市价	前台现付价
高级房	RMB 1555	RMB 788	行政高级房	RMB 2555	RMB 1288
高级泳池房	RMB 1855	RMB 1388	休闲套房	RMB 2855	RMB 1988
高级豪华房	RMB 2055	RMB 988	行政高级豪华房	RMB 3055	RMB 1288
高级海景房	RMB 2555	RMB 1288			

休闲娱乐场所消费标准一览表

水上运动	地址	电话	价格	日程
帆船	海南省三亚市蜈支洲岛	0898-88751256	RMB 180元/船/30分钟	一天
拖曳伞			RMB 280元/人/10分钟	
滑水			RMB 350元/人/30分钟	
潜水	海南省三亚市西岛	0898-88262007	RMB 260元/45分钟	一天
香蕉船			RMB 150元/人/20分钟	
快艇			RMB 120元/人/20分钟	
摩托艇			RMB 180元/人/10分钟	
海底漫步			RMB 220元/人/20分钟	
玻璃船			RMB 150元/人/20分钟	

服务设施一览

皇冠假日酒店在业界一直被誉为"会聚之所"，以优质的会议设施和全面周到的服务而著称。三亚华宇皇冠假日酒店秉承集团品牌的宗旨，致力于将该酒店打造成亚龙湾地区独具特色的"会聚之所"。

皇冠俱乐部/酒店为广大商务人士度身打造了集皇冠俱乐部酒廊、会议室、36间客房于一体的皇冠俱乐部，最大化地满足商务客人的特殊需求。此外，酒店商务中心配有全套商务设施及服务，包括复印、传真、互联网、翻译及秘书服务等，满足客人出门在外的任何商务需求。

"皇冠假日会务总监"/这是皇冠假日酒店标志性服务。为客人筹措、组织会议提供一站式服务，确保会议每个细节做到最好。三亚华宇皇冠假日酒店为广大商务及休闲度假客人提供一流的设施、完善的

服务。同时为各种正式或非正式会晤提供三亚首屈一指的会议厅和相关设施。

会议厅/酒店拥有总面积达2377平方米的会议厅，其中1300平方米的主宴会厅可同时容纳1000多位客人，独特设计的专用车道可由宴会厅直达停车场，迎合了各类大型会议及车展的特殊需求。大小12间多功能厅可满足各类规模会议的多层

次要求。

会议设施/这里有亚龙湾区域唯一的同声传译系统。而且所有会议厅均配有音像视听设备、电视和电话会议设施及宽带上网接驳。另外，酒店还专门设计了附带贵宾休息室的高级会议厅，举办各类特殊重要会议。客人可随时从"聚会就餐"茶单中预订茶点及文具，无论身在何处都可及时享受快捷服务。

交通信息指南

　　坐落于海南省三亚市热带海滨国家旅游度假区中心——亚龙湾，距三亚凤凰国际机场仅35分钟车程，东临亚龙湾大道，南临滨海大道。

三亚华宇皇冠假日酒店至

蜈支洲岛——	**距离** 65公里
	车程 1个小时
	交通工具 出租车
蝴蝶谷——	**距离** 2公里
	车程 2分钟
	交通工具 出租车
贝壳馆——	**距离** 0.5公里
	车程 2分钟
	交通工具 出租车
珍珠文化馆——	**距离** 15公里
	车程 10分钟
	交通工具 出租车
大东海风景游览区	**距离** 25公里
	车程 20分钟
	交通工具 出租车/巴士
南中国海洋俱乐部	**距离** 25公里
	车程 20分钟
	交通工具 出租车
南田温泉——	**距离** 50公里
	车程 40分钟
	交通工具 出租车
鹿回头公园——	**距离** 30公里
	车程 30分钟
	交通工具 出租车
天涯海角风景区	**距离** 54公里
	车程 40分钟
	交通工具 出租车
南山文化旅游区	**距离** 81公里
	车程 55分钟
	交通工具 出租车

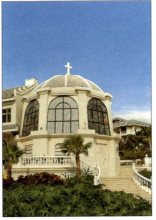

地址：海南省三亚市亚龙湾国家旅游度假区
电话：0898-88555888
网址：www.cpsanya.com

度假小贴士

　　非常大气的酒店，是亚龙湾里唯一按中国古代宫廷建筑风格建造的酒店。是挺有特色的，早餐很丰盛，味道不错，对得起170元/每人。房间隔音效果不错，关门后就很安静。另外，发现在皇冠的中餐厅(彩蝶轩)有粤式点心供应，味道还不错。最重要是价格适中，100多元两人就吃饱了，呵呵，这里算是亚龙湾五星酒店里最便宜的饭局了。忘了一点，酒店挺人性化的，不愧为顶尖五星酒店，光枕头就有七种不同软硬程度的可供选择。

中国旅游导航
中国顶级度假村指南

013

三亚华宇皇冠假日酒店

海南 〉〉 三亚　度假类型　碧海银沙

014

三亚万豪度假酒店

海南　》》　三亚　度假类型　碧海银沙

海风椰林，我们与黎族风情有约
三亚万豪度假酒店
SANYA MARRIOTT RESORT & SPA

　　有没有想过体验一个关于海南最为本土风情的生活？有没有凭窗远望海滩的时候，想过这个原生的海滨仙境最初的模样？据史料记载，上古时代就有人类在海南这块岛屿上生息繁衍，过着原始生活。最早进入海南的被认为是我国南方百越族的一支——黎族。

　　百越族公认为黎族的祖先，泛海而来先后在岛上定居，成为海南最早的人口群落。他们独特的建筑风格如今已经很少能见到了，而以黎族风格为基调的万豪度假酒店正是为我们创造了这样一个海南原生态与高档次享受的人间乐园。

　　那么，还等什么，一起去体验黎族风情的三亚万豪度假酒店。

适合人群 情侣出游、蜜月旅行、商务会议　　适合居住长度　4-7天

找一个理由住在这里

三亚万豪度假酒店整体设计以岛内一个少数民族 —— 黎族的风土人情为基调，并重新赋予新的理念，使酒店从外部园林到内部装饰均体现出休闲、轻松、自然、随意的感觉，突出人与自然的亲密关系。

酒店主楼建筑的屋顶造型以黎族的斗笠为设计原型，建筑颜色采用具有黎族特色的红色与黄色为主体色调。独处于一片宁静的园林中的SPA"泉"以五栋相对独立的水疗阁组成，无论在"泉"的任何一个区域都能享受独立的空间，推开每一扇窗户或门，便可直接与自然拥抱。

三亚万豪度假酒店由世界知名公司Wilson ＆ Associates设计。来自新加坡的设计师大胆自由地采用天然原石与暖色调木质材料，结合当地迷人的自然风景和质朴的风土人情衬托出其自然、时尚的独特风格。

度假居所

设计理念： 度假酒店内部设计以黎族风格为基调，巧妙地搭配色彩鲜亮的红、黄和绿色，让客人每时每刻感觉到酒店的热情。不同于其他酒店，三亚万豪度假酒店将其大堂设于三楼，270度的全海景大堂酒吧让远道而来的客人一下车便能看到浩瀚的南中国海。

客房特色： 酒店内456间豪华客房均设有特大观景阳台，将洁白细软的海滩、景色怡人的园林、优美的山光水色、高尔夫球场景致一览无遗。客房内部装修舒适温馨，从房间设施到小物品摆设都将感受到三亚万豪度假酒店用"心"之处。除了挑选标准双人或单人房，豪华或普通套房，更有总统、副总统套房的顶级选择。

美食诱惑

美酒佳肴在三亚万豪度假酒店更是随处可见。每间餐厅和酒吧都能满足住客挑剔的胃口。偏爱户外的朋友也无需担心，因为所有餐厅设有户外雅座，让人在享受美食的同时感受微微海风的轻拂。

万豪轩 —— 品尝传统精致的粤式佳肴及独具地方风味的川、湘菜系，欣赏餐厅别出心裁的装饰，享受极其考究的服务。

盛世居 —— 由越南籍厨师主理的越南传统美食，简单而不失法式菜肴的优雅格调。

翡翠阁 —— 开怀畅饮各式鸡尾酒、热带果汁，品尝精心制作的美味小吃，欣赏山海相连的迷人景色。每晚现场乐队呈现精彩演出持续至午夜时分。

三亚万豪度假酒店

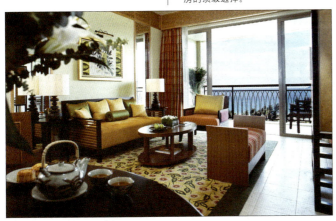

016

三亚万豪度假酒店

海南
>> 三亚　度假类型　碧海银沙

休闲盘点

度假酒店及三亚周边地区热带自然景观让不少中外游客流连忘返。紧张刺激的海上运动如潜水、漂流、冲浪等等，绝对为喜爱探险的朋友提供大显身手的机会。

海韵风情吧/坐落在礁湖泳池边，有75个座位、110个沙滩位子和20个沙滩小屋。面对着美丽的南中国海，感受着海风微拂，无论是在和煦的日光下还是在星光灿烂的夜色下，品味着丰盛小吃、热带饮品和各式冰淇淋，定能让人倍感清爽。营业时间11：00—7：00

迭波吧/位于海滩边，是一处毗临沙滩的悠闲酒吧，在这里可以和家人朋友畅享清凉饮品，同时尽览热带海岛的美景。经典的鸡尾酒为人们的味觉勾勒出一幅优美雅致的画卷，让人每时每刻充分享受到三亚万豪度假酒店的热情。营业时间11：00—22：00

高尔夫天堂/高尔夫球爱好者同样可以在三亚万豪度假酒店体验运动与休闲的完美结合。国际知名大师罗伯特·琼斯二世设计的亚龙湾高尔夫俱乐部仅为数步之遥，亚龙湾得天独厚的自然环境与设计大师精湛的创造力构造出高尔夫球爱好者的天堂；另一所世界级高尔夫球俱乐部"红峡谷"也已进军亚龙湾。

度假村精华

好运气的万全之泉

在黎族风情的万豪酒店里更有一处镇店之宝，那就是其引以为傲的水疗中心——"泉"，坐落在一片宁静的园林中。这是每一个来到万豪都不容错过的美妙享受。五座相对独立的豪华水疗阁，透过花园更能远眺美丽的南中国海景。

作为目前中国唯一一家安装水质转化设备"Vivifiers"的水疗中心，泉所用水均通过此设备转化成为"气水"。其结构的转化使活力因子随之增强，帮助人体更易吸收；若浸泡于"气水"中效果将更加显著。精心准备的疗程项目包括美颜护理、身体理疗、按摩护理和精选水疗套装。

泉共有16间豪华舒适的护理套间，其中4个套间为双人间。16个护理套间的设施也有所不同，8间放置了石质八角浴缸，而另外8间则配有雨注式理疗间。每套护理间均有专用蒸汽房/淋浴间，卫生间和更衣间，让人在整个疗程中全身心投入一片私属空间。

泉水疗中心营业时间：
10：00—21：00
周五、周日 10：00—24：00

度假小贴士

泉，意为"水之源"，同泉水，水源和水疗一样。在中国的文字描述中，泉由"白"和"水"二字组成，"白水"也可意为纯净的水。在中国的文化里，水常常与"好运气"相联系。对于广东人来说，水代表着"财富和成功"；而泉与中国文字"全"同音，可与"完整、全面"联系起来。

度假村实用信息
消费指南

三亚万豪度假酒店

豪华山景房　门市价1660元
平时优惠价950元　周末优惠价1100元

豪华海景房　门市价2898元
平时优惠价1200元　周末优惠价1400元

豪华园景房　门市价1660元
平时优惠价1030元　周末优惠价1180元

行政海景房　门市价2323元
平时优惠价1400元　周末优惠价1600元

服务设施一览

得天独厚的自然环境，令人垂涎的美酒佳肴，多姿多彩的娱乐活动，加上完善的会议设施，三亚万豪度假酒店迅速成为举办各种活动和商务会议的最佳场所。

拥有11间会议室，总面积达1250平方米。无柱豪华宴会厅，可分隔成五部分，另外6间会议室满足中小型商务会议需求。

户外游泳池包括大型不规则礁湖泳池，直道泳池，儿童泳池，温水按摩池，海洋儿童俱乐部，以及迷你高尔夫推杆练习场等。

更有每天两次管家服务如开夜床等。

地理位置

坐落在美丽亚龙湾沙滩上的三亚万豪度假酒店，有着非常便利的交通，驱车仅需30分钟即可从三亚凤凰国际机场到达酒店。

地址：海南省三亚市亚龙湾
　　　国家旅游度假区
电话：0898-88568888
网址：www.marriott.com.cn

交通信息指南

■三亚万豪度假酒店距三亚凤凰国际机场45公里，距三亚市区25公里，距博鳌235公里，距海口317公里。

度假感言

我们从机场打的直达万豪度假酒店后，刚进大堂不禁眼前一亮，暗自庆幸选择的正确，暖色调加上简洁明快的大堂，超大露台180度直眺大海，与以前住的喜来登相比，少了城市酒店的商业味道，却充满了海边度假酒店的情调，太棒了。我们订的是两间豪华山景房，在这里度过了美妙的四天。

原味酒香的海滨栖居

三亚凯宾斯基度假酒店

Kempinski Resort & Spa Sanya

　　有的人来三亚是期待邂逅，有的人来三亚是为了观海戏浪，有的人来三亚是为了享受悠然自在的生活。只是看惯了海浪，吃遍了海鲜，游走完远近大小景区，接下来该做什么呢？

　　或许是时候从人山人海的游客队伍里钻出脑袋，找一处独享风景的私密角落，喝原味的德国啤酒，看孩子们在超长的水上滑梯欢乐尖叫，不远处有落日徐徐沉入酒红色的海水中，这样的私家情怀正是三亚凯宾斯基度假酒店的新鲜呈现。

适合人群　携带儿童的家庭出游、商务会务活动，以及其他中高消费人群　　适合居住长度　5天－1周

找一个理由住在这里

　　三亚凯宾斯基度假酒店坐落在中国的最南端 —— 海南三亚，是三亚湾唯一一家拥有私家沙滩的最新豪华五星级度假酒店，每个房间都拥有私人阳台和一个私密的露台浴室，将私家情怀打造得淋漓尽致。

　　酒店占地50公顷，面朝湛蓝无边的大海，棕榈和椰林环绕四周、宁静而舒适，是远离城市喧嚣和放松身心的最佳选择。2007年4月，三亚凯宾斯基度假酒店被中国最富影响力的男性杂志 ——《Gafencu 高峰》推选为2007年度最佳品牌之一，同期还获得了2007年"中国酒店金枕头奖最佳新开业酒店"奖。

　　于2007年1月15日开始试营业的三亚凯宾斯基度假酒店，以新鲜的体验，全新的服务理念，给了人们一个别样三亚的"最好的时光"。

度假居所

客房类别： 酒店共有408间客房，其中有1栋2400平方米的总统别墅含12间客房，21间豪华套房和5间高级套房。

特色配置： 客房宽敞舒适，从55平方米的豪华客房到118平方米的海景套房均有单独的超大阳台，并在阳台上设有观景浴缸；日落西下时，在微风习习的阳台上来个按摩浴，观赏叹为观止的迷人景色，是为人生一大享受。

客房服务： 行政楼层的客人有单独的接待台办理入住手续、提供完全私人的室外泳池、免费上网及下午茶和行政廊的饮料和小吃。除此之外，酒店还设有专门的残障人士房间和非吸烟楼层，以方便不同顾客的需求。

美食诱惑

　　普拉那啤酒屋 —— 普拉那啤酒屋以其传统的德国香肠和巴伐利亚式菜肴、微型现酿的新鲜啤酒在全球享有盛誉，人们可以在享用啤酒的同时欣赏啤酒的酿制过程。来自德国慕尼黑的普拉那酿酒师Andreas Heidenreich专门酿造出新鲜清爽啤酒，绝对不容错过。

　　海鲜餐厅 —— 在露台上便可一览花园美景的海鲜餐厅，还在沙滩边上提供最鲜美的海鲜烧烤；从水里打捞起生猛的海鲜，这里的厨师为每位米客都细心烹调，带上东西方特色的现场烹调。清凉的海风，落日的美景将伴随着人们享受完这丰盛可口的海鲜大餐。

　　龙苑中餐厅 —— 舒适静谧的环境，陶醉于美味正宗的粤菜。品尝厨艺一流的邢涛大厨为大家精心准备的传统粤式点心以及丰富多样的粤式特色菜肴。

三亚凯宾斯基度假酒店

海南 》 三亚 度假类型 碧海银沙

休闲盘点

水上运动/这里有中国最长的水上滑梯，能让孩子们的假期更加难忘和刺激。极具特色的室外游泳池连接着客房阳台，按摩泳池和涡流泳池、带有大型水上滑梯的儿童泳池、行政泳池以及总统别墅私人泳池能让这里海边假期更加多元化。

健身配置/其他健身项目有健身房、有氧舞蹈室、台球室、麻将房、蒸气浴、各式桑拿、网球场、山地自行车、沙滩排球和沙滩篮球、还有邻近的高尔夫球场，各式的健身项目和器材也能让人充分享受健身的快乐。

度假村精华

经典的德国啤酒之夜

很多人第二次光临三亚凯宾斯基度假酒店，目的是为了再一次品味普拉那啤酒屋酿酒大师的上乘手艺。这些传说中被奉为经典的普拉那啤酒完全按照德国法律要求的纯度酿造，不添加化学或人工酶，而且在这里只出售现酿的新鲜啤酒，可以让住客充分体验保留在啤酒中的酵母含有丰富的维生素。而且低度的酒精成分（5.2%—5.6%）让很多女性也颇为青睐。

据这里的酿造大师推荐，酿造普拉那啤酒的原料包括新鲜麦芽、蛇麻草、酵母全部从德国进口，并且全套酿酒设备也是从德国进口过来的。如此豪华阵势，不亲自体验，怕是会成为这次三亚之行的最大遗憾的。

度假小贴士

普拉那啤酒1634年开始在慕尼黑酿造，德国的啤酒之都；有比尔森啤酒、青啤、黑啤、无酒精啤酒和特别季节啤酒。普拉那啤酒发展非常迅猛，在新加坡、曼谷、马尼拉等国家和地区受到越来越多人的青睐；在中国的北京、上海新天地等酒吧区盛行，如今，喝普拉那啤酒已经成为一种时尚。

度假村实用信息
消费指南

三亚凯宾斯基度假酒店

豪华山景房 门市价 1900元　前台促销价 988元	**行政海景泳池房** 门市价 3300元　前台促销价 1788元
豪华海景房 门市价 2200元　前台促销价 1188元	**海景套房** 门市价 3100元　前台促销价 2170元
豪华海景泳池房 门市价 2600元　前台促销价 1488元	**豪华套房** 门市价 5200元　前台促销价 3640元
行政山景房 门市价 2600元　前台促销价 1288元	**行政豪华套房** 门市价 6000元　前台促销价 4200元
行政海景房 门市价 2900元　前台促销价 1488元	**水疗别墅套房** 门市价 6000元　前台促销价 4200元

门市价不含早餐，15％的附加费和每人每晚11元的政府税
前台促销价含双人自助早餐，但不含15％的附加费和每人每晚11元的政府税

服务设施一览

会务设施/三亚凯宾斯基度假酒店有着专业会议队伍，800平方米的大宴会厅和11个会议室可以容纳15至1000人，宽敞的大厅，和热带花园相连接，是举行大型会议及宴会的绝佳之地。在延绵柔软的沙滩上，适合安排各种主题晚宴，现场乐队及特色风情表演以满足各类主题的不同需求。

悦椿水疗中心/由著名的Banyan Tree管理的悦椿水疗中心提供放松身心和美体水疗。放纵于舒心的梦幻水疗或沉浸于阴阳调和疗法，带走身心压力，放松身体；特色疗法，让人沉醉于悦椿水疗之中。如此这般有吸引力的水疗，等待着人们的亲身体验。

地理位置

三亚凯宾斯基度假酒店地处三亚湾的最西端，距离三亚凤凰国际机场仅10分钟的车程，15分钟即可到达三亚市区商业中心，三亚年平均气温在25摄氏度。

地址：海南省三亚市亚龙湾
　　　国家旅游度假区
电话：0898 38898888
Email：reservations.sanya@kempinski.com

交通信息指南

■酒店距机场12−15公里，车程15分钟；■距市区10−15公里，车程15分钟左右；■距西岛5−10公里，车程8分钟左右；■距天涯海角15−20公里，车程20分钟；■距大东海鹿回头，25−35公里，车程30−35分钟；

度假感言

和老公第二次来，他的理由是这里纯正的德国啤酒，我的理由是想和孩子一起坐超级好玩的水上滑梯，觉得房间的私人阳台和私密的露台浴室真的是浪漫到了极点的。

三亚凯宾斯基度假酒店

海南　>> 三亚　度假类型　碧海银沙

完美的海滨SPA之旅

三亚天域度假酒店
HORIZON RESORT & SPA

　　阳光、海水、沙滩、绿色植被、洁净空气，从你到这里开始便跃入眼帘。眼睛被一幕幕电影中才会出现的美景盈满，忽然觉得曾经去过的那些地方，变得灰暗无光。

　　享受生活，就从享受这如诗的风景开始。入夜后，提着鞋在柔软的沙滩上踱步，留下一串长长的脚印，海浪涌来，把走过的痕迹洗刷得干干净净，听见海的呼声，风的轻吟，椰林随之婆娑而舞，多少人希望生命就定格在这一刻呢。

　　入住三亚天域度假酒店，这样的愿望也许能帮你实现，把你想要的生活放在这里。这里拥有三亚最大的面海园林和最长的散步小径，对想要呼吸新鲜空气休闲散步的你，这里是最顶级的选择。而且这里的神奇SPA服务，绝对是进行一次"心"的旅程的最佳开场。

适合人群 蜜月旅行、家庭度假　　**适合居住长度** 5天以上

找一个理由住在这里

　　滨临南中国海，尽揽亚龙湾无敌海景。酒店拥有亚龙湾最大的面海园林和最长的散步小径，最丰富多样的餐饮选择和刺激的水上活动，各式各样的SPA，种类之多超乎你的想象。只在度假酒店内便可以体验清新浪漫、热情浓烈、惊险刺激各种不同的度假心境。

　　天域拥有亚龙湾海岸线最长、面积最大的面海园林！酒店花园占地面积6.5万平方米，长长的散步小径掩映于椰林之中，沿途鲜花一年四季常开，还有多种珍贵乔木和灌木、吊床、摇椅、大面积的望海草坪，碧海沙滩围绕，住在这里犹如置身于东南亚的风情植物园或是梦想中的夏威夷，享受热带新鲜氧吧。

度假居所

　　设计理念：由美国名师设计的颇具夏威夷风格及时尚公寓式度假的天域度假酒店，拥有787间/套设计精巧、时尚而又具有热带休闲风格的客房。所有客房均配有柚木地板及液晶显示多媒体电脑免费宽带上网，无论是公干抑或度假，都能尽享无限便利！

　　客房设施：

　　一区：联想电脑（17或19英寸液晶显示器）免费宽带上网、柚木地板、富有热带气息的实木制家具、保险柜、电热水壶、吊扇、中央空调、中外卫星电视多个频道、国际国内直拨电话、体重秤、电吹风、独立浴间、迷你吧等。

　　二区：全柚木家具，配有双宽带上网接口、柚木双躺椅、特大保险柜、步入式衣帽间、中外卫星电视多个频道、迷你吧、电热水壶、电熨斗、熨衣板、可调性光源、套房内配有开放式厨房、洗衣机、双卫生间、双淋浴间等。

美食诱惑

　　度假酒店内有多个不同风味、独具特色的餐厅和酒吧。置身于风景如画、休闲放松的环境中，又能够品尝到各地特色美味。

　　涛轩中餐厅 —— 开放式海景餐厅，经营京、沪、川、东北特色风味餐。

　　椰苑中餐厅 —— 设计简约高雅，是品尝琼、湘、粤特色菜的雅致餐厅。

　　烧烤渔家火锅 —— 在户外椰林草坪间品尝琳琅满目的海鲜烧烤/火锅，还有菲律宾乐队和海风情舞蹈现场表演。

　　船屋－海鲜餐厅 —— 户外海边、泳池边的船屋可以品尝海南本土野生海鲜，用餐同时将壮观的海景尽收眼底。

　　面屋 —— 根据时令季节提供各地的面食、清粥小吃。如果不喜欢每餐大快朵颐，那么在这个别具特色的餐厅可是最佳的选择。

三亚天域度假酒店

海南 》 三亚 度假类型 碧海银沙

休闲盘点

水上乐园／酒店拥有三个户外游泳池，其中双层可加温淡水游泳池采用了对人体毫无伤害的国际时尚消毒方式——臭氧消毒（OZONE），能迅速消灭对人体有害的各种物质。首家推出户外海水游泳池、带动力的环流河以及适合单人、情侣的单双人滑道，让度假与水上乐园亲密结合。

海上活动／海上活动多样而又刺激，诸如潜水、快艇、摩托艇、冲浪板等等，此外还有斥巨资落户的法国Lagoon豪华双体帆船——这是中国第二艘豪华双体帆船，让人尽享驰名南中国海的豪情和浪漫！

度假村精华

完美SPA之旅

天域度假酒店的LANIKAI SPA由专业SPA管理公司设计，提供专业多样的水疗服务，可以令人焕发精神，

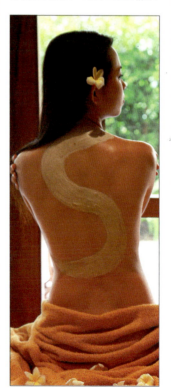

重拾奕奕神采。香薰SPA护理、盐水浴、泥疗、土耳其浴等多种室内室外SPA，构筑了一个美体天堂！让身体和心灵在这里得到最大的滋养和放松。人们在这里可以体验到前所未有的完美SPA服务。

运动后按摩，帮助缓解运动后产生的肌肉问题，它结合了五种手法，可以促进血液循环，放松身心，恢复精力。还有传统泰式按摩、中国古法按摩、中式香薰按摩、冷热火山石护理、泰式中草药护理、禅竹和谐按摩护理等等。光听名字就有跃跃欲试的冲动。

如果是蜜月旅行或是和爱人一起度假，那么还有双人套餐。Lanikai SPA套餐既可以在双人房也可以在豪华套房中体验。后者配有湿蒸、桑拿、Vichy淋浴等设施，还有一个面向花园的露台，在此可享受轻松宁静的时刻。还有"欲望都市"、"心灵绿洲"、"和谐天域"、"双日套餐"等等神秘项目可供选择。

度假小贴士

Lanikai Spa特色按摩Lanikai Spa结合了四种按摩技术：夏威夷的Lomi-Lomi，瑞典式，巴厘岛式及日式指压，是特别为那些寻求完全放松的客人所准备。自制的香薰按摩油将会提高该护理项目的疗效。

度假村实用信息
消费指南

三亚天域度假酒店

房型（一区）		房型（二区）	
标准房 1458元	家庭四人房 2358元	豪华山景房 1858元	豪华山景套房 2958元
园景房 1658元	海景套房 2858元	高级海景房 2158元	雅致高级海景套房 3358元
高级海景房 1958元	豪华海景套房 3258元	JACUZZI花园房 2558元	雅致豪华海景套房 3658元
家庭三人房 1958元		豪华海景房 2558元	超级海景套房 4258元
豪华海景房 2358元		超级海景房 2958元	

酒店荣誉
★2007年被《时尚旅游》读者网络投票评选为最佳度假酒店。
★2007年被《21世纪经济报道》评为十大最受欢迎度假酒店。

服务设施一览
专为儿童设立的"儿童俱乐部"配备了电脑、手工、画画、读书、

秋千、海洋池等，还有专为小朋友们组织的各种游戏活动。

地理位置
三亚天域度假酒店坐落于三亚市亚龙湾国家旅游度假区秀美多姿的滨海椰林之中。距三亚凤凰国际机场30分钟车程，至三亚市中心仅需25分钟车程。

地址：海南省三亚市亚龙湾
　　　国家旅游度假区
电话：0898—88567888
网址：www.horizonsanya.com

交通信息指南
■机场　三亚凤凰国际机场：距市区20公里，距亚龙湾40公里。现已开通国内航线18条，国际航线6条。每天均有三亚至广州、北京、上海、深圳、香港等城市的直达航班。
■车站　三亚汽车总站设在解放二路，每隔20分钟，有一班三亚→海口豪华大巴，票价：80元，三亚→海口时间约3小时30分钟，三亚汽车站还有发往国内主要大中城市的长途客车。
■港口　三亚海港是我国南方地理位置最为突出的客货两用港口。世界最大豪华邮轮"狮子星号"已开通香港→三亚→越南定期海上航线。

度假感言
海滩、大堂、房间、餐饮以及地理环境都十分优越。特别是它们的海滩，松软的沙石，迎面的海风，在躺椅上晒着太阳真是一种享受。给我印象深刻的就是服务员永远上扬的笑脸，给人一种亲切、温暖的感觉；我们预订的是全海景房，躺在床上就直接可以看到大海，中餐厅不错，自助早餐特别诱人！下次我们度假会再次入住的！

三亚喜来登度假酒店

海南 >> 三亚 度假类型 碧海银沙

坐看海景　卧听涛声

三亚喜来登度假酒店

Sheraton Sanya Resort

　　喜来登坐落在三亚黄金海岸的黄金地段，亚龙湾之中心，宽大的室内设计，精致奢华的外景摆设，都尽显了喜来登的王者霸气。

　　最诱人的莫过于透过喜来登的窗户就能看到那一片梦幻般的热带风景：阳光、海水、沙滩、奇石、田园，海面上星罗棋布的小岛，时而飞过的海鸟，各种鲜丽的热带色彩时时刻刻地愉悦着你的双眼。

　　打开窗户就能闻到清新的海风，晚上伴着阵阵涛声的轻拍入眠，这样童话般的生活让一切的忙碌、浮躁、疲惫在一瞬间就烟消云散。

适合人群 情侣出游、家庭度假、商务人士、高尔夫人群、企业高层论坛　　**适合居住长度** 5天－1个月

找一个理由住在这里

亚龙湾是国家级旅游度假开发区，被《国家地理杂志》评为"中国最美八大湾之一"，而三亚喜来登度假酒店正位于海湾的中心。从酒店里可以看到湛蓝的大海，银白的海滩以及各种海洋动植物。

此外，喜来登度假酒店还具有亚龙湾的四大之最 —— 最大的建筑规模：建筑面积7.8万平方米；最大的水疗中心：面积1000平方米；最大的海洋大宴会厅：能同时容纳1400人；最大的客房：标准间为49平方米，外加10平方米的阳台。奢华的滨海客房，宁静的沙滩，清澈的碧水，丰富户外运动的让您在这里的热带天堂中尽情徜徉。

度假居所

客房设计：客房内色调明亮，以浅黄色为主，感觉清新时尚。酒店提供的连通房（一个大床房，一个双标房，中间有一道门隔开）适合前往度假的家庭。在房间里可观赏到壮观的亚龙湾海景、花木葱茏的热带花园、环礁湖泳池和美丽的亚龙湾高尔夫球场。喜来登最大的亮点在于海景房，你可以泡在浴缸里舒适地享受SPA，还可以享受音乐或者看电视，更有甚者，你还可以泡在浴缸里享受海景。

环礁泳池房：环礁泳池房在一楼，房间面积49平方米，另带一个11平方米的阳台。打开房门可直接从阳台进入环礁泳池，环礁泳池房是所有房型中客人最青睐的，此房型总共仅有15套。

高尔夫山景房：分布在三楼以上各个楼层，可看到酒店的花园、亚龙湾高尔夫球场，以及远处的青山。不带阳台，没有落地窗。

大使套房：面积达218平方米，

包括一个70平方米的阳台及私人按摩浴池，可以俯瞰亚龙湾的景色。

美食诱惑

瑶池西餐厅 —— 设计简约雅致，能够欣赏亚龙湾、郁郁葱葱的热带园林和环礁湖的景色。24小时提供餐饮服务，可容纳224位客人，零点菜单中西合璧，自助餐台琳琅满目。

香料园亚洲餐厅 —— 欣赏开放式厨房内的美食制作，品味来自亚洲各国的风味菜肴，丰盛的美食包括日式寿司和铁板烧、越南菜、马来西亚菜、印尼菜和中国佳肴。家常菜形式的菜肴让客人有宾至如归的感觉。餐厅拥有室内、室外雅座，可容纳290位客人，还可以欣赏到壮丽的日落全景。

白云中餐厅 —— 位于酒店东翼一楼的高级中式餐厅，餐厅提供大江南北中式精华菜肴，色调柔和，可容纳360人并拥有各式包房。

桑吧夜总会 —— 特有现场乐队表演，并有台球和6个设计时尚的KTV包房。

池畔吧 —— 池畔吧设在所有游泳池旁，为客人提供品种繁多的小食、各式鸡尾酒和夜间烧烤。

美景台大堂吧 —— 全海南岛最富魅力的地方。客人可以一边怡然自得地享用鸡尾酒及各种佳酿，一边沉醉在亚龙湾如诗如画的景色之中。美景台大堂吧设现场钢琴表演，以及耀眼夺目的变色照明系统。

喜友餐厅 —— 明快的装修风格，舒适的用餐环境，可同时为420位客人提供丰盛又美味的美式、亚式自助早餐。

028

三亚喜来登度假酒店

海南 》 三亚 度假类型 碧海银沙

休闲盘点

海上娱乐／度假村前的银白色海滩绵延300米。康乐中心为您安排了一系列别具一格的娱乐活动，如摩托艇、滑水、独木舟、香蕉船以及观赏日落的海上巡游等。

陆上娱乐／沙滩排球、足球、篮球、水球，另外还有慢跑和自行车道以及设有专业教练指导的灯光网球场和篮球场。

团队活动／包括登山、求生系列活动、沙滩竞技赛、团队挑战赛和攀越障碍等。除了标准活动项目供团体选择，度假村也可应不同公司的需要而专门设计团队活动。

度假小贴士

水疗中心配有私人水疗护理包房、草本蒸汽浴室、休闲室及专业美发室。提供各种精油按摩、美容美体护理疗程，使宾客舒展身心，焕发精神。

度假村精华

蔓达梦水疗中心

蔓达梦水疗源自于梦幻的巴厘岛，是世界领先的水疗中心。蔓达梦水疗中心的设计是典型的亚洲风格，泰式风格的古典木门配上淡黄的灯光产生了一种金色的效果，但又不是金碧辉煌的那种耀眼，而是带有宗教色彩的宁静的包容的金黄色，让人未踏进门，心先落定。地上铺着青色的大理石砖，墙上的是产自巴厘的手绘瓷砖，泰式的大床和吊灯，褐色紫砂茶壶，一切布置都充满了异域的热带风情和诗情画意。

水疗中心推出的"平衡"、"平静"、"活力"、"芳香"、"清新"这一系列套餐，分别针对全身按摩、背部面部按摩、全身角质护理按摩、面部护理和全身角质护理。每道水疗都会先进行花瓣足浴，选用上乘的精油和香料，或采用天然提炼的海藻，给人无微不至的呵护。

三亚喜来登度假酒店

度假村实用信息
消费指南

三亚喜来登度假酒店

雅致房　人民币1900元　美元244元	高尔夫套房　人民币3700元　美元474元
高级高尔夫景房　人民币2000元　美元256元	海景套房　人民币5000元　美元641元
高级园景房　人民币2200元　美元282元	行政套房　人民币6000元　美元769元
环礁湖景观房　人民币2400元　美元308元	大使套房　人民币6800元　美元872元
高级海景房　人民币2800元　美元359元	蜜月套房　人民币9000元　美元1154元
豪华海景房　人民币3100元　美元397元	总统套房　人民币36000元　美元4615元
豪华环礁湖泳池房　人民币3200元　美元410元	

酒店荣誉
★荣获"2004年亚太区最佳酒店"
★连续三年在"中国酒店金枕头奖"的颁奖典礼上，当选"年度中国十大最受欢迎度假酒店"

服务设施一览
　　酒店提供24小时客房送餐服务，看护儿童服务，预约高尔夫球服务，24小时外币兑换。礼宾服务，提供加长林肯轿车贵宾机场接送和出租，有行李储存和保险箱，所有房间设有24小时电影频道和高速宽带网络服务。

地理位置
　　酒店位于三亚市东南28公里的三亚亚龙湾中心，距离三亚凤凰机场30分钟的车程，离三亚市中心仅一石之掷。

地址：海南省三亚市亚龙湾
　　　国家旅游度假区
电话：0898－88558855
传真：0898－88558866
网址：www.sheraton.com/sanyacn

交通信息指南
■离机场30公里，离三亚市中心25公里。
■从海口可坐至三亚的省直快车，再乘中巴至田独镇终点站，再打车进亚龙湾旅游度假区。
■从三亚市中心可以乘坐2、4路或者是往亚龙湾方向的公交车到达。

度假感言
　　在7月三亚旅游的淡季入住喜来登，酒店虽然贵，但是物超所值。室内的设计，景观植物，一切都非常漂亮。尤其喜欢夜间人工湖边，照出一排排米黄色的墙，晶莹通明。还有酒店里的热带植物也非常喜欢，远望去就像置身在热带城堡里一样。海景很漂亮，视角非常好，来住的话一定要住海景房。

海南 ∨∨ 三亚　度假类型　碧海银沙

亚龙湾五号度假别墅酒店

海南　》　三亚　度假类型·碧海银沙

三亚的私人幽居天堂

亚龙湾五号度假别墅酒店

Sanya Yalong Bay Villas & Spa Resort

　　亚龙湾的度假盛名已经给这里带来了越来越多的休闲设施，越来越多的度假酒店，同时也带来了越来越多慕名而来的游客人群，于是，这里的热带空气里弥漫着太过热烈的度假情结。其实难得拥有一个度假周，每个人都想拥有一个完全属于自己的幽居天堂，与家人独享一天一地的绝色风光，坐看孩子们嬉笑打闹在庭院里，与银发的父母一起聊天打牌……没有太多的景点需要奔走，没有太多购物计划需要完成，也没有隔壁客人的大声喧哗搅了一天的好情绪。其实，这样的地方在三亚早已诞生——亚龙湾五号度假别墅酒店。

　　在这里，一个别墅就是一个小型的超豪华酒店，而且是九种类型的别墅，九种小型的超豪华酒店，还可以和海边的甜梦一起独立拥有，是度假休闲的绝对天堂。还等什么，快来这里"坐享一湾海边的香格里拉，沉醉一个世外的人间瑶池"。

适合人群　商务人士、举家出游、朋友聚会　　　适合居住长度　5天4晚

亚龙湾五号度假别墅酒店

海南 》 三亚 度假类型 碧海银沙

找一个理由住在这里

三亚亚龙湾五号度假别墅酒店位于亚龙湾国家AAAA级旅游度假区内，是当前中国首家超大型五星级度假别墅酒店，由108栋独具热带浓郁巴厘岛风情的园林别墅和一栋会所组成。亚龙湾五号在2007年度获得"金枕头最佳新开业酒店"称号。

亚龙湾五号有着与传统酒店迥然不同的别墅空间设计，让这里的私密时光和欢聚时刻都能收放自如，还有与传统别墅迥然不同的酒店空间规划，让所有住客都能轻松承受超豪华三亚游的居住预算。独立的客厅，独立的多户型空间，独立的户外露天浴，独立的游泳池，共享的360度纯正巴厘岛酒店文化氛围，共享的15000平方米莲花湖，共享的中央淡水回旋水系，比邻而居的2000亩高尔夫球场，还有可以举目可眺的免费游乐海滩。

度假居所

设计风格：酒店建筑风格汲取巴厘岛及东南亚建筑精华，将建筑主体适当分离，室内室外互融，通透敞亮。庭院内莲花池引路，泳池、草亭、连廊等错落有致，与主体建筑交相辉映。露天浴室，巧于结合，室内外相互贯通、穿插却又不失私密性。

整体装饰格调体现亲近自然、回归自然的风格。通过专业设计师独具匠心的设计与巧夺天工的演绎，

将朴实与奢华完美结合，让粗犷与细腻相得益彰。

特色别墅：高尔夫别墅／共有4间套D户型：建筑面积为436平方米，占地面积1200平方米，每栋别墅都配备私人管家服务，每栋别墅都配备厨具（马可波罗）可由私人管家做饭等一系列服务。**园景别墅**／共有3间套：建筑面积为320平方米，占地面积800平方米，60平方米的空中凉亭合适喝茶，聊天，打麻将，下棋等等。

美食诱惑

兰庭轩中餐厅 —— 尊奉地道江南美味佳肴，提供海南独一无二的海南官菜；是老饕眼中的极品中餐厅，特别推荐亚龙湾五号"大锅大"特色火锅。

乐客可西餐厅 —— 坐拥青山环碧、领略东南亚文化的休闲风格乐客可西餐厅，品味正宗法式、美式餐点、中西式自助早餐以及各式特饮、花式鸡尾酒，让来客尽享多款国际美食。西餐大厨精心准备的法式焗蜗牛和香煎鹅肝等法式招牌菜肴。美味在口中融化，浪漫在身边弥散，这才是生活的原味！

这里最别具一格的是，每栋别墅内都有私密泡池及全年可游泳的独立游泳池，推窗即可饱览亚龙湾及亚龙湾高尔夫球会的无边美景。

亚龙湾五号度假别墅酒店

海南 >> 三亚　度假类型　碧海银沙

休闲盘点

　　酒店推出享乐宝典主义，棋牌主义、红酒主义、咖啡主义、火锅主义、浴缸主义、泳池童年主义、精油香薰主义等一系列的休闲活动。

度假村精华

　　独立　独立，我们的度假生活要独立

　　很多人在度假行前都会担心产生在度假地客房还是客房，过客还是过客的疏离感，最怕难得酝酿出来的度假情绪，被喧闹的其他住客或是来来往往的服务员所打破。而在亚龙湾五号，这样的顾虑完全没有必要。

　　三亚亚龙湾五号度假别墅酒店是中国第一家以私人管家式服务为理念的五星级度假酒店。全面吸收英国皇室管家服务之精髓，开创了新型的中国五星级私人管家服务之先河，并将不同私人管家的服务品牌与别墅客房同时推出，倡导酒店个性化与舒适化服务。

　　对于大多数真正想要在度假中放松自己，体验特色风光或文化的人来说，度假的心情的酝酿是需要一个独立私密的空间，完全属于自己，属于自己与这番独特天地风景。其实在亚龙湾五号，并不是房间内的东西都是豪华精品，但是这里有独立的客厅，独立的游泳池，独立的凉亭，独立的花园，还有的独立的停车位。更让人印象深刻的是这里打破了酒店传统式的客房、前厅、餐饮等职能部门的划分，以私人管家为酒店的主要服务单元，对客提供全天候24小时、一站式、一对一的个性化服务。

度假村实用信息
消费指南

亚龙湾五号度假别墅酒店

湖景别墅4间套(H户型)	情侣别墅
前台现付价 3480元	门市价7800元　前台现付价 2480元
会所客房	园景别墅3间套
门市价1280元　前台现付价 560元	门市价8600元　前台现付价 2680元
园景别墅5间套	湖景别墅4间套(G户型)
门市价7800元　前台现付价 3380元	门市价9600元　前台现付价 3480元
高尔夫景别墅5间套	高尔夫景别墅4间套
门市价7800元　前台现付价 3380元	门市价10600元　前台现付价 4580元

地址：海南省三亚市亚龙湾
　　　国家旅游度假区
电话：0898-88559999
网址：www.yalongbayvillas.com

交通信息指南
■三亚公交车路线：102路：西站－三亚湾－市委－大东海－红沙码头－田独－亚龙湾。
双层巴士专线：天涯海角－西岛－三亚湾－金鸡岭路－二环路－大东海－红沙码头－田独－亚龙湾
■自驾车旅游路线：东线高速公路：海口－三亚（尽头）－田独镇转盘270度转弯直行至亚龙湾国家旅游度假区－亚龙湾中心广场右转600米－亚龙湾五号度假别墅酒店

度假小贴士
　　这里充分利用亭、台、楼、湖、池、丘陵、植被、景观等诸多元素，营造立体建筑空间和丰富园林景观，视野开阔，自然通畅。室内外相互融合，相互映衬，打破束缚，一气呵成。中央水系回旋漫绕。而且每一幢单体别墅各具特色，每户均有私家庭院及泳池（60－170平方米不等），墙体采用大面积敞开式，最大限度开阔视野，让人雅趣共赏。

服务设施一览
　　三亚亚龙湾五号度假别墅酒店每栋别墅都有独立的游泳池、凉亭、停车位、花园、餐厅、客厅，采用大面积的原木装饰，客房摆设的桌、椅、床饰、用品等都采用纯天然的藤、草绳、棉、麻等天然原料制成或镶嵌，一切都是精细工艺出品，还有生机勃勃的花木点缀。

地理位置
　　亚龙湾五号度假别墅酒店距离城市中心30公里，位于亚龙湾国家旅游度假区。

度假感言
　　我们刚从这里回来，感觉不错，可以说是难得的完美度假体验。亚龙湾五号度假别墅酒店不愧是一个最具个性与特色的酒店，这是一个别墅式的酒店适合和家人或几个朋友一起住，给人一种在亚龙湾内拥有自己的一栋别墅，自己拥有一个家的感觉，住过那么多的酒店，无论是住什么房，总之感觉客房始终是客房，没有一种家的感觉，但亚龙湾五号度假别墅酒店不同。

亚龙湾五号度假别墅酒店

海南 >> 三亚　度假类型　碧海银沙

中国旅游导航
中国顶级度假村指南
034
三亚湘投银泰度假酒店
海南
≫
三亚
度假类型
碧海银沙

海岸线旁的热带园林

三亚湘投银泰度假酒店

Resort Intime Sanya

　　大东海是三亚的一个呈弓形的海湾，它背靠青山，东南平行走向的两条小小的山脉，恰似两道巨岩筑成的屏障环抱着海湾。长达千米的洁白沙滩边围，一排排高大耸翠的椰树擎着巨型绿伞给海滩遮阳，这里，没有刺骨的寒流，没有连绵的阴雨，四季如春，常年朝霞撒玉，丽日铺银，夕照流金。

　　在柔软的沙滩上享受阳光的馈赠，漫步着、追逐着，嬉戏着，让一份惬意的好心情被椰风吹绿，海韵染蓝。躺在洁白如银的沙滩上，倾听大海的欢声笑语。长千米的沙滩上，一阵阵浪涛簇拥着浪花，漫上滩面，发出金铃竹鼓般欢快的乐章，在沙滩上划上一道道细腻的乐谱式的浪痕，然后又缓缓地消退下去。

　　大东海的碧水、白沙、青山、绿椰、阳光均属大自然所赐，人们称它"天然浴场"，而银泰度假酒店正是三亚和大东海的一颗最耀眼的明珠，感受最美丽的大海，体验最地道的热带园林，入住银泰度假酒店就可以做到。

适合人群 城市白领，中、高收入人群，自助游、蜜月游、家庭游等人群　　适合居住长度 3～5天

找一个理由住在这里

银泰度假酒店，坐落在水清沙细、风景如画的三亚大东海旅游度假区最中心位置，尽览碧海共长天一色，独享热带滨海城市繁华。酒店展现的是独具匠心的建筑风格，优美怡人的休闲环境，舒适一流的度假设施，体贴细致的个性化服务。美丽神奇的碧海、银沙、阳光、绿椰、海岛、园林在这里汇集，最清新的空气、最惬意的心情在这里释放。

酒店的外观设计时尚前卫，堪称三亚酒店建筑业的典范。2006年获评世界品牌实验室"五星级品牌"和"五星钻石奖"；曾获"海南省二十佳旅游饭店"、"三亚市十佳旅游饭店"等荣誉；第53届世界小姐中国小姐总决赛指定入住酒店，网易"2008体育梦想中国行"三亚唯一指定酒店，第七届、第八届香港—三亚国际帆船赛指定入住酒店以及第14届金鸡百花电影节指定媒体嘉宾接待酒店。

在椰风海韵中慢享各式佳肴，真正体味度假心情，客人将用五官肆意见证酒店倾情诠释的"时尚、浪漫、健康、活力"的魅力。

延绵。而婴儿看护、免费擦鞋等个性化管家服务让游人的假期更加舒适完美。

美食诱惑

海悦轩中餐厅 —— 全新演绎中华美食艺术，名厨主理，在这里不仅能品尝到地道的海南本地肴馔及海鲜大餐，还可品味粤港、川、湘、江浙等多种美味。更有被人称为"绿色金子"的海南野菜烹制而成绿色健康食品以及海南特色水果宴。

欧陆西餐厅 —— 高级西式餐厅，提供扒类等精致菜式及时尚美味。

水云间酒廊 —— 每日备有下午茶。在椰风海韵中享受各国名茶及热带鸡尾酒饮料。

绿园咖啡厅 —— 在绿园西餐厅木排上享用自助早餐是一天美好心情的开始，这里不但依傍酒店最棒最大的泳池，还可远眺棕榈树间

度假居所

客房观景： 酒店三栋相对独立的白色建筑如同三艘即将扬帆出海的豪华邮轮，别具风范。大堂内新颖时尚的玻璃绿柱、风帆吊灯、独设二楼的接待处，无处不诠释着海洋与休闲假日的别样之处。银泰度假酒店拥有416间充满热带时尚风情的豪华客房，独立阳台让住客大可饱览蓝天碧海一望无垠的胜景。其中90%为海景房，落地玻璃窗任凭三亚热带海景扑面而来，壮观的海上日出，鹿回头山下的情人呓语，椰林和凤凰花交织的野生园林，水

清沙细的海滩都尽收眼底。其中全海景房更有270度的无敌观景角度，独一无二的三面观海感受震撼人心。装饰简约别致、精心浪漫。

客房设施： 德国当代著名画家Mr.Dieter Wolthoff专为酒店创作的挂画亦为房间平添几分艺术气息。令人倍感温馨的是那些宽大柔软的沙滩巾、舒适的全棉床上用品、贴心的阳台可折叠晾衣架、色彩不同的时尚漱口杯、实用可爱的沙滩袋，两套个性休闲拖鞋，高速上网接口，还有免费开夜床服务时赠送的特色小礼物等，让轻松浪漫的感觉不断

中国旅游导航
中国顶级度假村指南

036

三亚湘投银泰度假酒店

海南
≫
三亚

度假类型
碧海银沙

的浩瀚大海，是浮生半日舒怀畅心的好去处。

花园湖畔木排BBQ海鲜烧烤
—— 这里是被网友誉为三亚最富情调的用餐场所。每晚6：30—9：30开放。选用上乘进口扒肉，三亚鲜捕，荟萃东南亚美食，同时伴有菲律宾乐队的深情演绎为客人助兴。在湖水澄澈，睡莲妩媚的环境中，享受美食美景美乐，满足的不仅仅是人们的胃。

银泰饼屋 —— 提供海南岛特产时果，酒店饼师巧制的西点、曲奇饼、生日蛋糕、还有小朋友喜欢的冰棒、冰激凌。

休闲盘点

私家沙滩/银沙碧海间，长空椰树下，人们可以在这里享受海上日出的第一缕阳光，也可以戴好太阳镜，擦上防晒油，悠闲地躺在沙滩椅上，海风微拂，浪花轻唱，尽情享受南国的闲情逸致。

游泳池/掩映在热带园林中的3个泳池，住店客人可免费享用。张开双臂畅游，尽情享受水的世界。温馨中求回归，休闲中有浪漫。在这里更贴近自然，贴近大海。

中医理疗按摩/在酒店最大的1号泳池旁，传统中医与现代按摩完美结合，旅途中的疲倦，一"摩"而去。

团队拓展活动/各种各样的团队拓展和建设活动，客人们在此舒展英姿，释放活力。是休闲度假、团队励志两不误的最佳选择。

更多的选择/三亚市区唯一的壁球室以及健身房、儿童乐园、乒乓球、台球、桌面足球、沙滩足球、沙滩排球、桑拿中心、嘉年华俱乐部等。还有摩托艇、香蕉船、拖曳伞、海星礁潜、单人摩托水橇等刺激而富挑战性的运动项目。

度假村精华

在水清沙细、风景如画的三亚大东海旅游度假区中的银泰假酒店里，可尽览碧海共长天一色，独享热带滨海城市繁华。

近2万平方米的热带园林俨然是个天然氧吧，与酒店的私人沙滩、泳池、景观湖、情人亭榭、葱郁的热带植物自然融合，相得益彰。

园内迷人的热带景观一步一移，随处可见挺拔的椰树，青色的米蕉，淡黄的鸡蛋花，火红的凤凰树……客人徜徉其中，流连忘返。别具风范仿若邮轮的白色建筑让人们在这里尽情品尝清新的椰风海韵，全面俯视、赏玩大海，面对着久违的大海、呼吸着最洁净的空气、感受着最迷人的热带风情，当浓郁的热带气息迎面而来，一整幅碧海蓝天的画卷直入眼帘，海涛声掀浪起，悠悠然，陶醉于天地间，家的温馨，海的浪漫，热带的风情在此融为一体。

人们最佳的选择是在一个怡人的清晨或午后，就在这繁华盛开的热带园林中品尝一顿丰盛的早午餐或静静地读一本书，听一段心爱的乐曲，感受时光的富足与停留。

度假小贴士
银泰度假酒店室内设计聘请了曾为上海金茂君悦酒店以及北京钓鱼台国宾馆做室内装修主设计师的Mtjean–philippe Heitz Parsons Sadek进行设计，热带风情、度假意境表现得淋漓尽致。

度假村实用信息

服务设施一览

会议服务/专业的会议服务团队为客人量身打造各类主题会议宴会。酒店拥有多个大小不同的会议及宴会场所，可容纳从十几人的董事会到数百人的大型会议。银泰度假酒店倡导"商务与休闲"双重概念。无论商务谈判、产品展示、还是高级中西式宴会，均能满足客人的不同需要。酒店拥有一支经验丰富的专业服务队伍和齐全的会议配套设施，从主题策划到舞美监督，对各项会议细节都有很好的沟通和执行能力。尤其是浪漫气派的露天主题盛宴更是酒店一大服务特色。别具特色的泳池畔主题宴会以及沙滩烧烤主题晚会是客户答谢、会议聚餐的理想选择。

会议室设施/根据客人的需要可分隔的多功能宴会厅，独立的公共播音及灯光系统，全制式录像机及电视设备，可移动舞台、横幅、立式讲台，多媒体电脑投影仪配激光指示笔，移动式投影幕布，会间茶歇等。

个性化宴会/经验丰富的宴会服务团队，能够满足客人个性十足的宴会要求，并及时提出建设性的建议。提供湖畔木排自助烧烤晚宴、泳池畔晚宴、大型沙滩晚宴、篝火烟花派对、小型晚宴、自助工作餐等各式会议用餐形式和场地。特别是自成风格的沙滩主题宴会和湖畔烧烤，以美丽的海景，别致的烹饪风格令宾客流连忘返。

个性化服务/个性化拖鞋：为使客人更有轻松舒适的脚感，酒店推出了个性化拖鞋服务。不仅房间配有两种拖鞋：便于在室内行走的一次性草编拖鞋和便于在园林和海滩上游玩的软塑料拖鞋，而且还有富有情趣的女式拖鞋、可爱的儿童拖鞋和大尺码拖鞋可供选择。

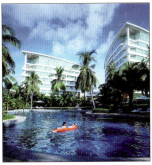

个性化枕头：为增加客人入住的舒适度，满足不同客人的需求，酒店也特别准备了诸个个性化枕头——低枕、竹枕、荞麦枕、天然乳胶枕、保健枕、慢回弹枕等等，任凭客人自由免费选择。让每位客人在住店的同时都能真切地感受到家一般的温馨与舒适。

其他服务/特别免打扰服务，医疗服务，幼儿看护服务，快速洗衣服务，24小时客房送餐服务，大堂无线上网服务，外币兑换，机场接送及租车服务订票服务，商务中心礼宾服务，旅游景区景点门票代订服务，高尔夫果岭代订服务，南田温泉代订服务，团队拓展活动服务，海上娱乐项目服务等。

消费指南

三亚湘投银泰度假酒店

房型	价格 RMB	房型	价格：RMB
标准房	508	高级海景房	608
豪华海景房	708	高级海景复式套房	1188
银泰全海景房	1188	豪华海景复式套房	1588

娱乐项目价格

康体项目	价格 RMB	分钟	康体项目	价格 RMB	分钟
中式保健按摩	160	60	包船出海	680（限5人）	60
房间保健按摩	200	60	精品潜水	300/人	
熏香按摩	200	60	海星礁潜	380/人	
足底保健按摩	180	60	夜潜狩猎	680/人	
晒后护理	160	45	英式台球	60	60
海上垂钓	450/船	60	壁球	80	60
平台垂钓	200/人	60	香蕉船	240/船（限3人）	

地理位置

银泰度假酒店位于三亚市大东海旅游度假区的中心位置，面朝银沙碧海，旁依鹿回头山麓，北临三亚市区。交通十分便利，距市中心约5分钟车程，离三亚凤凰国际机场约20分钟车程；天涯海角、南山佛教文化苑、大小洞天、蜈支洲岛、鹿回头公园等著名景区分布在酒店四周，享尽天时地利。

地址：海南省三亚市
　　　大东海旅游度假区
电话：0898-88210888
网址：www.resortintime.com

交通信息指南

■三亚市区到酒店：202路、204路等公交车均可乘坐，在"鹿岭路站"下，路过夏威夷大酒店沿海花路直行三四分钟到底即至；或者在"城市酒店站"或"大东海广场站"下车亦可，沿海韵路步行三四分钟即到。

■亚龙湾到大东海，有小巴士和双层观光巴士可以乘坐，费用5元，约20分钟，打士40元左右。

■珠江南田温泉的免费穿梭巴士目前每天四班，从酒店始发往返。

■天涯海角、南山佛教文化苑、大小洞天等主要景区位于三亚西边，可乘坐新开通的（亚龙湾-大小洞天）新国线旅游空调大巴车，在"大东海广场站"即可乘坐，费用依站而定，约35~55分钟到达。

自驾车

■酒店提供自驾车服务。三亚有海汽自驾、任我行自驾车等自驾车公司提供各种车型，从捷达到宝马，根据车型价格也从200元/天到1500元/天不等。所有自驾车均不能出岛，租赁前须签协议，交押金（3000元/辆起）。

■自驾从广州出发，至湛江海安港码头搭乘轮船，横渡琼州海峡（约2小时），在海口秀英港或新港上岸，可以选择东线高速公路直奔三亚。

■自驾路线共分西线、中线、东线，其中西线、东线为高速道路，所有路线均不收过路、过桥费。

度假感言

我在2月末在银泰住了一段时间，这是我第一次来海南。没想到一进银泰酒店的大堂就觉得非常的亲切，很随意的感觉。银泰非常人性化，我最喜欢酒店的游泳池和花园，花园里的茶席等各个角落也设有电源，我可以在露天一面喝茶一面用笔记本上网，酒店海滩的躺椅又大又舒服，还有软垫。早餐真的是超值，每个服务员都很友好，我住了海景大床房，风景很好，虽然面积略小，对于一两个人也足够了。对生活素质要求较高的我对这间酒店是非常的满意，真的可以作为住在大东海的首选。

躺在浴盆里看海的日子
亚龙湾红树林度假酒店
Yalong Bay Mangrove Tree Resort

在很多人的蜜月旅行计划里，巴厘岛是一处绝对不容错过的浪漫诞生地。除了大多数海滨岛屿共同拥有的沙滩、海水、阳光与热带风情以外，巴厘岛让人着迷之处更在于它闻名世界的优质豪华度假服务，小到接团时候奉上的冰毛巾，大到专人独享的私家别墅。曾经以为这样精心细腻的度假文化只能远赴印尼、一掷千金才能感受得到，却不知亚龙湾的红树林度假酒店则早早地将巴厘风情引入同样弥漫着热带风情的海南三亚亚龙湾。给了国人一个浓缩版的巴厘度假风尚。

适合人群　商务人士，情侣度假，新婚蜜月，家庭出游　　适合居住长度　7天左右

亚龙湾红树林度假酒店

海南 》 三亚 度假类型 碧海银沙

找一个理由住在这里

位于海南三亚亚龙湾的红树林度假酒店是中国唯一具巴厘岛热带风情的度假酒店。占地面积10公顷，总建筑面积6万平方米，拥有502间（套）客房的亚龙湾红树林酒店是北京今典集团斥资7亿元人民币，由有着"世界首席"之称的Sasaki景观与建筑设计公司全程设计和监督，打造出的豪华五星级度假酒店。酒店建筑以浓郁绚烂的东南亚海岛风情，与注重天人合一理念的中国建筑理念完美融合。

酒店坐拥有260米洁白的沙滩，开放式的大堂，通透的走廊，环保而又返璞归真的整体设计，绝对一线的海景，让住客无论是坐在大堂吧，或躺在无敌海景的客房，都能感受到无处不在的清新海风。

美食诱惑

泰菜馆 —— 这里有三亚唯一的泰菜餐厅，来自泰国的厨师主理原汁原味的泰式美食！这里的招牌菜有冬阴功汤和泰式咖喱大虾，色香味俱全，咖啡的味道完全融入鲜美的虾肉之中，这可是别的地方吃不到的好味道。

中菜馆 —— 中菜馆向客人提供地道的顺德、客家、中山菜肴及生猛海鲜、中式点心、特制烧烤、零点菜肴等。

沙滩吧 —— 听涛声依旧，看潮涨潮落。一杯美酒，即便一个椰青；精制小食，即便是迷你烧烤；在沙滩吧，住客能感受到的是绝对的放松，惬意！

雪茄馆 —— 雪茄馆窖藏上好进口红白葡萄酒及多款古巴雪茄。

度假居所

超级豪华海景房／最值得一提的是超级豪华海景房！房间将宽阔的海滩视野、柚木装饰、完美的细节设计、豪华舒适的浴室完美的结合在一起，一打开房门便跃入眼帘的极致海景。

独特的X、Y楼设计／酒店有着独特的X、Y楼设计，共502间／套客房，每间房间均配有独立的阳台，部分房间住客可躺在浴缸里欣赏到极致海景，而大部分房间则在阳台上设有独立淋浴空间。

套房类型／酒店共有花园景房58间、湖景房67间、海景房333间，此外还有44间套房：其中34套海景套房、8套花园景套房、1套亚龙湾总统套房和1套红树林总统套房。

休闲盘点

红树林的游泳池设计精心，而且分类明确。1.2米深配有按摩池、滑水梯和浮床的主泳池，是游泳、嬉戏的好场所；25米长带有赛道的标准游泳池是各展身手的竞技场；6.5米深的潜水池更是酒店为向往海洋的潜水初学者精心打造的水族馆式的温馨教室。

如果想挑战自我的话，那么停放在银白色沙滩上的摩托艇、快艇及香蕉船等海上活动项目便是最好的选择了；若是仍然觉得不过瘾的话，技艺高超的网球教练及陪打员定会让人在网球场上一展身手的。

度假村精华

巴厘风情 浴看海景 坐享水疗

红树林度假酒店是一个将巴厘风情融化在骨子里的特色海景度假村。不仅仅体现在它华贵天然的建筑设计上，更有很多独具匠心的细节设计，让每一个住客都能享受到不出国门的异域风情与顶级度假服务。

特色客房设计：睡在浴缸中看海景

浴室被独具匠心的设计在阳台上，就连浴缸也安装在窗户旁，日式的木桶、竹帘、与阳台外的花木相映成趣，在享受花瓣浴的同时将海色天光尽收眼底，感觉像是在海水中畅游。享受花间月下徐徐而来的清风，远可见蔚蓝的大海和天空

连成一片，无边无际，近可观澎湃海浪力卷"千堆雪"，气势磅礴。

花园中的亭子有着邻沙面海的绝佳位置，而且亭檐上挂着的风铃在海风轻拂下发出悦耳的声音。在这样的环境下，练瑜伽，舒展身心，是度假生活中将精神愉悦与身体康乐结合起来完美体验。

坐享独特水疗：俯瞰湖面的专业水疗室

当白日的喧嚣散尽之时，去庭园中享受专业级别的水疗队伍提供的豪华水疗服务，便是使得身心得以全面放松的不二之选。古典而雅致的布置，8间按摩室和8张治疗床，所有房间都配有可俯瞰湖面的蒸汽室和冲淋床。

度假小贴士

瑜伽(Yoga)是一种强调结合身心灵的新兴温和的运动，瑜伽二字源自五千年前印度的启发修行者性灵的身心锻炼法，是梵语的译音，瑜伽修练者在森林静坐时，观察大自然与人生调和的变化，发展出身心灵修习之道。

现在古老传统的瑜伽不再是艰深难学的修行，而是强化肌肉与呼吸的温和有氧运动，流行的说法，则认为瑜伽是一种融合生活，平静心灵，美化内外在、实践自我的时尚运动。在自然风光优美的环境里练习更有助达到修身养神的功效。

若想重温那久违了的真色彩的花季雨季，还可以乘着夕阳抑或迎着朝霞，和朋友踏车而游。

亚龙湾红树林度假酒店

海南 》 三亚 度假类型 碧海银沙

度假村实用信息
消费指南

亚龙湾红树林度假酒店

快乐大本营（RMB1688 3天2晚）
连住2晚园景房，立即节省400元，赠送1.2米及以下儿童价值150元+15%服务费的国际风味自助早餐（每房仅限1名儿童）赠送5个电动游戏室的游戏币等。
如需续住，每晚仅需另付人民币968元/间/晚（含2大1小自助早餐）

爱我久久（RMB2599 3天2晚）
入住红树林"超级豪华海景房" —— 享受甜蜜浪漫二人世界，客房内特赠浓情巧克力和亲昵玩偶，赠送双人国际自助早餐等。
如需续住，仅需另付人民币1388元/间/晚（含双人早餐）

愉悦假日（RMB1388 1晚/含双早）
温馨布置的超级豪华海景房，无论躺在2mX2m大床上，还是沐浴在观海浴缸里，或是闲坐在超大阳台上，在这个56平方米的空间里，与蔚蓝的大海180度全面接触。
如连住三晚，更有超值服务赠送。

服务设施一览

"星星"服务：一线接通"星星"服务，专人对话，他们都经过专业培训，熟悉酒店的产品文化和活动设施，能迅速应答宾客的询问和高效回应宾客的需求。酒店服务语种涵盖了普通话、粤语、英语、韩语、俄语。

"共享温馨家园"：红树林度假酒店倡导对客服务的企业文化。给宾客最亲切的微笑、最关爱的问候、最体贴的服务，是红树林度假酒店开业一年多来提倡的人性化服务的"三部曲"。

酒店的大型多功能宴会厅可同时容纳1200人开会或600人就餐，另

备有7间小型会议厅。同时酒店配有特色的水疗、健身房、灯光网球场、品种繁多的沙滩水上运动，以及目前三亚酒店最齐全的电子游戏机室。

酒店健康俱乐部设有6间宽敞的按摩室，配有洗手间；健身房的分割区配有举重、哑铃等健身器材；多功能房间可以做扩展运动、太极、瑜伽及健美操。健康中心配备了休息室、桑拿、蒸汽室及按摩池。提供全身擦洗、足部护理及中式按摩。

地理位置

地址：海南省三亚市亚龙湾
　　　国家旅游度假区
电话：0898 - 88558888
传真：0898 - 88558800
网址：www.mangrovetreeresort.com
Email：sales@mangrovetreeresort.com

交通信息指南

　　三亚是海岛南部的商业中心及交通枢纽城市，有通往国内外大城市的航班、轮船。

　　三亚市内，以三亚河为界，河东是三亚的商业区和旅游交通中心，汽车总站、汽车东站、西站、三亚港、火车站都集中在河东；河西则分布着三亚各政府办公机构。

　　市内以公交车、出租车为主要

交通方式。

　　也可选择自驾游，其他如包车旅游三亚及海岛，在所住酒店租自行车、乘坐人力车逛三亚市，都是比较经济实惠的游览方式。

酒店荣誉

★2006三亚世界第一大力士冠军赛唯一指定参赛选手和电视制作团队接待酒店 ★第14届中国金鸡百花电影节暨中国电影百年庆典活动指定嘉宾接待酒店 ★艺术人生"致敬 —— 中国电影"特辑录制场地 ★第55届世界小姐总决赛国际媒体官方接待酒店及协办酒店

度假感言

　　去这里以前，总听朋友说起，这里几乎可以和巴厘岛上的度假村一比高下。因为我们的蜜月就是去的巴厘岛，所以三周年纪念的时候，决定来一次亚龙湾的红树林度假酒店。省去了出国签证等乱七八糟的手续，花费节省得多，酒店服务也非常到位，感觉很好！在国内，这里算是一个性价比很高的顶级度假村。

热带酒店里的海上日出

海南陵水香水湾度假酒店

S a n d a l w o o d　R e s o r t

　　面南是蔚蓝壮阔、一览无际的大海，向北是山峦起伏、奇峰叠翠的大山，山海之间横亘着一条松软辽阔的金沙滩，山脚处沙滩边镶嵌着一个占地约6万平方米的天然湖泊，湖水清澈见底，香水湾度假酒店就坐落在这片湖上。湖中的自然岛上椰树阵阵飘香，酒店在这山、海、湖中间占尽风光。

　　因为地处热带与亚热带两种气候之间，从酒店能看到如诗如梦般的自然奇观：连绵不绝的数十个山顶上，天天云霭缭绕，山峰若隐若现。而另一道在亚龙湾看不到的绝妙的风景是，在香水湾度假酒店面南的客房中，能观看日出。站在阳台上吹着海风，或是坐在床前品着香茗，当一轮红日喷薄而出，跃出海平面，你就在酒店中体验了一次独特的海上日出。

海南　>>　陵水　度假类型　碧海银沙

适合人群 商务人士、情侣出游、朋友聚会、家庭度假　　**适合居住长度** 5天4晚或长期居住

海南陵水香水湾度假酒店

海南 ≫ 陵水　度假类型　碧海银沙

找一个理由住在这里

香水湾度假酒店是由美国自然环境规划设计公司、美国夏威夷IDG集团按照国际度假理念设计规划的，集度假休闲、观光、会议、餐饮、海上娱乐等于一体的五星级度假酒店。酒店坐落于海南陵水境内，处于热带与亚热带交汇处，又是在"山、湖、海"的结合处。占地面积280余亩，依山面海、风光旖旎、气候怡人，酒店主体建筑在独具江南水乡特色、湖内荷花盛开、鱼儿追逐的香水湖上，拥有海岸线长1.6公里的私家沙滩，既有浓郁的热带海滨风情，还带有江南水乡的秀美。

这里不但是海南唯一的滨海水上度假酒店，还是中国热带地区唯一能看到海上日出的酒店。酒店于2006年6月8日正式成为中国金钥匙饭店组织会员，标志着酒店的服务更加成熟和富有人性化。

度假居所

套房类型：酒店共房间658套，拥有豪华双标房、豪华蜜月房、豪华套房、豪华客房等几类。其中豪华客房面积48平方米，设有独立的推拉式沐浴区。豪华套房设有独立的客厅和卧室，所有的卧床都为两米长，客房的面积81平方米。

客房设施：每间客房内均有自控空调、110V/220V电动力插座、推拉式浴室、电子保险箱、独立沐浴区、卫星接收系统、茶/咖啡设备、吹风机、网络接口、冰箱、迷你吧、国内国际长途电话。

美食诱惑

有香水阁中餐厅、浪礁屿西餐厅、听涛烧烤园、水乡情大堂吧、左岸吧、泳池吧。

香水阁中餐厅 —— 位于酒店一楼。总面积700余平方米，可同时容纳320余人就餐。推拉屏风式门窗；灯式、光线富丽、高雅。餐厅面临大海，清晰可闻涛声、海风。提供精美粤菜及各地风味佳肴。

听涛烧烤园 —— 位于酒店的1.6公里的私家沙滩上，可吹着海风享受名厨烧制的巴西烧烤，营业时间为晚上6点到凌晨1点半。

乡水情大堂吧 —— 位于酒店二楼，主要提供茶、咖啡、特色软饮、冷饮和各类酒水，是朋友小憩、休闲聊天的好去处。

左岸吧 —— 位于酒店二楼、三楼，装修华丽雅致，主要提供欧陆式、亚细亚特色餐饮。

休闲盘点

碧草如茵的高尔夫练习场、沙滩烟花篝火晚会、热带雨林探险登山活动、标准的网球场、刺激的沙滩排球、沙滩足球、滨海游泳池、海边电影等设施样样俱全。还有潜水俱乐部和垂钓俱乐部。

高尔夫练习场/迷你高尔夫三洞练习场位于别墅区之前，球场上散种着独具风情的热带植物，碧草如茵，是商务交往、休闲娱乐的上佳会所。

健身房/首创花园式健身房，阳光轻泻，中庭挑高式设计，让人远离尘嚣，仿佛置身于大自然。有各式多功能健身器材，有室内采光温水游泳池、按摩水疗池、男女贵宾独立三温暖、蒸气室、桧木烤箱等。

芭堤娅演艺中心/拥有剧院式固定座位、专业舞台、环绕音响、灯光、化妆间及独立洗手间等设备，可同时容纳700人的会议和演艺活动，整个演艺中心设计合理配套设施齐全，装修豪华、气派。

篝火晚会/酒店的沙滩前临大海，背依泳池，这里有全国独一无二的沙滩烟花篝火晚会。一边品尝着BBQ，一边围着篝火，跳起黎苗风情的"黎苗打竹舞"，是滨海度假的一大乐事。

海南陵水香水湾度假酒店

海南
∨∨
陵水　度假类型　碧海银沙

交通信息指南

三亚至海口方向

乘坐三亚至万宁、琼海、海口方向的空调大巴－香水湾度假酒店（约178公里处）

海口至三亚方向

乘坐海口至陵水、三亚的空调大巴－香水湾度假酒店（约182公里处）

海口出发

海口东站坐海口到陵水的中巴，在香水湾或牛岭高速路口下

度假风尚补给站

香水湾的由来／酒店坐落于碧波荡漾的香水湖中央，湖水自然散发阵阵幽香，香飘数里并可持续数月。据当地传说："酒店所背靠的青山上常年生长着一种较为罕见的稀有树木——檀香木，清香汇山泉顺流而下形成香水湖，传说为七仙女沐浴之处"。香水湾因此而得名。

度假村精华

天体浴场

在中国能找到的天体浴场不多，而位于如此风景怡人的海滨沙滩边的天体浴场，更是值得一去。天体浴场，流行于欧洲，尤以希腊人为代表。一般有三种级别："clothing optional"（可以穿衣也可不穿）、"topless"（无上装）、"nude"（不穿）。虽说没有明确规定穿衣者禁止入内，但若是回归到最原始的无拘无束的状态，享受香水的拥抱，也是一种难得的体验。

度假村实用信息

消费指南

海南陵水香水湾度假酒店

高尔夫景双标房 门市价：1480元　优惠价：588元		**高尔夫景套房** 门市价：3280元　优惠价：1088元	
豪华海景双标房 门市价：1580元　优惠价：688元		**豪华海景套房** 门市价：3680元　优惠价：1888元	
豪华海景蜜月房 门市价：1680元　优惠价：888元			

度假感言

早就听说这里有个很棒的高尔夫球场，于是决定过一把"贵族运动"的瘾。换上运动服，和男友踏着浪漫双人自行车，到高尔夫球场度过了闲适的一天。晚上在海边和泳池之间的沙滩上一边散步一边看日落，真是风景如画，人在画中啊。

度假小贴士

香水湾位于陵水县东部。距县城18公里，因香水岭流来的泉水注入海湾而得名。香水湾与万宁市的石梅湾相接，滨海风光奇特，每年游客众多，尤其是12月份，更是香水湾的旅游高峰期。

地理位置

酒店位于海南陵水香水湾名胜度假区，依山面海，距离海口200公里，三亚60公里。

地址：海南省陵水市香水湾
　　　名胜风景区
电话：0898－83348888
传真：0898－83348556
网址：www.sandalwood.com.cn

中国黄金海岸边的高尔夫乐园

海南博鳌凯宾斯基饭店

Kempinski Hotel Boao

　　海南博鳌，一个有着悠久历史的港口小镇，地处"红色娘子军"故乡琼海东南20公里的南海之滨，万泉河与南海交汇处，长久以来都默默无闻，很少有人问津。然而"亚洲论坛"于2001年在这里设立永久会址，博鳌一夜成名，倍受世人关注，就连"博鳌"这两个字也带上特有的文化意味，成为一种博大而勃发的精神状态，以及占据鳌头的胜利象征。

　　于是，人们重新去认识博鳌，都惊喜地发现这里地形地貌的丰富多样性酷似澳大利亚的黄金海岸，美国的迈阿密和墨西哥的坎昆，并能与其相媲美，在亚洲区可谓仅此独有。世界环境保护专家曾把这里赞誉为世界河流入海口自然景观保存最完美的地方。

　　博鳌港域辽阔，景色秀丽，还有出海口不远千万年来自然形成的东屿岛、沙坡岛、鸳鸯岛三座岛屿，植被繁茂，民居古朴。基于这样的天然奇观，又加入后天的精心设计，孕育而成亚洲唯一的全岛型林克斯高尔夫球场，博鳌凯宾斯基饭店以其独特的度假定位与周边的多样风光成为海南度假文化的一颗别样明珠。

适合人群 商务人士、情侣出游、家庭度假、高尔夫人群、企业高层论坛　　**适合居住长度** 3天2晚

找一个理由住在这里

博鳌凯宾斯基饭店沿水而居，188220平方米临河傍海上层生活体验，风格独特。与亚洲论坛永久会址隔河相望，坐拥中国最长酒店私家运河，罕见低建筑密度，80%的至高绿地率，塑造115栋现代派水边豪华别墅，150000平方米绿地面积，建筑物完美地融入自然之中，达到建筑之极致境界，最美就在若即若离间，既有接触的私密，又有自由的随意。

欧洲悠久历史的酒店管理集团凯宾斯基的五星级管理服务，为每位顾客提供专业化的全天候一站式一对一的个性化服务，使之不仅成为现代商旅人士的绝好选择，亦是家庭、朋友聚会的上佳去处。

休闲盘点

休闲设施／酒店提供了完备的休闲设施包括露天SPA，两个灯光网球场、成人及儿童专用游泳池，儿童游乐场和吊床散落在原生椰林及花园中。另有太极、瑜伽、自行车、钓鱼、划船、快艇等。

高尔夫／两个优质高尔夫球场，距最近的乡村高尔夫俱乐部仅2分钟车程。

度假居所

115栋别墅，面积从250平方米至450平方米不等，每栋别墅有3到5间卧室，共488间。分为河景别墅，花园别墅和江景别墅。

每栋别墅都配有宽大的客厅和设备齐全的开放式厨房、餐厅、微波炉、电热水壶、电冰箱、电视机、洗衣机、保险箱、乒乓球室等一应俱全，并配有伸入水中的木甲板、动人的庭院和宽大的露台。每栋别墅都能看到独特的风景，提供24小时客房服务。

美食诱惑

海鲜诱惑／这里最大的美食特色是地道海南风味的海鲜。酒店提供当日捕捞到的海鲜产品，如小龙虾、海虾、鲳鱼、生蚝、海白贝、带子等。

多样烹制／住客可以根据自己的爱好选择烹制方法，既可以体验家庭式烧烤，也可以品尝海南特色火锅；既可以在环境优美的餐厅用餐，也可以在别墅内享用丰盛美味。

推荐乘坐酒店提供的快艇，可直达海边，在海滩享受野餐，并在海浪声中观看一日完美落幕。

海南博鳌凯宾斯基饭店

海南 ∨∨ 琼海　度假类型　碧海银沙

度假村精华

亚洲唯一的全岛型林克斯高尔夫球场

博鳌高尔夫乡村俱乐部的地理位置得天独厚，而后天设计者的精心设计更是巧夺天工，经过两年多的建设和试营业，这座中国业内首创、亚太地区罕有的全岛型林克斯风格的高尔夫球场终于在万泉河入海口处的沙坡岛上，向人们展现了其独有的魅力。多次举办了各种特色的高尔夫赛事。极具挑战性的球道风格，被中国高尔夫协会秘书长崔志强先生称为是"中国最具有特色"的球场之一。

在这设有18洞，72杆，全长7228码的球道上，前9洞绕岛环走，周围环江绕海，四面碧水泛波，融海天风光和远山近水于一体。后9洞岛中穿行，集沙池奇石、椰林苇荡、田园景色于一身，即使是盛夏也是凉风随身，候鸟伴行，说是高尔夫球场，更像是一座野趣天成的自然公园。

球场分布

全球场最长距离的洞是第3洞
（Valley）585码；

最短距离的洞是第11洞
（Wave）171码；

难度最大的是第7洞
（Greatwall）长454码；

球场设计
Bill．YuJi

球洞数目
18

球场面积
80公顷

总长度
7228码

度假小贴士

林克斯球场 Links Courses／主要是指海滨球场。Links类型的球场关键是地理位置与气候差异，导致与园林式的球场在土壤、气候与保养上有着很大的不同。由于土壤的原因（保温，不存水）所以不需要太多的人工修饰，天然的野趣也就油然而生了。

海南博鳌凯宾斯基饭店

海南 ≫ 琼海　度假类型　碧海银沙

度假村实用信息

服务设施一览

这里可举办各种极富创意的活动，活动地点可选择在会议中心内，亦可在码头、椰林甚至甲板上。无论小型私人聚会还是400人的会议，都可如期实现。

消费指南

海南博鳌凯宾斯基饭店

港式三间套　门市价3100++　特惠价1180
一层为客厅、开放式厨房、微波炉、电热水壶、餐厅、电冰箱、电视机、洗衣机、卫生间；二层为三个卧室。

韩式三间套　门市价3500++　特惠价1280
一层为客厅、开放式厨房、微波炉、电热水壶、餐厅、电冰箱、电视机、洗衣机、两个卧室；二层为一个卧室。

港式四间套　门市价3800++　特惠价1480
一层为客厅、餐厅、开放式厨房、微波炉、电热水壶、电冰箱、电视机、洗衣机、卫生间；二层为四个卧室。

韩式河景四间套　门市价4800++　特惠价1680
一层为客厅、开放式厨房、微波炉、电热水壶、餐厅、电冰箱、电视机、洗衣机、乒乓球室及一个卫生间及淋浴室；二层为三个卧室；三层为一个卧室。

港式五间套　门市价5800++　特惠价1880
一层为客厅、开放式厨房、微波炉、电热水壶、餐厅、电冰箱、电视机、洗衣机；二层为三个卧室；三层为两个卧室。

韩式江景三间套
门市价4800++　特惠价1680
位于万泉河边的韩式风格别墅：一层：两间卧室；二层：一间卧室。

韩式江景四间套
门市价5800++　特惠价1880
位于万泉河边的韩式风格别墅：一层：客厅及乒乓球室；二层：三间卧室；三层：一间卧室。

独享双间　门市价3100++　特惠价980
独享一栋别墅，客人使用别墅中的两间客房和客厅、餐厅、开放式厨房、微波炉、洗衣机、电视机、卫生间等，酒店将不再安排其他客人入住，但是将其他房间锁起来。

独享单间
门市价3100++　特惠价780
独享一栋别墅，客人使用别墅中的两间客房和客厅、餐厅、开放式厨房、微波炉、洗衣机、电视机、卫生间等，酒店将不再安排其他客人入住，但是将其他房间锁起来。

港式五间套　门市价5800++　特惠价1880
一层为客厅、开放式厨房、微波炉、电热水壶、餐厅、电冰箱、电视机、洗衣机；二层为三个卧室；三层为两个卧室。

地理位置

海口市 Haikou
洋浦 Yangpu
跨海高速公路 Trans-Island Highway
东线高速公路 Eastern Highway
海口美兰国际机场 Hainan Meilan International Airport
琼海 Qionghai
博鳌 Boao
三亚凤凰国际机场 Sanya Phoenix International Airport
三亚市 Sanya

地址：海南省琼海市
　　　博鳌镇南群路18号
电话：0898-62775555
传真：0898-62775558
网址：www.boaokempinski.com
Email：reservations_boao@kempinski.com

交通信息指南

从海口市出发，一直沿着东线高速公路行驶1小时，车就可到达琼海市了，从高速公路转向市区的大道，到达琼海后至博鳌，建有非常好的柏油路面，大约行驶19公里，需要时间约20分钟。

博鳌与东线高速公路的三个出口相连接，分别为：

琼海出口 — 太阳城
中原出口 — 东屿岛
龙滚出口 — 玉带滩

海南环岛高速公路东线：

博鳌 — 海口104公里
博鳌 — 三亚188公里

行车时间：

博鳌 — 海口（国际机场）1.5小时
博鳌 — 三亚（国际机场）2.5小时

游走周边

周边旅游风向标

白石岭/是海南省20个优秀旅游景区（点）之一，此景区是海南旅游业的一颗璀璨明珠，由展示绝世仅有海南岛边缘民族土人部落聚集地——神秘谷（土人部落至今仍保留着吃土、吃草的习俗）人文景区、白石岭热带原始森林自然风景区，时尚高雅的现代休闲游乐场——滑草场以及绿色空中游索道共三大板块组成。

万泉河漂流/万泉河是宝岛海南的象征。河水纯净、清澈、未受污染、宛如玉带，自五指山峰飘流而下，至琼海市的博鳌入海口投入大海的怀抱。河两岸典型的热带雨林景观和巧夺天工的地貌，令人叹为观止。是生态环境优良的热带河流，被誉为中国的"亚马逊河"。

博鳌东方文化苑/景区服务内容与设施完善；旅游特色鲜明，景区内涵丰富，设施项目齐全，旅游秩序井然，清洁卫生优良。

汀州村/是琼海侨乡之一。全村至今保留着多处百年以上的古民居。这些民居在建筑风格上既有海南的传统，又融入了南洋的特色。

周边旅游费用指南

万泉河竹排观光/景点类别：热带雨林，景点门票：60元。

万泉湖风景区游船观光/景点类别：热带雨林，景点门票：60元。

博鳌海洋馆/景点类别：热带动植物，景点门票：68元。

东方文化苑/景点类别：文化古迹，景点门票：68元。

博鳌亚洲论坛成立会址/景点类别：文化古迹，景点门票：25元。

博鳌亚洲论坛永久会址/景点类别：文化占迹，景点门票：140元。

红色娘子军纪念园/景点类别：文化古迹，景点门票：40元。

白石岭风景/景点类别：热带海滨，景点门票：58元。

地方风俗节庆

博鳌历史悠久、民风淳朴。早在七百多年前，博鳌乐城岛就曾是琼海的政治、经济、军事、文化中心。丰厚的文化积淀和天造地设的八大地形地貌造就了这一方水土人民勤劳勇敢、热情好客的鲜明个性和敦厚纯朴、宽容大度的人文特质。

军坡节/每年农历二月初九至十九。纪念冼夫人而举行的民间奉祀活动，充满海南当地风情。

博鳌亚洲论坛/每年4月20日前后，为期三天。各个国家和地区的政要汇集此地商讨政治经济文化活动要事。

同时，这里每年还举办**国际椰子节、中国海南岛欢乐节、椰子节、赶秋节**等地方特色节日。

度假风尚补给站

凯宾斯基酒店/凯宾斯基酒店是世界上最古老的豪华酒店，最初建立于1897年。酒店集团则创建于德国，现旗下酒店遍布欧洲、中东、非洲、南美和亚洲，在北京、柏林、布达佩斯、伊斯坦布尔、德累斯顿和圣莫里茨等地拥有45处以上的私人酒店和特色酒店。该酒店集团目前包含16处环境优美的度假胜地，每处都提供优越的整套休闲设施、豪华水浴和令人惊叹的地理位置。

度假感言

我们这次圣诞新年假期原计划是在博鳌凯宾斯基住一周的，结果一住就十天了。凯宾斯基饭店的环境是放松和度假的好地方，一百一十多幢别墅掩映在亚热带的树林当中和河边，简直是见花草树林不见人，我们白天开车在饭店内怎么兜风，也没遇到几个人，等到晚上从别墅中透出来的灯光，才知道这里还有这么多的度假的人。

在东屿岛上商天下事
博鳌索菲特大酒店
Sofitel Boao, Hainan

　　小岛生活总是会让人把它与慵懒舒适、度假休闲联想在一起。博鳌索菲特大酒店所在的不单单是一般的宁静小岛，更是风景迷人，气候舒适的一处世外桃源。从临海的全景房透视出去的，是水天一色、群帆点点的热带风情，风姿摇曳的椰子树，咸湿的海水，热烈的阳光，金黄的沙滩，这一切都让人不禁沉浸下去，想要在这纯白的海滩上一直吹着海风，一直漫步，赏玩倾斜的夕阳，感受渔舟唱晚的风貌。

　　细致暖色调镶嵌的柚木地面让酒店增加了更多的休闲气息，青柠色垫子的藤条沙发给整个房间平添了几分生气。在床顶悬挂了编织出几何线条的织锦，不仅可以遮挡部分灯光，还创造了房间浪漫谐和的氛围。位于床头的东方典雅台灯和古式慵懒的吊顶风扇，将惬意的氛围体现得淋漓尽致，令人难以抗拒地想要置身其中。

适合人群 国家政要、商务人士、情侣出游、朋友聚会、家庭度假　　　**适合居住长度** 2天1晚或长期居住

052

博鳌索菲特大酒店

海南

∨∨

琼海　度假类型　碧海银沙

找一个理由住在这里

博鳌索菲特大酒店暨博鳌亚洲论坛国际会议中心坐落在风光旖旎的海南东屿岛上，附近流淌着美丽的万泉河，不远处的三江入海口与隔玉带滩又与之遥遥相望，大海、沙滩、河流、江海、温泉、群山构成一幅美轮美奂的景色。

博鳌索菲特大酒店的设计也很特别，整个酒店像一只展翅飞翔的雄鹰，依托在东屿岛这只神奇的巨鳌上，给人一种神奇、宁静、远离喧嚣的感觉。内部的布置将优雅的法国风情和灿烂的中国文化完美结合。作为博鳌亚洲论坛的永久会址，博鳌索菲特酒店具有世界一流的酒店管理水准和举办超大型国际会议的能力，是商务会议、度假休闲的理想场所。

度假居所

套房类型：437间客房及套房，大小不一，有从51平方米到320平方米的各种客房，分别有高级间、豪华间、索菲特会所、万泉套房、龙潭套房和总统套房等。

客房设施：每个房间均有独立的更衣室及气派的观景阳台，海景客房可在开放的浴缸内边沐浴边享受浪漫的海景。还有自动红外线照明感应，自动衡温空调和各种现代化的设备。

美食诱惑

怡景西餐厅 —— 全日供应地中海式佳肴及其他西式餐点。

亚细亚风味餐厅 —— 不仅有亚洲特色的菜品，还可以欣赏厨师在开放式厨房中现场表演的高超技艺。

聚贤阁中餐厅 —— 可以在享受中式美食的同时欣赏玉带滩如诗如画的美景。

河畔烧烤餐厅 —— 品尝多汁的烧烤美味，感受BBQ的乐趣。

美食廊 —— 各式三明治的小点

心，可以满足食品外带的需要。

休闲盘点

有游泳池、健身中心、网球场、288雪茄吧、雨带吧、东方演艺厅和银河俱乐部等休闲设施，另配有游船的私家码头。

天然养生温泉／有养阴滋水、固本培元的灵芝泉，有活络筋脉、润肠补血的当归泉，有清神祛热、利咽透疹的薄荷泉，有排毒养颜、延缓衰老的薰衣草泉，有滋养肌肤、调理血气的玫瑰花泉，有舒筋活络、促进血液循环的醉泉，有消乏解疲、提神醒脑的咖啡泉，还有柠檬泉、人参泉、百草泉、椰奶泉等等。

矿砂浴／采用优质土耳其矿砂，配合含有多种矿物质的温泉水及各类香熏精油，目前是东南亚地区最具特色的矿砂浴。利用温泉导热矿砂覆盖人体，可祛除体内毒素，吸收热矿中的矿物质和香熏精油营养素，对风湿、感冒、腰骨痛、关节炎、神经衰弱、软组织损伤等有显著疗效，同时对皮肤护理及美容有独特作用。

石板浴／高温温泉水透过纯天然云南大理石石板温泉传导热能，人体躺卧在温暖的石面上直接受热，享受热石疗，从而加强血液循环，增强体质。对风湿、关节炎有特殊疗效。

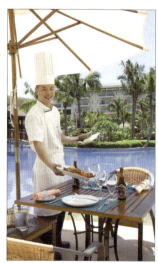

博鳌索菲特大酒店

博鳌的旅游旺季是每年的10月至次年的5月；淡季是每年的6月到9月。

度假村精华

高尔夫球会

博鳌亚洲论坛国际会议中心高尔夫球会作为亚洲论坛的高尔夫俱乐部体现了海纳百川的大气。总面积达1106800平方米，人工湖面积达76550平方米，全场18洞72标准杆，球道总长度7129码。

球场由享誉盛名的澳大利亚设计师Graham Marsh所设计。他巧妙地将球场中独特的自然地形、周围远景和小溪、瀑布及园林景观融为一体：大气的沙坑，动感的球道，动静兼糅的水景山情，软硬相宜的园林小品，风格迥异的别墅，古朴的民居，为亚太地区带来了一个独一无二感受的高尔夫球场。

万泉玉带水疗中心

万泉水疗设于室内，拥有9间护理室，包括一间专为情侣设计的双人室，两间水疗池，热带雨林喷淋，干湿蒸及桑拿。

玉带水疗中心位于户外如诗如画的景观花园里，这里可眺望波光粼粼的万泉河和蔚蓝的大海。它拥有5个天然温泉水疗池及2个自带温泉小池，护理室和淋浴间的套房。

利用天然海藻萃取的精华，配以不同组合及手法，万泉水疗及玉带水疗中心提供泰式和中式的各种护理。护理项目从香薰到足底按摩，从西式到中式，从健康护理到纤体护理，有效地帮助人们在按摩和护理的过程中达到身体、心灵、精神融合的境界。

海南 >> 琼海 度假类型 碧海银沙

054

博鳌索菲特大酒店

海南 ≫ 琼海 度假类型 碧海银沙

度假村实用信息

地理位置

博鳌索菲特大酒店位于海南岛东部的东屿岛，面向南中国海。

地址：海南省琼海市博鳌东屿岛
电话：0898-62966888
传真：0898-62966888
网址：www.accorhotels.com
　　　www.boaoholiday.com

交通信息指南

汽车站

琼海汽车站发往博鳌的车，每10分钟一班，有普通车与专线旅游车，沿路招手即停，大约行驶19公里，约25分钟即可抵达。

高速公路

海南现已建成环岛高速公路，总里程达650余公里，博鳌－海口104公里，博鳌－三亚188公里。

机场

博鳌－海口国际机场：1小时
博鳌－三亚国际机场：2小时

消费指南

博鳌索菲特大酒店

索菲特会所（含双早）
门市价：2905元

豪华间（含双早）
门市价：2116元

高级间（含双早）
门市价：1992元

酒店拥有437间从51平方米到320平方米的宽敞客房。每个客房均有独立的更衣室及气派的观景阳台，海景客房可在开放的浴缸内边沐浴边享受浪漫的海景。自动红外线照明感应，自动恒温空调和各种现代化的设备。

高尔夫价格

类　别		价　目		
果岭费	来　宾	1000元/18洞		
加打费	来　宾	每超过9洞加收450元		
杆弟费	9洞	120元	单包	100元	双包
	18洞	145元	单包	120元	双包
	27洞	265元	单包	220元	双包
	36洞	290元	单包	240元	双包
租用物品	球　车	220元/18洞		
	球　杆	120元/套（普通杆）		
		300元/套		
	租　鞋	60元/双		
	租　伞	10元/把		
	更衣柜	20元/柜		
灯光练习场	练习球	30元/30个球		
	球　杆	10元/支		
教练费	练习场	100元/小时		
	9洞	200元		
	18洞	300元		
陪走费		500元/人		
服务费		10元/人		
足疗费		100元/小时		
保险费		5元/人		

温泉服务
散客成人158元/人，儿童48元/人

游走周边

周边旅游风向标

水域天堂／江河湖海汇流，山岭沙滩毗邻。一个水域天堂，一个田园梦乡。

这是一个富庶的南国城镇，也是一个静谧的东方村落。糅合时尚与生态，交融传统与现代，在地球村的一隅，传递亚洲的一种声音。有唐宋盛象，亦有魏晋风骨，有人文精神，也有天地灵气。纵横捭阖，运筹帷幄。高谈阔论，宾朋满座，天时、地利、人和，凝粹于博鳌水城。集天工开物之大成，融造化神奇于一域。这是精神交流的论坛，天人对话的平台，贤杰聚会的港湾，地灵荟萃的区域。

在母亲万泉河的彼岸，民风淳朴的小镇，博鳌金海岸温泉大酒店与博鳌索菲特大酒店遥相呼应，由主楼、棕榈岛、椰林岛和槟榔岛组成，拥有豪华客房290间，滨海别墅44套，中西食府及4个风格别致的酒吧，容纳300余人的现代化会议厅与康体设施。星罗棋布在这片神奇的水城之上，散发着独特的东方神韵与奇幻魅力。

龙颈穴／龙颈穴位于博鳌亚洲论坛国际会议中心。建设者在施工过程中，无意发现岛上一处天然形成之穴，人站在穴心高声话语，就能听到隆隆回音，环绕不散。对此奇象，各方百思不得其解。民间自有高人，娓娓道出其中奥妙：鳌龙化身东屿岛漂浮于南海之上，此穴就是鳌龙颈穴，天地日月之精华尽藏于此，人立于此高声话语可闻回音实乃得上苍辅佑之明证，在此求福无不灵验。高人又说：各国元首、权贵云集博鳌，莫不因博鳌之地气精华？从此，"龙颈穴"之称不胫而走。由于多方人士深信它的神奇灵验，竞相在此祈求福祉，为此，又称之为"祈运台"。

圣公石／古今闻名的涛头奇观——圣公石，是屹立在博鳌港门大海碧波中的一个黑黛公，高出海面数米的巨大岩礁。古往今来，任由风吹浪打，这石群昂贵挺胸，巍然不动，其气概伟岸神圣，故人们美誉为"圣公石"。

玉带滩／是一条自然形成的地形狭长的沙滩半岛，外侧南海烟波浩渺一望无际，内侧万泉河、沙美内海湖光山色，内外相映，构成了一幅奇异的景观。玉带滩全长8.5公里，地形地貌酷似澳大利亚的黄金海岸和墨西哥的坎昆，在亚洲区可谓仅此独有，作为分隔海、河最狭窄的沙滩半岛被列入上海大世界基尼斯之最。

万泉河／万泉河激情漂流之旅：游客乘橡皮艇漂流万泉河，万泉河由烟园至会山乡，长约15公里，时间约3小时。河面最狭窄处8米，最宽处约100米，水深1－10米。漂流万泉河，即有惊时穿激流越险滩的激情澎湃，又有缓时两崖风光尽收眼底的诗情画意，可同时进行的打水仗游戏，又为万泉河之行平添了几分童趣（距离酒店40分钟车程）。

地方风俗节庆

海南岛欢乐节／由海南省政府和国家旅游局共同主办，每年11月16日至18日在海南各地举办，每年内容不同。2007年就在琼海博鳌举行，主要节目包括鼓艺表演和花车大巡游、烟花艺术大赛及中华绝技表演。

度假风尚补给站

博鳌亚洲论坛与酒店品牌来源／作为一家接待博鳌亚洲论坛年会的超五星大酒店，酒店的股东海南中远博鳌有限公司聘请国际著名品牌酒店管理巨头——法国雅高集团来管理论坛永久会址会议中心和酒店。雅高集团对这间独特的酒店项目非常重视，授权该岛酒店使用其拥有的顶级品牌——索菲特。

博鳌索菲特大酒店

度假感言

酒店太棒了，特别是舒适的周边环境和酒店精心的设计与周到的服务，房间需要的费用和房间的设施对比让我们觉得绝对物有所值。落地镜子的墙面，宽大的储藏室，可以伸缩自由变换空间的浴室设计，可以自由调整角度的小型放大镜让你全方位仔细打理好自己，当夜幕降临，躺在只有2块大理石墙围成的浴室里看电视，或坐在宽敞明亮的阳台中品味万泉河静静流淌的温柔，整个人仿佛融化在这神秘暧昧的静谧中，下次去海南度假，博鳌索菲特大酒店肯定还会是我的首选。

海南 ∨∨ 琼海　度假类型　**碧海银沙**

加勒比海风格

秦皇岛海景假日酒店

Holiday Inn Sea View Qinhuangdao

　　秦皇岛拥有着绵延126公里的海岸线，气候宜人，年平均气温在 10 度左右，温暖舒适，历来就是避暑消夏的胜地。辽阔的海域和漫长的海岸线是秦皇岛的主要魅力之所在。蓝色的大海有时一碧万顷，海平如镜；有时波浪起伏，潮涨潮落，可谓变化莫测。

　　而秦皇岛海景假日酒店就建在这海岸线的黄金地带，三面环海，风景独好。临海处有一条狭长的金色沙滩，并设有专用海水浴场。酒店具有欧式建筑风情，进入大堂后，就可见别致的亮黄色点缀，环境幽静雅致，内部装修豪华、典雅，可谓休闲度假的梦幻选择。

适合人群 商务人士、情侣出游、朋友聚会、家庭度假　　适合居住长度 4天3晚

秦皇岛海景假日酒店

找一个理由住在这里

　　秦皇岛市历史悠久，是中国唯一以皇帝名号得名的城市，是全国首批14个沿海开放城市之一，也是国务院批准的全国甲级旅游城市。秦皇岛海景假日酒店是按国际五星级标准酒店建造的涉外旅游商务酒店，总占地20000平方米，高贵典雅的加勒比海风格建筑，酒店拥有舒适豪华的服务设施及国际化管理服务。

　　酒店坐落在渤海海滨，拥有274间格调高雅舒适温馨的客房及套房和4层专为商务人士设计的行政楼层，全海景的豪华视野使之成为休闲度假游客的最佳选择。

度假居所

　　套房类型：酒店拥有274间设计舒适、典雅视野开阔的客房，其中包括14间装饰豪华的套房以及1间总统套房。

　　客房设施：酒店同时设有无烟楼层和残疾人房间，所有房间均配备现代豪华设施，多频道卫星电视接收系统、中央空调/暖气、国际/国内直拨电话、ADSL宽带互联网接口、迷你酒吧、免费矿泉水、咖啡/茶配套用具、私人保险箱、熨斗及熨衣板、电吹风等。

　　豪华海景房：面积为32平方米，配有国王尺寸的大床房、双床房。家庭三人房为家庭出游提供方便条件舒适的环境。落地式窗户直连阳台，倚栏俯瞰大海，让人真正感受度假的放松愉悦。

　　豪华海景套房：设有独立的卧室、起居室和两间卧室。所有的卧床都为2米长，客房的面积从60多平方米到200多平方米不等，每套均配有齐全的服务设施。

美食诱惑

　　秦皇苑中餐厅 —— 提供经典传统粤菜、湘菜及川菜，同时还提供生猛海鲜、鲍鱼、鱼翅等和精选正宗粤式点心，令人尽享中华传统美食之博大精深，15间环境优雅的包房随时接受预订。

　　艺廊西餐厅 —— 位于酒店一层，置身于此，你可以一边用餐一边俯瞰美丽的渤海海滨。餐厅设计典雅高贵、环境舒适温馨，早、中、晚都提供正宗的西餐和亚洲精选美食及来自世界各地风格迥异特色美食。

　　罗曼娜印度餐厅 —— 位于酒店一层，用餐的同时可以欣赏美丽的海滨景色。来自印度本土的厨师带来正宗的印度饮食，让人尽享美食的乐趣。

　　美食屋 —— 酒店大堂一楼的美食屋为你提供各种诱人的亚洲美食及意大利比萨饼、新鲜出炉的面包、蛋糕、冷切肉拼盘及冰淇淋等，同时还提供外卖服务，方便野餐和外出观光。

休闲盘点

　　港湾酒吧/位于酒店一层，俯瞰美丽的渤海海滨，是秦皇岛市放松身心，享受异国情调鸡尾酒和上等咖啡的最佳去处。

　　船长酒吧/位于酒店二楼，这里有来自菲律宾的马尼拉乐队一周六天的倾情演出。

秦皇岛海景假日酒店

河北 》秦皇岛　**度假类型　碧海银沙**

度假村精华

茶树水疗中心 SPA

酒店拥有国际水准的茶树水疗，是河北省最好的茶树水疗中心，拥有优雅的VIP包房，受过专业培训的

理疗师使用世界各地传统医疗技术及按摩手法，给你带来茶树水疗的全新SPA体验。

水疗中心提供的多种护理选择，

包括按摩、美容和美体等项目。精选具有独特疗效的上等材料，有凝神、舒缓筋骨酸痛、平衡油脂分泌、除汗臭、体臭、促进细胞再生的功效、对感染后化脓症状的疤痕、灼伤、晒伤有消炎抗菌作用。

度假小贴士

赤土山、鹰角岩、小东山、联峰山望海亭均是看日出的最佳去处。根据酒店网站所列时间，提前30分钟到达可以完整地看到"晨云霞"、"红日浴海"、"日落洒金"等日出三景。凌晨寒冷，观日出同时要注意保暖。

秦皇岛海景假日酒店

河北
≫
秦皇岛　度假类型
碧海银沙

消费指南

秦皇岛海景假日酒店

房型	门市价	前台现付价
豪华园景房	1288元	600元
豪华海景房	1688元	800元
行政豪华园景房	1768元	900元
行政豪华海景房	2088元	1100元
行政豪华园景套房	2688元	1700元
行政豪华海景套房	3088元	1900元
西式套餐	128元净价	

特惠内容："环球与海景自助烧烤大餐"
赠送一杯啤酒或饮料108元净价（周日）
特惠内容："日期日早午餐"　免费啤酒
饮料

度假村实用信息

交通信息指南

秦皇岛公交车路线

乘坐火车的游客在秦皇岛火车站下车后，可乘坐市内8路公共汽车到求仙入海站下车，向前20米右转50米即到。

自驾车旅游路线

自驾车游客在京沈高速秦皇岛西出口下路后，顺海阳路直行至文化南路，至文化南路顶端后东行上立交桥，下立交桥到达南山街即到。

自驾车游客在京沈高速秦皇岛东出口下路后，顺着东港路一直向南，大约10多分钟的时间即到。

地理位置

秦皇岛市位于河北省东北部，距离北京3小时车程，天津2小时车程，沈阳4小时车程。秦皇岛海景假日酒店位于秦皇岛市海港区东港路，紧邻久负盛名的东山浴场及著名旅游景点求仙入海处。距离市中心仅4公里路程，距离飞机场近13公里，距离火车站也仅有9公里的路程。

地址：河北省秦皇岛市海港区东港路25号
电话：0335－3430888
网址：www.holidayinn-qhd.cn

游走周边

周边旅游风向标

北戴河/地处河北省秦皇岛市的西部，气候宜人，有10公里长、曲折平坦的沙质海滩，沙软潮平，背靠树木葱郁的联峰山，自然环境优美，自清朝起就被誉为理想的海滨避暑胜地。

山海关/被誉为"天下第一关"，坐落在河北省秦皇岛市东北15公里，是明代万里长城东部的一个重要关隘，因北依燕山，南临渤海而得名。景点有山海关城、老龙头、孟姜女庙、悬阳洞、燕塞湖等。

黄金海岸/由金沙滩和银沙滩海水浴场组成。这里避风朝阳，滩上细沙匀布，平缓洁净，海水清澈，波高适宜，地理环境得天独厚，是游泳、垂钓和看海的好地方。

秦皇岛野生动物园/是我国目前开放的野生动物园中森林覆盖率最高的野生动物园。有猛兽区、热带动物区、草食动物区、非洲动物区等，引进野生动物100余种，5000只。

度假风尚补给站

看皮影/看皮影是指皮影戏，把驴皮刻制的影人，用灯光映射在影幕上，皮影演员在幕后操纵影人动作，配说词和背景音乐，有的还要配唱，以此来表演故事情节。冀东一带皮影戏剧目很多，颇受欢迎的剧目有《五锋会》、《三打白骨精》、《青云剑》、《镇冤塔》等传统剧目。

哼大鼓/冀东一带农村常见的娱乐形式，哼唱乐亭大鼓以说唱并重，曲牌常见的有四大口、南城腔、四

平调、流水板等，传统曲目多是以演唱民俗民风和农家生活为主，受欢迎的有《武松打虎》、《鞭打芦花》等。

地方风俗节庆

秦皇岛名称的由来/秦皇岛历史悠久，《山海关志》最早记有这一地名："秦皇岛，城西南二十五里，又入海一里。或传秦始皇求仙驻跸于此。"该岛也就因秦皇派人渡海求仙的传说而得名，成为了中国唯一一座以皇帝名号命名的城市。至于秦皇岛的"岛"，指的是现在海港区的东山，二百多年以前，"四面皆水"，未与陆地相连。随着时间的推移，海岸泥沙堆积，演变成半岛。

度假感言

建议住海景房，阳台很大。浴室的创意很不错，有吸顶的花洒，躺在浴缸里就可以看到海，确实是非常舒服。物有所值，床位很柔软，电视够大，总的来说，一分价钱一分货。还有房间送餐服务也很好，既不贵，味道又纯正。

雪域高原

天地合一的神来之笔

丽江大港旺宝国际饭店

Treasure Harbour International Hotel Lijiang

丽江的美誉说上三天三夜都说不完，这里是世界文化、自然遗产和记忆遗产的积聚地，这里是返璞归真的文明古邦，这里更是一个诗意盎然的宁静小镇，以其悠久的历史、独特的风貌和灿烂的文化成为享誉世界的文化胜地，让五湖四海的游人为之而倾倒。

从机场出来，沿着宽阔的香格里大道一路北上，只要30分钟，著名的玉龙雪山便横亘在眼前。雪山脚下，一个传统中式风格的建筑群安然躺在天地间，洁白素雅的身姿与碧蓝无云的天空相得益彰，尤显气度非凡。这就是著名的丽江大港旺宝国际饭店。

与丽江的文化底蕴相融合，大港旺宝显得毫不突兀，简直就是为了丽江而生。在这里，无论是大研古城、束河古镇，还是玉龙雪山，都近在咫尺。

大港旺宝背靠玉龙雪山，环抱在人工河流湖泊之中，犹如一颗明珠，镶嵌在丽江最具灵性的一块土地上。

适合人群 蜜月旅行、商务会谈、情侣度假、家庭出游　　**适合居住长度** 1周左右

丽江大港旺宝国际饭店

找一个理由住在这里

大港旺宝国际饭店按白金五星级标准设计和建造，而且有着黄金段选址，位于丽江、三江并流、大香格里拉区域各大著名景点及各高尔夫球场的中心位置。其整体设计别具一格，把纳西民族的独特民族文化、民间建筑设计，和中国传统古建筑风格，嫁接到现代建筑中，赋予了饭店与众不同的人文色彩，以柔和优美的建筑效果，完美地融入了丽江的壮丽景色之中，让人深刻体会到丽江的自然与文化之精髓。

饭店由享誉中外的广州莫伯治建筑师事务所精心设计，占地300余亩，建筑面积60000平方米，仿纳西古民居的三层楼建筑群掩映在绿荫、溪流、瀑布、小道、湖泊及蜿蜒其中的半岛间，整个饭店渗透着丽江的自然环境和历史文化之精髓，既矗立于大地上，又融贯在天空中，犹如天地人合一的神来之笔。

正是由于硬件和软件两方面都显示出豪华饭店的风范，大港旺宝已经成为了各种商务活动在丽江的首选之地，"2005年度中国纪录片国际选片会·丽江圣典"、"百度2005中国风云录"、"微软公司全球客户研讨会"等一系列在国内外有影响的重大活动纷纷把绣球投向这里，充分展现了饭店的国际性品牌魅力。

生间通透明亮，躺在宽大的浴缸里，喝上一口醇香的红酒，整个人已经陶醉在这美好的时光中了。

美食诱惑

中餐厅和风味餐厅 —— 汇集了传统的粤菜、川菜、滇菜、淮扬菜和东南亚菜品等各地美味，精致的粤式菜肴、精巧的粤式点心，香甜爽口绝不亚于在广东品尝的任何一家老字号。

俄古罗咖啡厅 —— 为每一位客人精心制作融汇世界各国不同风味的中西式结合自助餐，喜欢西餐的客人则一定要品尝一下俄古罗咖啡厅来自法国、意大利等地的美味菜肴。咖啡厅是饭店所有餐厅中位置最佳的餐厅，餐厅北面正对玉龙雪山，能观玉龙雪山全景，天气晴朗的日子，在这里品咖啡，赏美景，也是灵魂皈依的最佳之地。

休闲盘点

休闲设施： 夜总会、棋牌室、室内游泳池、配备全套先进器材的健身房、按摩浴池、桑拿、蒸汽浴室等一系列休闲设施及专业按摩服务。

度假居所

客房类别： 三层楼的饭店共设有435间各式客房。面积超过45平方米的超大标准间客房和宽敞舒适的商务单人间客房是商务旅行的最佳选择，而豪华套间和三套间客房则适合全家人共同享受度假生活，部分客房还带有错层的设计，以获得更加宽敞的空间感。

特别推荐： 大港旺宝的总统套房更是豪华气派，会客厅、书房、卧室、会议室总共20多个房间，使用面积达到了3600多平方米，堪称世界顶级。

客房设施： 饭店每间客房的设计都力求精巧别致，带给宾客家一样温暖舒适的感觉。透过房间宽敞明亮的窗户，可远眺玉龙雪山；宽大柔软的大床和高级的家居用品是豪华饭店的最高标准，统一的木结构装饰和高级的实木家具，透出稳重、成熟的风格；卫星电视可以接受包括HBO电影频道在内的全球30多个卫星频道，独立的小冰箱、客房小酒吧、独立衣帽间、饮用水系统、中央空调等家居设施一应俱全，使用方便，真正体现了一个饭店以人为本的服务理念。

特别推荐： 客房卫生间的设计非常别致，全透明玻璃的墙面让卫

064

丽江大港旺宝国际饭店

云南 ∨ 丽江　度假类型　雪域高原

度假小贴士

为方便企业在会议之后举行宴会的需要，饭店的会议厅可以在会议结束后30分钟内改换成宴会厅，饭店专业的宴会服务队伍，能够迅速布置各种宴会形式，为每一个会议和宴会的会务做出最妥善周到的安排，给予宾客最殷勤细致的服务。无论是丰盛热闹的中式宴席，还是精致专业的西餐宴席，大港旺宝都让人真正感受到尊贵的五星级贵宾服务。

度假村精华

丽江最大的商务会宴

作为一个度假胜地或文化胜地，丽江是很多人心目中的灵魂休憩之所。在这样的环境里，即使面对的会谈对象再难缠，会议的过程再煎熬，但是因为大家身处丽江，自然也就有了一种别样的轻松氛围。

大港旺宝国际饭店是丽江最大的商务型酒店，拥有丽江最具规模的会议与宴会设施，共有七个大小不同的会议厅，可分别容纳宾客30至650人。

最大的多功能宴会厅净空高7.5米，面积超过650平方米，由三个可独立分隔的小会议厅组合而成，相互间以活动墙面隔断，可根据会议的需要组合成1/3、2/3或全厅三种大小的会议厅，全厅最多可以举行650人的公司会议，活动墙面可以方便地安装，迅速分割为三个小会议厅，方便企业进行分组讨论会议。

饭店还配备了几个有特殊功能的特别会议厅，总统套房内的董事会议室是专门举行董事会议的地方，丽江厅则是专门为领导接见活动而设置的接见厅，根据会议形式的不同，都进行了专业的设计和精心的布置。

度假村实用信息

地理位置

　　坐落于丽江市区，东起吉祥如意的象山和碧波荡漾的清溪水库，西临市区主干道——香格里大道，南眺大研古城，北依神奇雄伟的玉龙雪山和古老的束河古镇，饭店距机场29公里。

地址：云南省丽江市香格里大道
电话：0888－3116688
传真：0888－3118888
网址：www.treasureharbour.cn

交通信息指南

■昆明驾车至丽江，行程为517公里，历时约为8－9小时。途经安宁（安楚高速公路）、楚雄（楚大高速公路）、大理（大丽公路），抵丽江。
■昆明乘车至丽江，行程为517公里，车票价格174元（云南省旅游汽车高快客运公司）、197元（云南省高快客运公司），历时约为8.5－9小时，

消费指南

丽江大港旺宝国际饭店

标准大床间 　　　　前台现付价：580元	**豪华双床间** 门市价：1220元　前台现付价：680元
豪华大床间 　　　　前台现付价：680元	**商务房** 门市价：1360元　前台现付价：980元
标准双床间 门市价：1118元　前台现付价：580元	**豪华套房** 门市价：1866元　前台现付价：1080元

途经安宁（安楚高速公路）、楚雄（楚大高速公路）、大理（大丽公路），抵丽江。
■丽江高快客运站位于香格里大道，距饭店仅1公里，可在客运站口乘第11路公共汽车直抵饭店，或在客运站口乘出租车至饭店，出租车起步价为7元。

丽江大港旺宝国际饭店

云南 ≫ 丽江　度假类型　雪域高原

游走周边

周边旅游风向标

玉龙雪山风景名胜区：玉龙雪山、东巴谷生态文化园、万里长江第一湾、金沙江虎跳峡、宝山石头城。

丽江古城风景名胜区：丽江古城、木府、狮子山公园、丽江黑龙潭公司、五凤楼、东巴文化博物馆、清泉束河古镇、玉水寨、玉峰寺、北岳庙、白沙明代壁画、普济寺铜瓦殿、乐舞之乡黄山、文峰寺、候鸟乐园拉市海、指云寺、洛克玉湖旧居。

老君山风景名胜区："滇省众山之祖"老君山、透明丹霞风光、新主天然植物园。

泸沽湖风景名胜区：高原明珠泸沽湖、格姆山、永宁温泉、扎美喇嘛寺、比依仙人洞。

永胜县风景名胜区：蓝色聚宝盆程海、灵源箐及石刻观音像、羊坪水库、兴文土林、六德他留古墓群。

华平县风景名胜区：仙人洞、龙宫洞、湖芦洞、滴水岩瀑布、雾坪水库。

地方风俗节庆

纳西族传统节日／棒棒会（每年农历正月十五）、三朵节（每年农历二月初八）、三月会（每年农历三月）、七月会（每年农历七月中旬）。

摩梭人传统节日／朝山节（每年农历七月二十五日）、祭祖节。

彝族传统节日／十月太阳历、火把节（每年农历六月二十四日）、过年节。

傈僳族传统节日／阔时节（每年公历十二月二十日）、赶山节（每年农历五月初五端午节）、圣水节（每年立夏时节）。

普米族传统节日／吾昔节（每年农历腊月初六或初七）、转海会（正月十五）。

度假风尚补给站

大港旺宝国际饭店的华丽周边：

玉龙雪山　北半球最靠近赤道的大雪山，玉龙雪山冰川公园距饭店32公里；

大研古城　世界文化遗产，800多年历史的茶马古道重镇，距饭店2.5公里；

三江并流·老君山　世界自然遗产"三江并流"的典型景区，距饭店110公里；

石鼓　万里长江第一湾，距饭店50公里；

虎跳峡　万里长江第一峡，天下第一中流砥柱，距饭店105公里；

木府　丽江古城的"皇城故宫"，纳西族木氏土司历经元明清三代22世，世袭统治丽江土知府470年的官邸，距饭店3公里；

束河古镇　丽江最古老的集镇，距饭店2公里；

古城高尔夫　背靠文笔峰，面向文笔海的高尔夫球场，距饭店8公里；

雪山高尔夫　玉龙雪山脚下，海拔3100米高原之上的高尔夫球场，距饭店25公里。

度假感言

　　酒店的整体环境不错，特别是房间非常漂亮，而且很多房间带阳台，在阳台上就可以看见玉龙雪山。最满意的是厕所的构造，是全透明的设计，可以躺在浴缸里看电视，也可以坐在马桶上看，厕所里也有一个扩音器，连着电视的声音。非常适合蜜月旅行。

高原上怒放的纳西风情宴
丽江悦榕庄
Banyan Tree Lijiang

云南丽江兼有山乡之容，水城之貌，并有一般高原地域所罕见的水乡风貌——"家家临溪，户户垂柳"。作为世界文化遗产的大研镇保存了许多座明清的石拱桥，虽经几百年的风雨剥蚀、兵火焚毁，石桥如故，也为丽江赢得了"高原姑苏"的古朴美名。

玉龙雪山是这片高原文化的守护神，南北向排列的玉龙十三峰犹如一条腾空的巨龙，随着时令和阴晴的交替，景观也变幻无常。而在这曼妙的美景里与当地的纳西族人相遇，更是充满温情的美好回忆。

而纳西族的分支摩梭族大多居住在被誉为"高原明珠"泸沽湖畔的落水村，这个村庄至今仍保持着原始古朴的风貌。在海拔2400米的高原上，这些土生土长的人们所过着的简朴自在的农耕生活，正是我们向往的惬意悠然的生活状态。而在舒适度假氛围中体验这样的地域风情生活状态恰是我们入住悦榕庄的十足理由。

适合人群 各种休闲旅行者、旅游团队、公司企业团体、新婚夫妇和喜爱冒险旅行的人　　**适合居住长度** 4天－2周

068

丽江悦榕庄

云南 》 丽江　度假类型 雪域高原

找一个理由住在这里

丽江悦榕庄所在位置为高山所围绕，让其奢华建筑奇观与周边葱翠地貌相辉映！55栋纳西式的别墅均按照当地民风朝东北向，所以在这里，躺卧房中望向窗外就可欣赏到海拔5600米的玉龙雪山山顶，像传说中描述的那样，犹如一条玉龙躺在白云中。

丽江悦榕庄在延承当地传统与保护环境的大前提下，将民族风情、地域特色与顶级度假理念完美融合，是国内不可多得的顶级度假目的地。

一系列丽江著名的高山茶。

丽江悦榕SPA推出与备受推崇的上海悦榕SPA相同的天地五行（土，金，水，火，木）护肤疗程，另外并推出丽江悦榕SPA所特有的四季春，夏，秋，冬护理疗程和阴阳疗程。

丽江悦榕阁艺品店 —— 古香古色的悦榕阁丽江店是充满东方魅力的购物天堂。由悦榕阁精心策划并专门定制的独具纳西民族特色和充满东巴文化的精彩工艺品礼品都将闪亮登场。

秉承悦榕精品的一贯风格，亚洲传统家具，悦榕SPA护理系列，民间手工艺品，绿色环保产品，民族特色饰品及艺术品都能让嘉宾们将丽江悦榕庄的风采带回家。

游遍丽江 —— 丽江悦榕庄聘请具有丰富经验的导游为住客们设计特有的探险之旅及其他旅游行程。喜爱探险的游客们不妨选择远离悦榕庄的户外活动，例如玉龙雪山风光之旅、文海探险之旅、东巴文化之旅等。

度假居所

丽江悦榕庄55栋纳西式的别墅均朝东北向，每位住客均可欣赏到海拔5600米的玉龙雪山山顶，传说中犹如一条玉龙躺在白云中。令人钦羡的大自然景观全部收集于丽江悦榕庄宽敞的别墅里，宽敞空间包括室外温水按摩浴池或私人泳池。

丽江悦榕庄建有40栋花园和豪华花园别墅，13栋泳池和豪华泳池别墅，1栋双房式泳池别墅及1栋总统别墅，其建筑体均采用当地特有建材兴建而成，例如五彩石及纳西灰砖。传统红瓦屋顶乃取自于当地的砖窑，原貌重现纳西现代弯屋顶。

美食诱惑

文海酒吧 —— 丽江悦榕庄最有特色的莫过于文海酒吧。名字取自邻近湖泊，室内装潢摆设犹如小屋客室，温暖的壁炉及舒适的座椅令人备感亲切。这里有各式特制饮品，鸡尾酒和各种精制小点心。而这里的乐队能够演奏各种本地名曲和传世经典的西方音乐。

白云餐厅 —— 坐落于风景秀美的湖边，提供最精致的粤菜美食。让住客们在环境优美的世外桃源里，伴随着悠扬的音乐，品尝一流美食。

春风茶室 —— 体验完美的茶艺表演和学习令人着迷的泡茶功夫，品尝中国精选极品茶集。

明月餐厅 —— 精心烹制的中式自助早餐以及午晚餐的点餐服务让您尽享本地和世界美食。

休闲盘点

丽江悦榕SPA —— 丽江悦榕庄设有6间宽敞，精致装潢及配有淋浴室的护疗室，1间特别配有热带雨林淋浴设备及沐浴设备的护疗亭。其他如美容室，瑜伽室，健身房等设施一应俱全。SPA内设有一饮茶室提供

度假村精华

天人合一的纳西风情

丽江的纳西族最感动异乡客的是他们晕红的两颊和含笑的双眼，这些纯真的表情流露出的是现代都市中难得一见的温暖与不设防。作为藏族游牧民后裔组成的母系社会，丽江纳西人继承了独特的传统风俗，妇女的社会地位和权利比男子高。孩子由母方家庭抚养长大，因此纳西部落通常被描述为"没有父亲或丈夫"的社会。

很多人心目中，对于纳西的情感更多的是猎奇，感受不同时空里一种历史回溯的浪漫情调，然而真正的丽江文化，神秘纳西，是要用心安静下来慢慢体会的。像丽江悦榕庄这样一个天然的文化容器，把现代设施与传统民族风情融合在一起。有的时候躺在院落的横榻上望着不远处的玉龙雪山，心境也像能穿越时空，飞到星河的另一头去。

无法抗拒的"云南大礼"

悦榕庄的养身SPA与其地方风情相结合，尤其是丽江悦榕SPA具有代表性的，令疲惫身心无法抗拒的"云南大礼"。推荐云南大礼Yunnan Bounty（180分钟RMB1,500 +15%服务费）。

云南大礼是以传统的珍珠大麦精华磨砂乳液去除死皮细胞，消除

神经紧张，全然放松。另一亮点是红米人参护肤乳液加上绿茶滋养喷雾，滋养您全身的肌肤。最后，以加热后的桂石按摩，使您感觉到内在充满了无比的和谐及安宁。

度假小贴士

热桂石按摩 Gui Shi Hot Stones Massage／地道的喜马拉雅疗法得益于与生俱来的自然有机成分，这是带来最佳疗效的根本。这种古老的疗法早已记载于一本名为《桂石》的西藏医药经典集内，并除了边疆地带的当地人之外，几乎被所有的人遗忘。取自河里的软桂石加热后，用它来帮助全身按摩，在人体的穴道释放出暖气和压力，其能量有利于"气"的缓缓流通，并排除人体内的毒素，使人感觉到内在充满了无比的和谐及安宁。

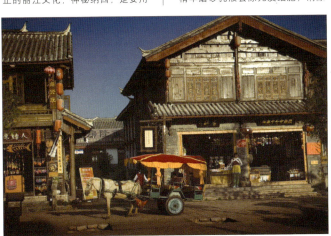

度假村实用信息

服务设施一览

Golf & SPA／在中国云南质朴的雪山环绕下，尽享美妙的高原假日。丽江悦榕庄推出融合了高尔夫之动和SPA之静Golf & SPA配套，体验前所未有的休闲方式。不仅能在悦榕SPA哪享受到别具一格的尊贵服务。还能体验海拔3000米的高原Golf，其风情万千的景色和多元的文化吸引着众多高尔夫球手。

企业休闲及开会场所／提供商业人士和专业人士一个绝佳的地点，让您抛开世间尘嚣和激发灵感。丽江悦榕庄拥有55栋纳西式的别墅，非常适合中小型公司举行会议。富有东方风味的会议室备有各项尖端科技的设施，如电视,视频播放器,影音设备,背投和移动投影仪,白板及两套活动挂图设备。

婚礼配套／包括誓言交换、三层婚礼蛋糕、鲜花和会场布置、香槟、SPA和美容项目、精心准备的美味佳肴、室内外婚礼照相和新人们的别墅布置等服务。加上纳西传统文化中东巴文明犹如"智者"的高僧为新人美满婚姻的祝福。

翻被（开夜床）服务／傍晚来临

消费指南

时分，度假村客房服务人员会为客人再次整理干净别墅、整理被褥的同时将羽绒被表面折叠出漂亮的纹路并洒上玫瑰花。每日为嘉宾准备一份小礼物和一份叶形状的绿意拯救基金捐献小贴士。

自由挑选枕头／根据客人喜好有六种枕头可供选择，分别为：羽绒枕头、海绵枕头、中柔软度的海绵枕头、扁圆海绵枕头、硬海绵枕头、非过敏纤维枕头。

"亲密时刻"／悦榕庄最具代表性的特别"亲密时刻"别墅装饰体验：将嘉宾的别墅用蜡烛和鲜花装点，加上营造无限浪漫温情的玫瑰浴。

地理位置

位于海拔2000米高原的丽江悦榕庄坐落于著名的中国丝路及纳西王朝的古都丽江。距离联合国教科文组织列为世界文化遗产的大研古城只有15分钟车程,自丽江机场搭车前往亦只需40分钟。

地址：云南省丽江市
　　　古城区束河悦榕路
电话：0888-5331111
传真：0888-5332222

交通信息指南

丽江悦榕庄距大研古城只有15分钟车程,自丽江机场搭车前往亦只需40分钟。

■可搭乘飞机前往昆明国际机场，接着搭乘40分钟的内陆航班前

往丽江机场

■此外，搭飞机前往上海虹桥机场，接着搭乘3至4个半小时的内陆航班前往丽江机场

■北京、深圳、和成都都有前往丽江的直达航班

■丽江机场建于1995年，离丽江悦榕庄约30至40分钟的车程

酒店荣誉

丽江悦榕庄（Banyan Tree Lijiang）——★2007胡润百富：云南地区最佳酒店／度假村 ★2006中国酒店星光奖：中国最佳顶级奢华酒店 ★2006中国酒店星光奖：中国最佳豪华SPA酒店 ★2006中国酒店星光奖：中国酒店业最佳总经理 ★第四届"中国酒店'金枕头'奖"：2007年度中国十大最受欢迎度假酒店 ★《时尚旅游》杂志第二届读者票选旅游金榜：国内最佳度假酒店 ★Conde Nast Traveler "Hot List" 2007；"Conde Nast Traveler Hot List" ★Hospitality Design Awards 2007："Best Hotel（Luxury）"

游走周边

周边旅游风向标

丽江悦榕庄距离大研古镇只有15分钟车程,大研古镇是每个去丽江旅游的人的必去之处,在那里既可见识到古老的东巴文化,亦有现代化的洋人酒吧。附近的白沙镇保存了53组的白沙壁画,在这里可以让人一窥中国画及藏传佛教历史的奥妙。云飞喇嘛庙是丽江七大喇嘛庙之一,以其巨大的山茶树闻名于世。每年均有高达2万多株的花儿在此珍奇的土地上争奇斗艳,令人目不暇接。

其他如玉龙雪山、虎跳峡、干海,甚至于较远处的石林亦是令人神往之地。还有张艺谋大型实景演出剧《印象丽江》非常值得一看。

地方风俗节庆

除了纳西族,在丽江地区,您还可以体验到很多各民族的独特风情,包括傈僳族、布依族、傣族、苗族、壮族、藏族、回族、汉族、彝族和白族。而参加各民族的传统佳节庆典是了解这些民族历史和文化的最好方式。纳西族在农历二月初八庆祝三朵节。纳西族、彝族和白族在农历六月二十四至二十七日都会举行每年一度的火把节,布依族则在农历正月十五庆祝农历新年。

另外,此处的传统艺术和手工艺品本地特色浓厚。比如,东巴地毯和纳西羊毛毯花纹繁复,象征着快乐和好运。砚台、笔筒和灯罩之类的青铜器皿以及陶瓷和木雕也比比皆是。在返回喧嚣的都市之前,建议您前往大石桥畔的小商店购买"Bunong 响铃"护身符,作为送给自己的特别礼物。

度假风尚补给站

中国西南丝路/远在春秋战国时期就实际存在的我国陆上南方丝绸之路,是与我国北方丝绸之路齐名而又遥遥相对的一条国际经济文化交通线,又称西南丝绸之路。西南丝路以四川成都为起点,永昌(今云南保山)为中转出口站,称作"永昌道",终点为身毒(今印度),故又称为蜀－身毒道。这条丝路漫长、悠久而又神奇,它是世界古代文化的贯穿线和发源地之一,而丽江正是这条古道上最重要的集市。

纳西信仰/纳西文化是其核心宗教东巴教的传承。据传,古老的东巴教的鼻祖是900年前东藏的一位萨满巫师东巴什罗。东巴教信仰超自然的神,受喇嘛教、佛教和道教的影响。东巴教的神话也基于这样的信仰,那就是"自然"与"人"是分享相同血脉的同父异母的兄弟。确切地说,正是纳西人对自然的尊重,才让质朴美丽的丽江风光得以完好地保存至今。

度假感言

去丽江悦榕庄是我蜜月旅行的最大收获,虽然随后又去了欧洲玩了半个月,但是都不能和在丽江的那段柔软时光相比。非常宁静的生活方式,和当地的纳西风情融合在一起。我和老公都对那里一切开销感觉物有所值。虽然是人生里不能多来几次的度假天堂,但是留一个美好的记忆已经足够!

仁安悦榕庄

心中的日月 高原的神居

仁安悦榕庄

B a n y a n   T r e e   R i n g h a

香格里拉，是迪庆藏语，意为"心中的日月"，源于唐宋时期建置的"月光城"和"日光城"，日月两城遥相辉映，千古流传，成为佳话。而现在意义上的香格里拉已经不仅仅是一处旅游胜地，更是一种悠闲灵性的生活状态的象征。在充满异域风情的藏式文化氛围中，打通人与自然的界限，更充分地体验生命的分分秒秒，时光的点点滴滴。

在这片神奇的高原上，人们可以游历湄公河宏伟的石灰岩与花岗岩地形，扶摇而上经萨尔温江的茂密森林，直至扬子江流域的高原山脉。更令人期待的要数那壮观而又清澈如镜的高山湖泊，漫山遍野的杜鹃花，薄雾袅娜的森林，热气蒸腾的温泉，险要的山川峡谷，奇妙的石灰岩梯形地，这些无不展现出这一带的世外奇景。

在仁安悦榕庄，你可以深刻体验与香格里拉融为一体的藏式风情与高原文化。而这些，需要平和心态，需要敞开怀抱，需要时日沉淀……

云南 》 迪庆 **度假类型 雪域高原**

适合人群 各种休闲旅行者、旅游团队、公司企业团体、新婚夫妇和喜爱冒险旅行的人　　**适合居住长度** 1周－2周

找一个理由住在这里

仁安悦榕庄是世界顶级度假村酒店集团悦榕庄在中国首度开创的藏地文化高原度假村。在延承当地传统与保护环境的大前提下，仁安悦榕庄结合了悦榕顶级度假文化和当地特色地理民风，打造出高原边藏的独特度假奢华体验。这个独特的度假定位与建筑理念获得了世界众多旅游杂志的高度评价，香港设计中心授之以"2006最具影响力设计大奖"。

仁安悦榕庄拥有32套藏式风格的别墅，是由藏式农舍经过巧妙的拆迁改建，于仁安河谷新址处以原木打桩而成，其精妙扎实的建筑模式沿袭了藏家传统风格和细节特色。

除了千变万化的香格里拉风景可以给游客们带来无穷的探索乐趣，仁安悦榕庄还开设了文化巡礼活动，松赞林僧院和仁安五佛神庙将为人们详细介绍西藏佛教的神秘起源和悠久传统，包括由喇嘛们每日进行的简单冥想祈祷仪式及称颂吉祥的盛大蒙面舞蹈节。这些都是仁安独一无二的文化度假体验。

Jakhang茶馆 —— 可以观赏各式迷人的茶叶叶形、茶芽及其沏泡过程；在壁炉边品尝茶中极品。

休闲盘点

仁安悦榕SPA —— 荣获诸多大奖的悦榕SPA在此特设了三间标准双人护疗室以及两间具有泉浴浸浴和淋浴设备的豪华护疗室。仁安悦榕SPA也备有五行面部护理。五行包括金、木、水、火和土。悦榕SPA还特别针对人们长途跋涉后的肌肉酸痛等症状设计了贴心的护理疗程，使人的身心劳顿获得全面舒解。

仁安悦榕阁 —— 展示销售西藏独特的纪念品和悦榕特色的产品。秉承悦榕精品的一贯风格，亚洲传统家具，悦榕SPA护理系列，民间手工艺品，绿色环保产品，民族特色饰品及艺术品都能让人们将悦榕的风采带回家。

度假居所

建筑理念： 仁安悦榕庄的建筑完美结合了悦榕庄一贯的自然风格与当地藏族文化。每幢楼阁胜似传统藏式农舍，拥有复杂精细的木雕，烟熏火炉以及面向山谷或河流的木质阳台。坚实浑厚的松木梁柱为整座建筑增添了一份高贵气质。

套房设计： 度假村包括15套典雅的单卧室藏式牧舍，8套双卧室藏式小屋，6套精致高雅的藏式泉浴牧舍，以及3套宽敞的双卧室仁安小屋。每间客房均配有设计豪华的浴室，内置纯手工打造的木制浴盆。

美食诱惑

Llamo乐苑餐厅 —— 提供当地的娱乐休闲及精心制作美味可口的中餐和西餐。Llamo藏语之意是指举办活动和圣会之所。在这家餐馆用膳可欣赏当地的余兴节目，还可品尝当地的美味例如胡椒烤牦牛，藏式奶酪和藏式茶点。

Chang Sa醉轩 —— 提供特色西藏火锅。人们能在醉轩品尝西藏火锅。配上西藏黑麦面包和厨师特制火锅蘸酱。西藏火锅汤底是用当地乌骨鸡，野生磨菇加西藏香料炖成的。

中国旅游导航
中国顶级度假村行指南

074

仁安悦榕庄

云南

⌄⌄

迪庆

度假类型

雪域高原

进一步地滋养肌肤和改善血液循环。
（全过程150分钟RMB1280加上15％
服务费）

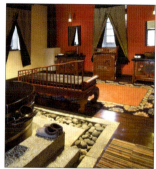

度假村精华

企业消闲　文化充电／在仁安悦榕庄耳目一新的布置下进行企业消闲并激发新的洞察力。位于香格里拉"迷失的地平线"，仁安悦榕庄最为人称道的是它极其完善的会议设施与企业消闲的项目。

于探险远足中为仁安的荒野所迷倒，让紧绷的肌肉在悦榕SPA下得到呵护。这不一样的邀约将让企业的未来栋梁凝聚一起创造企业新的高峰。

此外，从迪庆机场起，即有专车迎接宾客之后送至开放的藏式小屋接待中心，在这里，人们将接受西藏号角的欢迎礼诵及茶会。还有

机会于此体验传统藏民的生活方式，例如牵引牦牛和马车，用竿挂食物以及品尝当地火锅。

仁安悦榕SPA／推荐疗程：喜马拉雅欢乐 Himalayan Bliss

仁安特色的SPA汲取美丽神圣的喜马拉雅山之精华，疗程采用柔软，经Kopan寺院僧侣巧手雕有西藏佛教神圣mantras及八种吉祥物的热桂石为您按摩。首先以黑芝麻油擦拭，它的温热能减轻体重、除去滞留体内的水分，从而改善肤色，而后辅以抚慰式按摩，舒解身心。让人的神经系统得以镇定，全身沉浸于轻松的境界之中。最后是米酒浴，更

度假小贴士

仁安悦榕庄倡导回归自然的建筑风格与休闲定位，将假日的每个节目都与文化的深度与广博结合起来，无论是企业或是团体的消闲与会务，还是个人的假日休闲，都可以在这32套藏式风格的别墅中，体验原木风格的自然风情。人与自然的和谐从居住的原生态开始，而更重要的是一种融入自然的谦卑心境与坦诚心态。

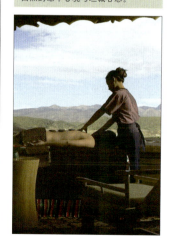

度假村实用信息

服务设施一览

藏式泉浴牧舍／配备独立的SPA小屋内拥有两张按摩床，可提供私人别墅内双人SPA服务。

别墅内餐饮服务／可以在别墅内布置小火锅／火锅台，或者在私家花园内搭建烧烤台。

旅游行程／度假村精心设计了一系列的独家旅游配套，让人们完全领略当地诱人的壮美河山和人文景观，同时还能够体验悦榕庄精致贴心的服务风格。

地理位置

仁安悦榕庄落户在广袤的云南与西藏交界处，在海拔3200米的香格里拉。

地址：云南省迪庆藏族自治州，
香格里拉县建塘镇红坡村
电话：0887-8288822
传真：0887-8288911

交通信息指南

仁安悦榕庄距离迪庆机场仅40分钟车程，从昆明国际机场乘飞机只需50分钟即可抵达。

长途客车／人们可选择搭乘昆明至迪庆的15小时长途客车，而从丽江到香格里拉也只需要5小时的车程。

航线指南／乘飞机到达昆明国际

机场后搭乘50分钟的国内航班至香格里拉迪庆机场。度假村距离迪庆机场仅40分钟车程。迪庆机场每周有航班飞往西藏拉萨。

消费指南

仁安悦榕庄

藏式牧舍 (Tibetan Suite)
美元 400++

藏式泉浴牧舍 (Tibetan Spa Suite)
美元 800++

藏式小屋 (Tibetan Lodge)
美元 700++

仁安小屋 (Ringha Lodge)
美元 900++

所有价格以美元报价，并以每晚住宿。所有价格还需外加10%服务费和5%政府税务。

游走周边

周边旅游风向标

云南以其独特的气候和复杂多样的地貌，成为许多高山植物，珍奇花朵，野山菌以及多种鸟类和蝴蝶的大家园。全中国百分之六十以上的高等植物以及百分之九十以上的藏药植物均出自云南极其丰富的动植物资源。

滇西北大河流域国家公园／中国政府已经规划了66000平方公里的土地作为中国第一个世界级的自然保护区。大河国家公园建成后将是美国黄石国家公园的4倍，它由起中缅边界，东到四川，从长江第一个转弯处到西藏中部边界。这个公园覆盖长江、澜沧江（湄公河）、怒江（萨尔温江）和伊洛瓦底江，跨越不同的民族地区。

碧塔海自然保护区／碧塔海自然保护区在海平面3540米以上，是一个骑马的好地方。在湖边徒步旅行也是不错的。周围是一片树林，大树间处处有青苔垂悬，时时见野花盛开，惊喜宜人。

白水台／白水台形成了世界上第二的具有自己特色的自然风貌。秋天，这里的溪谷会散满红色和粉色的野花瓣，还是当地人每年3月朝圣的场所。

纳帕海自然保护区／纳帕海自然保护区在每年的7月至9月是一个湖泊，而其他的时间则是一个广大的草场。在5~6月份，周围的小山布满野花。冬季的几个月，这里是稀有的黑颈鹤的栖息地。

地方风俗节庆

藏地民族／居住在西藏山谷的民族人数众多，而以藏族为主体。除西藏文化外，母系的纳西族居住海拔较低，集中在漓江地区。傈僳和彝族居住在西部和东部山区。

康巴文化／西藏高原的康巴人（Khampas）因好胜的精神和丰富的资源，多样的文化而闻名。理想、好胜的康巴人一般高大，有鹰的机敏性格。他们的直率可以消除亚洲人礼节太多的观念。建塘的男人和女人都是豪放的骑士。

民族服饰／一般情况下，不同民族的人可以根据他们的服饰来区分。傈僳族身着朴实的麻衣物，纳西人披戴太阳、月亮和星星图案的羊皮披肩，彝族穿戴大黑色的帽子和彩色的外衣。他们有农民、渔民和在长江或湄公河沿线开采金矿的人。母系社会的纳西族（摩梭）生活在云南与西藏边远山区，也就是人们常说保留母系社会风貌的"女儿国"。

度假风尚补给站

藏式风情建筑／藏族建筑的类型多且各具特色，大致可分为寺院宫殿、园林、住宅、塔四种类型。在气候比较温和、多雨、潮湿的地区，如藏东南的墨脱、米林、波密、林芝、亚东等地，盛行干栏式构造，即在房屋下面架空，使空气流通，减少潮湿。由于这些地方盛产木材，往往以木板代替石墙、土墙，而使用井子式壁体，墙壁薄，窗户多，建筑风格轻盈疏透。

香格里拉／这个美丽动听而又遥远陌生的名字，在今天的人看来，这个名词与"世外桃源"与"伊甸园"同义，也充满了悬念与神秘。1993年，詹姆斯·希尔顿在其长篇小说《失去的地平线》中，首次描绘了一个远在东方群山峻岭之中的"香格里拉"：地处雪山环抱中的神秘峡谷，附近有金字塔般的雪峰，"蓝色"的湖泊，宽阔的草甸，还有喇嘛寺、尼姑庵、道观、清真寺和天主教堂；那里，人与大自然和谐相生，多种宗教并存，多种民族共处……显然，香格里拉已经不仅是一片景观，更是一种意境。

度假感言

可以说来仁安悦榕庄彻底颠覆了我对于顶级度假村的偏见。总以为走奢华路线的度假村最多就是一切设施只用贵的不用好的，但是仁安的边藏风格能与原本悦榕文化那么完美地融合在一起，实在超乎我的想象。在偌大的度假村里，如果不是我需要，可能见不到服务员的身影，给了我们完全的私密空间。在仁安的这一个星期，我彻底体验到了藏地最本土的风情，每日的出游和归来都那么惬意。实在是难得的记忆。

绝色风光里的绝色天堂

九寨天堂国际会议度假中心

Jiuzhai Paradise International Resort and Convention Centre

相传，主管草木万物之神比央朵明热巴有九个聪明勇敢、美丽善良的女儿。她们来到十座雪峰上空，见蛇魔在水中投毒，人畜倒毙，她们打败了蛇魔后留下来与九个藏族男子结婚成家，形成九个部落，分居九个寨子，因此也就产生了世界闻名的"九寨沟"。

如果说世界上有人间仙境，那非九寨沟莫属。任何一个去过九寨沟的人都会对这样一个陈述句确信不已。翠海、叠瀑、彩林、雪峰、藏情，被誉为九寨沟"五绝"，水乳交融，美到让所有文人的美妙词汇都感到枯竭。

午夜梦回的时候，人们还能清晰地看到那108个清澈的海子。那是在遥远年代里，神女沃诺色姆的情人男神达戈，送给她一面宝镜。沃诺因为太高兴了，不慎失手把宝镜摔成了108块，于是便成了108个被称为"翠海"的彩色湖泊。

第一次去九寨沟的时候，你是否也太过高兴了，装满了一个相机的记忆就匆忙赶回，现在只能在梦境里拼凑着这108块的九寨片断。这将会是一种怎样的残缺与遗憾？丢掉这样的一个遗憾说简单也不简单，安排一段连续性的假期，去到九寨沟景区里一处与水光山色融为一体的住所，不用去烦恼每日的吃住行，然后用心感受这个人间妙境就行。那么，用"九寨天堂"命名的国际度假中心应该会是一个满足各种梦想的绝佳选择。

若不相信，为什么不立刻摊开日历把九寨天堂写进你的金秋出行计划呢？

适合人群 蜜月旅行，科学考察，寻根祭祖，会务出游　　**适合居住长度** 1周左右

中国旅游导航
中国顶级度假村指南

077

九寨天堂国际会议度假中心

四川 》》 阿坝

度假类型 雪域高原

中国顶级度假村指南

078

九寨天堂国际会议度假中心

四川 ≫ 阿坝　度假类型　雪域高原

找一个理由住在这里

九寨天堂国际会议度假中心是一座由钢拱架全透明玻璃结构建造的超五星级度假酒店，完美地融合了藏羌文化装修风格和国际酒店服务标准，是九寨沟旅游首选的休闲度假村。

九寨天堂由九寨沟县至若尔盖县，纵横数百公里，是一个集会议度假、旅游观光、寻根祭祖、森林探险、峡谷漂流、科学考察、民俗文化观赏等多功能于一体的大型综合性生态旅游度假区。

这里是天然的度假天堂，甘海子藏羌文化保护区、神仙池风景区、白河川金丝猴生态旅游区、黄河九曲第一湾风景区、热尔大草原生态旅游区和位于理县的桃坪羌寨，都让这块原本就神奇的人间仙境，可以给予人们丰富多彩的生活体验。

度假居所

九寨天堂国际会议度假中心掩映于崇山峻岭之中，拥有1020间风格各异的客房、套房、行政套房、豪华总统套房。在这里的任何一个角落，人们都能感受到奢华与惬意的交融。

客房设计：客房以套房设计概念为主线，平均面积都在38平方米，而套房面积则达66－206平方米。每间房间配有独特的纯手工制作的藏式家具，让人感受到舒适、温馨。木制观景阳台让人可在房间内即能

享受到美丽的自然风光。

客房设施：每间客房内均配有房间设施床头调节器，可单独控制的空调系统，独立的浴缸。房内配有三部多种语音功能的国际直线电话（床边、写字台、浴室），互联网宽带接口，52个国际卫星电视频道。

美食诱惑

达戈与色莫酒廊 —— 位于大堂正中央，仿佛被雪山包围。配有舒适的沙发和富有独具传统特色的靠椅。这里提供各种葡萄酒，洋酒，白兰地，时令鸡尾酒和小吃。每当夜幕降临，这里的厨师将为住客烹制出具有当地特色的美食，如羊肉、牦牛肉、野生蘑菇和蔬菜，手工制作的面条。（营业时间：早上9点至凌晨1点）

格萨尔餐厅 —— 格萨尔餐厅是以藏族一位英雄命名。餐厅保留了传统的藏羌风味。藏族厨师用独特

的烹饪方法为游客做出别具一格的藏羌风味菜肴。如手工烘烤羊肉，当地野生蘑菇，药本牦牛汤，藏族辣味土豆和非常具有当地特色的青稞酒。（营业时间：下午5点半至晚上10点半）

璨鸟日本餐厅 —— 璨鸟餐厅是品尝地道日本料理的最佳去处。从传统手卷到面点，璨鸟餐厅为您提供各种日式美食。坐于七个独具私密性的卡座中，人们能感受到料理师傅为您现场制作各色寿司与刺身的乐趣。（营业时间：下午5点半至晚上10点半）

玛曲甲蕃扒房 —— 原始风格的壁炉和吧台，宁静祥和的氛围，古朴的装饰及舒适的餐桌，带给您当地特有的民族气息。我们的厨师为大家精心制作各式时令菜肴，提供西式、亚洲各式及当地特色美食供您享用。（营业时间：下午5点半至晚上10点半）

休闲盘点

九寨沟漂流／在甘海子漂流不仅可以观赏高原湿地风光，一览甘海子全景，还可领略野生动物与美丽风光交织出的动人美景。有漂流激情的人，更推荐到神仙池激流勇进一下，切身体验湍急的河流所带来的冲击力。

马背上的探险／可以与当地牧人一起探险湖泊，森林，山脉与河流。经验丰富的导游将带大家寻觅当地野生动物留下的足迹，还可欣赏到最特别的民族山歌。

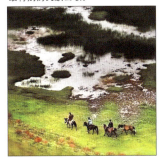

文化音乐展／在九寨天堂大剧院欣赏大型超时空藏羌场景歌舞剧《梦幻九寨》现代表演技术与藏羌文化背景相融合的表演。这场音乐剧运用鼓舞、哈拉玛三人乐队和藏羌传统舞蹈等形式演绎了一个从远古到现代的神话故事。套餐包含晚餐，往返剧院交通和入场券，预订两人起。

度假村精华

山水与文化的完美融合／对于在水泥高楼里每日朝九晚五的都市客而言，九寨沟很多时候已经不仅仅是一个远在岷江上游的偏远景区，更是一种除却尘世烦忧的绝世幽居的天堂。这里有不寻常的水，不寻常的楼，不寻常的民风，不寻常的信仰，甚至是不寻常的生灵万物。这里不是天堂又是什么？

"九寨天堂"所创造的天堂也不仅在于这里的绝色风光，更是与文化融为一体的度假建筑。就在透明的穹顶之中，人们还能看到另一番文化景观，那就是大堂中的古老民房和碉楼，还有那些用于图腾的碑柱，仿佛生活在神秘的历史中。

"九寨天堂"中心酒店的不远处是原生态藏羌建筑群甲蕃古城。这片古城充分保留了藏羌建筑自然主义的朴素思想，以藏羌文化为底蕴，融合了藏羌历史、人文、宗教等多种特色民俗文化元素。据说这里就是当年松赞干布安营扎寨的地方。松赞干布与大唐军队激战松潘，美丽的甘海子就成为藏军的大本营。难怪这里会留下无数藏寨遗迹和古藏营盘。

甲蕃古城以官寨酒店别墅为主体，配套藏羌文化博物馆、九寨天堂大剧院、民俗商品街、特色餐饮区、吧文化区、休闲区等，全城按四星级酒店标准进行统一经营、统一管理。与"九寨天堂·神仙池"、"黄河九曲第一湾"、"若尔盖大草原"等共同组构成"大九寨国际旅游区"。

九寨天堂国际会议度假中心

四川 》 阿坝　度假类型　雪域高原

度假小贴士

甲蕃古城/甲蕃古城位于甘海子。炎、黄二帝均系此出，是华夏子孙寻根问祖的圣地，具有极其重要的历史文化地位。甲蕃古城位于松赞干布当年驻军营盘地段，外墙装饰全部采用当地片石，全藏式风格，建筑形式为遗址整理，在"残破"中设置现代功能。

服务设施一览

会议庆典/无论是高级董事会还是公司庆典，九寨天堂提供的服务都是顶级的。作为国际会议度假中心，这里拥有总面积超过7000平方米的15个多功能厅，是四川阿坝州最大的度假会议中心。所有会议厅都拥有超大的玻璃幕墙，可欣赏到花园内美丽的景色。尤其是神仙池多功能厅是中国西南山区地区最大

的无柱式宴会厅。可容纳1800人（剧院式）或1000人（宴会式）。

礼宾服务/殷勤周到的礼宾服务让住客可以充分了解到更丰富的九寨和黄龙自然风景区旅游文化知识，从而开始一段非同一般的真实体验。

商务中心/高科技设备和高效率的工作人员提供全面周到的商务支持。同时提供高配置电脑和董事会议厅。

送餐服务/在房间内您可尽情享用到世界各地或当地特色的美食。房间内将为住客提供酒店各餐厅的零点菜单。

天浴水疗中心/欣赏完美丽风景后，天浴温泉将让您放松一天的劳累和疲倦。10000平方米以上的超大空间，环映不同的水疗叠瀑彩池，健身桑拿池和休息按摩区。

地理位置

位于四川省阿坝藏族羌族自治州境内。离九寨沟景区20里，离九黄机场60公里。

地址：四川省阿坝藏族羌族自治州，
　　　九寨沟风景区
电话：0837—7789999
网址：www.jiuzhaiparadise.com

交通信息指南

成都是去九寨沟的必经之地。无论是乘坐航班还是驾车都必须经过成都。驾车的朋友可以通过两条路线到达九寨天堂国际会议度假中心。

线路一　从成都出发，途经都江堰、汶川、较场到达川主寺。顺山而行，经甲蕃古城和甘海子，到达九寨天堂国际会议度假中心。

线路二　从成都出发，经德阳、绵阳、江油、平武到达九寨沟县。向西行驶经九寨沟风景区后向南行驶28公里即可到达九寨天堂国际会议度假中心。

度假村实用信息

消费指南

九寨天堂国际会议度假中心

高级间 (Superior)	洲际贵宾房 (Club IC)
旺季 3,000元　平季 2,400元	旺季 5,000元　平季 4,000元
豪华山景房 (Deluxe)	豪华山景套房 (Deluxe Suite)
旺季 4,000元　平季 3,250元	旺季 9,375元　平季 7,500元
洲际贵宾楼层 (Club InterContinental Superior)	豪华跃层套房 (Deluxe Duplex)
旺季 4,250元　平季 3,400元	旺季 15,625元　平季 12,500元
洲际贵宾楼层 (Club InterContinental Deluxe)	总统套房 (Presidential Suite)
旺季 5,000元　平季 4,000元	旺季 40,625元　平季 32,500元

九寨天堂国际会议度假中心

游走周边

周边旅游风向标

九寨沟风景区/九寨沟由九个藏族村落组成，故名"九寨沟"。这里融山、水、泉、溪、河、林、瀑、池、滩、湖于一景，集珍稀动植物于一处，拥有"世界自然遗产的桂冠"称号，为世人所向往。

神仙池/神仙池被称作神山圣水之地，传说乃神仙沐浴之地。它那五彩斑斓的钙化池，精致玲珑，晶莹剔透；而其原始森林气势磅礴，绵延不绝，是九寨沟地区唯一未被砍伐的原始森林。

松潘古城/松潘古城是连接黄龙、九寨沟两大景区的中继站，以数千年积淀的历史文化、民族风情吸引中外游客。游客们可以在马背上探索这片神奇之地。位于松潘城口的顺江马队是不错的选择。您可以在此租到马匹和导游。大部分导游都能使用双语。

桃坪羌寨/桃坪羌寨位于四川阿坝州理县桃坪乡，因其典型的羌族建筑，交错复杂的道路结构被称为"东方神秘古堡"，是世界唯一还有人在生活的著名古堡，至今仍然保持着浓郁的古羌风俗。

地方风俗节庆

羌族传统食物/猪膘为羌族传统食品。人们将猪肉分割成条块，用盐腌渍三至七天后，吊在屋梁上风干即成。此外，金裹银也是羌族传统食品。流行于汶川、茂县、理县等地区。以黄色的玉米为主拌和少量白色的大米蒸熟而成。

羌族白石崇拜/白石崇拜为羌族人有名的信仰习俗。流行于茂县、汶川、理县、北川等地。羌族信仰的神灵很多，但均无铜像，统统以白石为象征，供于屋顶的塔子上、屋里的神龛上、火塘旁等。屋顶的白石代表天神，火塘旁的白石代表火神，山头上的白石代表天神，田地里的白石代表青苗土地神。

羌族碉房/碉房为羌族传统民居，又称碉楼。平面呈方形，上窄下宽，顶平。不少地区倚山建造，以石砌墙，墙面平直整齐。常常一排数十家，如古城堡，十分壮观。在羌族地区，至今还有这种碉楼。

藏族庙会/宝镜岩下，翡翠河旁，有着九寨沟内唯一的宗教活动场所——扎如寺。每年的正月初五是扎如寺的"良敏王清"庙会，为了纪念本教有名大喇嘛圆寂升天，这天除全寺喇嘛和尚都要到庙里念经外，当地藏族群众也要换上干净的衣服到寺院参拜。

每年5月"麻孜会"，是扎如寺的宗教盛典，会前3天，全寺喇嘛和尚都要集中寺院吃斋念经。5月1日，九寨沟周围的藏民，尽情梳妆打扮，聚会扎如寺院，参加庆典，赠送哈达，观看藏戏表演。

度假风尚补给站

九寨沟山水文化/九寨沟的山水形成于第四纪古冰川时期，现保存着大量第四纪古冰川遗迹。九寨沟的地下水富含大量的碳酸钙质，湖底、湖堤、湖畔水边均可见乳白色碳酸钙形成的结晶体；而来自雪山、森林的活水泉又非常洁净，加之梯形状的湖泊层层过滤，其水色愈加透明，能见度高达20米。

九寨沟藏族文化/五百年前，九寨沟的先民们从遥远的西藏阿里迁徙至此，与周围的羌族、回族、汉族携手合作，创造了独特的康巴文化。至今，九寨沟人的衣食住行、生产方式中还保持着浓郁而古朴的藏族传统：精美的服饰，彪悍的腰刀，香醇的青稞酒、酥油茶，欢快的踢踏舞是对生活的挚爱。而遍地的玛尼堆，高耸的喇嘛塔，循环不息的转经轮，则是对宗教的虔诚。

九寨沟羌族历史/羌族是一个历史悠久、影响深远的民族。九寨沟县自殷商、西周、春秋、战国至秦均属氐羌地。唐蕃战争中，吐蕃先征服多弥（羌的一支），其次征服党项。后来，多融于藏族，也有少数融于汉族，于九寨沟古羌族至今仅存一碑。

度假感言

我们是从机场到度假村下车的一瞬间就爱上这个地方的。

第一次看到把大堂做成一座复原的古镇，让这个遗址式的建筑一半在钢拱玻璃结构内，一半延伸在外面。这个创意让我们这些做广告策划的人都感慨不已。这里还能看到身穿鲜艳民族服饰的康巴汉子、丹巴美女在寨子里穿梭往来，人文景观与自然景观一切结合和谐自然，难怪有"消失在森林中的建筑"之称呢！

082

拉萨雅汀舍丽花园酒店

难以抵挡的藏族魅力

拉萨雅汀舍丽花园酒店

Jardin Secret Hotel

西藏 ≫ 拉萨　度假类型　雪域高原

雅汀舍丽花园酒店绝对不是五星级酒店中最豪华的，但一定是最有特色的酒店之一。位于拉萨这颗高原明珠上的雅汀舍丽花园酒店，不论从简约大气的纯白外观设计，还是到室内的摆设和细节装饰，无不透出古老深沉、凝练壮丽的西域风情。餐厅靠椅上的网格图纹，大堂中央的圆形地毯，走廊墙壁上的巨型图式，简单的一瞥，不经意的一处细节，可能就蕴含了千年的藏族文化和意蕴。

酒店的美，不单单在它的现代化布置，而是在它无论如何都掩盖不了的藏族风韵，让人越往细看越觉流连，回味无穷。

适合人群 情侣出游、朋友聚会、家庭度假　　**适合居住长度** 3天2晚或长期居住

找一个理由住在这里

位于拉萨繁华地段的五星级酒店，充分吸纳了藏式建筑的元素，在空间布局、材料使用上融入了现代理念，并充分考虑了与民族建筑元素相融合。人性化的空间规划与房间设计，为你提供安全、卫生、舒适的休憩环境。

精心设计的200间高级客房和豪华套房是拉萨最时尚、舒适的客房，是休憩、旅行于拉萨的首选。

度假居所

套房类型：有高级双人房、豪华园景双人房、豪华观景双人房、观景商务大床房、豪华套房等。其中观景商务大床房有2米×2米的大床，舒适奢华。

客房设施：有独立控制的中央空调系统及鲜风循环系统、健康睡眠系统（温馨氧气袋），大量植物遍布酒店，覆盖率达85％，宽带免费上网，国际长途直拨，有32英寸液晶平板电视，提供卫星电视节目及自选电影，及小型酒吧。

美食诱惑

蓝月谷：位于酒店大堂的蓝月谷西餐厅设计现代而又简约大方，餐厅内有室内莲花池，并有西藏文化的装饰点缀。餐厅的主要特色是东南亚美食，届时还可享受菲律宾乐队的现场音乐演出。西餐厅内设有独立的上网区域，在享受美食的同时，可浏览世界各地的最新资讯。

消费指南

雅汀舍丽花园酒店

客房类型	门市价	优惠价	早餐
高级双人床	2047元	780元	双份
豪华园景双人房	2162元	830元	双份
豪华观景双人房	2277元	880元	双份
观景商务大床房	2392元	880元	双份
豪华套房	4232元	1980元	双份

拉萨雅汀舍丽花园酒店

餐饮交通

特色藏餐饮： 低档消费10元

中档消费50元

川菜： 低档消费：25元

中档消费：50元

西餐： 88元

中档消费：188元

度假村实用信息

地理位置

　　拉萨雅汀舍丽花园酒店位于拉萨市金珠西路，宛如碧玉翡翠镶嵌在美丽的拉萨河畔，与拉萨火车站隔岸相望，毗邻西藏博物馆，离罗布林卡仅10分钟车程，距布达拉宫5公里。

地址：西藏自治区拉萨市
　　　金珠西路58号

电话：0891-6936666

传真：0891-6937537

网址：www.jardinsecrethotel.com

交通信息指南

　　航空／西藏辟有国际及省际航线。与成都、北京、上海、重庆、西安、西宁、广州、昌都、昆明以及尼泊尔加德满都之间有航线，游客进出西藏非常便捷。

　　西藏贡嘎机场位于拉萨以南100公里的贡嘎县，市区到机场车程约需2小时，班车费用20元。人多的话可以考虑包的士，约收150-250元。

　　公路／拉萨的国营长途汽车站位于民族路和金珠中路交界。这里的长途汽车东至八一、昌都、成都，西至日喀则、江孜及樟木，北通格尔木。

市内交通

　　的士：虽然拉萨城市非常小，但令人惊讶的是它拥有1500辆的士。在拉萨打的上车时要议价，一般在市内10元也就够了。

中巴／**市内吉普车**：个体中巴和吉普车行走固定路线，票价2元，大部分线路以藏医院为总站。

度假风尚补给站

拉萨名称的来源

公元7世纪中叶，吐蕃部族首领松赞干布在此创基立业。公元641年，松赞干布完成统一大业后，迎娶唐朝文成公主，公主进藏后建议用白山羊背土填湖建庙。于是，人们把最初的寺庙，即现在的大昭寺，命名为"惹萨"，藏语的意思是"山羊背上"。最后，"惹萨"被译成了"逻些"，逐步又变成为"拉萨"了。而上千年来，这里曾几度成为西藏政教活动中心，于是，拉萨成为名副其实的"神圣之地"。

度假感言

酒店新开业，房间的电视是液晶的，床也超大的那种，让我睡了个好觉。前台的服务还不错，看到我因高原反应难受的样子，很快就办了入住手续，并让人陪我去房间，告诉我多休息。第二天早上去西餐厅吃早餐，沙拉做得很棒。西餐厅晚上还有菲律宾的乐队表演，蛮有意思的。

游走周边

周边旅游风向标

西藏博物馆／西藏博物馆坐落于拉萨市罗布林卡东南角，是西藏第一座具有现代化功能的博物馆。博物馆占地面积53959平方米，宏伟壮丽，具有鲜明的藏族传统建筑艺术特点。开馆展览隆重推出了《西藏历史文化》的基本陈列，展出的一千多件精选的文物展品，从西藏的历史、文化、艺术、宗教、民俗等方面向观众直观地展示出藏民族独具魅力的灿烂文化和悠久历史。

罗布林卡／藏语称为宝贝园林，建于18世纪40年代。全园占地36万平方米，建筑以格桑颇章、金色颇章、达登明久颇章为主体，有房374间，是西藏人造园林中规模最大、风景最佳的、古迹最多的园林。

地方风俗节庆

酥油灯节／每年藏历一月十五日举行，又称燃灯节或酥油灯会。该节日的起源与宗喀巴大师有关。明永乐七年，宗喀巴大师在拉萨举行大祈愿法会期间，于一月十五日夜在大昭寺前摆设桌架，供奉酥油灯和其他各种供品，隆重纪念释迦牟尼佛降服六师外道之时。此后，每年的祈愿大法会期间都要供奉酥油灯，还有精彩的木偶和民间歌舞演出。

圣地拉萨的朝圣居所

拉萨雅鲁藏布江大酒店

Brahmaputra Grand Hotel

拉萨雅鲁藏布江大酒店

　　永远记得郑钧的歌："回到拉萨，回到了我的家。"对于行游在外的旅者，或者是一路参拜到拉萨的信众来说，拉萨就是心中永远的"圣所"。那里离天最近，离尘世最远，离心灵最近，离虚妄最远，洁白的哈达像一抹云带，飘扬在布达拉宫上湛蓝的天空。

　　这是一片神圣的土地，在绵长的山脉和蔚蓝的高湖之间，散落着藏族同胞美丽的传说和永生的灵魂。去拉萨的大多数人，都不只为了旅游，而是为了去圆心中纯净神圣的那个"拉萨梦"。

　　对于现代都市人，能在圣地拉萨住上一段时间，往往是一个可望而不可及的梦。其实，所谓梦境也并没有那么遥远。便捷的交通拉近了拉萨与更多人的距离，而选择一个独具藏族特色的高原栖居地，则更为重要。坐落在圣地拉萨的雅鲁藏布江大酒店就是一个绝佳的选择。作为世界上唯一一个能入住的博物馆，雅鲁藏布江大酒店装满了藏族人民智慧与历史，布满了历久弥坚的脚印，也有颇有韵律的轻吟。

西藏 ≫ 拉萨　**度假类型　雪域高原**

适合人群　文化旅游族　情侣度假　适合居住长度 3－5 天

拉萨雅鲁藏布江大酒店

找一个理由住在这里

中国首家以藏文化为主题博物馆式的超豪华酒店——雅鲁藏布大酒店及所属西藏民间博物馆占地30000平方米，建筑面积20000平方米，坐落于圣地拉萨著名的阳城广场。独具藏民族文化特色的装饰艺术同现代建筑装饰风格的完美结合是酒店全新的策划设计理念。

雅鲁藏布大酒店是世界上唯一能入住的博物馆，其深厚的文化底蕴和高贵典雅的品位，人性化和民族化的管理理念，严谨高效、宾至如归的真诚服务将四海之客带进温馨神奇的雪域天堂。

度假居所

设计风格：酒店在设计上吸取了最能代表藏民族文化的绘画图案元素，以现代工艺进行加工制作和在现代装饰的基础上进行绘制，达到了独具藏民族文化特色的装饰艺术同现代建筑风格的完美结合。

建筑特色：雪域金色大厅是以藏传佛教文化为主体的艺术宫殿。耸立于金色大厅中央的"胜乐本尊坛城"体现了藏传佛教的最高境界；博古架上的各种质地的藏品展现了藏传佛教的精湛的造型艺术；色彩绚丽的民族绘画、玻璃拼花图案富有强烈的韵律感。形式多样，各具特色的民族文化艺术使整个雪域金色大厅富丽堂皇、高贵典雅。

客房特色：酒店拥有186间设计新颖，装修精美绝伦的豪华单间；全部装备有独立控制的中央空调、智能化系统、电子感应门锁、可视门铃；独具民族特色的家具、饰品、每间客房均配备可实现国际、车内、市区直拨的酒店专用一键式电话、

宽带网线、私人保险箱、有线卫星电视、并设有独立洽谈区域的商务行政楼层。

美食诱惑

中餐厅——"九五至尊"包房式中餐厅是西藏餐饮发展的典范，特聘享有盛誉的"银杏"厨师班子主厨，并配备有别具风格的宫廷藏餐，不管是旅游还是亲朋好友聚会，这里都是最佳选择。共有五个包间：香格里拉、格萨尔王、羊卓雍措、雍布拉康、南迦巴瓦。

西餐厅——"日月西餐厅"典雅浪漫的用餐环境，独具异国风情的精美蛋糕点与佳肴定让人流连忘返。

拉萨雅鲁藏布江大酒店

西藏 》 拉萨 **度假类型** 雪域高原

度假村精华

西藏民间博物馆

西藏民间博物馆所收藏展示的近万件各种类型的文化遗物和艺术品，从西藏的历史、文化、艺术、宗教、和民俗等方面向世人直观地展现出藏民族独具魅力的灿烂文化和悠久历史。

在酒店内的西藏民间博物馆就像是蕴藏无数奇珍异宝的宝库。在那里，打开一本书，就会发现西藏卷轴中一个插曲，在那一页写着藏族同胞如何抗击英国侵略者，与铁炮洋枪殊死抗争的瑰丽传奇。欣赏一幅画，描述了西藏人民如何摆脱农奴生活，寻找光明之路的始末。聆听一段音乐，记载着某位活佛诵经讲法，普度信众的故事。

还有一件件传世的工艺品，每

一件都凝聚着藏族人民的智慧和心血，在这个离天最近的地方，这个民族抒写着最为壮丽的诗篇。在西藏民间博物馆游走一番，你就会对藏族民众的虔诚信仰产生浓厚的兴趣。

博物馆的藏式文化，拥有一种穿越生死的神奇魔力。珍贵的图片会向观者展示"喇嘛辩经"的场景，这是藏族喇嘛拥有最高智慧的必经之路，在手舞足蹈、伶牙俐齿的激辩中追求顿悟。而天葬的传统风俗更是让人震撼，如果不喜欢这么直接面对生命的方式，还是小心翼翼地略过吧。

度假村实用信息

地理位置

雅鲁藏布江大酒店地理位置优越，距市中心5分钟路程，距贡嘎机场仅40分钟车程。紧靠美丽的拉萨河畔和桑烟袅绕的贡巴日财神山旁，伫立在酒店旁可眺望雄伟的布达拉宫，观赏阳光灿烂的拉萨全景。

地址：西藏自治区拉萨市贡布塘路
　　　阳城广场B座
电话：0891—6309999
网址：www.tibethotel.cn

交通信息指南

国内多个城市可以直飞拉萨，也可以乘坐青藏线前往拉萨。在火车途中，随着海拔的升高应注意身体状况的变化。

自驾车或出租车／距市中心7.5公里，车程8分钟。

距火车站35公里，车程18分钟；

距飞机场65公里，车程50分钟。

消费指南

雅鲁藏布江大酒店

房型	门市价	现付价
藏式单间	980 元	380 元
豪华标准间	1800 元	880 元
豪华单人间	1990 元	940 元

拉萨雅鲁藏布江大酒店

西藏 ∨∨ 拉萨　度假类型 雪域高原

游走周边

周边旅游风向标

布达拉宫 ╱ 红山是西藏首府拉萨市西北部的一座小山，在当地信仰藏传佛教的人们心中，它犹如观音菩萨居住的普陀山，因而藏语称之为布达拉（普陀之意）。

举世闻名的布达拉宫就依据此山山势蜿蜒修建，直至山顶。传说这座辉煌的宫殿缘起于公元 7 世纪，当时西藏的吐蕃王松赞干布为迎娶唐朝的文成公主，特别在红山之上修建了九层楼宫殿一千间，取名布达拉宫以居公主。

后来由松赞干布建立的吐蕃王朝灭亡之后，古老的宫堡也大部分被毁于战火，直至公元 17 世纪。五世达赖建立噶丹颇章王朝并被清朝政府正式封为西藏地方政教首领后，才开始了重建布达拉宫，时年为公元 1645 年。以后历代达赖又相继进行过扩建，于是布达拉宫就具有了今日之规模。

大昭寺 ╱ 大昭寺位于拉萨的寺院。又名"祖拉康"、"觉康"（藏语意为佛殿），始建于唐贞观二十一年（647 年），是藏王松赞干布为纪念尺尊公主入藏而建的，后经历代修缮增建，形成庞大的建筑群。

地方风俗节庆

藏历新年 ╱ 拉萨把藏历一月一日作为新年。以藏历为主体的西藏各族人民，为了欢度藏历新年，一般从十二月初就开始操办供、吃、穿、玩、用的各种年货。

新年初一凌晨，家庭主妇要到水井或泉边撒"切玛"，背回第一桶洁净水，让全家起床洗漱并饮饱牲畜。待老小坐定后，母亲便端起吉祥双头，向全家祝福："扎西德勒彭松措"（祝吉祥如意又圆满）。于是全家每人抓一点糌粑对空中抛洒，品尝少许并回祝："阿妈巴珠贡康桑"（愿慈母安乐又健康）。相互祝愿以后，大家就喝"除灶"（放有碎肉骨头和碎奶渣的麦粒粥），吃绵羊头。

摆花节 ╱ 藏历正月十五这天晚上，拉萨八角街四周，摆满了五彩酥油塑成的花卉、图案和人物、鸟兽。

人们纷纷拥到八角街游玩。各寺院的僧人及民间艺术家用本地的盛产的酥油和色彩，制作出精美多姿的酥油花盘及各种姿态的供奉天女，加上精细的灯架，玲珑剔透。人们还利用酥油花再现出各种神话故事及其中的人物、花鸟和景象，有的成屏连片，像立体的连环图一样。

雪顿节 ╱ 又称为"藏戏节"，在藏历六月底和七月初（公历 8 月），每年藏历六月底七月初，是西藏传统的雪顿节。"雪顿"意为酸奶宴。在藏语中，"雪"是酸奶子的意思，"顿"是"吃"、"宴"的意思，雪顿节按藏语解释就是吃酸奶子的节日，因此又叫"酸奶节"。因为雪顿节期间有隆重热烈的藏戏演出和规模盛

大的晒佛仪式，所以有人也称之为"藏戏节"、"展佛节"。

度假风尚补给站

朝圣拉萨 ╱ 世界上大多数宗教都有一个共同特色——朝圣。带着强烈而巨大的心愿，沿着一条相对固定、充满神迹启示的圣路，向一个公认的圣地进发，这便是朝圣之举。在自然环境险绝卓著的西藏，朝圣尤其显得精诚执著。

每天清晨，拉萨升起的第一缕阳光投射在布达拉宫，这时候就有许多多朝拜者环绕它四周顺时针不停地行走，并不时伏地而拜；这时候还有无数的朝拜者正乘坐飞机、汽车、火车，或者徒步、骑马，赶着牛车，跨越海洋，翻越高山，穿过天空和大地，从世界的各个角落赶来布达拉宫。更有不计其数的虔诚信徒，用那最古老、最原始、最艰苦，只有圣徒才能忍受的磨难方式，在前来拉萨的路上，一步一磕头地匍匐前行。

度假感言

无可争辩，雅鲁藏布江大酒店是拉萨最好的酒店。无论从服务质量和硬件质量来看，都是超五星级的。浓浓的西藏风情充斥在酒店之中，不会有现代的嘈杂纷乱，也不会有太多的繁文缛节。民间博物馆是其特色之一，非常有味道，高度概括了西藏的文化艺术、历史宗教等人文方面的成就，是拉萨之行最有意义的一站。

温 泉 养 生

美食天堂里的海滨温泉乐土
海口喜来登温泉度假酒店
Sheraton Haikou Resort

　　在很多人心目中，海口在国内海滩排行榜上的地位比不上三亚，但是退居其二也是大有好处的，可以避开人群，可以少些额外支出，可以将悠闲度假进行到恰当火候。

　　海口拥有古老的南洋风情建筑群，独特的人文历史文化，但是这样的一个历史老城，在旅游与休闲文化上又是一个新兴的都市。滨海大道椰树摇曳，海秀东路车水马龙，金融贸易区高楼林立以及得胜沙路、博爱路的骑楼下闲情逸致的老爸茶馆……这些都成为非常精美的度假回忆，在某个午后的风铃声中悠然想起。

　　如果你恰好是一位饕餮大师，在这里一定会得偿所愿，大呼满足。海口喜来登温泉度假酒店除了远近闻名的温泉水疗，更有全海南数得上的美食餐厅，无论是亚洲其他国家菜系，还是本土的海南特色，都能做到极品上乘，让人垂涎欲滴。

适合人群　商务型和度假型　　适合居住长度　一周

找一个理由住在这里

海口喜来登温泉度假酒店由喜达屋全球酒店及度假村集团管理，其旗下包括喜来登、福朋、威斯汀、瑞吉、至尊精选、W、艾美、A-Loft及Element九个品牌，是以世界领先品牌向全球旅行者提供高尚体验的酒店和度假村集团。海口喜来登度假酒店的目标：成为海口市最好的酒店。

椰林环抱里的豪华濒海度假酒店，位于海口西海岸，有着341间装饰精美典雅的客房，7家餐饮设施，3个酒吧，拥有室外温泉池、5间私人别墅和8个理疗间的雅致舒适的SPA中心，及各项娱乐休闲项目。

度假居所

客房设施

度假酒店共设有341间装饰精美典雅的客房，包括36间可享受海景或园景的豪华套房。每间客房配备了喜来登特有的白色甜梦之床、宽敞的工作区、加大浴缸、分窝的热带雨林式淋浴、高速宽带上网、私人露台等。

特色套房

海天套房： 从这个豪华的单卧室套间可以看到美丽绝伦的海景，独立的休息室与卧房设计、典雅的家居装饰，宽敞的阳台让您尽情欣赏海口宜人的热带风光。

大使套房： 套房中装饰高贵优雅的双卧室并各自拥有自己的私人设施、独立的起居室和餐厅提供充

裕的款待空间，一旁的办公区域为客人提供了灵活的商务空间，阳台还配有户外家具，可供客人放松及享受独特的景致。

总理套房： 从容步入这个面对美丽大海的单卧室套间，马上让人感受到一种放纵情怀，独立的卧室特有宽敞的步入式衣橱和冲凉房，休息室舒适的设计让您有家的感觉，是款待朋友及商务会议的理想场所，设在休息室和餐厅外的化妆间更增添几许方便。

总统套房： 这个超级豪华的套房专为特别的阶层而设计，离碧蓝的海水仅几步之遥，这个隐蔽的豪华殿堂设有自己的私人入口、电梯、健身房、桑拿房以及泳池，房间每一细节都经过精心雕琢，与其使用者一样不凡。

美食诱惑

鲜阁

海南最好的"扒类"餐厅，厨师精选多种进口肉类，烹制出别具一格的特色菜肴。厨师将中西的烹饪方法巧妙融合，配以精选自世界各地的优质葡萄酒，给人非同凡响的美食体验。

玉宫

在华丽的环境中提供精致的传统潮粤菜式及令人垂涎的各式海鲜。

椰风

临近美丽的水上景色，椰风提供全天餐饮服务。自助餐提供精致丰盛的亚太美食。同时供应各国风

094

海口喜来登温泉度假酒店

海南 >> 海口　度假类型　**温泉养生**

味诱人的零点菜单，晚上还提供户外阳台的露天用餐。

听海酒廊

位于富丽堂皇的大堂的精致酒吧，美丽海景尽收眼底。无论是与朋友把酒谈心或独自一人享受静谧的氛围，都是住客绝好的选择。

休闲盘点

酒店设有完善的健身中心、水上运动场所、游戏室、网球场、室外烧烤区、儿童托管中心和游泳池等多种设施和服务。另有邻近的两个18洞高尔夫球场数分钟可抵达。

度假村精华

可以室内享受的私密温泉水疗

大多数人对温泉水疗并不陌生，很多时候，要披着衣服跑去泡温泉，或在水疗房里更换衣服进行，总觉得是一件没有太大私密性的事情。而在海口喜来登，这里的特色温泉水疗除了专门的室外场所外，还有贴心的室内温泉服务，每一位喜欢享受慵懒午后的住客都可以通过电话预订，在自己的客房内享受具有理疗效果的天然温泉。

海口喜来登酒店提供源自地下700米之深的海南纯净天然温泉，除了客房内的温导水疗，当然也可选择去享受户外环绕深水泳池，在与自然近距离接触的环境里，在温泉按摩泡浴里完全放松自己，达到身心焕发的理想目标。

做海南最精致的度假美食

世界各地的人都很看重食物。旅

游度假时，很多人会担心酒店或度假村的食物多吃了会单调，会腻味，要留住人们的心就必须先留住他们的胃。所以美食诱惑是任何一个度假酒店必备的魅力绝招。尤其在海南，中外游客汇聚，各有各的指标，来自美食的挑战度就更高。

海口喜来登温泉度假酒店有七个餐厅，提供各式豪华精致的菜肴。游客在西餐厅能品尝到地道的中餐尤其是海南菜。特别推荐去尝尝地道的海南木瓜、鸡饭、海南BBQ，在这里都可以得到最大的满足。

餐厅的设计师希望客人能边吃饭边欣赏美丽的园林、海滩、阳光。因此设计了大落地窗、室外用餐桌椅，和七个提供私密空间的豪华包房。与碧海蓝天绿树仅咫尺之遥，在现代餐饮环境下享用创新的中式大餐，绝对是一件"赏心悦口"的事。

度假小贴士

换花节最壮观的场面在海口市海府路至琼山区府城一带。

海口喜来登温泉度假酒店

海南
∨∨
海口　度假类型
温泉养生

服务设施一览

自然水疗中心

雅致、舒适的SPA中心，拥有室外温泉池、5间私人别墅和8个理疗间供任意选择，享受远离尘俗的静僻天堂，放松身心，恢复活力的百分百纯粹休闲感受。

会务设施

共1300平方米完善先进的会议和宴会设施，无柱式设计658平方米的五洲宴会厅可最多容纳630人。

另外，位于同一层的207平方米华府厅、5个大小空间不等的会议室和1个贵宾室，适合各种类型会议及宴会。

度假村实用信息

地理位置

位于海口市西海岸，距海口市主要的商业和购物中心仅10分钟车程，乘车至海口美兰国际机场仅需40分钟。

交通信息指南

从海口美兰国际机场

出机场路，沿美兰路至凤翔路，然后右转进入龙昆路，行至滨海立交桥左转进入滨海大道，沿滨海大道直走，酒店在右侧。

从海口火车站

出火车站向左转驶入南港路，行至滨海大道右转，沿滨海大道直走，酒店在左侧。

从秀英港口

出港口向右转驶入滨海大道，沿滨海大道直走，酒店在右侧。

地址：海南省海口市滨海大道199号
电话：0898-68708888
传真：0898-68706999
网址：www.sheraton.com/haikou

消费指南

海口喜来登温泉度假酒店		
房型	门市价	床型
花园房	1500元	大/双
海天房	1650元	大/双
海天套房	2350元	大/双

海口喜来登温泉度假酒店

海南 ≫ 海口　度假类型　温泉养生

游走周边

周边旅游风向标

五公祠

　　五公祠　该祠又名"海南第一楼"，位于海口市区与琼山区接壤处，这片木建筑群始建于明代万历年间，纪念的是唐宋两代被贬职而来海南的五位名臣：李德裕、李纲、赵鼎、李光、胡铨。五公祠近旁有学圃堂、五公精舍、观稼堂、苏公祠、拱桥、荷池、风亭、琼园等，构成了一组古建筑群落。

火山口

　　距今100万年的多种类火山及熔岩隧洞，丰富的优质矿泉水和疗养地热水，主火山口高于海平面200米。位于海口市西南15公里的石山、永兴两镇境内。

海瑞墓

　　坐落在海南省海口市西郊滨涯村的海瑞墓，为一长方形陵园。四周为石砌围墙，园内草木四季长青，环境整洁、宁静、肃穆。

地方风俗节庆

海口节日

椰子节　（农历"三月三"期间）

　　海南岛又称"椰岛"，椰子树是海南的象征。每年3月下旬或4月上旬，海口均要举办海南国际椰子节，它是国际性的大型商业旅游文化节庆，融旅游、文化、民俗、体育、经贸为一体，以海南椰文化和黎苗"三月三"民俗为主要特色。

府城换花节　（农历正月十五）

　　每逢正月十五元宵夜，琼山区男女老少总要欢聚在一起，热热闹闹地参加"换花"活动。玫瑰是换花的主要品种，人们希望通过交换鲜花的方式，表达对来年生活的美好祝愿。元宵节还是当地的情人节，青年男女们通过换花向恋人表达内心的情感。这一民间传统活动始于唐代贞观元年，至今已有1000多年的历史。

度假感言

　　个人认为是海口最好的酒店。位置离市区有点远，所以更适合作为度假酒店，安安静静地住几天。酒店环境优美，特别是游泳池和私家海滩，非常惬意，让人彻底放松身心。所有房间均有阳台。坐在阳台上看看书，看看海，看看园景！最值得一提的是酒店的床非常舒服，还有枕头！可以列为我住过酒店中最舒服的床！酒店周六的海鲜烧烤自助餐很不错，品种繁多，风味十足，个人认为还是很值得一尝的。

琼州海峡上的桃源地

海 南 皇 冠 滨 海 温 泉 酒 店

Crown Spa Resort Hainan

中华的第二大岛，海南是南海的一颗璀璨的明珠。那位纺纱的女子为这里带来了富庶，她的名字叫黄道婆；那位流芳百世的清官从这里走出，他是清代的海瑞。

巴厘岛的动人，泰国的芬芳，加勒比海的色彩，马尔代夫的水，凝结在南海之滨的海南，汇集了水之精华的奇丽与美妙。阳光、海岸、沙滩，静静地躺在黄金水岸柔软的沙滩上，让明媚的阳光点燃一份好心情，让碧海银沙唤出世外的宁静，整个身心都会被椰风吹绿，被海韵染蓝。

那样的蓝，在远处已无法分辨是天还是海，而临海而筑的殿堂，正是休憩体验的好地方。沐浴在温泉海滨，体验热带风情，海南皇冠滨海温泉酒店是游客们亲近南海的最佳选择。沙滩平缓，海水清澈，树木撑天，海风拂面，看朝霞在远处的天边红成一片，观落日在海平面上消失。把喧嚣抛之于身后，让温馨留在心间。

适合人群　商务人士、情侣出游、度假休闲、培训会议　　适合居住长度　2天1晚

找一个理由住在这里

　　海南皇冠滨海温泉酒店毗邻海口皇冠海岸，是这里的唯一一家五星级会展度假酒店。近千米洁白无垠的私人沙滩和热带风情园林，常青的热带植被与美轮美奂的水榭亭台交相辉映。这里，矗立着集SPA、度假和会议功能为一体的地中海式建筑。庄重典雅的艺术构图加上精练的欧式古典建筑要素，海滨花园式度假酒店魅力与自然清新的氛围得到尽情彰显。

　　占地10万平方米，拥有333间豪华客房。无论是春末夏初，或是冬季，在南海海风轻拂中，远离城市喧嚣，住客都能感受悠闲宁静，体验热带海岸的别有的风情。

度假居所

　　海南皇冠滨海温泉酒店傍海而建，占地10万平方米，由五座地中海式建筑组成。这组建筑与镶嵌其间的泰式、加勒比式及巴厘风格的特色园林，与美轮美奂的水榭亭台交相辉映，充满浓郁的异国风情。整个建筑群以庄重典雅的艺术构图加上精练的欧式古典建筑要素，充分展现出海滨花园式度假酒店的高雅魅力与自然清新的氛围。

　　拥有330余间客房10多种房型的海南皇冠滨海温泉酒店，集温泉、酒店及度假特色为一体，是每一位旅行者的理想休憩地。每一间房间及每一处陈设，都充满雅致、和谐的趣味。即使足不出户，住客也可以沐浴热带明媚的阳光，呼吸清新的空气，倾听椰林与海的歌声。

　　酒店二楼的每一个花园房间都配有户外花园，包括鱼池、喷泉和各种植物，并配备有冲凉房和按摩护理设施。房间和自然的花园景观融为一体。清晨，在自然中苏醒，清新而曼妙。

美食诱惑

王嫂中餐厅 —— 以粤菜、川湘菜为主，正宗原味，名师主理，该餐厅最引以为豪的是提供在五星级酒店内不常见的家常菜。当然，这里还为食客们备有在特别场合选用的鱼翅、鲍鱼等鲜活海鲜菜肴。

阿姑面坊 —— 现场即时制作阿姑最擅长的米粉 —— 抱罗粉。独具特色的敞开式厨房，让食客可以目睹经验丰富、技术娴熟的厨师创造性地制作面条的精彩过程，在享受这个过程之后，再品尝中国各地的特色家常面食。

西餐厅 —— 为用餐者提供款式多样、品种繁多的"中西合璧"式自助餐。从地中海菜肴到东南亚菜式，以及当下时髦的咖喱和岛屿食品应有尽有。餐后品尝一杯来自世界各地的香茶或香浓咖啡更使游客心旷神怡。

南洋海鲜舫 —— 面对着静谧的海滩，客人可以倚在海畔，感受海风的轻拂，享受厨师现场烧烤的美味食品，也可以亲自动手从丰盛的肉类、时蔬及当天捕捞的鲜活海鲜中选出喜欢的品种，烹制最为得意的特色火锅。这里也是游客们举办海滩晚宴的首选之地。

李白酒轩 —— 李白酒轩高雅、温馨，尽展度假酒店极富魅力的热带风光。客人可从品种多样的古典鸡尾酒中选择中意的佳饮，倚坐在酒轩的高凳上享用醇香的美酒以及手工卷制的雪茄，聆听飘荡在耳边悠扬的音乐。

休闲盘点

　　酒店提供种类繁多、惊险刺激的陆地及水上运动项目和娱乐设施：私密海滩、高尔夫、海上垂钓、摩托艇、香蕉船、水上单车、团队拓展培训、谐趣吧、麻将室、伊甸园KTV等，游客在此将彻底感受精彩纷呈与欢乐无限。

查理情调吧 / 在美妙动人的音乐中舞动，在欢快的娱乐节目中开怀：

具有现代舞台艺术效果的音响设备以及多彩的灯光设计营造出最具动感的氛围。还有各式台牌游戏、桌球以及飞镖娱乐等。

鱼疗/温泉鱼疗通过小鱼亲吻游客的肌肤，吞噬细菌并清除毛孔内排泄物，利于从温泉水中吸取各种有益的矿物质，同时刺激末梢神经系统，从而促进新陈代谢。纯天然而无污染的物理治疗，将使客人提高免疫力，达到彻底放松身心。

印度帝皇哒拉理疗/这是非常受欢迎且效果显著的Ayurveda理疗。通过两位技师做全身协调按摩，以及结束于印堂处温热的香薰精油按摩，可解除心理压力、提神醒脑、增强活力、身心和谐。

柔丝深层细胞组织按摩/采用精油、椰子油配搭于特殊的按摩手法，为客人进行深层且吸收性极强的按摩护理。它将缓解潜在的压力、提高手脚灵活性和促进血液循环，增强脊柱和骨骼的灵活度，恢复肌肉的弹性。为运动型和承受力强的人群带来放松与舒展。

香薰疗法/采用四种不同的精油调和，结合有节奏的按摩，使客人心情愉悦，身心和谐，活力再生，同时还能提高想象力，从而对疾病起到疗效。

度假村精华

海南皇冠滨海温泉酒店拥有世界上最大的室内天然温泉水疗中心。那幢占地6500平方米的地中海式风格建筑，四周8座花园别墅众星捧月般将三层高的带屋顶花园的主楼拥立在中央，造型优美、生动。在周围宁静氛围的烘托下，更彰显出其不凡的气质。

Crown Lotus水疗中心/Crown Lotus水疗中心是一个集中了全部感觉的地方，这是一个使精神、身体和心灵获得和谐的静修的天堂。通过放松、抚摸，以及各种天然物质的利用，精华油、热矿泉水、藻类、黑泥和草药等来进行角质护理、洗浴、面部护理和按摩理疗，它向客人提供全方位的水疗、美容护理和健身辅导。

水疗中心拥有花园别墅，豪华水疗套间、单独护理间，高科技美容室、屋顶套房，水疗温泉池，男、女宾更衣室，以及带有冥思和运动平台的屋顶花园，设备齐全的美容美发室，健身中心，温泉鱼疗池，地中海盐浴漂浮，健康美食厅，新鲜果汁吧。即将成为中国一流水疗中心的Crown Lotus，是身心和谐健康的生活新方式的倡导者。

在轻柔曼妙的音乐背景中，静心聆听潺潺的流水和鸟鸣声，呼吸迷人的鲜花散发的芬芳，静谧的环境顿时使人感到远离尘世和喧嚣的轻松与安宁。从这里开始一段恬静心灵、恢复生机的旅程，尽心感受大自然的美丽馈赠，客人们在此都能找到外在的美丽与内心的平静。

度假村实用信息

服务设施一览

皇冠酒店会议中心／这是海南第一座独立的国际会议中心，建筑面积6400余平方米。包括豪华皇冠大宴会厅、多功能厅、可分隔会议室、小型会议室、VIP会议室和休息室，可一次性容纳1800人。先进的网络、数字化通讯、视听设施和同声传译系统，可满足各类国际会议、董事会议和商务洽谈的需求。会议策划专员为会务妥善安排，提供殷勤周到的服务。

高尔夫／气候怡人的海南岛是高尔夫休闲游的胜地。毗邻酒店的台达高尔夫球场，临海而建，以完善而符合国际标准的设施和良好的服务吸引着海内外的高尔夫爱好者。在海风中挥舞球杆，惬意的运动让游客身心俱佳。

泳池休憩吧／在游泳池内，游客不但可以直接游到吧台，点取饮品，坐在手工雕刻的水中海龟凳上慢慢享用。在泳池中畅游，岛屿轻音乐飘逸在耳边，品尝一杯冰冻奶味的鸡尾酒，放松将变得很简单。

海畔乡村酒廊／这里临海而筑，是饮酒、观赏海上日出和日落及举办鸡尾酒会的理想场所。无尽的森巴舞曲及西印度群岛舞曲将伴着游客在这里度过彻夜的愉快时光。

度假小贴士

SPA一词源自比利时的一个小镇上的热矿泉水，它们是拉丁文"Salus per aguam"的首个字母的缩写，意谓：水带来健康。在那里人们用温泉水浸浴来治疗病患的皮肤，并帮助疲惫的肌肉恢复生机。正是因为温泉水的独特魅力，水疗自古已有之。纵观历史，从古罗马到古欧洲再到古老的东方，水疗浴素来被推崇为放松身心、休憩养性之道而备受达官贵人的青睐。

消费指南

海南皇冠滨海温泉酒店

行政海景套房
门市价 3800元　入住首日房价 1580元

海景套房
门市价 3200元　入住首日房价 1280元

园景房
门市价 1400元　入住首日房价 580元

雅致房
门市价 3000元　入住首日房价 780元

海景房
门市价 1600元　入住首日房价 680元

温泉服务 成人88元/人
巴西风情烧烤自助晚餐 成人88/位

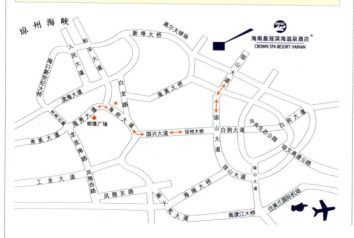

地理位置

海南皇冠滨海温泉酒店距市区18公里，约15分钟车程；距机场20公里，约15分钟车程；从客房漫步到沙滩60秒。

地址：海南省海口市
　　　江东新区琼山大道1号
电话：0898－65966888
网址：www.csrhn.com

交通信息指南

酒店班车／酒店每日有六班穿梭巴士免费接送旅客，海口市内乘车地点：明珠广场后停车场；另可乘坐43路（东营方向）公交冷气大巴，在终点站下车后步行约10分钟路程。

自驾游客／海口市内驶入海府路向东南方向行车2.8公里后左转进入国兴大道向东行车3.8公里再左转向北行车5.5公里。

飞机／距海口美兰国际机场20公里，约15分钟车程。

游走周边

周边旅游风向标

中国热带海洋世界／海口的西海岸建有中国第一个以热带和海洋为主题的大型游乐公园，总面积达850亩。在这里，游客们可以体验各种惊险刺激而又乐趣纷呈的游乐项目。

热带河谷漂游／万泉河流域全长163公里，是中国目前唯一能全年开展漂流探险活动的地区。万泉河上游奇伟险峻，两岸风光旖旎，树影婆娑，有浩瀚的热带原始森林保护区。在热带雨林中体验一路经过的激流、险滩和飞瀑，惊险刺激的五指山河谷漂流是精神和体力的挑战。

红树林保护区／琼山市演丰镇的红树林保护区是中国建立的唯一一个红树林保护区。红树林是世界上珍贵的植物种群，是热带、亚热带滨海泥滩上特有的常青灌木或乔木植物群落，树身最高可达10米。游人荡舟其间，将亲身领略到漫步于"海上森林"的神奇与乐趣。

火山口／位于琼山市石山镇的火山口是距今2.7万年至100万年之间火山爆发所形成的数十个死火山口。最大的火山口海拔222米，邻近火山口的地下部分有火山岩洞群，被地质学家誉为颇具规模的火山岩洞博物馆。

南丽湖风景区／从海口市或琼山市驱车40多分钟就可以抵达海南第一大湖 —— 碧波荡漾的南丽湖。湖面达26平方公里，在明媚的阳光下湖水愈发显得清澈。湖内有13个小岛，平均水深12米，是度假、垂钓的绝好去处。

地方风俗节庆

换花节／农历正月十五的元宵夜的换花节是海南的"情人节"。当晚，海口、琼山市区华灯齐放，数万年轻人手持鲜花步行走上街头，汇成一片花的海洋，所到之处一派浪漫和温馨。换花节意在新春来临之际，让年轻人之间的相互祝福，表达爱意。

度假风尚补给站

热带海岛／海南岛是中国唯一的热带海岛省份，被称为世界上"少有的几块未被污染的净土"。岛上四

季常绿，森林覆盖率超过50％。海南是一个色彩斑斓的世界，阳光、海水、沙滩、绿色、空气五大旅游要素俱全，具有得天独厚的热带海岛自然风光。如同一个从无垠的南海碧波中崛起的如诗如画的童话世界，它以迷人的椰风海韵和浓郁的侨乡风情，散发出吸引力。

黎族风情／早在远古时代，黎族同胞就在这块土地上刀耕火种，民风质朴、敦厚，并以独特的民族文化和绚丽的织锦工艺著称于世。黎族同胞主要聚居在五指山区地势较平的山麓或临河的盆地，村寨大小不等，错落有致。低矮的茅草房掩映在严严实实的椰子树与槟榔树间，树的空隙间用竹篱笆围成小块菜地，清澈的小溪淙淙流过房前，让人有"走进山间别墅"的感觉。

度假感言

我们一家在冬季的时候来到这里度假，这里没有丝毫的严寒，临海的建筑让我们每一天都可以到海滩上晒太阳，惬意地躺着玩沙子。夕阳西下，可以看着太阳消失在海平面的那头，晚上，我可以到水疗中心去做护理，做完之后老公说我的气色好了很多，皮肤也变好了很多。清晨，在海浪声中苏醒，看轻柔的海风吹拂着窗帘，让我一整天都有好心情。当然了，深居内地的我们很少有机会吃新鲜的海鲜，在这里每一天都可以享受新鲜美味的海鲜，人间的乐事莫过于此。

海南皇冠滨海温泉酒店

海南　∨∨　海口　度假类型　温泉养生

远离都市的温泉木屋生活

广州从化碧水湾温泉度假村

Guangzhou Conghua Bishuiwan Hotspring Holiday Inn

广东 》》 从化　度假类型　温泉养生

　　人对于水具有一种与生俱来的亲近，而浸泡在温泉中的那种安宁、舒展，是其他场所不能取代的。早在《山海经》就有"其水温热若汤，能愈百疾，故世谓之温泉焉"这样的记载。碧水湾，这里具有几百年历史的上品温泉，从明清时起就以其独特的水质和养身功能名扬天下，历朝历代，抚慰过无数劳顿的身体，治愈过多少疲倦的心灵。一汪碧水，一壶茶，一尊酒，身泡温泉，坐居木屋，这样逍遥的生活何似在人间？

　　碧水湾温泉还有她的奇。地处绵延80公里的绿林中心，多种自然景观奇妙地在蓝色星球的这个经纬上和谐并存，不由得感叹大自然的天工和造化，海风、沙粒、绿林、温泉，在一瞬间这一切杂糅在一起层层透来，呼吸着森林中高度的纯氧，湮浸在碧水湾清澈剔透的温水中，读书、行走、思考，都可以在这里停步。

　　在这里，生活可以是什么也不做。

适合人群　商务人士、情侣出游、朋友聚会、家庭度假　　　适合居住长度　3天2晚或长期居住

找一个理由住在这里

碧水湾温泉度假村位于具有"岭南第一温泉"美誉的广州从化温泉，地处绵延的"从化80公里绿色旅游走廊"，紧邻沙质黄金海岸，集温泉、绿林、沙滩、海洋等多种地貌于一身，不可不称奇。

从化温泉在明清时就已名扬天下，水质晶莹剔透，是稀有的苏打温泉，被历代众多文人志士视为极致养身之所。现在，这里已建成为集休闲度假、商务会议等多功能于一体的碧水湾温泉度假村。花园式情调的温泉景区面积达25000多平方米，继承古人的养生理念，分为药浴区、戏水区、水疗区、休闲区、木屋区等，满足不同的休闲养生需求，是休闲度假，坐看风景的极佳去处。

度假居所

套房类型：温泉酒店为五星级酒店，有各类客房200余间（套），分为豪华房、蜜月房、豪华家庭房、豪华套房、豪华家庭套房和高级行政套房共六种房型。

客房设计：客房设计深入每一处细节，配套考究，服务一流，每间客房均提供欢迎果篮及欢迎饮品等多项免费服务。高级行政套房是碧水湾度假村最豪华的居庭享受。二房二厅超大面积，整套至尊高档家具，背山环水，超大观景阳台，流溪河沿岸风光让您尽收眼底。

客房设施：配有中央空调、彩电、冰箱、迷你吧、豪华的按摩浴缸、蒸气浴，缓解您一身的疲惫。

套房内设有会议厅，让您保持轻松愉快的心情进行商务会谈，享受顶级贵宾的豪华待遇。

美食诱惑

"碧水湾"菜系以养生为基点，多以野生蔬菜瓜果为原料，讲究食物的原味、鲜味；以清、爽、滑、嫩为特点。

美食特色／夏秋以消暑祛热为主，冬春则以营养滋补为主；在制作上，将南北、中西、古今技法并用，以蒸、炒、烩、煎、炸、烤、焖、炖、焯等法共用，讲究运用火候，口味以生、脆、鲜、淡为主，制成的菜品清而不淡、鲜而不俗、嫩而不生、油而不腻，风味俱佳。

乡野碧水湾／碧水湾不仅拥有自己的农场，饲养走地鸡，放养山坑鱼，而且建立了无公害野菜基地，确保食物的养生品质。让您在森林绿野的醇醇清香中，聆听着小溪流淌的潺潺流水声，享受着山间飘来的缕缕清风，品味营养丰富、健康鲜美的乡村美食。

推荐的美食去处有荔香园、丽景阁、在水一方、临江仙美食广场等。

休闲盘点

中医养生馆／汇集数位知名老中医坐堂，结合碧水湾温泉的水质特点对温泉、药浴、药膳、碧泉茶的用药进行了科学导引。养生馆保健理疗室配备了全套的理疗设备，有针灸、拔罐、按摩后药敷等中国传统医疗方式，而且免费提供健康咨询、测血压、称体重等医疗服务。

广州从化碧水湾温泉度假村

广东 ⟩⟩ 从化

度假类型 **温泉养生**

度假村精华

碧水湾温泉：聚天地灵气，滋养温泉精华

明清时期就已开发利用的流溪河温泉，一向以水质佳、水温高和泉景奇特闻名于世。被誉为岭南第一温泉，堪称世界名泉。碧水湾温泉位于流溪温泉旅游度假区，温泉水资源丰富，蕴藏量大，日出水量可达4000余吨，出水口温度高达71摄氏度。

碧水湾温泉传承中西方传统养生理论，精心打造了多种极富养生特色的温泉浴池，既有增强体魄的运动型戏水池和富有情调的天然温泉池，又有结合中医与温泉理疗配制而成的功能药浴池和世界先进的水疗温泉池。养生馆、沐足亭、按摩区等设施齐全。

碧水湾温泉属于稀有的苏打型温泉，温泉水中富含多种对人体有益的常量元素和微量元素，如钙、钾、锌、硒、钠、镁、铵、氟、铁、锰、钴、钼、钒、锡、砷、铬、硅、碘、铜等，具有重要的医疗价值，属世界极品温泉。

度假小贴士

盛夏荔枝成熟季节，游人来到这里沐浴温泉，品尝山珍野味和新鲜荔枝，成为一年一度的盛事。

长途跋涉、疲劳过度，宜待体力恢复后再行入浴，不可贸然泡入温泉。酒醉及空腹、过饱时也不宜入浴。

消费指南

广州从化碧水湾温泉度假村

豪华双人房（2床 1.2X2米）
周日至周四 880元　周五、周六980元

豪华蜜月房（1床 2X2.2米）
周日至周四 880元　周五、周六980元

家庭房（1床 2X2米；1床 1.2X2米）
周日至周四 1080元　周五、周六1280元

豪华套房（1房1厅，1床 2X2米）
周日至周四 1380元　周五、周六1480元

豪华家庭套房
（2房1厅，1床 2X2米、2床 1.2X2米）
周日至周四 2080元　周五、周六2280元

高级行政套房
周日至周四 8888元　周五、周六8888元

康乐项目价格

主题酒吧
28元/位　提供茶水、免费点歌
营业时间：18：30—24：00

主题酒吧/天籁厅/歌舞厅
3000元/间　包场最低消费
营业时间：18：30—24：00

矿泉游泳池（住客免费）
开放时间：夏季
　　　　　06：30—11：30
　　　　　14：30—22：00
　　　　　冬季
　　　　　10：00—18：00）

流溪河竹排漂流观光
30元/人（含2元保险）
营业时间：08：30—11：30
　　　　　14：00—18：00

流溪河垂钓
8元/小时/根
住店客人自带渔具凭房卡免费提供场地
营业时间：08：30—17：00

度假村实用信息

地理位置

碧水湾温泉度假村位于广州温泉生态谷，流溪河国际旅游度假区，距离广州市区80公里。

地址：广东省从化市
　　　流溪温泉旅游度假区（良口）
电话：020-87842888
传真：020-87842033
网址：www.bishuiwan.com

交通信息指南

广州出发

　　自驾车：广深高速–京珠高速–钟落镇出口–105国道–往韶关方向直行，约1小时后到达假村，沿路可见碧水湾温泉度假村的指示牌。

　　背包族：从广园车站、广州汽车客运站、东圃汽车客运站、海珠汽车客运站、越秀南汽车客运站、天河汽车客运站每天有多班开往从化街口。从化市汽车站每15分钟一班车，到达温泉风景区。

　　广州开往碧水湾度假村的直通车逢周五、周六、周日发车，可从烈士陵园或华泰宾馆上车。

深圳出发

　　自驾车：广深高速–京珠高速–钟落镇出口–105国道–往韶关方向直行，约1小时后到达假村，沿路可见碧水湾温泉度假村的指示牌。

　　背包族：背包族可先从深圳到广州，再由以上方式到达。

酒店荣誉

　　2003年一举通过ISO环境、质量管理体系双认证并于2005年被国家旅游局评为国家4A级景区。

　　荣获2004年"国内最佳旅游目的地"；2005年"广州市首届百佳餐饮企业"、"广东省绿色饭店"、"广东十佳温泉度假酒店"、"国内最佳旅游目的地"、"最佳绿色环保温泉酒店"、"最佳会议会展温泉酒店"、"金牌营销团队"；2006年"中国十佳温泉酒店"；2007年"中国最佳温泉度假胜地"。

广州从化碧水湾温泉度假村

广东 ∨ 从化　度假类型 温泉养生

游走周边

周边旅游风向标

流溪河国家森林公园／全国十大森林公园之一，位于从化东北部，距广州93公里，交通方便。这里林深叶茂，地貌奇特，数百座山峰起伏连绵、重峦叠嶂、波涌云涛、气象万千。

三桠塘幽谷／三桠塘幽谷位于流溪河国家森林公园南面的五指山景区，属亚热带山地雨林，气候温和，雨量充沛，空气清新。幽谷里森林覆盖率达98%，空气负离子高达每立方厘米10万个以上。有幽谷翠竹、千年古藤等30多处自然奇观和古炭窑、三桠塘大坝等五大人文景观。

从化北回归线标志塔公园／位于从化太平镇太平场，塔顶有一钢球，其圆孔的垂线与塔底正中的经纬线交点相互垂直，北回归线正从这个圆孔经过。每年6月22日夏至中午12时26分，太阳直射光线经过这个圆孔，人站于此地，有立竿不见影的奇观。

地方风俗节庆

梅花节／节庆时间一般为每年的12月中旬至次年1月中旬。每年12月开始，从化有10万多株梅树同时开放，傲着寒冬怒放，漫山遍野，凝如积雪，与碧绿的流溪湖水和青山辉映，堪称南国一大奇观。

红叶节／节庆时间一般为每年的11月中旬起至次年1月下旬。每年11月下旬起，广州市流溪河国家森林公园内的山漆、盐肤木、乌桕、枫香树渐次经霜，染霜而红。时至12月及元月上旬，公园流溪湖"库澄满面碧，树醉一身红"，北面"小漓江"、"小三峡"两岸层林尽染，漫山红叶飞舞，为小漓江的一大景观。

度假风尚补给站

从化温泉文化／从化地杰水灵，半个世纪以来是中外国家领导人的休养佳所，周恩来、朱德、邓小平等党和国家领导人，尼克松、胡志明、西哈努克等众多外国元首，都在此留下过美好回忆。众多名家大师亦在这里留下了价值连城的文章诗篇、书画墨宝：郭沫若题诗"结伴上崇山，亭临百丈澜。琴酣松欲醉，歌好瀑腾欢"；何香凝1955年在此所画的《菊花》、《红枫菊花图》；李可染1960年画的《秋牧图》；郑乃光、亚明1960年合画《秋溪图》等，都成了从化温泉文化的一部分。

度假感言

碧水湾的工作人员服务态度非常好，由于是30日下午去的，人不是很多，工作人员都服务得很周到。酒店住宿很好，很干净整洁，提供的配套设施比较完善，一打开门最满意的就是进入阳台的那一刹那，所有美景尽收眼底。

园林中疗伤温泉

阳江温泉度假村

Yang Jiang Hot Spring Resort

阳江温泉相传是因八仙之一的韩湘子而闻名。昔日韩湘子被谪到人间时，经常到阳江的温泉来消除顽疾之苦，最后被召回天界时，羽化成仙的地点也正是此处的温泉。但不论传说如何，温泉的水质的确有着疗伤的功效，长年以来吸引众多名士慕名而来，体验熏蒸之畅快。

在阳江温泉待上三天，恐怕还未能体会到其细节处的丰富多彩。亭台、楼阁、瀑布、木屋，碧绿的大片草地，湛蓝透明的各式泉水，不同的景色带来不同的体验，守着一小间茅屋泡上一天，也有独特的乐趣，而休闲的精髓，就在于那份心定气闲和细细体味。

适合人群 商务人士、情侣出游、朋友聚会、家庭度假　　　适合居住长度 5～15天

阳江温泉度假村

找一个理由住在这里

阳江温泉度假村规模宏大，占地两千多亩，投资近3亿人民币，设有温泉健康中心、温泉假日酒店、温泉高尔夫球会三大核心项目。大型露天温泉中心布局合理、设计独特，拥有"瀑、池、泉、湖"系列；温泉假日酒店为五星级酒店，外观具有汉唐风格，充满东方神韵；温泉高尔夫球会则是粤西地区唯一国际标准的高尔夫球会场。阳江温泉度假村是一个集温泉、健康旅游、休闲、度假、商务、会务于一体的旅游综合度假区。

阳江温泉度假村，已先后被阳江市十景评选委员会评为"阳江十景"之一、广东省优质品牌温泉专家评定委员会评为"广东省十佳温泉"之一、中国绿色饭店专家委员会评为"中国绿色饭店"并通过ISO9001质量管理认证。目前，阳江温泉度假村已正式通过国家旅游局星评委员会的五星评定，成为广东省首家五星级温泉度假村。

度假居所

套房类型： 度假村的温泉假日酒店客房是五星级装饰、设计及配套，高级客房160间，豪华客房15间，拥有私家车库和温泉池的豪华别墅约40套，让人足不出户就可尽情享受温泉浴。

客房设施： 房间都设有中央空调、豪华卫浴，提供茶水、矿泉水、浴袍等免费服务。商务设施先进，通过电视就可以上网的电信宽带网络，可随时与世界各地紧密相连。另外，还配有迷你吧、电子保险柜等服务项目。

豪华客房： 酒店客房独具特色的豪华客房集中在二楼，洗手间带木桶浴盆，纯朴而自然，视野宽阔的空中花园阳台清新而别致。

美食诱惑

汉唐宫中餐厅 —— 装修豪华典雅的汉唐宫中餐厅，设有餐位约600个，豪华包房15间，以经营健康美味的正宗粤菜与阳江乡村菜式为主，

特聘请香港名厨掌勺，尽显宫廷御宴风范，风味独特，菜式丰富。还提供经济实惠的早茶、新鲜实惠的海鲜大餐，并可举办大型的露天自助烧烤晚会。

威尼斯西餐厅 —— 充满异国情调的威尼斯西餐厅，环境优雅，依傍假山池树。在西餐厅中品着经典咖啡，尝着手法精致的西式料理，置身于悠扬的怀旧古典音乐中，使人仿佛穿越空间，来到威尼斯的闲情时光。

休闲盘点

温泉高尔夫球会 / 国际标准的高尔夫球场，拥有18洞高尔夫球场、两个果岭练习场，配有高尔夫球专业教练、水吧、更衣室、休息室及提供高尔夫用具出租，另外还有游览车，提供休闲饮料。

航母俱乐部夜总会 / 动感十足的航母俱乐部夜总会，拥有顶级灯光，进口音响设备。特聘海内外艺坛高手驻场献艺，每晚劲歌热舞，还有滑稽小品和其他精心编排的节目，独特的美式接待服务，让人难忘。

各式按摩 / 拥有中式、日式、泰式按摩，有专业的理疗师提供一流足浴、搓背、采耳、修甲、拔火罐、针灸、刮痧等理疗服务。

阳江温泉度假村

度假村精华

露天温泉：洗涤烦嚣 治愈伤痛

阳江的水质在广东地区首屈一指，据地质资料显示，阳江市地处四会一吴川断裂构造带，特殊的地质条件产生了丰富的温泉资源，经中山医学院微量元素、矿泉分析室检测分析，泉水富含硫化氢及弱放射性氡等50多种对人体有益的微量元素，属稀有的医疗保健热矿泉，是三大医疗性热泉之一，对多种潜在疾病、美容、减肥均有独特疗效。

阳江温泉健康中心大型露天温泉区，布局合理，设计独特，组成大小不同、形态各异的日式温泉理疗区。每个池水温都不同，水温分40度、20度、12度等几个层级，连续在冷热不同的水池中浸泡，感觉非常奇特，适应了之后多次使用能起到健身的效果。

园林布局融会了中日园林精髓，区内拥有瀑布、九曲桥、拱桥、凉亭等休闲观光的景点，鹅卵石铺路，日式的竹节引水，具有浓厚的东方园林韵味。

度假小贴士

这里的露天温泉常年水温为75℃，日流量达3000立方米。

广东 >> 阳江　度假类型 温泉养生

阳江温泉度假村

度假村实用信息

地理位置

　　坐落于国家优秀旅游城市广州阳江市境内，扼粤西要冲，地理位置优越，毗邻著名的闸坡海滩度假区，交通便捷，位于325国道旁。

地址：广东省阳江市阳东县
　　　合山镇325国道旁
电话：0662-6388888
传真：0662-6381902
网址：www.yjhotspring.com

交通信息指南

　　公路　已经竣工的325国道（广湛公路）与站港（阳春火车站-阳江港）一级公路形成了阳江市陆路交通的"十"字架构，陆路交通四通八达。

　　铁路　三茂（三水-茂名）铁路东西贯穿全市，阳阳（阳春火车站-阳江港）铁路建设中。

　　海运　阳江港是我国对外开放一类口岸，可通航广州、香港、澳门等地。

　　航空　阳江在合山建有民航机场，已开通阳江-广州、阳江-珠海等直升机航线。

消费指南

阳江温泉度假村

标准客房(60间) 价格：580元	**高级行政套房**(2间) 价格：1680元
高级客房(161间) 价格：680元	**豪华行政套房**(1间) 价格：2380元
标准套房(3间) 价格：800元	**C型四房一厅别墅**(4间) 价格：3800元
豪华客房(15间) 价格：880元	**C型六房一厅别墅**(28间) 价格：3800元
高级商务套房(2间) 价格：1080元	**B型四房一厅别墅**(3间) 价格：4800元
豪华商务套房(1间) 价格：1380元	**A型四房一厅别墅**(1间) 价格：5800元

游走周边
周边旅游风向标

凌霄岩/凌霄岩风景区位于阳春县城西北66公里的罗阳峰林之中，是以喀斯特岩溶地貌为特征，自然山水溶洞为主的风景名胜区，是广东省颁布的第一批风景名胜区之一。洞内19条高大的钟乳石柱直撑岩顶，天然形成的一线天、一颗星、水底月三大奇景。

玉溪三洞/距凌霄岩2公里的玉溪三洞，由漠江上游穿过三个大石溶洞而成，总长3公里，被誉为南国第一名胜。岩底河长320米，可泛舟。

海陵岛/位于阳江市西南端，为广东第四大岛。海陵岛地处南亚热带，四面环海，山海兼优，岛上拥有宋太傅张世杰庙址、陵墓、古炮台、镇海亭、北帝庙、灵谷庙、观音岩、新石器文化遗址等名胜古迹，还有10多处沙滩可供开发为海水浴场，享有"东方夏威夷"之美称。

地方风俗节庆

风筝节/阳江风筝已有1300多年的历史，最初用于古代传递军情，后流行于民间的一种活动，延续至今。在国内，阳江风筝与山东潍坊风筝形成"南江北坊"两大流派，被誉为中国南派风筝杰出代表。每年农历九月九日重阳节，阳江都举行盛大的放飞比赛或表演。

龙舟节/每年农历初一至初五，阳江都举行龙舟竞赛，内地在江河（漠阳江、鸳鸯湖）划龙船，沿海地区在海上扒艇仔，不近江河的地区则舞旱龙庆祝。特别的是，阳江每年龙舟节举行的都是逆水赛龙舟。

山歌节/自1987年起，阳江每年举行山歌节。它的渊源可追溯到明末清初的一种民间节目"跳禾楼"，一种古老的民间山歌演唱形式，意在祈求农家丰收。此外还有妇人祈子的"跳花枝"、新婚闹洞房时的"打堂梅"以及海边沧家的咸水歌"对叹"等等。

度假风尚补给站

阳江温泉的传说/阳江温泉度假村的温泉历史悠久，是一个古老而神奇的温泉。相传八仙之一的韩湘子曾被玉帝贬到阳江温泉受苦，化身为一个浑身长满疥疮的癞子，最后得温泉的泡浸治疗和南极仙翁的指点，终于得道重返仙界，温泉区中的遇仙桥就是因此而得名。

泡温泉的步骤/1.浴前清洁：冲洗全身，不涂浴皂，避免与温泉产生化学反应。　2.泡前暖身：取泉水淋身，避免温度变化引起身体不适。3.分段浸浴：由下及上渐浸泡，避免身体不适。　4.时间控制：一天不过3次，一次不过30分钟，间歇浸泡。　5.呼吸吐纳：泡汤时均匀地呼吸，借助蒸气温度及散发的矿物质达到养生效果。　6.补充水分：泡汤过后应适当补充水分，调节体内代谢功能，让身体得到充分休养。

极致温泉之旅

珠海海泉湾度假区

The Ocean Spring Resort

　　如果要细数中国最浪漫的城市，珠海无疑是第一位的。这个美丽的南方城市用漫长的海岸线编织着动人的传说。珠海像被绿色渲染的一幅油画，令人时时在碧海蓝天、繁花绿野围绕之中，享受大自然的温馨。令人印象最深的是那段情侣路，不知多少世间男女牵手走过；而近海的岩石上，矗立着"珠海渔女"塑像，这是公园的象征，也是珠海的象征。

　　与海洋的共育共生，让这座城市充满了蓝色的魅力。珠海的西部，是一片温暖的海洋之泉，借助这不可多得的天然资源，一个温泉度假地悄然而生。海泉湾这个名字就像是童话故事中的一节，带着一种浪漫神秘的味道。只有亲身体验海泉湾的种种，才知道天堂，也许不是那么远。

适合人群　商务会谈　团队建设　家庭出游　　适合居住长度　5－15天

找一个理由住在这里

位于珠海西部的海泉湾度假区是全国第一家"国家旅游休闲度假示范区"，是香港中旅集团继建设开发深圳华侨城、世界之窗、锦绣中华之后的又一力作。

海泉湾度假区以罕有的海洋温泉为核心，由两座五星级会议度假酒店、刺激动感的神秘岛主题乐园、集美食娱乐演艺于一体的渔人码头、高科技的现代剧院、设备一流星级服务的健康体检中心、为健康加油的运动俱乐部、打造精英团队的拓展训练营等八大板块组成，是中国目前综合配套最完善的大型旅游休闲度假胜地。

度假居所

设计风格： 两座五星级会议度假酒店坐落于海泉湾中轴线的两侧，独特的地中海风格尽展浪漫尊贵，圆弧形的堡顶、连拱式的走廊连同点缀其间的欧式园林景致，将纯朴而典雅的地中海度假风情表现得淋漓尽致。海的壮阔、泉的温婉铸就了酒店蔚蓝色的浩渺之美，滨海临风，不禁心旷神怡。

客房设施： 酒店配有卫星电视、国际/国内长途（附设浴室分机）、电子保险箱、迷你酒吧和冰箱、电子磁卡门锁系统、可调式中央空调、调光照明系统、商务办公桌、宽带上网系统等客房设施，并有借物服务（多用插座、闹钟、充电器、电熨斗、烫衣板、传真机、文具、光碟机/影碟机等等）、洗衣及干洗服务、保姆服务、送餐服务、擦鞋服务等客房服务。

温泉别墅： 地中海温泉别墅坐落于度假城南面的欧式园林间，共12栋22套。砖红屋顶、深褐屋檐、淡粉墙面，门窗处层层叠叠的方正造型，尽显浓郁的地中海度假风情。

蜜月套房： 粉红色的蜜月套房，沿湖而建，面湖而居，夜空璀璨繁星，内湖闪烁渔火，皆是浪漫的诠释。26平方米宽敞浴室，内置直通温泉水的橡木桶，柔情蜜意尽在不言中。

至尊温泉房： 至尊温泉房位于海洋温泉中心三层，共有10间，每个房间都以不同国家的特色装修布置，充满了浓郁的异国风情。

美食诱惑

海泉湾各个板块都拥有各自的特色美食，满足五湖四海的朋友的需求。这里有品位高雅的西餐，堪称一绝的潮汕菜、地道精致的湘菜川菜以及方便快捷的各种快餐、面食，丰富多彩的选择，让游客的味蕾一次次振奋。

集味坊餐厅 —— 室内温泉区，揽海负一层，经营中西美食、海鲜、特色小炒，装修时尚而典雅，沐浴之后到这里一品各地风味美食，实乃享受。

颐养轩餐厅 —— 餐厅自更衣区上二楼，经营招牌养生燕窝粥、滋补靓汤、药膳小炒、水果冰燕窝，具有美容、养生、保健的功效，为喜欢浪漫讲究养生的游客提供最健康的饮食选择！

望海烧烤吧 —— 位于室外温泉区 —— 经营各式烧烤、北方水饺、拉面，特色温泉蛋，是沐浴温泉间隙休憩的好去处。

湖畔自助餐 —— 湖畔是一个浪漫的场所，无论是轻斟慢饮还是品尝美味佳肴。夜幕低垂，灯光璀璨，婀娜的音乐喷泉，梦幻的水幕电影，热情的酒吧舞蹈。适合公司包场。

可根据具体情况，扩大至渔人码头酒吧广场。

满庭湘 —— 提供湘菜和粤菜，备有上等功夫茶。适合亲朋聚会、婚庆喜宴、会议宴请。5间包房可以贯通成一个宴会大厅，另有2间VIP包房。所有包房都有明亮的落地窗，将海泉湾的美景完美呈现。

休闲盘点

神秘岛游乐园 / 由加拿大FORREC公司设计，依托天然优美的海岸线，自然天成的湖面，巧妙地将多种精彩刺激的高科技游乐设备与地中海风格建筑相融合，形成了热情奔放的幸运大道区、惊险刺激的冒险丛林区、神秘诡谲的海盗城堡区、梦幻童话的美人鱼湖区、激情四溢的神秘岛区、浪漫柔美的加勒比海岸和主题式拓展训练营等。

精彩绝致的演出 / 梦幻剧场天天上演一台大型原创舞台剧《海边的梦》，由香港中旅集团耗资亿元精心打造，拉斯维加斯式的表演风格，老少皆宜，雅俗共赏，精彩绝伦，开辟了国内旅游文化演出新局面，成为珠海的一张城市形象名片。

票价：贵宾席280元/位，嘉宾席150元/位，普通120元/位。

运动俱乐部 / 这里有国际先进的体质测评，反映人最基本的体质状况；这里有多功能体育馆，内设羽毛球区和乒乓球，可承接大型赛事、企业比赛，优质柚木地板和特殊的木质墙壁，还可使其变换为艺术展览馆；这里还有射箭、壁球、电子竞技、户外网球、健身、有氧舞蹈、桑拿、棋牌等10多项健身休闲运动，让人充分享受运动的乐趣。

渔人码头 / 夜晚在充满了地中海风情的渔人码头，享受到的不仅仅是视觉和味觉的飨宴，更值得享用的，是心情的舒缓放松。11万平方米的内湖水域，倒映着沿岸灯火辉煌的摩纳哥风格建筑群，缓缓穿行的贡都拉小船，音乐、激光珠联璧合的水幕电影，音乐喷泉，让人情不自禁地质疑是否置身一个流光溢彩的童话世界。

珠海海泉湾度假区

广东 >>

珠海　度假类型　温泉养生

度假村精华

身在温泉，心如大海

度假区有三个主题海洋温泉区，它们各自散发着独特的魅力。

揽海是一个大型室内温泉区，整个区域宽敞明亮，采用弧形玻璃顶采光，在这里完全不用担心季节变化或刮风下雨对沐浴温泉带来的影响。温泉采用恒温系统，使室内温度长年保持在25度左右，这里的一年四季都有春天般的感受。还有世界先进的SPA水疗设施，置身其中，让不同功效的水疗项目让满身的疲惫消除殆尽。

迷人海滨的室外温泉共分为世界温泉文化区、娱乐区、情侣区。还有极具特色的亲亲温泉鱼疗，温

泉蛋等特色项目。温泉文化区有世界具有代表性的土耳其皇宫浴、恺撒皇宫浴、俄罗斯莫尼卡浴和中国盛唐的华清池浴等等，让你体验中国皇帝、土耳其贵族、罗马君主等古代帝王享受的温泉沐浴文化，休闲之余，惊喜于时空交错的欣喜。

最原始最自然的是生态养生的园林温泉区，海洋园林温泉处于室外温泉南侧，运用自然怡人的人性化设计，采取原始自然的饰材，勾勒出一个以热带海滨风情为主格调的园林式观海温泉。海洋园林温泉在朴实中具有鲜明的个性，于喧哗中展现迷人的宁静，营造一个和谐自然、健康舒适的绿色养生环境。

度假小贴士

海洋温泉 / 海洋温泉水质清澈无色，泉源常年水雾缭绕。温泉水质中性温和，泉水中富含丰富的钾、钠、钙、硅酸、氯离子等30多种有益于人体的微量元素及矿物质。

海泉湾的海洋温泉占地4万余平方米，有"南海第一泉"美誉的天然的海洋温泉，源自大海深处，源源流淌，经年不息，泉井自喷高度达11米，是罕见的优质海底温泉。泉水清澈透明，水量丰富，出口水温高达83摄氏度。温泉水富含多种有利于人体健康的微量元素和矿物质。

度假村实用信息

地理位置

　　位于美丽的浪漫之城——珠海，地处珠海西部金湾区平沙镇。海泉湾临海而建，温泉清涌，西侧面临黄茅海，为崖门水道入海口；东接京珠公路；南面有高栏港；北面为斗门区。交通便利，至珠海市区50公里，至澳门50公里，至珠海机场35公里。经珠港大道紧连西部沿海高速公路，广州、深圳等珠三角城市到达度假区均在2小时车程内。

地址：广东省珠海市金湾区平沙镇
电话：0756－7728888
　　　0756－7728111
网址：www.oceanspring.com.cn

交通信息指南

自驾路线

广州→海泉湾（全程约2小时）

　　广州→京珠高速→西部沿海高速→珠港出口→珠港大道→海泉湾大道→海泉湾度假区

深圳→海泉湾（全程约2小时）

　　深圳→广深高速公路→虎门→经虎门大桥转入京珠高速→京珠高速→西部沿海高速→珠港出口→珠港大道→海泉湾大道→海泉湾度假区

东莞→海泉湾（全程约1小时）

　　东莞→广深高速公路→经虎门大桥转入京珠高速→京珠高速→西部沿海高速→珠港出口→珠港大道→海泉湾大道→海泉湾度假区

佛山→海泉湾（全程约2小时）

　　佛山→佛开高速→新会→在"新台"路口下→转新台高速→沿海高速→珠港出口→珠港大道→海泉湾大道→海泉湾度假区

中山→海泉湾（全程约1小时）

　　中山→直上105国道→五桂山→三乡→斗门（井岸）→乾务→平沙→海泉湾度假区

特别提示

　　全国其他地区的游客到达珠海机场后，可提前与海泉湾大酒店联系，酒店可派专车迎接。珠海机场到海泉湾度假区约有40分钟车程。

消费指南

珠海海泉湾度假区

VIP至尊房（温泉内）	容纳人数2人　最低消费288元/小时 加钟100元/小时，有独立温泉池，其他消费另计
VIP至尊房（温泉内）	容纳人数3人　最低消费388元/小时 加钟100元/小时，有独立温泉池，其他消费另计
VIP至尊房（温泉内）	容纳人数4人　最低消费488元/小时 加钟100元/小时，有独立温泉池，其他消费另计
温泉客房　　至尊房	1680元/间 1、独立温泉池、洗手间、冲凉房、豪华席梦斯床； 2、包括两位大人及一位小童168元温泉门票所包含的所有项目； 3、加床200元/床（榻榻米床垫，包括温泉）； 4、免费提供果盘、特饮； 5、入住时间14：00—12：00。
温泉客房　　VIP房	588元/间 1、独立洗手间、冲凉房、1.1米宽床， 其中9间带干蒸、6间带湿蒸、5间带泡浴； 2、包括两位大人及一位1.4米以下小童168元温泉门票所包含的所有项目； 3、加床200元/床（榻榻米床垫，包括温泉）； 4、免费提供果盘、特饮； 5、入住时间22：00—11：00。
温泉客房　　普通房	200元/间 1、公共洗手间、冲凉房； 2、仅限一人，加床100元/床； 3、需另外购买温泉门票； 4、导游、司陪凭有效证件可免费享受168元温泉浴所包含的项目； 5、免费提供果盘、特饮； 6、入住时间22：00—11：00。
非酒店住客	68元/人/次

珠海海泉湾度假区

广东

＞

珠海　度假类型　温泉养生

游走周边

周边旅游风向标

珠海情侣路

珠海的情侣路就是珠海沿海的那条路，它分情侣南路（位于拱北）和情侣北路（位于吉大、香洲）。情侣路从拱北粤华花园开始，途经海湾大酒店、九洲港、金怡酒店、海滨泳场、珠海渔女、香炉湾等著名风景旅游点，因其风景秀丽、海涛阵阵、空气清新，是珠海市民特别是情侣们休闲散步的好去处，所以珠海人叫这条路为情侣路。

高尔夫之旅

珠海金湾高尔夫俱乐部

标准：27洞高尔夫球场，包括一个18洞和一个9洞灯光球场。距海泉湾车程：30分钟　地址：珠海市金湾区金岸金湾大道

电话：0756－7631888

珠海万盛高尔夫乡村俱乐部

标准：18洞高尔夫球场。距海泉湾车程：40分钟　地址：珠海市斗门县五山镇三里

电话：0756－5573888

东方高尔夫（珠海）球场

标准：18洞高尔夫球场。距海泉湾车程：1小时20分钟　地址：珠海横琴经济开发区环岛北路一号　电话：0756－8688288

荷包岛

荷包岛位于珠海市西南端，面积13平方公里，有八个海湾、十二处沙滩和一个石滩。岛上青山环绕，风景优美，有沙滩运动会、环岛观光游、山间探险和篝火晚会等游乐项目。距海泉湾：车程40分钟，船程30分钟。地点：珠海西部高栏岛

的西南部　电话：0756－7268063

地方风俗节庆

造屋与进宅 —— 珠海人的民俗

珠海地区一向对造屋有着特殊的讲究。

在造屋之前，要先请八卦先生占风水确定房屋的坐向及动土日期。上梁时，要在梁上系上红布，红布至少能下垂约一丈之长。梁的两头还要放上米、谷物，再在梁上贴上"上梁大吉"的红幅。

进宅之日要选择吉日良辰。进宅当天要燃放鞭炮，驱鬼辟邪，由家里的男人带头进屋。他们每人要携带一件东西，一般都是长明灯、神龛、米、谷物等等，之后才能往屋子里面置放家具。

度假风尚补给站

渔女传说/珠海的旅游资源非常丰富，有著名的"珠海十景"：分别为圆明新园、丽岛银滩、鹅岭共乐、渔女香湾、梅溪寻芳、农艺观奇、飞沙叠浪、狮山浩气、黄杨金台、淇澳访古。

其中"珠海渔女"还有段美丽

的传说。相传有位仙女被香炉湾美丽的风光迷住了，决意下到凡间，尽享人间美景。她扮成渔女，织网打鱼，捞蚌采珠，而且心地善良，常采灵芝草配上珍珠粉为渔民治病，深受渔民的爱戴。她结识了一位憨厚老实的渔家青年海鹏，两情缱绻，朝夕相依。不幸的是，耿直的海鹏轻信谗言，要仙女摘下手镯给他作订情信物。仙女是南海龙王的女儿，只要脱掉手镯，她就会死去。然而海鹏却不肯相信渔女的话，鬼迷心窍，转身要走，渔女为明心志，猛力拉下一只手镯，旋即死在情人怀里。海鹏此时悔恨已晚，饮声泣血，哀天恸地。

度假感言

海泉湾的建筑风格有点像地中海，只是纵横区内的不是马路，而是一片蜿蜒的内湖，整个度假区夹着内湖，一分为二，前端是内湖，末端便是一片海，环境十分优雅，放眼望去，虽不是麦兜描述马尔代夫的那句"蓝天白云，椰林树影"般色彩明亮，但是椰树是有的，滔滔大海也是有的。美景让人不舍，其中的海洋温泉更是让人流连忘返！！海泉湾的温泉有很多，多种地域文化风格的温给我的感觉像周游世界般神奇，不来这里，真是遗憾终生。

爱上厦门的温暖理由

厦门日月谷温泉渡假村

Riyuegu Hotsprings Resort

　　曾经有一个在网上盛行的城市评论，说北京最大气，上海最精明，武汉最市民化，珠海最浪漫，而厦门最温馨。对于这样一个温馨之所的向往可以融化所有的日常烦琐，千里之外，奔赴一个悠闲假日之约。

　　对于厦门，很多人都不陌生，随口能说出鼓浪屿、南普陀、植物园，更有深度探访者，能细细回味在厦大漫步时候的优雅时光，或者是在阳光斜过，长风漫卷的午后，悠然在环岛路上的一段双人车行……其实，现在看来，厦门已经越来越从景点式的游历转向体验式的度假旅游类型。要体验与别处不同的厦门风情，必须住下来一段时间，否则就绝不能走进厦门休闲时光的骨子里去。

　　在这样的休闲体验里，日月谷温泉是不容错过的一站，无论是新意百出的特色温泉还是体贴入微的度假服务都是国内首屈一指的。它所独具特色的带水之"渡"也突显出其温泉文化的额外用心，相信这里也会是更多人爱上厦门的理由。

适合人群 全家出游、蜜月旅行、商务会议、情侣出游　　适合居住长度 3天2晚

厦门日月谷温泉渡假村

福建 ∨∨ 厦门　度假类型　温泉养生

找一个理由住在这里

日月谷温泉渡假村是按国际五星级标准酒店建造的涉外温泉度假村，营造古典与时尚融合的园林氛围，立足东南亚风情的温泉享受，拓展精品酒店的管理服务。这里是与大自然的亲密融合，犹如"海上花园"般一片宁谧安详的绿洲。

日月谷温泉渡假村位于国家AAAA级旅游风景区内，让每一位游客都能享受到与大自然亲密融合的休闲氛围。度假村中的115间各类设施完善的高级客房及套房，体现了国际水准与时尚风格。2002年获"史丹利杯"中国室内设计大奖赛作品入围奖。2003年，福建省第一届室内设计大奖赛公共建筑装饰设计优秀奖。

度假居所

设计理念： 倡导乐活概念的日月谷温泉渡假村，客房内采用大面积的原木装饰，摆设的桌、椅、床饰等用品都采用纯天然的藤、草绳、棉、麻等原生态材质制成，加上生机勃勃的植物点缀，让入住的宾客深切体验到与自然亲密接触的喜悦。

最别具一格的是，每间客房内均设有24小时的天然温泉私密泡池，让人在度假之余尽享温泉的美好呵护。

客房类别： 豪华客房：面积为51平方米，配备2米×2米的大床并有宽敞的空间放置加床。各式套房：设有独立的卧室、起居室和两间卫生间。

美食诱惑

静月轩中餐厅 —— 东南亚热带风情的用餐环境，正宗的中国各地美食佳肴，静月轩中餐厅，让人回味隽永、意味犹长。另设13间装饰豪华的独立包房和多功能的用餐大厅，是家庭聚会、商务用餐、品评美食的最佳选择。

向日葵西餐厅 —— 由名师主理，以意式、法式风味菜肴为主，佐以各国地道特色料理，特备珍藏佳酿，让人随时品味逾越文化的美食享受。此外，平日供应早、午、晚西式单点或自助餐美食，及英式下午茶。

休闲盘点

舒逸馆／SPA是放松身心的好去处，提供中式传统保健理疗、芳香理疗、宝迪佳面部护理。

御足阁／足疗一直是传承自古的减压良方，作用于足上，反射于身心，减轻疲劳，减缓压力，促进血液循环，带给顾客身心彻底的放松。

V吧／一个可让身心彻底放松的另类天堂。格调高雅的音乐酒吧提供各类国产及进口葡萄酒、烈性酒、极具热带色彩的鲜美鸡尾酒和开胃小食。把盏言欢之时，更可高歌一曲，将生命中最动情的一刻留在这里。

日月谷温泉SPA／日月谷温泉SPA是您身体和心灵得以休息的港湾。静卧着聆听自然界的曼妙音乐，享受糅合着芳香精油的拍打，每一寸肌肤都备受天然精华的呵护，心灵平静安详，游离于烦嚣之外，只有日月谷温泉SPA带来的身心全然释放。

主要项目包括中式传统保健理疗、芳香理疗、宝迪佳面部护理、组合疗程。

度假村精华

感受多样温泉池的诱惑

日月谷温泉渡假村在近年来火速崛起，以其出色的度假服务与温泉品质赢得了极好的口碑，成为了人们，尤其是年轻一族周末度假的新去向。

作为福建省首家提供精致休闲生活的园林式露天温泉度假村，在浓郁热情的东南亚异国风情里，将泡汤提升为颐养心灵的养身艺术 —— 舒筋展骨，洗烦祛忧。

厦门日月谷温泉本身就是国家AAAA级旅游景区，厦门的风光游览完毕，好好放松一下，泡个温泉应该是最为理想的休闲活动。尤其是

对温泉文化有着浓厚兴趣的人们，这里是实现温泉享受极致的乐园。因为整个日月谷有100多个温泉池，种类近40种，足以消得半日之闲，而且这里的温泉种类之新让人深深体会到创意的重要性。同样的温泉，在不同的氛围与度假服务情境下，差别如此之大，温泉之精华唯有亲身体会才能知晓此中玄奥。

无论是让埃及艳后难以抗拒的"牛奶浴"，任人闻尽百花之香的"花瓣泉"，还是让您醉然入浴的"酒韵泉"，温补养心的"本草泉"……日月谷的每一种温泉都有着不可错过的诱人魅力。

服务设施一览

会议设施

大型多功能宴会厅、会议室、风景宜人的户外中庭花园、温泉探索学习基地等名目繁多的场地可以满足不同类型的会议需求；高级音响、多媒体投影仪等一应俱全的商务设施和专职的宴会协调人员，可充分保证盛会圆满成功。

日月谷温泉会所

位于酒店一楼的日月谷温泉会所是专为旅游度假人士而设的私人休闲会所。设施包括健身房、室外成人游泳池、儿童戏水池、室外温泉泡池、网球场、射箭场、室内桑拿浴、草药蒸气浴、冷蒸浴、温泉冲浪浴和舒眠区。

度假小贴士
特色温泉推荐

鱼疗池/享受土耳其亲亲鱼对您的肌肤的悉心的亲吻和按摩。

原味池/滴滴泉水，从柱顶流下激起万千水珠，置身水柱下，享受千年泉水的抚慰。

加味泉/分别加入咖啡、牛奶、椰汁、柠檬、燕麦、生姜，选料考究，别具特色，可以滋肤养颜与健康养生。

花瓣泉/玫瑰、薰衣草、梅花、百合，花中极品，浸泡其中带给你排毒收香，润丽肌肤，永葆青春之效。

酒韵泉/沉淀思绪，放飞往事，让青春和活力再次充盈，尽在红酒泉、啤酒泉、黄酒泉、白酒泉。

茗香泉/精选的红茶，绿茶，青茶，花茶，特色茶，阵阵馨香、瞬间的清凉，沁入心扉，尽情享受惬意时光！

本草泉/精选人参、当归、薄荷、迷迭香等数十种名贵中药材，古法炮制，使药充分溶于泉水中，恰似一煲煲天然之药汤。浸浴其中，尽享汤疗乐趣。

厦门日月谷温泉渡假村

福建 ≫ 厦门
度假类型　温泉养生

消费指南

厦门日月谷温泉渡假村

温泉服务
散客成人　188元／人
儿　童　100元／人

住房

A、2天1晚　968元+15%+4%：

优惠内容：双人入住高级客房，早餐2份，温泉公园门票两张，含￥300餐饮消费，欢迎果篮一份，欢迎饮料，免费使用健身中心及游泳池，SPA项目8折优惠(促销项目除外)。

B、2天1晚　968元+15%+4%：

优惠内容：双人入住高级客房一晚，包含早餐，温泉公园门票两张，60分钟的果香护理（价值￥338），免费欢迎饮料和欢迎水果，免费使用健身中心、桑拿和游泳池，SPA项目8折优惠(促销项目除外)。

度假村实用信息

交通信息指南

乘车路线：

a) 日月谷温泉在厦门岛内的定时定点穿梭巴士，起点SM城市广场、轮渡码头、湖滨南路长途汽车站内的旅游集散中心。

b) 漳厦巴士专线:湖滨南路长途汽车站→海沧大桥→杏林→灌口→日月谷温泉

c) 岛内任何到达海沧的公交车→到海沧换乘450，454，814路均可到达日月谷温泉

自驾车游路线

a) 厦漳泉高速公路：福州→泉州→厦门（林后出口）→收费处左转前行5分钟→东孚海沧交叉口（324国道右转至426县道）右转前行200米→日月谷温泉渡假村

b) 漳龙高速公路：龙岩→漳州→厦门（林后出口）→收费处左转前行5分钟 — 东孚海沧交叉口（324国道右转至426县道）右转前行200米→日月谷温泉渡假村

c) 漳州→龙海角美→东孚海沧交叉口（324国道右转至426县道）右转前行200米→日月谷温泉渡假村

d) 厦门市区→海沧大桥→东孚方向（海沧新阳工业区）→日月谷温泉度假村

地理位置

日月谷温泉度假村距离城市中心30公里。

地址：福建省厦门市海沧区孚莲路1888号
电话：0592-6312222
传真：0592-6312345
网址：www.riyuegu.com

厦门日月谷温泉渡假村

游走周边

周边旅游风向标

鼓浪屿/鼓浪屿位于厦门岛西南隅，是全国的35个王牌景点之一，它是一个与厦门岛隔海相望的小岛，面积1.78平方公里，2万多人，为厦门市辖区。鼓浪屿原名圆沙洲、圆洲仔，因海西南有海蚀洞受浪潮冲击，声如擂鼓，明朝雅化为今名。由于历史原因，中外风格各异的建筑物在此地被完好地汇集、保留，有"万国建筑博览"之称。

环岛路/沿途有厦门大学白城、观光大桥、珍珠湾、胡里山炮台、音乐台、太阳湾、台湾民俗村、椰风寨、一国两制、会展中心等，为厦门的新二十景之一。

南普陀寺/南普陀寺位于市区五老峰下，面对龙海市南太武山，南面是厦门大学。南普陀寺是厦门著名古刹。因位于我国四大佛教道场之一的浙江舟山普陀山之南，故称南普陀寺。

地方风俗节庆

厦门的民俗风情多种多样，一年到头均有林林总总的节日庆典，这些都是源自中华民族源远流长的传统文化。厦门有歌仔戏、高甲戏、南乐、歌舞等四个专业文艺团体，还有星海合唱团、少年儿童艺术剧团、台湾同胞文艺队等许多业余文艺组织。

厦门高甲戏/源于泉州农村一带。相传在明末清初，泉州府沿海渔村，每逢迎神赛会，人们以舞狮队的武打为基础，配以"水浒"故事，表演"宋江戏"。接着吸收了梨园戏、傀儡戏、布袋戏的唱、做等表演手段，发展成文武合演的"合兴戏"。清代末期，它又受徽班、江西弋阳腔和京剧的影响，逐渐形成自己的风格。

中秋节/农历八月十五日，是人们合家团聚或倍加思念远方亲友的日子。在中秋节，厦门人除了赏月、吃中秋月饼外，还有一种自郑成功驱逐荷夷、收复台湾时候流传下来"玩会饼搏状元"的民俗活动，颇为有趣。

中秋会饼每会63块饼，大小不同，共分为6种，分别代表古代科举的状元、榜眼、探花、进士、举人、秀才。每人轮流将6个骰子掷入碗中，根据投入碗里的骰子的点数领饼，以最终夺得"状元"为幸运。300多年来，这种充满乐趣的活动一直在厦门民间流传。

元宵节/农历正月十五日。当天夜里，厦门人往往带着孩子提灯上街观景。近年来每逢元宵节在中山公园举行"鹭岛灯会"已成惯例，民间还经常有耍龙灯，舞狮等活动。

端午节/农历五月初五日，厦门人称为"五月节"。以往每逢端午节，

家家户户门口都要插艾蒲，家中洒雄黄酒，给小孩佩戴香袋，用以驱邪，现已少见。但人们还习惯在这一天翻晒衣物，家中进行清扫，并保留吃粽子和赛龙舟的习俗。集美学村的龙舟池和市区的员当湖是厦门组织龙舟竞赛的场所。竞赛时这里金鼓齐鸣，人声鼎沸，健儿们驾着颀长的七彩龙舟，劈波斩浪，奋勇争先，别有一番风情。

度假风尚补给站

海上花园/厦门这个昔日只有5万渔民的小岛，如今已成为拥有100多万移民人口的著名的经济特区和海上花园，如今厦门先后被联合国评为国际花园城市（另一个是深圳）和最适合人类居住的城市之一（另一个是山东威海）。

度假感言

酒店整体就是亚热带的风情，每个服务生都十分礼貌，很亲切。接机服务也很好。来去温泉还可以免费坐酒店的电瓶车，随时都可以的哟。那个温泉也真的值得推荐！一定要花半天时间，吃吃玩玩泡泡。房间内也有温泉可以泡。随时出来都是温泉的，舒服呢！酒店的早餐也不错。就是出行不是很方便，如果上午要离开酒店的话，还是通过酒店订车比较好，100元到厦门的任何地方。为了这个温泉也还要去厦门！

南京汤山颐尚温泉度假区

最是汤泉新浴罢　恍疑身入武陵春

南京汤山颐尚温泉度假区

Nanjing Tangshan Easpring Hot Spring Resort

古老的南京城，积蕴千古神韵，相承六朝龙脉；南京郊区的汤山古镇以温泉水显誉于世，至今已有至少1500多年的历史。

汤山温泉清澈见底、四季如汤、水量充沛；常洗温泉水，不但美容养颜，更能益寿延年。而南京颐尚汤山温泉度假区，栖身于汤山起伏的丘陵，环抱着田野青葱的盆地，具有浓浓的田园情调，融合了度假酒店、温泉疗养、休闲娱乐、历史人文景观等功能。

如果你钟情于天人合一的感觉，来颐尚的露天池，日听鸟语，夜赏星辰；如果你喜欢私密空间，来颐尚的汤屋，享受林间木屋的泡泡野趣。邀三五好友，携一二亲朋，从冷到热一个个汤池泡过来，再倾耳静听，是不是每个毛孔都在唱歌？

南京汤山颐尚温泉度假区

江苏 ≫ 南京　度假类型 温泉养生

适合人群 情侣出游、家庭度假、朋友聚会、商务人士、自驾游　**适合居住长度** 1-3天

找一个理由住在这里

名列全国四大温泉疗养区之首的汤山镇，以澄澈的温泉和绵绵青山闻名于世。

南京颐尚汤山温泉度假区即坐落于此，是典型的江南园林风格建筑，门前碧水为镜，背后青山为屏，绿树成荫，花草葱葱。酒店凭借得天独厚的自然条件，将度假酒店和温泉疗养等功能融为一体，营建了大规模的温泉浴池，除建有大型室内温泉池外，还拥有50个露天温泉池和30间高档雅致的私密性特色汤屋。

区内还有阳山碑材、明文化村、南京古猿人洞等名胜古迹，在此处既能温泉疗养，又能游览历史人文景点。

度假居所

设计理念：酒店室内装潢既有中国古典的特色，又有西式唯美的特点。所有房间均结合周边自然风光，青山绿水环绕、鸟语花香独享，让游客体味到自然纯净之美。

客房配置：酒店共拥有客房97间，包括特色单人间、标准双人间、观景豪华房、豪华套房、以及休闲景观套房，并特设残疾人客房，提供人性化的服务。

美食诱惑

聘请执掌淮扬、粤菜多年的厨师，独创颐尚食疗，各式特色菜可令游客大饱口福。酒店拥有观景自助餐厅、各类标准的宴会包房以及可专供会议用的豪华宴会包房等。经营方式以团体包餐、散客零点、会议用餐、商务宴请等，可根据宾客要求灵活安排与量身定做。

休闲盘点

专业理疗

（A）全身按摩

设在二楼提供专业的泰式、港式手法按摩，酒店住客全身按摩可凭房卡优惠20元。

营业时间：11:30－1:00

（B）局部按摩

露天温泉区和休息厅提供采耳、修手甲、修脚甲、按脚、擦背服务。

营业时间：9:00－1:00

个性SPA美容

酒店提供死海咸温泉SPA、矿物泥面部护理、全身SPA泡浴护理、香薰精油\SPA果油减压推疗等多种SPA美容服务。

娱乐休闲

酒店设有KTV歌舞大厅、卡拉OK包房，游客可在此尽情放歌。另有棋牌室豪华套房，房内设有自动麻将机、沙发、桌椅，可以打牌、看电视，为游客提供休闲娱乐场所。

124

南京汤山颐尚温泉度假区

江苏 >> 南京　**度假类型**

温泉养生

度假村精华

露天温泉池： 酒店的露天温泉池品种丰富多样，有水舞广场、主景观池区、土耳其浴区、巴厘岛风情浴区、芬兰浴区、洞窟瀑布浴区、养生中药池区等，满足不同的休闲养生需要。

精品汤屋： 露天区有15间各具特色的汤屋。门前绿篱小院，窗后黛山绿草，或独享，或偕友，林间木屋，室内配备齐全，游客可在此享受私密的泡汤野趣。

水乐园： 水乐园的假山主景观区是温泉露天区的中心，里面有健康池、平安池、幸运池，它们最终汇入全家福池中，另外还建有泳池区和瀑布池。

度假小贴十

　　温泉不仅能治病，还能通过热温、静压和浮力这三项物理作用来增强体质。南京汤山温泉和北京小汤山温泉、辽宁汤岗子温泉、广东从化温泉并列为全国闻名的四大温泉。

　　汤山温泉水质达国家饮用水标准。饮用对糖尿病、中风、动脉硬化、心血管疾病、固齿坚骨、肥胖症、便秘、利尿、肝功能不全有一定的功效；浴用对跌打损伤、烧伤、割伤、慢性湿疹、痛风、神经痛、植物神经失调症、生殖、肌体代谢、糖尿病、关节炎、高血压、妇科、皮肤病等多种顽疾疗效显著。

服务设施一览

　　服务项目： 会议厅　商务中心　停车场　外币兑换服务　票务服务　DDD电话　IDD电话　洗衣服务　残疾人客房　商场　鲜花店　医务室　理发美容室　全部房间有宽带上网

　　娱乐设施： 迪斯科舞厅　卡拉OK厅　棋牌室　桌球室　乒乓球室　电子游戏机室　室内游泳池　保龄球场　壁球室　模拟高尔夫球场　健身室　按摩室

南京汤山颐尚温泉度假区

度假村实用信息

交通信息指南

非自驾车

从南京市区到汤山

1. 可从火车站坐出租车到度假区，约35公里，半小时到达。

2. 火车站旁公交车站乘南汤线，时间约45分钟，到汤山镇后步行15分钟左右即可到。（南京—句容的车也可到达）

自驾车

南京市区→ 汤山

方案一：从中山门上沪宁高速连接线至马群立交桥，沿沪宁高速行驶于汤山出口下即到。沿途设有收费站一座，单向行驶约30分钟。

方案二：出中山门经过孝陵卫、马群，沿老宁杭公路至汤山镇。沿途无收费站，单向行驶约45分钟。

上海（苏州）方向→汤山

可走沪宁高速公路，单程约280公里。单向行驶约3小时，在南京不到的汤山出口下沪宁高速公路后沿路标往汤山方向，途经当地的别墅住宅区，不到10分钟即可到达。（苏州的游客亦可进入沪宁高速公路，由汤山出口出高速）

浙江（杭州）方向→ 汤山

从杭州出发，沿杭宁高速公路转南京禄口机场高速至南京绕城高速公路，再沿绕城高速上沪宁高速公路行驶至汤山出口下即到汤山镇（沿途均有很清晰的路牌指示）。单程约300公里，单向行驶约3小时。

地理位置

位于温泉之乡南京江宁区汤山镇，沪宁高速公路汤山出口处右侧，距南京城区18公里。

地址：江苏省南京市江宁区汤山镇温泉路8号
电话：025-51190666
网址：www.ea-spring.com

消费指南

南京汤山颐尚温泉度假区

房型	门市价	现付价
标准双人房	880元	560元
景观豪华房	1080元	630元
休闲套房	1880元	1250元
附加选择：		
中式早餐价	58元	
住店客人享受早餐	30元/位的优惠	
加床价	180元	
温泉至尊汤	688元/2人/3小时	
每增加一人按128元收费，		
如需进露天温泉，门票按80元/每位另计		
全身按摩	218－288元不等	
KTV大厅 散座 最低消费	48元/人	
包房（中）	580元/间6～10人	
包房（小）	380元/间3～5人	

南京汤山颐尚温泉度假区

江苏 >> 南京　度假类型　温泉养生

游走周边

周边旅游风向标

汤山镇

蒋介石汤山温泉别墅／温泉别墅建筑中西结合，庄重典雅，分地上和地下两层。当年蒋氏夫妇在侍从人员陪同下常驱车来此沐洗小憩。

汤山古溶洞／在汤山镇西的雷公山中分布了一个巨大的溶洞群，考古学家在此先后发现了十几种动物化石，1993年3月13日葫芦洞内又出土了一具较为完整的古人类头骨化石，南京地区人类史因此向前推进了20多万年，同时也证实长江流域是中华民族的发祥地之一。

阳山碑材／阳山位于汤山镇西北，碑材系明成祖为其父朱元璋树碑而开凿的巨型石材。若此碑立起总高为78米，重3.1万吨，是当之无愧的世界第一碑。

南京城

南京古城景点颇为丰富，包括明孝陵、中山陵、总统府、梅园新村纪念馆、夫子庙、玄武湖、鸡鸣寺、瞻园、明古城墙、雨花台风景名胜区、南京大屠杀遇难同胞纪念馆、静海寺等，可以花上足足两天。

地方风俗节庆

南京最具远名的就是各种土特产，包括：

南京雨花石／质地坚硬，是石英、玉髓和蛋白石形成的珍贵宝石，，是南京特有的旅游纪念品，盛产于雨花台、六合、江浦等地。

南京盐水鸭／其皮白肉嫩，肥而不腻、香鲜味美，具有香、酥、嫩的特点。

南京板鸭／是用盐卤腌制风干而成，因其肉质细嫩紧密，像一块板似的，故名板鸭。

南京鸭肫／与板鸭齐名，至今已有两百多年的历史。南京鸭肫形状扁圆，肉质紧密，携带方便。肫肉紧韧耐嚼，滋味悠长，无油腻之感，是老少皆喜爱的佳肴珍品。

南京六合牛脯／系清廷贡品，以膘肥的黄牛前腿肉为主料，以酱油、盐、冰糖为辅料，色泽美观，味道鲜美，香气浓郁，1915年获巴拿马国际金奖。

度假风尚补给站

汤山温泉的传说／远古时，天上十个太阳作祟，烤得大地五谷不生、草木枯黄。英雄后羿受天帝派遣来到人间，他登上汤山北面的＂射乌山＂，挽神弓搭神箭一连射下九个太阳，其中一个落于汤山的山肚里，从此，汤山温泉不断，在南朝萧梁时期被御封为＂圣泉＂。

自然的恩赐／汤山地区大约在5亿年到2亿年前前，形成多层沉积岩，由于地壳变动，向上拱起形成穹形背斜。距今约1.5亿年的晚侏罗纪时期，地壳又发生了几次剧烈的运动，形成了断裂层，大气降水渗入地下，在地球内热带中沿着裂隙下渗时，受地热影响，水温逐渐升高，每深100米，升温3℃，在这个过程中更是吸收了许多地质层的各种矿物质元素。

度假感言

我那次是在小年夜和朋友一起去的。颐尚的设施和环境都不错，我们到了以后在中餐厅饱餐了一顿后就去泡汤。虽是冬季，温泉温度依然挺高，泡得浑身暖暖的，土耳其池里的小鱼很好玩，这是第一次与这些小鱼儿亲密接触，感觉痒痒的，特别新奇。

我们住的是景观豪华房，站在阳台上可以看到远山。套房里还有可以直接从房间进去的浴盆，要是情侣来度假肯定又多了许多情趣。

二十四小时的空中温泉

北京春晖园温泉度假村

Chun hui yuan Warm Spring Resort

　　恬静的温榆河，东折南走，似玉带，将京都半遮半露地环绕起来。这似乎还不够精美，上天略作思考，在这根玉带上撒了把明珠，春晖园 —— 便是其中最精致的一颗。

　　温榆河一带，历来就有"绿色长廊"之称，得天地灵气，春，缤纷；夏，绚烂；秋，华丽；冬，素雅，均浓缩进了春晖园度假村。留宿，别有情趣。亭、榭、楼、阁，各有各的不同，又相映成趣。无论喜欢私密的、华丽的、幽雅的、平凡的、高贵的，诸此种种均能在这里找到归宿。当然，最令人眷顾的还是那汩汩滔滔的温泉水，取自2300米深的地下，甘醇清冽，滋身佳品，养颜上乘。

适合人群 情侣出游、朋友聚会、家庭度假、商务人士　　**适合居住长度** 5天4晚或长期居住

北京春晖园温泉度假村

北京 >> 顺义　度假类型　温泉养生

找一个理由住在这里

北京春晖园温泉度假村占地600多亩，地处北郊顺义区美丽的温榆河畔，是一个以温泉为特色、集商务、会议、旅游、休闲度假、娱乐、餐饮于一体的综合度假村。温榆河一带，历来就有"绿色长廊"之称，春晖园度假村就处在这长廊的黄金地段。度假村吸引人的是取自2300米地下的温泉水，甘醇清冽，一般的饮用水与之不可同日而语。若佐以各种名贵中草药，则是美容养身的佳品。

度假村内面积约20000平方米的春晖大型温泉度假酒店已经投入使用，其中的特色药浴根据时间和气候的变换，参考每位来宾的体质，由中医专家精心调制。酒店还将温泉直接引入室内，让住客能享受24小时的空中泡浴，这一创意在京城仅此一家，独一无二。

度假居所

套房类型：酒店是六层阁楼式建筑，它共有698套房，分为豪华套房、豪华标准间、温泉标间、欧式风格湖畔别墅、豪华大别墅。

客房设计：春晖园是把露天温泉池搬进别墅的第一店。拥有极富个性化设计的湖畔别墅、温泉别墅，不但环湖而建，景致优美，其独立的车位、庭院、门户的设计既不失别墅的豪华，又保持了相对的私密。别墅里的庭院露天泡池，更让你不论寒冬腊月，还是炎炎夏日，都可以足不出户而享受来自2300米地下深层的汩汩热泉。

美食诱惑

名仕阁餐厅 —— 主营滋补养生官府菜和新派粤菜。结合淮扬菜的精美细致以及北方菜的粗犷豪放，力求将古典和现代融为一体，南肴

和北珍共呈一堂，菜多而精，系广而和。

明晖阁餐厅 —— 是度假村内较有特色的一家以川菜、豆捞火锅为主营业务的餐厅。特聘名厨精心打理，用料考究，把川菜"麻、辣、鲜、香"的特点演绎得淋漓尽致。

绿茵阁餐厅 —— 位于度假酒店首层，特聘名师主营韩式料理及西式餐品。服务方式灵活多变，其中

早餐、下午茶特色尤其显著，品种丰富，馨香浓郁。

休闲盘点

露丝吧／柔美的光线，欧式的布局，闲雅、舒适。这里是休闲小憩，朋友聚会的理想场所。

KTV／位于综合楼三层。提供团队、散客旅游、度假的休闲场所，为专业、业余演唱者提供练歌的场所；为家庭娱乐、朋友聚会提供理想的空间。

康体中心／保龄球、沙壶球、桌球、乒乓球、网球场等娱乐设施一应俱全。

多功能休息厅／集水吧、棋牌、网吧、游戏、豪华电影院、私家健身于一体。

北京春晖园温泉度假村

北京 》》 顺义

度假类型 温泉养生

度假村精华

阳光国际温泉会

度假村内的温泉独具特色，温泉采自地下深层2300米，与北京著名的小汤山温泉一脉相承，泉眼水温常年保持60度，属弱碱性碳酸氢钠温矿泉。即使是数九寒冬也可尽享水疗的乐趣，为北京首座结合温泉美容保养，活水疗养之复合式SPA休闲健康中心。其中以泳装共浴的温泉设施为其设计主轴，建有男女共浴的温泉浴场，美容SPA，户外温泉泡池等设施。为忙碌的现代人提供了一个新的休闲选择。

阳光国际温泉会建筑面积为3000多平方米，由水疗活动区、桑拿药浴区、按摩保健区和休息康乐区四大区域组成。设有深浅温泉泳池、多功能自动水力按摩池、人工气泡按摩池、日式巴斯克林药浴池、温蒸全身营养浴房、日式药浴大木桶、桑拿房等。这里有室内外贯通的温泉泡池，置身其中既可在室内戏水冲浪，又可在室外园林中泡温泉。而在户外露天温泉池中，白天可享受阳光，夜晚可观星望月，这是京城罕有的极具特色的设计。

130

北京春晖园温泉度假村

北京 》 顺义　度假类型　温泉养生

度假村实用信息

地理位置

　　地处北京北郊顺义区美丽的温榆河畔，地理位置优越，从孙河桥右拐沿京顺路只需20分钟即可到达机场。

地址：北京市顺义区高丽营镇于庄
电话：010-69454433
网址：www.chunhuiyuan.cn

交通信息指南

　　距离机场仅20分钟
　　线路一：沿京顺路方向经三元桥、四元桥、五元桥、至孙河桥转弯前行即可。
　　线路二：从京承高速路后沙峪出口出，至古城桥左拐至于庄即到。

消费指南

北京春晖园温泉度假村

湖畔温泉别墅（一室一厅）　共48套　价格：1100元／套／夜

温泉别墅（大阳台、大泡池）　共94套　价格：700元／套／夜

新酒店公寓（五星）（带阳台泡池）　共414套　价格：880元／套／夜

　　　　　　　　（复式套房）　共67套　价格：1500元／套／夜

阳光国际温泉会

门票：128元／位（1.4米以下儿童68元／位）
门票包含：游泳、干蒸、湿蒸、水中迪斯科、水力按摩池、室内外相通池、室外气泡池及药浴池、二楼特色药浴、巴斯克林浴、绿色健康小吃、饮料、中医咨询、休息厅、电影院。

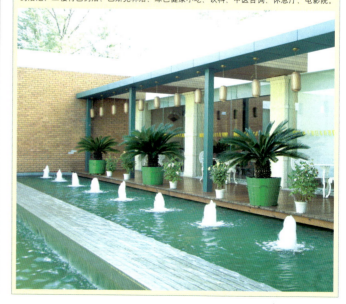

游走周边

周边旅游风向标

雁栖湖/位于怀柔以北8公里处，距京城58公里，北临雄伟的万里长城，南偎一望无际的华北平原，是一处风光旖旎的水上乐园。雁栖湖水面宽阔，湖水清澈，因每年春秋两季常有大雁来此栖息，故而得名。

书画山文化旅游区/地处怀柔西南部桥梓镇新王峪，景区内得天独厚原始森林橡树林红叶景区是华北地区继北京香山之外最大红叶旅游区。每年10月20日隆重举办"书画山红叶节"活动。主要景点有：摩崖石刻金石沟，原始森林橡树红叶景区，青峰顶，黑龙潭，桃花谷等。

八达岭长城/在北京北部延庆县境内，是明代长城的精华。1988年被联合国列为世界人类文化遗产。在这里长城如巨龙一般在崇山峻岭之间沿山脊蜿蜒曲折，烽火台和敌楼密布。墙高7.8米，顶宽7.8米。游人可以登城领略长城的雄伟和工程的浩大艰巨。

十三陵水库/在昌平十三陵盆地东南，坐落于神道东侧的东山出口处。大坝外侧镶嵌"十三陵水库"五个大字，为毛泽东所书。一汪碧水，波光粼粼，为陵区大增美景。大坝总长627米、高29米，大坝顶端有富于民族特色的游廊，雄伟壮丽。

度假风尚补给站

温榆河绿色生态走廊/温榆河属于北运河上游水系，是北京市五大水系之中唯一发源于北京境内的河流，可谓是北京的"母亲河"。北京市政府在2002年审议通过的"温榆河绿色生态走廊规划"，温榆河将更加水清、岸绿，并且部分通航，成为集观光、旅游、体育、休闲、度假、疗养和居住为一体绿色生态区，为奥运会提供一个优美的水生态环境。

度假感言

　　新酒店标间和温泉别墅间我们一家三口都住过，感觉新酒店标间设计很好，透明落地的玻璃将居室和温泉间自然隔开，边看电视边泡温泉，很惬意。会议中心的早餐挺丰盛，价格也合理。

北京九华山庄

气度恢宏之园林温泉山庄

北京九华山庄

EDEN RESORT HOTEL YIBIN

北京，这片王气凝聚之地，这块帝脉强壮之土，多少岁月在此流逝，多少繁华在此盛开。中华之精神，龙之象征，在这块北方的土地上沉积为华夏凝厚的积淀。紫禁城的琉璃瓦、朱砂墙仍向我们透露着逝去了的讯息，香山的红叶，一片片，飘零在古老的山脊。

那位女子曾在此沐浴流香，她是皇帝的嫔妃；那位远古的旅行者曾在此休歇，他的名字叫徐霞客；那位经济四方的男子曾在此下榻，他是一国的天子。当一切尘埃落定，当历史尘封往事，走入小汤山，在一泓清泉边席地，在一盆圣汤中沐浴，在雾气中感受温暖，在山林中畅快呼吸。什么都不去想，只是在金汤中舒展，偷得光景懒度，将纷扰抛之脑后，让喧嚣远走天边。用一段光阴来品味，用一生时光去回味，在温泉中洗尽千般愁怨，泡除万分不快。入住北京九华山庄，正是品味一段光阴的最佳选择。

北京 >> 昌平　度假类型　温泉养生

适合人群 商务人士、朋友聚会、家庭度假、情侣出游、自驾游　　**适合居住长度** 1天及以上

找一个理由住在这里

九华山庄地处闻名遐迩的"中国温泉之乡"——小汤山，这里自南北朝以来便成为文人雅士流连之地，之后很多朝代曾于此处开辟为皇家园林，后来，康熙在此修建温泉行宫。如今，九华山庄即建造在汤山行宫原址上。它占地2000余亩，拥有2400多间风格各异的客房、近5000个床位；十余个不同风味的餐厅，6000个餐位；上百种康体娱乐项目和100多间不同规模的会议、展览场馆。

在曼妙的园林式度假酒店中享受生命，住客们将用双眼来见证九华山庄是如何阐释多个大型建筑及古朴的庭院式四合院的建筑风格。在环境幽雅，风光秀美的山庄中，沉浸在洋溢着暖气的金汤中，住客将洗尽烦恼，泡除疲劳，感受呼吸之顺畅，乐趣之满溢。

度假居所

远离城市的喧嚣与搅扰，享受宁静的田园风光，惬意的温泉时光，让住客到达这里就能抛却所有的烦恼与疲惫。九华山庄拥有多种类型、不同档次的客房标准间2400套、近5000个床位，可以满足不同层次宾客的需求。别墅套房，舒适典雅，温泉直通入户，为住客营造一个美丽家园。风吕别墅自带露天温泉，足不出户即可恣意享受温泉之乐。四合院，宁静清幽，古色古香。院内绕回廊，植修竹，点美石，格调清新隽雅，是怡情养性的绝佳居所。室内装修依据不同风格的建筑而搭配，将各种建筑元素运用得完美而恰当，时见匠心巧思。无论简约、奢华、古典还是时尚，只要尽情呼吸，住客都能在九华山庄找到一份别样心情。

美食诱惑

味聚天下　食在九华

川菜的麻辣、湘菜的厚重、淮扬菜的淡雅温婉、上海菜的清醇和美、杭州菜的明丽可人、东北菜的不拘小节、西餐自助的浪漫随意、韩国烧烤的异国情趣，以及形态娇美的各色小吃，尽在九华山庄的10余个风味餐厅。

大连海鲜餐厅／主要经营海鲜及东北风味菜肴，海鲜品种丰富，并设有大型海鲜自选区。

湘鄂苑／在以绘有中国民间故事木质屏风隔开的大厅里感受两湖风味的异同，朵颐之乐其实很简单。经营项目包括谭家官府菜、湖南湖北菜，并提供送餐服务和西式早餐。

杭州食府／6根直径1米的红漆大柱上绘有金色的天山云海和双龙戏珠，呈现皇家气派的杭州餐厅整班引进杭州厨师，为食客提供各式造型细腻、形态精巧、色泽清雅的正宗杭州佳肴。

小江南餐厅／小江南餐厅装点出江南的灵秀，8个临窗隔断，让食客一边享受淮扬和杭州饮食文化的精致，一边欣赏窗外九华湖的迷人风景。

五大殿餐厅／大厅有L形食品展台，可随用随取。有技术小炒区、凉菜区、酒水档、点心面档等多种选择，菜肴品种繁多，小吃点心、各色小炒、时令鲜蔬、酒水饮料一应俱全。

养生堂／养生堂对中国古代"医食同源"作了精彩的注解。在中医辨证配膳理论指导下，由药物、食物和调料三者科学搭配、精心烹制养颜健体、防病治病的特殊膳食。

美食街／提供特色小吃、盖饭、滋补粥类、养生果汁等，菜品精美，价格低廉。

休闲盘点

动感世界　欢乐无限

九华山庄拥有数十项运动、娱乐设施，包括网球、保龄球、羽毛球、台球、沙狐球、乒乓球、飞镖、射箭、健身房、室内温泉游泳馆、暹罗SPA、棋牌室以及大型室内嘉年华、游艺室、歌舞总汇、豪华影院等多个异彩纷呈的运动娱乐项目，环境一流，设施先进，让住客在九华的生活快乐无限。

碰碰车

九华山庄的豪华碰碰车，结构设计先进，造型优美，灯饰丰富。驾驶碰碰车在场内飞驰，理直气壮地横冲直撞，为所欲为，在撞与被撞之间开怀大笑，体验碰撞的刺激与惊险，感受相撞时发出的本能尖叫，释放平时心中积郁的紧张情绪，在碰撞中演练车技，娱乐身心。

欢乐大世界

豪华典雅的环境、一流的音响、独特的创意、强大的演出阵容、靓丽的DJ小姐、热情的酒水服务员和周到的场地服务员绘制成 "丽苑歌舞总汇"，在夜深人静的时候，这里是住客们快乐的天堂！富丽堂皇的歌舞大厅，激情火爆的动吧，恬静典雅的静吧，浪漫温馨的KTV包房，每晚有艺术团的精彩表演，还有特邀嘉宾参与演出，节目多样，雅俗共赏，是住客们晚间娱乐的理想场所。

北京九华山庄

九华山庄地理位置得天独厚，数十处温泉汩汩冒出，昼夜不息，温泉在山林掩映中，冒出缕缕白气。处处曲径通幽，时时俊鸟清啼，在这种养性怡情的绝佳之地，躺在自然怀抱中，在舒服的温泉中泡洗，全身心都将感到放松与惬意。

温泉常流　祛病养生

温泉是九华山庄的独具魅力之处，九华温泉取自地下1230米深的温泉井，经管道输送至九华各个温泉池，泉水终年不息，温度始终在40度左右，水质清澈透明，富含多种有治病保健功效的矿物质和微量元素，泡之可美容养颜，强身健体。

汤泉行宫是九华山庄的一座大型温泉主题公园，公园占地百余亩，日接待量达5000人次，园内荟萃古今中外温泉洗浴经典，集温泉、药浴、游泳、桑拿、按摩等项目于一身，是养性怡情的绝佳之地。汤泉行宫仿皇家园林式建筑，内有国医堂、日上轩、风和堂、望云斋四个相互独立的古典院落，风格古朴典雅，在绿树掩映中，坐落着大小温泉池70余处。沉浸在洋溢着暖气的温泉中，可以促进血液循环，加速新陈代谢，可治疗慢性疾病和保健防病。漫步园中，曲径通幽，温泉汩汩，雾气升腾，仙乐飘飘，与亲朋好友共沐暖汤，快哉，乐哉。

度假小贴士

九华小汤山温泉乃中国古代四大名泉之一，深得历代帝王的宠幸。辽代，萧太后曾沐香于此。自元代起被开辟成皇家园林，成了历代封建帝王专有的享受。康熙五年，清廷在小汤山修建了规模宏大的"汤泉行宫"，乾隆帝还曾留下了行宫听政的佳话。晚清，慈禧太后曾多次到汤泉行宫洗浴。

度假村精华

特色服务

泥浴：小汤山三宝之一的温泉矿泥

取自地下1600米，与小汤山温泉共生的温泉矿泥，颗粒细小，手感滑腻。矿泥中含有各种矿物质、有机质、胶体微粒、类固醇和维生素，再加上名老中医精心配置的中药，泡之可具有护肤美体的作用。（单独收费）

服务设施一览

会展

九华山庄拥有完善的商务及会展设施，会议和展览场馆面积超过6万平方米，100多间装饰豪华、不同规格的会议室，可以满足从数人的聚会到数千人大会的需求。并配有视听音响设备，会议辅助设施，九华专职会议接待是会议服务的一大特色。客户部项目主管为客人们提供全方位的会议服务。

医疗体检

九华山庄拥有国内最大规模的健康体检中心、美容整形中心和医道高深的国医堂，融合了中国传统医学与西方现代医学的精髓，云集了一大批中西医学专家，拥有国际最先进的医疗设施设备。由九华山庄首创的酒店式服务让住客的健康之旅倍感舒适。

消费指南

北京九华山庄

周末及节假日

九华会议中心标准间[9区]
360元／套夜　同平日价格

九华培训中心四人间[12区]
420元／套夜　同平日价格

九华会展中心标准间
520元／套夜　同平日价格

风吕别墅
1500元／套夜／1800元／套夜

豪华四合院
6600元／套夜／8300元／套夜

九华大饭店标准间[15区]
600元／套夜　同平日价格

九华大饭店行政套房[15区]
1100元／套夜　同平日价格

九华大饭店标准套房[15区]
900元／套夜　同平日价格

九华国际会展中心大酒店标准间[16区]
700元／套夜　同平日价格

九华国际会展中心大酒店单人标准间[16区]
700元／套夜　同平日价格

九华国际会展中心大酒店商务套房[16区]
1200元／套夜　同平日价格

九华国际会展中心大酒店部长套房[16区]
6000元／套夜　同平日价格

九华国际会展中心大酒店总统套房[16区]
18000元／套夜　同平日价格

度假村实用信息

交通信息指南

自驾车游

从亚运村向北，途经立水桥，一直到小汤山的大柳树环岛向东（向右）500米.此条路线大概18公里，行车大概需25分钟。

八达岭高速公路／从北二环或者北三环上八达岭高速公路向北，至北六环后向东（顺义方向），到小汤山北苑口下高速公路，再向北（小汤山方向）约2公里，至大柳树环岛，右转500米即是。全程约40公里，需35分钟左右。

京承高速公路／经过四元桥继续向北，路过望京西桥，即遇到京承高速公路入口，上高速继续向北至北六环后向西（昌平方向）到小汤山北苑口下高速，再向北（小汤山方向）约2公里，至大柳树环岛，右转500米即是。全程约25公里，需20分钟左右。

市内交通

从市内坐地铁至西直门或至东直门后换乘城铁，至立水桥下车，下车后可乘坐出租车至九华山庄，约15公里，也可换乘985、912路至大柳树环岛，下车后东走500米即是。

飞机

出机场后，上机场高速公路，直接进入北线，从"北七家"出口下，向西直行至定泗路口后，往北小汤山方向至大柳树环岛，向东500米即是。

地理位置

九华山庄，位于北京市昌平区小汤山镇。山庄紧邻北六环，距离奥运村只有十几分钟的车程，与京昌、京承高速路相连，从市区有984路公交车直达，交通十分便捷。

地址：北京市昌平区小汤山九华山庄
电话：010－61782288－6666
网址：www.jiuhua.com.cn

温泉价目表：
门票
平日（周一至周四）
周末（周五至周日）及节假日

备注
汤泉行宫门票
120元／180元
商务金卡五折
水疗中心门票
128元／188元
商务金卡五折

北京九华山庄

北京 >> 昌平　度假类型　温泉养生

游走周边

周边旅游风向标

名胜古迹／长城、故宫、颐和园、圆明园、天坛、北海公园、景山公园、明十三陵、鼓楼、钟楼、香山……作为六朝古都的北京，名胜古迹实在是数不胜数。

首都风物／天安门广场、人民大会堂、毛主席纪念堂、中南海……首都典型的代表建筑也是游客到北京的必去之地。

现代都市／王府井、亚运村、中华世纪坛、世界公园、立交桥、北京图书馆等这些象征现代都市的地方也是游客到北京不虚此行之地。

地方风俗节庆

北京小吃众多，较著名的有冰糖葫芦、全聚德烤鸭、豆汁、切糕、炸酱面等；北京还有京味十足的老胡同、四合院、大宅子等；民间艺术也有很多，如相声、京韵大鼓、剪纸等。北京还有两道美丽的风景线，那就是特能侃的的哥和居委会特别负责的老大妈。

度假风尚补给站

小汤山地理

小汤山地区在地质史上曾是一个湖。在白垩纪时期，由于地壳的大规模运动，湖水被覆盖并封闭于地下，由于受板块挤撞形成高温高压，历久而成今天著名的小汤山温泉。由于成因上有别于一般地热和岩浆形成的温泉，小汤山温泉水质甘甜秀美，淡黄清澈，与一般颜色混浊、带有硫磺味的温泉水截然不同，故享有"一盆金汤"的美誉。

王气凝聚

北京这个六朝古都，在战国时期就成为燕国的都城，后来金代也定都北京。北京自元代以来就成为皇家长期所在地，元明清三朝皇室都在此定居。因此，这里散发着王者之气、帝者之风。在北京市境内，人们可以参观各种皇家园林，名胜古迹，登世界上最伟大的人工建筑之一——长城，游览豪放庄严的皇家建筑，感受中华博大精深的文化。

度假感言

我们一家人在网上预订了北京九华山庄，因为听说那里有温泉还有游乐场。当我们到九华山庄的时候，我们一家首先被它宏大的规模惊呆了。之后的几天里，我们一家人过得非常开心，大人可以在园林式的庭院中泡温泉，孩子可以到游乐场去玩，父亲的肩周炎在温泉中泡了之后缓解了很多，后来连孩子也喜欢泡温泉了。这里还有很多美食，全国各地的风味都有。

北京城郊的加州阳光海岸

北京龙熙温泉度假酒店

Longxi hot spring Resort

"仁者乐山，智者乐水"，周末邀三五好友，自由自在，行前可能有了一个目的地，也可能临时上车意见还不能够统一，但是回归大自然，呼吸生命之"灵性"，放松心情，拥有一片可以行走的广阔天地的自由是高度一致的。

北京龙熙温泉度假酒店就提供了这样一个能够让你放松呼吸的地方，高尔夫球场微风下的弧线、水世界的热带风情，绿色、阳光、和风、蓝天，都让人沉浸于自然。

入夜，在温柔旖旎的月光下，在晴朗星空的反衬中，安然浸卧于波光粼粼的温泉池中，每一寸肌肤与水亲密接触，抬头仰望夜空，自有一种无法言喻的舒张和放松。

适合人群 商务人士、情侣出游、朋友聚会、家庭度假　　适合居住长度 3天2晚或长期居住

138

北京龙熙温泉度假酒店

北京 》 大兴 度假类型 温泉养生

找一个理由住在这里

　　龙熙温泉度假酒店是京南最大的五星级度假酒店，它以38万平方米豪华别墅区为背景，位于占地1000亩国际标准高尔夫球场的中心位置，并且拥有阳光海岸风格的"温泉水世界"景观，是商务会谈和度假休闲的理想去处。当京城北部的山山水水随冬季的来临景致日渐萧条时，身处龙熙仍然可以拥有无尽的绿色。高尔夫球场上进口的冷季草种，不惧严冬之寒，绿意将缠绵四季。温泉水世界是排名亚洲第一的热带雨林温泉浴场，笼罩于巨大的玻璃幕墙中，白天整体通透灿烂，千米扇形泳池，伴有环形喷泉廊，犹如梦幻般晶莹剔透，精致绝伦。

度假居所

套房类型

　　280套豪华客房，其中海景房可俯瞰水世界美景，翠景房可饱览高尔夫绿茵，均具极佳视野。此外酒店还有商务套房、行政套房、龙熙套房。

客房设计

　　8栋独立的豪华别墅，每栋外观和内饰迥然不同，各具风格。客房配合温泉的热带风情，从南方移植热带植物点缀其中，室内设计简约时尚，细节摆设独特精致。

客房设施

　　房内的浴池临窗而设，可于沐浴时观景，时尚前卫；所有房间配备有中央空调，国际直播电话，迷你酒吧，冰箱，音响，卫星闭路电视，还有免费的无限宽带上网。

美食诱惑

龙吟阁中餐厅

　　龙吟阁以清代皇室风格为格调，环境幽雅而尊贵。餐厅能同时容纳400人左右的大型餐会，配有中厅花园、室内回廊以及多达14个的贵宾包房，是宴请宾客的上选之处。餐厅汇集了全国各色菜系，可谓包纳百川，兼容并蓄。

那珀西餐厅

　　以美国加州一处幽美的山谷为名，山谷以盛产味美的红葡萄酒闻名。因此，餐厅整体为暖色调，充满了各地葡萄酒的香气。从那珀的窗口望去，连绵的小山坡翠绿起伏，视野极佳。餐厅可供160人用餐。

芭叶香依泰式餐厅

　　芭叶香依餐厅可同时容纳260人用餐，东南亚的各色美食都在这里风云际会。泰式青木瓜沙拉，冬阴功汤，是国内难得一见的异国美食。

伊斯兰风格餐厅

　　美丽的女侍者来自新疆，提供一流优雅的服务。特色菜有新疆烤全羊。可供60至70人用餐。

休闲盘点

高尔夫球场

　　由澳洲设计大师所设计的高尔夫球场，保留了原有地貌，地势造形在京首屈一指。占地面积1000亩的国际标准球场。拥有200亩果树林与高尔夫水园林环绕，满目皆翠，进口冷季型草种，四季鲜绿。还有11洞灯光照明，可挥杆至午夜，潇洒快意人生。

维多利亚SPA商务会馆

　　位于酒店四层，是一家欧式与中式相结合的高级会所。有高级水疗，光子润肤，中医保健，足疗等主题项目，还设豪华KTV包房、桑拿、按摩、棋牌室、室内射箭场等，是休闲放松的好去处。

北京龙熙温泉度假酒店

北京 》》 大兴 度假类型 温泉养生

度假村精华

阳光海岸 温泉水世界

10000平方米的阳光海岸温泉水世界，是龙熙的一大亮点。这里有大小不一的41个温泉池，掩映在热带雨林之中，一条清澈水道，蜿蜒如河流，贯穿整体，直达户外冬季温泉池，从南方移植来京的热带植物遍布其中，再造热带雨林绿色奇观。41个泡浴池包括有温泉SPA、香氛、药浴泡池、古井温泉池、地热池、冰水池、儿童戏水池等，供您选择最适合自己的解压方式。

此外还有冷热间歇喷泉广场、地热广场、湿蒸房、药王谷、水中酒吧和户外沙滩。在地热广场有独立暖身椅区域，可迅速使身体干燥；宽大的干湿蒸房拥有一流的进口设备；药王谷有VIP包间11个，专供水世界宾客享用。在金色的户外沙滩上，还有异域风情沙滩排球场供你尽情挥汗。

度假小贴士

龙熙温泉水世界与北京中医医院强强联手，重点推出的16个药浴泡池将温泉与中医理疗相融合，让你能更好地利用温泉浴休养生息。

北京龙熙温泉度假酒店

北京 》 大兴 度假类型 温泉养生

度假村实用信息

交通信息指南

距市中心30公里，距火车站30公里，距飞机场50公里

自驾车

由南三环"玉泉营环岛"向南，驶上京开高速公路约26公里后到"庞各庄"出口下，继续前行2公里，可以见到左侧为"瓜乡桥"的十字路口，右转进入"顺景路"即可到达。

背包族

礼士路乘公交937路庞各庄瓜乡桥下车，改乘小摩的5分钟即到。

地址：北京市大兴区庞各庄顺景路8号
电话：010-89282222
传真：010-89283333
网站：www.longxiresort.com

地理位置

位于北京南郊大兴庞各庄，从瓜乡桥向西3000米即到。

消费指南

北京龙熙温泉度假酒店

房间名称	价格	数量	备注
海景房	1199元/间夜	121间	双床
翠景房	1399元/间夜	65间	双床
翠景房	1599元/间夜	35间	大床
商务套房	1999元/间夜	5间	一室一厅
行政套房	2399元/间夜	5间	一室一厅
龙熙套房	3199元/间夜	5间	二室一厅

所有房间配备有中央空调，国际直拨电话，迷你酒吧，冰箱，音响，卫星闭路电视、宽带上网。所有房间均加收15%服务费。

会议室名称	面积(平方米)	容纳人数	价格	
多功能厅	624	350人	9000元/天	5000元/半天
中型会议室	237	100人	5000元/天	3000元/半天
小型会议室	100	50人	3000元/天	1800元/半天
	60	30人	2000元/天	1500元/半天

会议设备 投影仪：800元/天

幻灯机：300元/天；录音笔：200元/天；幕布：200元/块/天；所有会议均加收15%服务费

游走周边

周边旅游风向标

大兴区是北京地区古老的县份之一，有众多的名胜古迹和旅游景点。有清团河行宫、元无碍禅师塔、清双柳树、昆仑石、东汉双塔寺、张华故里、辽金村落遗址、古炼铁遗址、翰林墓、英亲王后裔墓等40多处。

团河行宫

团河行宫是清代乾隆四十二年（公元1777年）建造的皇家苑囿南海子四座行宫中最大的一座，占地400亩，修筑殿堂300余间。清末，团河

行宫遭八国联军焚掠，后又遭北洋军阀、侵华日军的破坏掠夺，变为废墟，现已修复，辟为遗址公园。

野生动物园

以现代的无屏障全方位立体观赏取代了传统笼舍观赏方式，园区建筑精美别致，绿树环抱，草木扶

疏，景色幽雅令人心旷神怡。设散放观赏区、动物表演娱乐区、科普教育区和儿童动物园等，建有主题动物场馆30多个。

庞各庄万亩梨园

在北京千年永定河古堤东畔的庞各庄镇，有一处万亩连片的古梨树群。这里的一草一木无不蕴含着自然的和谐与历史的珍奇。是城里人周末休闲、体验农村情趣、观光采摘游玩的好去处。

大兴御林古桑园

大兴御林古桑园是华北地区唯一一家具有千年历史的古桑园，盛产营养丰富的美味桑椹，园内树形各异，天然生成。四季空气清新，

环境优雅，是休闲旅游、观光采摘之胜地。

南海子麋鹿苑

南海子麋鹿苑是元、明、清三代著名的皇家苑囿，1900年八国联军入侵北京，南海子遭到浩劫，麋鹿遭到捕杀掠夺。1985年经努力，22头麋鹿从英国返回南海子，到1995年已发展到200多头，成为全国最大的麋鹿养殖基地。

度假风尚补给站

龙熙全新度假酒店理念

以时尚、健康、休闲、高雅作为酒店的经营理念。龙熙酒店的时尚体现在整个酒店配套设施一改传统酒店的模式化，在水世界SPA当中加入加州风情，布置更加随意和休闲；健康体现在温泉设计与中医理疗充分融合；休闲除了体现在整体的设计上，还体现在酒店的每个细节，包括服务人员的服装上，努力营造一种更加放松的环境；高雅则体现在酒店五星级的设施的雅致上。

度假感言

房间挺漂亮的，我订的是翠景房，从超大的玻璃窗看出去视觉非常好，房内装饰的热带植物也非常别致，给人一个良好的度假心情。总之，设计的风格和房间布置我都很喜欢。硬件设施配备的也不错，服务员很热情，我们一有问题就马上解决，让人记忆深刻。

高山临风

在道教山水中闲居

惠州罗浮山嘉宝田国际度假会议酒店

Luofushan Baotian International Resort & Conference Center

据《晋书·葛洪传》载，东晋道士葛洪晚年闻交趾产丹砂，至广西北流为令，以便就近采料炼丹。后行至广州，为刺史邓岳所留，乃止罗浮山炼丹。此后，一直栖居罗浮，直至81岁时羽化成仙。而罗浮山也因葛洪而闻名于世，千百年来被道家雅士所景仰，并掀起了一阵旷日持久的修观热潮，遂成一大道教名山。

罗浮山嘉宝田国际度假会议酒店就坐落在这座名山之山麓，傍青山碧水而建，山间烟雾缭绕，环境优美。酒店气派非凡，设计典雅。在宽敞的阳台上坐看云起，日出日落，尘世的名利与喧嚣渐渐远去，平静中多了一份淡定之心与顿悟之性。

适合人群 商务人士、情侣出游、朋友聚会、家庭度假　　适合居住长度 3天2晚或长期居住

中国旅游导航　中国顶级度假村村指南

惠州罗浮山嘉宝田国际度假会议酒店

广东 >> 惠州　度假类型　高山临风

找一个理由住在这里

罗浮山嘉宝田国际度假会议酒店坐落于风光旖旎的罗浮山自然风景区内，罗浮山是中国十大名山之一，山清水秀，洞天奇观，涌泉飞瀑随处可见。

酒店按国际五星级标准建造，建筑面积达5万平方米，外观气派非凡，装饰典雅，具有浓郁的欧陆风格。酒店及周边拥有十八洞国际标准高尔夫球场、大型演艺中心、SPA水疗馆，是一个综合娱乐休闲度假胜地。自酒店开业以来，获得了"粤港澳十佳酒店品牌"称号和"绿色饭店"称号。并在2006年9月的惠州市首届酒店行业服务技能大赛中，取得双料金牌。

度假居所

套房类型： 酒店共有312间精心设计的客房。其中总统套房2间、豪华套房3间、高级套房20间、亲情套房24间、高级双人房135间、豪华单人房19间、高级单人房33间、经济房77间。

客房设施： 除经济房外，每个房间均配备保险箱、国际长途直拨电话、宽带上网系统、独立淋浴盆浴、迷你冰箱、卫星电视和24小时送餐服务。

美食诱惑

酒店经营客家菜系，精心选择无污染、环保、绿色、健康为原料，农家家禽及山珍野味等本地土特产，经名厨以传统客家饮食文化精心研制，风味独特，百吃不厌。

田园风味餐厅——环境幽雅，宽敞舒适，由酒店名厨主理精心制作，价廉物美。

群英汇酒吧——欧式风格，气氛浪漫，让人沉醉在醇香美酒之间。

罗浮宫餐厅——幽静富丽，名厨主理，出品传统南粤风味和客家特色佳肴，色香味形绝佳。

绿茵阁西餐厅——俯瞰绿茵满目，是品咖啡，与朋友小憩的好去处。

休闲盘点

酒店七楼有宝田会所、怀书阁（阅览室）、香茗轩（茶艺院）、盘龙阁（酒廊）可供休闲放松。此外还配有卡拉OK厅、桑拿沐足、大型露天游泳池、健身房、桌球室、乒乓室、小型儿童娱乐室等。露天泳池环绕在山水中，瀑布式设计，银龙飞溅碧波荡漾，是休闲戏水的一大去处。

惠州罗浮山嘉宝田国际度假会议酒店

度假村精华

山水名胜中的高尔夫球场
罗浮山高尔夫

　　罗浮山高尔夫球场是由加拿大著名设计大师Mr.Gary Read设计，是广东省唯一一坐落于名胜古迹风景区的高尔夫球场。

　　球场的设计在尊重原始地貌的前提下，依山而建。前九洞巧妙地利用丘陵的自然起伏和湖泊山渊，使球道平淡之中起波澜，秀美之余藏杀机。后九洞的球道，依山而建，是球友一显身手、极具挑战的山地球道。在茂密的山林之中，球道蜿蜒盘旋，周边的湖泊、沼泽、怪石、灌木及树林等天然障碍，与罗浮山的自然美景融合得天衣无缝，在挥杆驻足之间饱览群山秀水。

度假小贴士

　　罗浮山药用植物达1200多种，有天然中草花库之说。粤东四市之一的药市就设在罗浮山冲虚古观的左侧，称洞天药市。

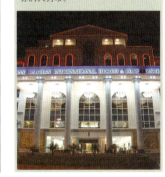

广东 ∨∨ 惠州　度假类型 高山临风

惠州罗浮山嘉宝田国际度假会议酒店

广东 ≫ 惠州　度假类型　高山临风

消费指南

惠州罗浮山嘉宝田国际度假会议酒店

客房类型	价格	前台现付价
高级双人/单人大床	880元	550元
豪华单人房	980元	658元
高级套房	1390元	868元
豪华套房	1580元	1088元

加床费：100元/张
加早餐：58元/份

度假村实用信息

地理位置

　　地处广州、深圳、惠州的三角顶峰，坐落于素有"岭南第一山"美誉的罗浮山风景名胜区。

地址：广东省惠州市博罗县
　　　长宁镇罗浮山国家风景名胜区
电话：0752－6891100/6891111
传真：0752－6891139
网址：www.baotianhotel.com

交通信息指南

　　广惠高速、广汕公路、惠深高速等到多条重要交通干线均可直抵酒店。酒店距离广州白云机场，深圳黄田机场大约1小时车程。至广州市、深圳市中心也只需要1小时车程。

广州机场至酒店/机场高速 → 北二环高速 → 广惠高速 → 罗浮山出口

深圳宝安机场至酒店/广深高速 → 机荷高速 → 梅观高速 → 莞深高速 → 常虎高速 → 东深路博罗方向→ 龙溪大道324国道 → 广惠高速 → 罗浮山出口

珠海至酒店/京珠高速 → 北环高速（广州方向） → 广惠高速 → 罗浮山出口

游走周边

周边旅游风向标

　　冲虚古观/冲虚观坐落在罗浮山东麓，位于白莲湖畔，依陡壁凌霄而立，气势恢宏壮观。冲虚古观内有殿宇五重，分别为灵官殿、三清殿、黄大仙殿、吕祖殿和葛仙殿，此外还有寮房等附属建筑百余间。三清殿左侧斋堂内，有一口"长生井"，井水长年不枯，水质甘冽甜美。

　　华首古寺/华首寺又名华首台，位于罗浮山西南麓，背倚孤青峰，居高临下，两翼有山环抱，称左青龙，右白虎，是著名的佛教胜地。唐朝开元二十六年（公元738年）奉旨兴建，距今已有1200多年历史。教在罗浮山兴盛时期有十八寺，而华首寺被称为"第一禅林"。

　　黄龙观/罗浮山黄龙观号称广东第一大观，有关黄龙洞的历史传说可追溯至五代十国时期。目前黄龙观有两座大殿，道学院，祖堂，仙苑等处，亭台楼阁，池塘瀑布，位于罗浮山的山腰处。

地方风俗节庆

　　重阳节登高/罗浮山重阳登高是岭南重阳节的盛事。罗浮山每年重阳节前夜（农历九月初八）都有十多万来自广州市各县和附近省市的登高者登上罗浮山的顶峰飞云顶，通宵等待日出的人们在山顶围坐，互相祝福。日出时，烟花、爆竹响彻云霄，与初升的太阳交融在一起，颇为壮观。

　　客家山歌/惠州客家山歌具有鲜明的地方色彩和独特的艺术风格。其歌词基本上七字一句，四句一首，通俗易懂，生动形象，情真意切，反映了当地风土人情，具有浓郁的乡土气息。客家山歌被入选我国的第一批国家级非物质文化遗产。

　　客家汉剧/汉剧是客家地方剧，与粤剧、潮剧并列为广东三大剧种。汉剧有300多年的历史，素有"南国牡丹"的美称。许多艺人仍满怀对客家传统地方剧的执著追求，自愿组建了惠州市汉剧乐研究会。著名的汉剧曲目有《秦香莲》、《海瑞罢官》等。

度假风尚补给站

　　道教名山罗浮山/罗浮山是我国道教名山，道教称它为第七洞天，第三十四福地。据《罗浮山志》，罗浮山乃罗山、浮山二者之合称。传说浮山是蓬莱仙岛的一个别岛，随风浪从东海飘浮到南海，附于罗山，因此取名罗浮山。罗浮山的神仙传说吸引着历代文人羽士前来游览或栖隐。东晋时，著名道士葛洪曾在罗浮山烧炼丹砂。此后罗浮山的道佛两教都有较大发展，山上的宫观庙宇最盛时有九观十八寺二十二庵之众。

度假感言

　　风景很好，周边游游也非常方便，道观寺庙很多，还有自然保护区和温泉，是度假的理想选择。酒店房间服务不错，早餐不错。并且值得一提的是，因为行程问题及房间距离问题等，入住酒店后要求修改订单，酒店的工作人员都非常及时地给予解决。

胸怀武夷锦绣天

武夷山悦华酒店

Wuyi Mountain Yeohwa Resort

在中国南部所有的丹霞地貌山水中，福建武夷山是最让人心动的一处。有九曲流觞的柔美，又有丹山傲立的雄壮。很多人第一次亲近武夷都是跟着二日游、三日游的团队在这片人间神迹上来去匆匆，终不得体会武夷风光真正的曼妙之处。

除去各个吸引无数奇人异士、名儒显宦的绝世景点，武夷山的文化内涵有着更耐人细品的深度。武夷山独特的山水景观积淀出博大精深的武夷古文化。早在4000多年前就有先民在武夷山劳动生息，形成偏居中国一隅的"古闽族"、"闽越族"文化。而南宋大理学家朱熹在武夷山著述讲学，使武夷山成为"三朝（宋、元、明）"理学圣地，至今仍吸引着世界上几十个国家的专家学者致力于理学思想的研究。武夷山上历代遗留下的文人字迹、摩崖石刻、古建筑，都令人浮想联翩。

这样的一个武夷山，怎么可能是几日的匆匆到访所能体验得尽的。如果住在景区是为了来往便利，节约旅行时间，那么索性就住到一个可以将山间灵气与度假休闲完美结合之所，将武夷山自然与文化的双重遗产精华好好体验一番。

适合人群 休闲会议、情侣浪漫约会、康体疗养、自驾游爱好者　　适合居住长度 3天2晚

武夷山悦华酒店

找一个理由住在这里

武夷山悦华酒店是厦门建发旅游集团旗下五星级"悦华酒店"品牌连锁，地处福建省武夷山国家旅游度假区内，面朝著名景点大王峰，毗邻武夷山唯一的18洞山地高尔夫球场。

在悦华，室外青山叠翠、林音泉鸣，室内独有的度假风格配套与装饰让所有的住客都备感休闲与舒适。坐卧房间内可直接观赏到壮观的武夷山大王峰自然景观、花木葱茏的水榭亭台，任何一个餐厅用餐都可在品尝美味的同时，享受青山绿水的自然盛宴。

武夷山悦华酒店，让人在这里坐拥山水灵气，胸怀武夷锦绣。

度假居所

套房设计：酒店拥有高级园景双人房、豪华观景大床房、豪华观景双人房、豪华观景套房、高尔夫观景套房、温馨家庭观景套房，共计有204间/套客房，并设有总统专属楼层，内设总统套房一套。

住宿服务：客房按照入住登记人数赠送早餐，最多两份，入住豪华观景大床房及所有套房另赠送一份中西式自助晚餐。住店客人可免费使用室内恒温游泳池、健身房，免费测量血压，还配有分隔式沐浴设备：景观泡缸（可直接观赏自然景观和电视节目）、热带雨林淋浴设备、足底按摩器等。

美食诱惑

酒店拥有可同时容纳460人聚餐的华庭多功能厅、3个会议室、华苑中餐厅、6个豪华中餐包间、幔亭中餐包间、悦园咖啡厅、西饼屋、庭院吧、观景咖啡廊、大堂酒吧、茶艺廊等，为宾客提供以粤菜、闽菜为主，武夷山特色风味为辅的菜肴，兼有川菜、淮扬菜。

悦园咖啡厅 —— 悦园咖啡厅有着挑高空间落地景观窗，提供环球精选自助餐及西式点心佳肴，并提供24小时客房送餐服务（菜式：国际性）。

华苑中餐厅 —— 华苑中餐厅，装饰古朴典雅，独有的观园观景落

地玻璃窗，让人在享用中华传统美味的同时也能享受青山绿水的自然盛宴。酒店设有6个豪华中餐包厢—— VIP1、VIP2、VIP3、VIP5、VIP6、幔亭（菜式：粤、川、闽、淮扬菜及武夷风味菜）。

休闲盘点

武夷山风景游／武夷山青山叠翠，素有天然氧吧之美誉，是住在悦华酒店最好的休闲场所。

酒店设施／在出外游山玩水之余享受武夷山悦华酒店独有度假配套设施：康乐、健身、室内恒温泳池、SPA、美容美发、泰式按摩、酒廊、茶艺室、棋牌室、商场等设施一应俱全，是户外旅游度假、康体休闲的理想选择。

★悦园咖啡厅每间房每天免费提供最多两份环球自助晚餐（仅限提供2天），但晚于21：00抵店不另赠送。
★入住当天免费赠送高级红酒一瓶。
★入住期间免费使用酒店山地自行车两辆一次（限4小时）。
★赠送2人武夷山精华二日游，含景点门票及九曲竹排两张、全程优秀导游以及景区交通等。
★享受免费泰式水疗（SPA）护理一次。
★享受武夷山市内电话免费、宽带上网免费（需自带电脑）。

武夷山悦华酒店

度假村精华

看得见大王峰的房间

大王峰又名纱帽岩、天柱峰，因山形如宦者纱帽，独具王者威仪而得名。它雄踞九曲溪口北面，是进入九曲溪的第一峰。大王峰海拔530米，上丰下敛，气势磅礴，远远望去，宛如擎天巨柱，在武夷三十六峰中，向有"仙壑王"之称。

正如上面这段尽人皆知的描述，在武夷山所有非凡景致中，大王峰是最让人感觉气势逼人的一个。而悦华酒店正是匠心独具地选择了这一标志性景点，很多景观房，打开

窗就能看到不远处的大王峰，是非常难得的度假体验。

悦华酒店特别适合情侣或是蜜月旅行的人来此度假，可以感受碧水丹山的风情扑面而来，以及顶级度假村服务与自然风光的完美融合。

推荐尝试 "浪漫情人"蜜月包

豪华观景大床房　人民币2788元/间，三天两晚，最多入住2人。在这个蜜月包里，两人可以共同享受：
★免费机场/车站接送。
★悦园咖啡厅每间房每天免费提供最多两份丰盛自助早餐。

福建 >> 武夷山　度假类型 高山临风

武夷山悦华酒店

福建
∨∨
武夷山　度假类型
高山临风

度假村实用信息

服务设施一览

会议服务／悦华专职会议管家提供极具个性化、专业化的贴心会议代理服务，从会议策划、品牌设计、商务展示、接机送机、会场布置、音响租赁、演出安排、礼品采购、摄影摄像、旅游观光、旅游交通、机票预订到会议流程安排等，会议管家想您所想、随时候命，确保给会务贵宾带来一次轻松休闲的会议之旅。

华庭多功能厅（全厅）／面积：407m²，中式宴会可容纳300人，鸡尾酒会可容纳460人，课桌式可容纳300人，剧院式可容纳400人。

华庭多功能厅A／面积：132m²，中式宴会可容纳80人，鸡尾酒会可容纳140人，课桌式可容纳100人，剧院式可容纳130人，回字形可容纳68人。

华庭多功能厅B／面积：138m²，中式宴会可容纳80人，鸡尾酒会可容纳140人，课桌式可容纳100人，剧院式可容纳130人，回字形可容纳68人。

华庭多功能厅C／面积：134m²，中式宴会可容纳80人，鸡尾酒会可容纳140人，课桌式可容纳100人，剧院式可容纳130人，回字形可容纳68人。

九曲厅／面积：70m²，中式宴会可容纳30人，鸡尾酒会可容纳36人，课桌式可容纳36人，剧院式可容纳60人，回字形可容纳16人。

卧龙厅／面积：70m²，中式宴会可容纳30人，鸡尾酒会可容纳36人，课桌式可容纳36人，剧院式可容纳60人，回字形可容纳16人。

崇阳厅／面积：55m²，中式宴会可容纳20人，鸡尾酒会可容纳26人，课桌式可容纳24人，剧院式可容纳40人，回字形可容纳12人。

消费指南

武夷山悦华酒店

高级园景双床房（含双早）
门市价：980元
携程特惠价格：旺季448元 淡季408元

豪华观景大床房（含双早）
门市价：1288元
携程特惠价格：旺季568元 淡季528元

豪华观景双床房（含双早）
门市价：1158元
携程特惠价格：旺季508元 淡季468元

温馨家庭套房（含双早）
门市价：2588元
携程特惠价格：旺季1308元 淡季1208元

备注：1.周五、周六上调50元　2.加床180元（赠单早）。

1.沉香园SPA　（10：00—次日02：00）
皇家疗程1588元　巴厘岛式按摩1288元　夏威夷式按摩、热带雨林888元
瑞典式按摩、清凉一夏888元　中式舒背按摩288元　纤足呵护198元

2.桑拿按摩中心　（10：00—次日02：00）
标准包厢净桑68元　豪华包厢净桑108元　中药足浴88元　藻泥足浴118元
推拿166元　按摩166元　泰式指压248元　半身推油248元　中医按摩258元

地理位置

武夷山悦华酒店位于福建省武夷山市国家旅游度假区内，距离武夷山火车站20分钟车程，距离机场仅10分钟车程，距离市区15公里。

地址：福建省武夷山市
　　　国家旅游度假区
电话：0599—5238999
网址：www.yeohwa-wy.com

交通信息指南

航空：武夷山机场到武夷山景区的路程在15公里左右，可起降波音737等中型飞机，已开通至福州、厦门、香港、北京、上海、广州、深圳等条航线。从武夷山度假区打的到机场，车费在20—30元。在机场大门外过马路坐市区－仙店公交抵达武夷山悦华酒店，票价为3元。

铁路：福州、厦门、泉州、南京、上海、杭州、合肥和汉口等方向每天都有空调快速列车直达武夷山。

公路：武夷山汽车站每天有开往周边县市和上饶、厦门、福州、温州、珠海、三明、石狮等地的大巴。

内部交通：从武夷山市到武夷山景区有15公里，所有的景点坐公交车都可以到达，票价为3元。打的费用在20～40元之间。景区内的车站设在三姑、武夷宫和星村。

游走周边

周边旅游风向标

华东第一漂 —— 桐木溪漂流
（宜游时间：夏季）

武夷山桐木溪漂流区位于武夷山风景名胜区至保护区主干线上，发源于"华东屋脊"黄岗山。峡谷内山回水转、水抱山流。游人漂流而下，击涛搏浪，体验大自然的惊、奇、险、趣，堪称"华东第一漂"。

九曲溪景区 —— 竹筏漂流
（宜游时间：除冬季）

和前者的惊险刺激不同，九曲的竹筏漂流是以娴静柔美见长。全程9公里的九曲，可以让心过一个2到3个小时的假期。颐养身心即是如此吧。一道又一道的风景迎面而来，

转眼又留在身后了。

青龙大瀑布
（宜游时间：春季丰水期）

全国罕见的青龙大瀑布位于武夷山大峡谷生态公园西侧，距大峡谷生态漂流码头2公里，瀑布周围森林茂密，深谷绝壁上，一道大瀑布飞泻而下，直泻深谷。

天游峰
（宜游时间：四季风景不同）

武夷第一胜地，位于武夷山景区中部的五曲隐屏峰后，它独出群峰，云雾弥漫。山巅四周有诸名峰拱卫，三面有九曲溪环绕，武夷全景尽收眼底。

地方风俗节庆

武夷民风/武夷山不仅风景秀丽，还有着悠久的人文传统，历史上有过夏商、西汉和南宋等多次鼎盛时期，如以架壑船棺为象征的古越族文化时期，以城村古汉城为标志的西汉文化时期和以朱熹为代表的宋朝理学文化时期，这些都为这座名山增添了深厚的历史感。

民间美食/除了风土人情，武夷山的地方小吃也是不容错过的。咸、甜、荤、素、香、脆、软、糯各色俱全，具有独特风味。比如粿仔，是用上等早米磨浆沥干，做成小手

指般大小的条块，调以佐料，加上精肥俱备的猪肉片笼蒸而成的。还有"胡麻饭"是武夷山最远古的传统小吃，俗称麻糍用上好的糯米用水浸透后蒸熟，置石臼中用木槌打烂、揉成小团，拌上芝麻、白糖，香甜可口，食后耐饥。

度假风尚补给站

武夷山给世界的惊喜

武夷山 —— 世界文化与自然遗产、中华十大名山、全球生物圈保护区、中国优秀旅游城市、国家重点风景名胜区、ＡＡＡＡ级旅游区、国家重点自然保护区、国家重点文物保护单位、国家旅游度假区、国家一类航空口岸。

峨眉山红珠山宾馆

听峨眉佛音 观历史风云

峨眉山红珠山宾馆

Hongzhushan Hotel

　　四川是祖国西南最为神秘瑰丽奇秀的省份，不止一次让世界惊喜，从秀丽柔美的九寨沟，到瑰伟壮丽的雪山，唤起多少旅行者的遐思。在这里，更有座座庄严宝鼎傲然矗立，峨眉山就是其中最浓厚的一笔。

　　峨眉山被誉为四大佛教名山之一，与五岳相比，她的海拔更高，却丝毫没有凌厉的霸气，依然流传着"秀甲天下"的美名。长久以来，峨眉山以神秘传奇的佛教胜迹而闻名于世。无数历史人文的印记以及佛家的无上神通都凝聚在峨眉身上。她古雅神奇，巍峨媚丽，伴随着绵亘曲折的山脉、千岩万壑、瀑布溪流、奇秀清雅，"峨眉天下秀"的美称名不虚传。

　　而红珠山宾馆就悄然俯卧在峨眉山麓之下，在这郁郁葱葱的森林里，红珠山带着沉甸甸的历史记忆。这里曾是蒋介石的官邸，后来又有无数名人入住此地。那些名人连在一起，就如同书写着一部中国近代史。

　　如果要倾听佛音禅语，可以登山求之；若要抚摸历史的沧澜，只需在红珠山停歇一晌。

四川 >> 峨眉山　度假类型　高山临风

适合人群 休闲度假人士　商务会议人士　休闲游客　　适合居住长度　3－7天

峨眉山红珠山宾馆

找一个理由住在这里

红珠山宾馆坐落在世界自然与文化遗产 —— 峨眉山山麓，与天下名刹"报国寺"相距不足500米。这家掩藏在森林中的五星级酒店，占地面积44万平方米，森林覆盖率达到95%以上，以及6万平方米的森林湖泊。宾馆总体布局背山面水，分散对应；单体建筑依山取势，形成独特的建筑向下延伸式构造，足不出户，即可领略馆内无与伦比的自然环境。

九幢别墅式楼层分别掩映于峰峦之侧，山谷之中，湖泊之隅，其间更有楼台、水榭、小桥和长达5000余米的森林散步小道相接，整体上形成自然风光和楼台亭阁相融相生的独有景致；身居室内，建筑通体采光，落地起窗，阳台深入林中，形成借景入房，房在景中，景随人驻，人在画中的极致，被著名作家金庸先生誉为：每一扇户都是一幅风景画！

宾馆于2005年、2006年连续两年被评为四川省最佳度假酒店，2007年荣获中国酒店"金枕头"奖之"2007年度中国十大最受欢迎度假酒店"。

一杯清茶、一本好书；品的是一种心境，滤去浮躁、净化身心、沉淀思想。

开放时间：上午6时－晚上11时

西餐厅 —— 提供精致的西式菜肴，有机会充分领略异域风情。

开放时间：上午7时－晚上11时（提供24小时送餐服务）

峨眉香阁 —— 提供嘉州风味特色佳肴。

开放时间：上午7时－晚上11时（提供24小时送餐服务）

天香阁餐厅 —— 提供高档次国宾宴，更注重营养与艺术。

开放时间：上午7时－晚上11时（提供24小时送餐服务）

度假居所

设计理念： 宾馆遵循"每一扇窗户都是一幅风景画"的理念，设计出了山水时尚风情的客房500间。在这里时间可以凝固，心情可以超越视线，带给住客不一样的体验。

客房类别： 宾馆拥有设施完善的湖景房、山景房、行政房、豪华房等各式客房共500间（套），其中五号楼278间（套）、六号楼96间（套）、八号楼83间（套）以及风格各异的四栋别墅：红珠别墅、小平楼、元帅楼和蒋介石官邸。

美食诱惑

百年锤炼，烹饪国宾养生宴！峨眉山珍，创新地方特色菜！中正宴、邓公宴、天香国宾养生宴等，注重养生、健康、品尝到的不仅仅

是味道，更多了一份健康和文化。雪蘑芋、春笋、野菜等数不尽的峨眉山珍，形成了独具红珠山特色的主题餐饮宴：春笋宴、佛家素宴、野菜宴……品出浓郁的地方风情。

8号楼酒吧 —— 翠竹、蓝天；

峨眉山红珠山宾馆

四川 》 峨眉山　度假类型　**高山临风**

休闲盘点

红珠温泉／森林中品味的红珠温泉由雨露池、瑶池等19个各具特色的森林氡温泉室外池组成。

温泉会馆／19个森林温泉池再配以6个室内池、游泳池、桑拿房、夜总会、卡拉ＯＫ厅、台球室、乒乓球室、壁球室、健身房、棋牌室、按摩室、森林网球场、森林羽毛球场、垂钓等22项休闲项目，以及林间登山散步通道，可以说是应有尽有。

度假村精华

名人之萃　森林之苑

红珠山宾馆之所以能享誉海内外，与其背后深沉的历史元素息息相关。1935年，蒋介石在峨眉山脚下为自己修建了这座官邸，解放后无数政界名人光顾此地。邓小平、朱德等等都是中国历史上难得一见的风云人物。改革开放以后很多党和国家领导人亲临此地，宾馆因接待如此众多的贵宾而名声大震，成为国内少有的国宾馆之一。

不得不提的是馆内的森林湖泊，与别墅交相辉映，半遮半掩于山坡之上，别有一番味道。别墅掩映于峰峦之侧，山谷之中，湖泊之隅，楼台水榭与长达5000余米的森林散步小道相接，成为馆内的独有景致；清晨踱步于林阴小道，呼吸着大自然赋予的新鲜空气，平添几分精气神。

偶有山间传来的晨钟声，恍惚间觉得时间缓缓流淌，身心舒畅无比。夜晚听林海涛声不绝于耳，又有暮鼓之音徐徐而来，如同老僧般感悟世事，这种感觉是可遇而不可求的。峨眉山的方寸之间都在演绎着佛者的境界。

度假小贴士

四大佛教圣地

金色世界——五台山

五台山位于山西省五台县，位居中国佛教四大名山之首，是世界五大佛教圣地之一。自东汉明帝以来，即成为佛教圣地，五峰内外佛寺最多时达360所，僧尼达万人之众，堪称为我国最大的寺庙建筑群。

银色世界——峨眉山

峨眉山为普贤菩萨的道场。相传佛教于公元1世纪即传入峨眉山。近2000年的佛教发展历程，给峨眉山留下了丰富的佛教文化遗产，造就了许多高僧大德，使峨眉山逐步成为中国乃至世界影响甚深的佛教圣地。

琉璃世界——普陀山

"海上有仙山，山在虚无缥缈间"——普陀山雄峙于杭州湾以东的莲花洋中，素有"海天佛国"、"南海圣境"之称。普陀山是全国著名的观音道场。普陀山四面环海，风光旖旎，幽幻独特，被誉为"第一人间清净地"。

莲花世界——九华山

九华山位于安徽省长江南岸的池州市境内，原名九子山。李白游此山见山色奇秀，状如莲花，吟唱出"妙有分二气，灵山开九华"之诗句，九华山因此得名。九华山为地藏菩萨道场，历代高僧辈出。

消费指南

峨眉山红珠山宾馆

房型	门市价	前台现付价	房型	门市价	前台现付价
6号楼标准间(未评星)	RMB 680	RMB 330	5号山景间	RMB 1580	RMB 880
5号豪华间(无窗)	RMB 1080	RMB 350	5号湖景间	RMB 1980	RMB 1300
5号豪华间	RMB 1080	RMB 600	8号行政间	RMB 1280	RMB 780
5号行政间	RMB 1280	RMB 780	8号山景间	RMB 1580	RMB 880

度假村实用信息

地理位置

位于峨眉山山麓之下，距离报国寺仅500米。

地址：四川省峨眉山市报国寺旁
电话：0833－5525888
网址：www.hzshotel.com

交通信息指南

市内交通

公交车：可乘坐市区至伏虎寺的公交车进入景区。

出租车：起步价5元，打表计费。

人力三轮车：峨眉市区的特色代步工具。安全便宜舒适，可供2人乘坐，价格根据路程远近2～5元不等。

景区交通

公路里程：峨眉山景区公路全长61.69公里，主线起于峨眉山市峨山镇杨岗，经黄湾、两河口、万年寺、零公里、雷洞坪，止于接引殿，全长51公里。支线全长10.69公里联接景区各主要景点，其中万年路口至万年寺停车场全长0.4公里、两河口至五显岗停车场2.5公里、天下名山至报国寺1公里、报国寺至伏虎寺1公里、报国寺瀑布至黄湾2.5公里，其他3.09公里。杨岗至零公里以下38.69公里为沥青混凝土路面，零公里至接引殿23公里为水泥混凝土路面（28公里－29.2公里为彩色水泥路面）全线危险路段为不锈钢防撞护栏，并设置交通警示标志。

酒店地图

（地图内容：七号楼 BUILDING NO.7、红珠湖 HONGZHU LAKE、一号楼(红珠别墅) BUILDING NO.1、二号楼(小平楼) BUILDING NO.2、五号楼 BUILDING NO.5、八号楼 BUILDING NO.8、三号楼(元帅楼) BUILDING NO.3、四号楼(蒋公馆) BUILDING NO.4、温泉会馆 HOTSPRING ASSEMBLY、六号楼 BUILDING NO.6、大门 GATE、至伏虎寺、米风亭、报国寺、博物馆、游人中心、"第一山"亭、"一碗一窗楼"、至万年寺、金顶、购物一条街、名特小吃一条街、客运中心、赣乐快速、成乐高速、"天下名山"牌坊）

游走周边

周边旅游风向标

峨眉金顶金佛／峨眉山金顶四面十方普贤金像是世界上最高的金佛，也是第一个十方普贤的艺术造型。金佛系铜铸镏金工艺佛像造像，通高48米，总重量达660吨，由台座和十方普贤像组成。其中，台座高6米，长宽各27米，四面刻有普贤的十种广大行愿，外部采用花岗石浮雕装饰，十方普贤像高42米，重350吨，金佛设计完美，工艺流畅，堪称铜铸巨佛的旷世之作，具有极高的文化价值和观赏审美价值，是海峡两岸艺术家心灵的碰撞，智慧的结晶。

报国寺／峨眉山八大寺庙之一。位于凤凰坪下，海拔533米，坐北朝南，占地百亩，为山中第一大寺。建于明万历年间，原名会宗堂，取儒、释、道三教会宗之意。清初迁建于此，顺治九年重建。康熙四十二年（公元1703年）取"四恩四报"中"报国主恩"之意，御题"报国寺"匾额而易名。后几经增修，1993年又新建钟楼、鼓楼、茶园、法物流通处。殿宇五重，山门、弥勒殿、大雄宝殿、七佛殿、普贤殿。

峨眉山红珠山宾馆

四川 》峨眉山　度假类型　高山临风

清音平湖／清音平湖是峨眉山自然景观的代表之一。位于清音阁，面积30万平方米，系绿色生态湖，水质纯净，清澈透底。四周青嶂翠峦环抱，古木参天，湖如碧玉嵌入其中，深深浅浅，点点滴滴，真不知是树映绿了湖，还是湖染绿了树。置身其间，只听绿树浓阴处，鸣蝉声声，山风阵阵，丝丝水气洗尽凡尘，好一派山水之情，逍遥之乐。这里夏秋清凉，为避暑休闲度假的胜地；即使是在冬季和春寒料峭的初春，没有寒风寒流相逼，仍然温适如画，翠色生烟。

秀甲瀑布／是迎宾广场的主体建筑之一。"秀甲天下"浓缩了"峨眉天下秀"这一定论，一个"甲"字突出了峨眉秀色的地位和峨眉山人的气魄。同时，"秀甲天下"与"天下名山"牌坊相互照应，并对"天下名山"的特色作了注释和补充。"天下名山——秀甲天下"概括了峨眉山的历史地位和景观特色。站在瀑布前，只见飞瀑从天上泻来，一条白练悬挂于石壁上，飞溅的水花在

空中形成一阵雨雾，阳光下彩虹隐现，溪河之中浪花滚滚，响声轰隆。

地方风俗节庆

佛教文化圣地／峨眉山以普贤菩萨道场被列为全国四大佛山之一，享誉海内外。而峨眉山在佛教盛传之前，早已有许多羽士仙客在山上隐修炼丹，成为道教的神仙洞府。以后普贤驻山，佛法广被，终成佛教名山。因此，号称"仙都佛国"的峨眉山是以道教在山上的繁荣昌盛而扬名的。"教赖山以显圣，山依教而扬名"。"雄秀天下"的峨眉山与中国的道佛两大教派互相依附，

才产生了峨眉山漫长的宗教历史。道教的"第七洞天"，佛家的"普贤道场"证明道佛二教在山上都曾有过自己的辉煌历史。

普贤文化节／峨眉山普贤文化节于每年3、4月份举办，是峨眉山风景区管委会和峨眉山佛教协会每年定期举办的一个展示峨眉山风景、人文、佛教的综合性仪式活动，其目的是通过一个仪式、两大法会，集中展示普贤菩萨精勤实践、体性周遍、随缘成德的特质，感悟峨眉山佛教文化的博大与深邃。

"万盏明灯朝普贤"大型佛事活动／为重现大光明山"万盏明灯朝普贤"的盛况，让游人充分感悟佛教圣地的绝妙与神奇，由峨眉山风景区精心策划，峨眉山佛教协会组织承办的"万盏明灯朝普贤"佛事活动已经隆重推出，于每月的初一、十五及佛诞日当晚8：00—9：00在普贤道场的核心地点万年寺举办。

峨眉山朝山会／每年的3—4月份，旅游旺季到来之前，峨眉山管委会、峨眉山佛教协会将举办朝山会。朝山会以朝山拜佛和旅游观光为主要内容，时间将持续一个月。将邀请海内外高僧大德举办一系列法会、庙会、开光、朝圣活动，祈福祝愿。

度假风尚补给站

政界名人与红珠山宾馆

宾馆创建于1935年蒋介石在峨眉举办军官训练团时的官邸。解放至今曾先后接待过邓小平、朱德、江泽民、贾庆林、邵逸夫、金庸、奥地利菲利浦亲王等中外名政要员，具有无数次重大接待的成功经验，始终保持较高的服务水准。

度假感言

红珠山宾馆距离护国寺非常近，晨钟暮鼓不绝于耳，绝对是荡涤心灵的好居所。住在红珠山宾馆还可以一窥政界名人的历史往事，因为是蒋介石的官邸，后来有很多名人政要入住此地，所以宾馆的服务质量完全不用担心，说不定你住的哪间别墅就是邓公住过的呢，真是非常荣幸啊。

历史的呼吸　岁月的沉吟

雷迪森国际会所莫干山别墅

Radisson Plaza Hotel

在莫干山苍翠的竹海中，隐藏着一幢幢各尽其美的精致别墅。二百多幢形态各异、无一雷同，分别代表了欧、美、日、俄等十多个国家的建筑风格，使莫干山素有"世界建筑博物馆"之美称。

建造的别墅与周围的环境和谐且统一，依山就势展开，高低错落有致，或对山相望，或隔溪而居；有的耸立在山峦峰顶，有的坐落于溪边泉畔；来此欣赏，不禁会产生身居域外，周游列国的感觉，这是一种别有情趣的高层次的审美享受，更令人留恋的是，这里的每一幢别墅都蕴藏着丰富的历史文化内涵。如果来到莫干山，千万不要错过这一段段的历史芳华。

杜月笙别墅和牧师别墅就是其中的佼佼者。杜月笙别墅由"上海三大亨"之一的杜月笙于1935年兴建，保留了20世纪30年代青砖灰瓦老虎窗的上海里弄风格，集古朴和典雅于一身，融浓郁的文化底蕴和轻松的休闲氛围于一体。而牧师别墅，位于莫干山路旁高处山坡上，因其自然、简洁、朴素的欧式建筑风格而著名。别墅内随处可见风格各异的壁炉，生机勃勃的植物，庭院内相互交错的观景廊、水池和竹林，无处不体现中西方文化的完美融合。

适合人群　商务休闲人士　　适合居住长度　3—5 天

雷迪森国际会所莫干山别墅

浙江 》 德清　度假类型　高山临风

找一个理由住在这里

别墅位于美丽的莫干山风景区内，由历史悠久的"杜月笙别墅"和"牧师别墅"组成。古朴的建筑外观，精致的内部装饰，五星级的服务设施。掩映于青山绿水间的，俨然是都市之外休闲度假的一方净土。

享有"江南第一山"美誉的莫干山景点众多，风景秀丽。有绿阴如海的修竹、清澈不竭的山泉、星罗棋布的别墅和四季各异的迷人风光，并素以竹、云、泉"三胜"和清、静、绿、冰"四优"驰名中外。风景秀美的芦花荡公园，清幽雅静的武陵村，荡气回肠的剑池飞瀑，野趣浓郁的塔山公园，以及天池寺遗踪，莫干湖，名家碑林等，都让旅游者心驰神往，流连忘返。

远离尘嚣，放松心情，回归自然，莫干山无疑是休闲度假的理想选择。

度假居所

客房特色： 莫干山素有"世界建筑博物馆"之称。在莫干山浩瀚无垠，绿波万里的竹海里，隐藏着二百多幢精致别墅，风格各异、无一雷同，分别代表了欧、美、日、俄等十多个国家的建筑风格。杜月笙别墅和牧师别墅都是莫干山别墅中的精品，由雷迪森国际会所负责管理。两幢别墅共拥有宽敞的高级房和套房16间，装修高档，内设有线电视、独立卫生间、国际国内长途和迷你吧。

杜月笙别墅： 杜月笙别墅由近代上海青帮中最著名的人物，"上海三大亨"之一杜月笙于1935年兴建，保留了20世纪30年代青砖灰瓦老

虎窗的风格，集古朴和典雅于一身，融浓郁的文化底蕴和轻松的休闲氛围于一体。

牧师别墅： 传说是牧师所建，建造年份不详，位于莫干山路旁高处山坡上，因其自然、简洁、朴素的欧式建筑风格而著名。别墅内随处可见风格各异的壁炉，生机勃勃的植物，庭院内相互交错的观景廊、水池和竹林，无处不体现中西方文化的完美融合。

美食诱惑

餐饮主要以山上的特色菜为主，提供五星级酒店的服务。在山上不仅可以享用一般的菜肴，也可以享用到当地的野味。有标准的餐厅，也可以在别墅的围墙内摆放张小桌子，享用自如，有家一般的感觉。

度假村精华

深厚的历史 活着的建筑

在别墅群内，最有意义的事莫过于听听这些历史往事，往往能让人有意想不到的收获。

"莫干"名字来源于战国名匠干将莫邪夫妇曾在山中的剑池铸成天下闻名的干将、莫邪雌雄宝剑的故事。莫干山，拥有的别墅将近300幢，是国民党时期的"夏都"，遍布蒋介石、宋美龄、黄郛、张啸林、杜月笙、张静江、毛泽东、陈毅、郭沫若、郑振铎、郁达夫等名人的足迹。躺在这些百年老屋里，享受莫干山清凉的风景，倾听那些名人的故事，旧梦从未如此真实，历史似乎可以触摸。

鸦片战争后，寺院大多被毁，取而代之的是西洋人的别墅多起来。1894年，美国佛利甲发现莫干山，称之为"消夏湾"。洋人廉价收购土地，狂炒房地产，牟取暴利，1928年浙江省政府成立莫干山管理局，逐渐收回主权。其后30年，国民党军政要员及各界人士纷纷上山购买洋人的或自行建造别墅，解放前多达300余座，成为国民党的"夏都"。

这些别墅往往都承载着重大的历史事件，像杜月笙这样的"上海大亨"就是不错的谈资，别墅内的一些摆设也精心还原了历史的本来面目，有种穿越时空的错觉。

中国旅游导航
中国顶级度假村指南

159

雷迪森国际会所莫干山别墅

浙江　〉〉　德清　度假类型　高山临风

雷迪森国际会所莫干山别墅

浙江 ∨∨ 德清　度假类型　高山临风

度假村实用信息

地理位置

　　莫干山位于杭嘉湖平原的德清县境内，距杭州60公里，距上海200公里，是国家级风景名胜区。因春秋末年，吴王派干将、莫邪在此铸成举世无双的雌雄双剑而得名，是我国著名的度假休闲旅游及四大著名避暑胜地之一。

地址：浙江省德清市莫干山风景区
电话：0572-8033601
传真：0572-8033603

交通信息指南

　　杭州至莫干山／里程60公里，行车约1小时。行走路线：从杭州出发，走上唐高架桥，经杭宁高速，至莫干山口下，然后经武康，往德清方向大转盘行驶，再往湖州方向走3公里，在三桥处左转。开10公里左右到雨村，右转上山。

消费指南

雷迪森国际会所莫干山别墅

房型	门市价	会所会员价	周末价	早餐	备注
标准间	1100元	770元	935元	双份早餐	双床房
豪华房	1300元	910元	1105元	双份早餐	大床房
行政房	1500元	1050元	1275元	双份早餐	双床房

　　上海至莫干山／里程200公里，行车约2.5小时。行走路线：从上海出发，沿沪青平公路经过湖州，按路上指示牌所示至莫干山；或是走沪杭高速，一直到德清出口，转到09省道，一路沿指示牌方向开往莫干山。

游走周边

周边旅游风向标

芦花荡 / 俗名锣鼓堂。在莫干山金家山下。有泉水特别清冽，汇注成荡，荡边多生芦苇，故名。周围广栽竹树，遍布园林。夏日幽静清凉，极宜消暑。

观日台 / 位于芦花荡公园右上方，观日台高约四五米。站在观日台，可尽览流光幻彩，壮观天地。

莫干湖 / 在莫干山南麓，是大型人工湖。面积3.7平方公里。湖周群山环抱、林木葱郁，湖岸曲折多姿，站在湖心小岛上，可饱览湖光山色。

剑池 / 在荫山山谷中，传为莫邪、干将铸剑处。池水清澈，有飞瀑悬空倾泻，水经石限，形成三叠。剑边有亭栏磴道，上下盘旋。

观瀑亭 / 观瀑亭位于荫山东部延伸段的山脊上，为红顶的六角亭子。站在观瀑亭，可纵观剑池瀑布的全貌，是欣赏飞瀑的绝佳地点。

地方风俗节庆

地方风味——全鹅宴 / 莫干山麓同样山清水秀，空气清新，自然环境优越。当地农民得天地之精华，世代放养着一种优质瘦肉型家禽——白鹅。白鹅肉质鲜嫩，风味独特。德清县莫干山大酒店瞄准白鹅的优良品质，以白鹅为原料，运用蒸、炒、焖、烧、炖、氽等多种烹饪工艺，制作出冷盆、热炒、汤、煲等地方风味"全鹅宴"。

德清主要民俗节庆与活动

中华游子文化节 / 德清是唐代著名诗人孟郊的故里，其《游子吟》千百年来广为传诵。以"弘扬游子文化，共叙天下游子情"为主题的中华游子文化节，成为德清独特的人文资源。

时间：每年4月

乾龙灯会 / 乾元镇民间舞龙习俗古已有之，自南宋起就极为盛行。至今活跃在德清境内的民间龙灯队有数十支之多，保留了纯朴丰厚的传统民间文化。自2001年起，乾元镇每年在元宵节举办乾元灯会，影响越来越大。

时间：每年元宵节

度假风尚补给站

莫干山别墅群 / 莫干山是风光优美的江南名山，具有独特的自然景观资源，莫干山别墅群与其自然资源相结合，形成了人文与自然相映成趣的风貌特点。莫干山是近代中国别墅建筑发展的缩影，前期有英、法、德、俄等外籍人士建造的体现各国风格的大量别墅，后期包括了当时社会各个建筑流派的别墅建筑，其总数有250多幢，具有相当的集中性和代表性。莫干山别墅群与中国近代的重要人物、重要事件有相当密切的关系，曾是蒋宋联姻、国共合作会谈、国民政府币制改革会议的发生地，是研究近代史的重要历史遗存。党和国家领导人也曾在莫干山视察、休养，留下了不少珍贵的历史资料。

度假感言
不愧为世界建筑博物馆，别墅群很有味道，让人想起了一个个时代弄潮儿，蛮有意思。杜月笙别墅和牧师别墅都很特别，家居布置和一些物品的摆放都有讲究，周边的环境很好，可以欣赏多种风格的建筑艺术。

泰安东尊华美达大酒店

山东 >> 泰安　度假类型　高山临风

东岳至圣 名望至尊

泰安东尊华美达大酒店

Ramada Plaza Taian

　　泰山风景名胜以泰山主峰为中心，呈放射状分布，由自然景观与人文景观融合而成。泰山山体高大，形象雄伟。尤其是南坡，山势陡峻，主峰突兀，山峦叠起，气势非凡，蕴藏着奇、险、秀、幽、奥、旷等自然景观特点。岱庙内有与北京太和殿、曲阜大成殿同称为"中国三大殿"之一的宋天贶殿。人文景观，其布局重点从泰城西南祭地的社首山、蒿里山至告天的玉皇顶，形成"地府"、"人间"、"天堂"三重空间。岱庙是山下泰城中轴线上的主体建筑，前连通天街，后接盘道，形成山城一体。由此步步登高，渐入佳境，而由"人间"进入"天庭仙界"。

　　登泰山保平安，泰山安则四海安，泰山稳则四海稳。如果有幸住在泰山脚下，也能平添几分灵气。山下酒店旌旗飘摇，唯有"东尊"两个字衬得泰山的气势，显得从容大气。亭台楼阁高屋建瓴有传统气息，细节之处又将泰山文化与现代文明融为一体，不显得突兀。再看装潢布局也是将泰山文化融于其中，独具匠心而不落窠臼。在这里住几天，细细品味一下这悠远浓厚的泰山吧。

适合人群 泰山文化爱好者，商务休闲人士　　适合居住长度 3-5天

找一个理由住在这里

坐落于五岳独尊的泰山脚下，引进华美达国际品牌的豪华酒店。酒店整体建筑尽显尊贵之气质，融建筑设计与泰山文化内涵为一体，将建筑形态与自然景观相结合，在现代文明与传统文化的碰撞与融合中体现出浓厚的五岳文化背景。泰山的灵秀、齐鲁文化的深厚底蕴，让每一位来客都能感受到真诚、热情、朴实、体贴、高雅。

度假居所

酒店共有198间客房含套房，配备现代化设备，房间免费宽带上网，装修豪华舒适，气氛典雅，还细心地设有非吸烟楼层和残疾人士专用客房。从豪华房、行政豪华房、豪华套房到总统套房的多层级选择让人更加随心自在。

美食诱惑

酒店拥有两个闻名遐迩的中西餐厅，中餐厅提供顶级粤菜和鲁菜，装潢典雅的21间包房，是宴请的最佳选择；而开放概念式的西餐厅，

齐聚世界美食，巴西烧烤和日本铁板烧也是不可不尝的佳品；

东尊阁 —— 东尊阁提供驰誉国际的广东名菜、四川精选及山东特色，餐厅装饰布置极尽华丽而且拥有风格独特的21间包房。东尊阁另一特点是提供多种沽海鲜，亲切的服务员乐意向你推介名菜、诚恳服务，让人备感亲切。

四季厅 —— 崭新的开放式概念餐厅，位于酒店的四层，还有露天式的玻璃屋顶，在享受美食的同时沉醉于优美的环境里，餐厅除了提

供亚洲和国际知名的菜色外，还提供丰富的自助早餐，特色的午餐和精美的晚餐，其中巴西烤肉更是在四季厅必尝的美味佳肴。

营业时间：24小时营业
自助早餐：06:30—10:00
自助午餐：11:30—14:00
自助晚餐：17:30—21:30

休闲盘点

身心健康的源泉 —— 东尊绿泉

一个顶级国际时尚SPA服务结合泳池和健身房，主导全面身心健康理念，放纵，宠爱自己的天堂。这里不只是护肤，美容，美体，理疗，健身更是善待自己，让身心得到享受，放松与养息的地方。在浓郁的自然芳香、幽雅的环境、舒适的服务中，达到身、心、灵舒畅自在的和谐之美。酒店精心策划的理疗，配合最新的健身设备，热带风情的多功能游泳池。

东尊俱乐部 —— 大班廊

泰安顶级商业休闲沙龙，是商务联谊的最佳选择。大班廊是品位，是身份，是平台；是成功人士休息，交流，洽谈的场所；是社会精英社交联谊，或不受干扰在私人空间思考运筹，或松弛身心的绿洲。作为山东首家SPA主题商务俱乐部，提供了多样化的商务休闲服务，可以在自己的私人空间洽谈交流，玩牌娱乐，鉴赏红酒，享受SPA服务的宁静与悠然。

泰安东尊华美达大酒店

山东 》 泰安　度假类型　高山临风

美容沙龙

位于三层的美容美发厅，提供专业的美容、美发、足疗、按摩服务。经过一天的商务或登山旅行之后，美容美发、按摩师正静候光临，让你在这里感受全身心的放松和享受。

度假村精华

来自泰山的至尊会议

泰山在人们心中的地位，并不是一个旅游胜地可以概括的。对于大多数参加会议的人士来说，泰山是沉着冷静的象征，也有德高望重的含义，更有千钧重担的暗示，因此，泰山所举办的会议，都给与会者强烈的心理暗示，而会议的重要程度自是不言而喻的。会议一向是商业活动中非常关键的一个环节，选址在东尊华美达恰好象征了一次巅峰的交会。

为了让会议能取得预期的成功，酒店投入了极大的热情，竭尽所能。

首先是细致彬彬有礼的服务精神，贯彻始终的工作态度，这点让参加会议的商务人士非常满意。再加上完善的先进设施，让召开会议成为一次享受服务的旅行。

酒店有5间会议室和一个大宴会厅，同时可容纳420人的宴会厅，能够完全满足各种商务会议的需要。每个会议室均经过精心设计，格调优雅，配有液晶投影器、大屏幕和先进的视听系统。还备有一个多功能厅，采用目前国内档次最高、技术最成熟、功能最齐全、用途最广的中央控制系统，实现多功能厅各种电子设备的集中控制和管理。现场环境系统由灯光（包括白炽灯、日光灯）、窗帘等设备构成；VGA矩阵完成对整个房间环境、气氛的改变，以自动适应当前的需要。

度假小贴士

关怀备至的商务中心/酒店为商务休闲人士提供精装修的办公室和全套软硬件配备，可以即时进驻办公。截然不同于普通写字楼的高额前期投入，超越传统的整体配套功能，目标是以最小的成本帮助企业创造更大的价值。对于那些休闲之中又有商务工作的人来说，这是个不错的选择。

消费指南

泰安东尊华美达大酒店

房间类型	价格
豪华房	800元
行政高级房	800元
行政豪华房	960元
标准套房	1100元
高级套房	1400元
豪华套房	1800元
总统套房	6800元

度假村实用信息

交通信息指南

　　距泰山风景区主入口仅500米。距火车站10分钟车程，距汽车站1.5公里，距济南南国际机场90公里。

地理位置

　　酒店坐落于五岳独尊的泰山脚下，位于市中心，与政府办公大楼、泰山广场遥相呼应。京沪高速、京福高速、104国道、京沪铁路等皆会聚于此，交通十分便利。

地址：山东省泰安市迎胜东路16号
电话：0538-8368888
　　　0538-6377777
网址：www.ramadaplazataian.com

游走周边

周边旅游风向标

泰安周边有丰富的旅游资源可供选择，山东省的曲阜和济南是必游之地。

孔子故乡 —— 曲阜

曲阜是中国古代伟大的思想家、教育家、政治家、儒家学派的创始人孔子的故乡，是国务院首批公布的历史文化名城之一。历史悠久，文物众多、气候宜人、土地肥沃、山清水秀、人杰地灵、资源丰富、交通发达，是鲁中南的一块宝地。

千佛山公园

位于济南南部，因千佛山而得名，面积166.1公顷，海拔285米，是济南三大名胜之一。

千佛山，东西横列，奇伟深秀，从远处望去，犹如一架巨大锦屏。山腰处建有"兴国禅寺"、"历山院"。除此之外，还散落着"唐槐亭"、"齐烟九点"及"云径禅关"坊等。

大明湖公园

大明湖公园位于济南市旧城区北部，现为市区中心偏东北方向，大明湖古代曾称"莲子湖"、"历水陂"、"西湖"等，是济南的三大名胜之一，是具有很高园林艺术水平和观赏游览价值的园林公园。

大明湖公园内景观林立，有"一坊、一阁、三园、三楼、四祠、六岛、七桥、十亭"之说，尤以北极阁、汇波楼、南丰祠、雨荷亭、历下亭、辛稼轩纪念祠最为著名。北极阁是济南市最大的道教庙宇，而南丰祠、辛稼轩纪念祠则是为纪念著名文人曾巩、辛弃疾而建。

趵突泉公园

趵突泉公园位于济南市中心，是以泉水为主的文化公园。

园内名泉众多，尤以趵突泉闻名遐迩，享誉天下。趵突泉位居济南七十二泉之冠，是泉城济南的标志，素有"游济南不游趵突泉不成游"之说。

地方风俗节庆

泰安民俗 —— 燕青打擂

源于宋代的"燕青打擂"，近年被泰安市作为一个民俗游品牌推出，并受到游客的欢迎。

"燕青打擂"的故事见于《水浒传》，其中对于燕青智扑擎天柱一章作了绘声绘色的描写。从2000年开始，泰安将东岳庙会作为旅游项目恢复起来。而"燕青打擂"则是东岳庙会一个主打的项目。

天贶节　农历六月初六

公元1008年农历六月初六天降天书于泰山，于是宋真宗大举封禅，为感谢上天，不仅在岱庙修建天贶殿，而且定农历六月初六为天贶节。此节现已演变为嫁出去的闺女回娘家看望双亲的节日，或晒衣、晒书的日子。

浴佛节　农历四月初八

传说是佛祖释迦牟尼的诞辰。是日，用水灌浴佛像。泰山附近此节又增加了庆贺东岳大帝和碧霞元

君诞辰的内容，三位一体，自古以来十分隆重。

泰山国际登山节

每年的9月6日—8日泰山国际登山节已成为国家体育总局向全民推荐的健身项目。

度假风尚补给站

五岳之首 —— 泰山

泰山亦名岱宗，为我国五岳之首，号"天下第一山"，2007年被评为世界地质公园和中国5A景区。它拔地通天，巍然屹立于山东部，总面积426平方公里，最高峰玉皇顶海拔1545米。泰山巍峨，雄奇，沉浑，峻秀的自然景观常令世人慨叹，更有数不清的名胜古迹，摩崖碑碣，使泰山成了世界少有的历史文化游览胜地。

度假感言

建在泰山脚下，可谓借了泰山的势，酒店看起来也很大气。我们自驾车从北京去泰安，即便夜里入住，服务依然不错，要求从双床间换到大床间也很快。房间设施非常好，这种房间如果是在北京或者上海，估计要1000－2000元了。如果再有机会去泰山，肯定就住这里了。目前，泰安没有更好的选择。不过酒店的花园那时还没有完全弄好，估计到明年春天，花园应该就很漂亮了。

湖畔幽居

明珠上的钻石　香港的后花园
东莞塘厦三正半山酒店
Tangxia Goodview Hotel

　　珠江三角洲向来被誉为镶嵌在中国南部的一颗明珠，这里交通便利，气候宜人，经济尤为繁荣。更难得的是，珠江地区丘陵起伏，又面朝大海，风景十分优美。

　　塘厦三正半山酒店犹如镶嵌在这颗明珠上的钻石，闪耀着傲人光芒。在这里，自然之美和人工之美得到完美融合。如果你是仁者，定会享受这里郁郁葱葱的青山，无须走出酒店，只要一抬头，远处的山脉、近处的绿意就全然收入眼底；如果你是智者，定会享受这里的碧水，每日清晨醒来，平静的湖水上鸟语阵阵，让人心旷神怡；如果你游乐至上，那么这里的依户而建的泳道、超大的户外泳池和沙滩以及各式户外健身项目定能让你流连忘返。

　　如果你觉得海南岛太挤、东南亚太热、地中海太贵、夏威夷太远，那就来塘厦三正半山酒店，看看这里是否有你想要的一切。

适合人群　商务人士、自驾游者、情侣度假、全家休闲出游、奖励会议　　适合居住长度 3-14天

找一个理由住在这里

塘厦三正半山酒店由美国园林设计公司贝尔高林进行规划设计，把天设地造的自然山水和现代园林景观巧妙结合起来。总体规划糅合了商务度假、山水湖泊与半山建筑三大主题。酒店依山而建，伴湖而筑，园林绿化景观彰显岭南特色，又具江南风格；且拥有半山大峡谷300米景观泳道，以及8000平方米冲浪泳池，人造沙滩，椰树成荫。

酒店的自然生态保护林及湖泊水面面积达数百万平方米，酒店绿化覆盖率达到80%，道路总面积19000平方米，容积率0.37，建筑密度11.9%，停车位近500个。

2006年，酒店荣获"中国十大最具魅力酒店"、"中国最佳精品酒店"和"亚洲十大创新品牌酒店"三项大奖。

度假居所

酒店共有客房400套（间），包括25幢风格各异的半山别墅，12套复式套房，8套豪华套房。

总统别墅／半山一号占地面积达1500余平方米，拥有近800平方米的私属园林，东南亚建筑风格，彰显王者之气。

亲水客房／100余间，高级亲水客房90间，亲水复式套房4间，池畔亲水客房47间，具有不同风格的装饰及不同类型的房型。

主楼客房／200余间，每一间客房都有独立阳台，客房的通风、采光、日照俱佳。既可近观庭园、楼台，也可远眺湖光山色。

高级园景／86间，高级湖景房56间，豪华园景房34间，豪华湖景房24间。房内的颜色为暖色，配备有大屏幕电视、豪华浴缸、独立淋浴间等，且露台上的藤椅可欣赏美丽园林或湖面景色。

复式套房8间，豪华套房8间，设施豪华完备，最大的特色在于可以一边享受沐浴之乐一边欣赏湖光山色。

美食诱惑

酒店美食贵在就餐格调高雅。中式、西式、日式餐厅等装修风格迥异，环境温馨。

中餐大厅的32间贵宾房户户有景观；中餐大包房一品红有132平方米的大阳台、山景、水景，尽收眼底；520平方米西餐厅配当地首屈一指的葡式广场，不仅有日式铁板烧及亚洲各国美味佳肴，更有集葡菜与粤菜文化精粹于一身的澳葡菜，且酒店定时推出不同主题的美食节。此外，酒店还建有亲水区悠闲阁美食廊、大堂酒吧和露天餐厅，让游客在享美食的同时享受美景。

休闲盘点

"拉斯维加斯"式大街／酒店的"拉斯维加斯"式娱乐一条街定时推出不同国家风情的主题项目，游客可欣赏到狂野奔放的森吧舞，刺激的泰式拳击，典雅的宫廷舞等。

娱乐一条街上还设有演艺中心、GOGO吧、大力水手吧、DISCO、181平方米的KTV超豪华大包房，提供亲朋好友欢聚的好去处。

水疗泳池／位于酒店主楼一楼的室内游泳池配套有包括各式按摩池、干/湿蒸汽房以及通过加热后的瓷地面传送热气的传统土耳其浴室。

薰衣草水疗中心／位于酒店二楼的水疗中心环境舒适，提供专业的按摩保健服务：各式按摩、蒸汽房、冷/热水疗、各方位的身体及面部理疗等。

户外体育享受健身／酒店户外体育中心拥有国际标准的塑胶网球场和篮球场，并配有两层观众席，可举行小型赛事；依山而建的拓训基地可以进行各式拓展活动；临水而筑的烧烤场是烧烤聚会派对的最佳选择。体育中心更配有会所式的休息休闲区，可提供更衣沐浴以及餐饮服务。

东莞塘厦三正半山酒店

广东>> 东莞

度假类型 湖畔幽居

度假村精华

　　塘厦三正半山酒店是将自然文化与度假特色融为一体的休闲度假酒店。在它的商务度假、山水湖泊与半山建筑的三大主题中，以水文化为中心的山水湖泊主题彰显得最为突出，也是给住客带来最深刻印象的部分。

亲水客房 —— 把碧波留在身边

　　酒店的亲水客房，依山临水，绿树掩映。最值得称道的是300米的室外泳道环绕逶迤其间，犹如一条翡翠玉带缠绕在建筑群中，客人可从房间一楼阳台直接跃入环绕客房的碧波之中，尽情畅游。

　　在湖景房内，坐在露台藤椅上就能轻松欣赏湖景。

　　高级套房更是酒店的一大特色，浸泡在浴室的浴缸里可以推开木窗，揽尽无边的湖光山色。

超大露天泳池 —— 任你将冲浪进行到底

　　酒店的4000平方米露天游泳池是全中国酒店里总面积最大的室外泳池，也是最为人瞩目的设施。

　　露天泳池的纯天然环境是室内泳池无法比拟的，那里水清沙幼、椰树成荫；水与天连、天与山连。在蓝天白云青山碧水的怀抱下戏水，一定能令身心得到更好的放松。儿童泳池及水上滑梯可以让全家都来享受这动静皆宜的假日情调。

度假小贴士

　　酒店的客房以水景房和园景房为特色，客人可以在室内静赏湖光山色，或直接从房内跳入水中和自然亲密接触。周围近100公顷的森林公园使这里空气含氧量指数超出城市若干倍，在此做户外运动更有益于身心健康。

服务设施一览

　　客房设施：酒店客房实现智能化在线门锁无忧服务，使得入住更为安全方便。每间客房面积都不少于36平方米，浴室泡浴与淋浴分开。此外，酒店客房拥有单独控制的冷／暖气空调、国际卫星电视、客房私人保险箱、国际直拨电话、迷你酒吧、直饮纯净水、免费室内电影、吹风机、宽带因特网、煮咖啡和沏茶用具，并免费提供当天报纸。

　　会议设施：酒店拥有800平方米的无柱大宴会厅、新娘化妆室和接见厅；250平方米的多功能厅，其他多个小型会议室。200平方米的商务中心，有阅览区、会议区、行政酒廊等，提供包括传真、复印、打印、打字及电脑上网、代订机票、快递等服务。

　　康乐设施：酒店设有篮球、水球、摩托艇、橡胶艇、滑水、垂钓；另外还有慢跑和自行车道；室内有美式、斯诺克两种台球、棋牌室、健身房、乒乓球房、羽毛球房等。

消费指南

东莞塘厦三正半山酒店

房型	门市价	前台现付价（非旺季）
高级园景双床房	1680元	740元
高级园景大床房	1680元	740元
高级湖景双床房	1780元	790元
高级湖景大床房	1780元	790元
豪华园景大床房	1880元	820元
豪华湖景大床房	1980元	880元
高级亲水双床房	2180元	880元
高级亲水大床房	2180元	880元

度假村实用信息

交通信息指南

自驾车：

广州出发　广深高速→莞深高速→龙林高速→塘厦迎宾站出口→酒店路牌→到达

东莞出发　莞深高速→龙林高速→塘厦迎宾站出口→酒店路牌→到达

巴士：

每60分钟有往返酒店至香港国际机场及香港市区的豪华定点巴士

飞机：

距深圳机场70公里

地理位置

地处广东省东莞市塘厦镇迎宾大道龙林高速入口处的市政文化中心区，至深圳及深圳机场只需30分钟车程，而通过莞深高速30分钟车程可至莞城；20分钟之内车程连接樟木头、清溪、凤岗、黄江、大朗、布吉、龙岗、观澜、龙华、宝安十大工商业重镇。

地址：广东省东莞市塘厦镇迎宾大道
电话：0769-87299333
网址：www.goodviewhotel.com

中国顶级旅游资讯指南

171

东莞塘厦三正半山酒店

广东 >>

东莞　度假类型　湖畔幽居

172

东莞塘厦三正半山酒店

广东 >> 东莞　度假类型　湖畔幽居

游走周边

周边旅游风向标

鸦片战争博物馆／即林则徐纪念馆，坐落在东莞市虎门镇，是一座收藏、保护、陈列、研究林则徐禁烟与鸦片战争文物史料的专题性博物馆，国家4A级旅游景区，全国一百个爱国主义教育示范基地之一。

可园／位于东莞市城区，为清代广东四大名园之一。2001年被国务院公布为全国重点文物保护单位。占地面积2200平方米，外缘呈三角形，园内建筑多以"可"字命名，其建筑是清一色的水磨青砖结构。最高建筑可楼，高15.6米，凭窗可眺莞城景色。

隐贤山庄／地处东莞市常平丽城开发区内，是明末贤臣李觉斯的故居。山庄内坐落着我国最大的，以2000吨天然汉白玉雕刻而成的普慈观音圣像（高28.9米，以365块汉白玉巨石雕成）。

地方风俗节庆

赛龙舟／东莞派出的龙舟队曾多次在国际龙舟比赛中夺得金杯，东莞的沙田镇被国家体育总局命名为"龙舟之乡"。每年从农历五月初一至十五，东莞水乡各镇区连续举行一系列龙舟比赛，成为东莞一景。

舞狮（龙、麒麟、凤）／东莞民间以动物造型的舞蹈丰富多彩，特别是狮子舞，技术精湛，演技非凡，扬威四海。东莞市的长安镇被国家体育总局命名为"龙狮之乡"。舞麒麟则以清溪镇、樟木头镇较为出色。

每年元宵节，市政府均组织大型群狮贺元宵活动，数百台醒狮、金龙、彩凤、麒麟参加，万人空巷。

客家山歌／东莞清溪、樟木头等镇的客家人唱山歌早就有名，每逢节日，经常举行各类山歌表演或比赛，热闹非凡。

荔枝节／每年6月底至7月中，正值桂味、糯米糍等优质荔枝成熟季节。东莞各地均以佳果迎接四方来宾，举行欢庆活动，共庆丰收，共聚友谊。

度假风尚补给站

香港后花园／东莞市位于富饶的珠江三角洲的南端，毗邻深圳和香港，地理位置非常优越，交通四通八达；外向型工业发达，经济繁荣，是全国的制造名城。同时东莞也是历史文化名城，旅游资源丰富，曾是虎门鸦片战争古战场。因此东莞素有"香港后花园"的美誉。

度假感言

去三正半山是因为商务原因，本来差点没去，因为那天正好下着雨。去了之后暗自庆幸，幸亏还是来了。酒店地方很大，一天都逛不完，景色非常美丽，特别我们住的是面对湖景的房间，在浴缸里可以直接起身推开木窗，览尽湖景。硬件设施很好，看得出酒店管理的用心。服务也不错。下次我们回来时一定要去游泳，因为游泳池对着人工湖，还有人造沙滩呢！

欧罗巴的东方小调

阳江凤凰酒店

Yangjiang Phoenix Hotel

与阳江的不期而遇，就像是上帝的一次巧妙的安排。一直向往粤西的风光，没有山峦叠翠的矫揉造作，只有一汪湖水随风而动，轻柔无比。跳入眼帘的都是一幕幕流光溢彩的田园风光，温和清幽，不带一丝城市的喧嚣。这里不会有广东其他地方那么直白的表达，温婉得犹如南方小镇的姑娘，腼腆含蓄。

而凤凰酒店就像是这画卷中浓淡相宜的一笔，仿佛看见一座欧洲小镇跃然眼前。欧洲艺术神游于此，与周边的中国风光竟然如此协调，造物主总是如此，让完全不相关的东西些走出如此的美感，只怕要感谢的是这神奇的大自然吧。

临湖而建的酒店如飘在湖上的轻舟，摇摇荡荡地倒映在湖面上，伴着波光粼粼的清波，拨动整个阳江的琴弦。如果不在这里住几天，怕是无法体验这奇妙的阳江之乐了。

适合人群 商务会谈 情侣度假　　适合居住长度 3天2晚

中国旅游导航 **中国顶级度假村与酒店**

174

阳江凤凰酒店

广东 ≫ 阳江 度假类型 湖畔幽居

找一个理由住在这里

碧桂园阳江凤凰酒店坐落于景色优美的燕山湖畔，采用典型托斯卡纳风格建造，打造出宏伟瑰丽的西斯廷拱廊，与自然天成的燕山湖交相辉映，展现欧洲建筑艺术与东方自然山水的完美结合，尽显高贵典雅。

设计师将中式传统回形设计不断创新，巧妙利用天然湖泊和主楼的延伸，与副楼构成巧妙连接，明确而清晰地划分其功用，以保持主楼的清静典雅，同时营造出副楼的餐饮娱乐购物的氛围。酒店主楼以会议、住宿为主，临湖而立，营造出清幽而舒适的商务住宿环境。

度假居所

设计风格/342间高贵典雅的宽敞客房，共九种房型可供选择。特聘名师设计，打造宽阔开放的空间结构，巧妙融入自然元素，结合优美的燕山湖景，处处尽显匠心独具。由多款设计独特的商务、行政客房以及豪华商务酒廊构成的商务楼层，可充分满足宾客的不同需要。

客房特色/客房均配备独立调控空调、国际直拨电话、等离子液晶电视、互联网接口和先进的卫浴设备等。淡色鱼草图案地毯、弧线型书桌设计、宽阔的观景阳台，营造出独特的湖畔风情，彰显高品质的凤凰人生。

美食诱惑

吃、穿、住、行，吃位于之首，酒店当然不会忽视这样重要的环节。在凤凰酒店里中西式餐、正餐点心，样样俱全，满足来客的饕餮之欲。

布蓝卡西餐厅 —— 布蓝卡西餐厅采用独特的开放式结构，铺以橘

子色的鱼草图案地毯，与正面的燕山湖泊交相辉映，让人感受到自由和清爽的气息。特聘名厨主理，精心烹制各色国际美食。善于突破和创新，重新组合出独特的美味。使您可以感受新鲜食物的质感，品味口中醇厚的葡萄酒以及那萦绕在唇齿间的芳香四溢，享受着美景、美食的感觉大餐，充分体验不一样的滋味人生。

燕山中餐厅 —— 燕山中餐厅设有30多间大小不一的中式包房及可容纳上百人同时用餐的大厅，特聘当地名厨主理，以滨海风味为主，原料新鲜，粗料精制，让人可以尽情享受五星级的原汁原味。

西饼屋 —— 位于大堂右侧的西饼屋，提供各种独特的手工自制的西式糕点和精美巧克力。

休闲盘点

临湖园林游泳池/酒店拥有大型欧陆式户外园林泳池，优美弧形设计，正面天然燕山湖泊，同时特聘专业游泳教练和救生员，让人可享受无忧的运动乐趣。

健身室/采用世界一流的专业健身器材，并聘有专业教练现场指导。

桌球/桌球室采用专业英式球台，让人真正体会宁静高雅的绅士运动。

乒乓球、网球场、篮球场/拥有符合国际标准的乒乓球桌。位于酒店后花园的网球场拥有2个国际标准单双人比赛场地，配备了专业灯光照明。位于酒店后花园的篮球场，配备了专业灯光照明，是一个国际标准的篮球比赛场地。

桑拿中心／桑拿位于酒店副楼三楼，环境幽雅，装修舒适华丽，拥有大型宽敞水池区、干蒸房、冰房等。采用正宗芬兰桑拿的基础上，同时特设华贵休闲室，供应精美餐点小食、冷热饮料、合时水果。

卡拉OK／位于酒店副楼四楼的KTV，装修新颖独特，采用现代元素装潢。设有几十间大小不一的KTV包房及两个独立大厅，新鲜的热带元素引入，配以专业灯光、音响设备，使人可尽情享受音乐的乐趣。

度假村精华

欧洲音符的中国演绎

酒店采用典型的托斯卡纳建筑风格，酒店外围尽是浓墨勾染的东方山水园林，将欧洲建筑特色与东方自然山水完美糅合，一里一外，恍如两个世界。酒店内部的亮点自然是西斯廷风格的拱廊，气派非凡。

来到酒店，即便不住，花上半天时间，仔细看看这里的建筑风格、餐厅特色和周边环境也不错。细心者不妨研究研究随处摆放的雕像，以及有着浓浓宫廷气息的大理石地砖、罗马

度假小贴士

米开朗基罗与西斯廷／西斯廷风格的拱廊一直为住客称赞，那就要回溯到意大利文艺复兴时期的杰出代表之一的米开朗基罗。米开朗基罗是艺术上造诣极高的大师，在建筑、雕刻、绘画、诗歌等方面都留有很多不朽杰作。他创作的罗马梵蒂冈西斯廷礼拜堂的巨幅屋顶壁画，虽属宗教题材，却充满热情奔放、力量无穷的英雄形象，被称为世界上最宏伟的艺术作品。西斯廷风格被神奇演化成米开朗基罗的个人艺术创作，也是世界文化遗产中不可多得的一部分。

壁灯，每一样都十分精美。

酒店的设计有浓厚的意大利文艺复兴时期的风情，无论是酒店的装饰装潢都渗透着文艺复兴时期的人文思潮。在布局中体现了欧洲古典美学的浓烈风格，用壁画、吊顶、拱廊的形式穿插表现当时各种文艺表现形式。可以说在酒店走一圈，就能看出设计者的独具匠心，没有深厚的功底恐怕不会出现此佳作的。

服务设施一览

商务中心

阳江凤凰酒店拥有多间功能齐全的豪华宴会厅及会议室，其中凤凰国际会议中心是目前粤西地区规模最大、功能最齐全的酒店会议场之一，全厅可容纳600人的会议和摆设 40桌筵席。其他会议室及宴会厅皆以五星级标准进行装潢，均配备先进的多功能音响设备、投影仪、灯光和录音等视听设备。

同时酒店还特别聘有专业而经验丰富的销售服务队伍和经过特别培训的DJ人员，为宾客精心策划，以迎合不同场合需求，提供各式全面的宴会及会议服务。设施齐全的商务配套、优质个性化的五星级服务，为您带来无限商机。

阳江凤凰酒店

地址：广东省阳江市阳东湖滨西路
（阳东碧桂园内）
电话：0662-6666666
网址：www.yjphoenixhotel.com

度假村实用信息

消费指南

阳江凤凰酒店

房型	门市价	前台现付
高级客房	1080元	468元
豪华客房	1180元	518元
商务客房	1280元	678元
高级套房	1480元	758元
豪华套房	1680元	1008元

交通信息指南

机场：
阳江合山机场　距酒店20公里。

客运站：
阳东汽车站　距酒店1公里；阳江汽车总站，据酒店3公里。

铁路：
阳春火车站　距酒店30公里。

地理位置

处325国道湖滨西路路段，阳东汽车站旁，紧邻阳江市繁华商业中心区，距市区仅2分钟车程；至开阳高速公路、沿海高速阳江出入口仅3公里；至闸坡、阳西、阳春等旅游景区仅30分钟车程；经东平港可直达港澳地区；至广州、珠海等大城市约2小时车程，地理位置优越，交通方便快捷。

位置	会议室	容纳人数								室内面积	门市价/RMB	
		课桌式	回字型	鸡尾酒	剧院式	自助式	宴会式	U型	宴舞式	(m²)	4小时	8小时
1层	凤凰国际会议中心	500	300	400	650	300	430	/	300	651.5	6000元	10000元
1层	罗马	/	40	/	/	/	12	/	/	65	2000元	3800元
1层	苏黎世	86	70	40	140	48	80	46	/	152	3600元	7000元
1层	维也纳	86	70	40	140	48	80	46	/	152	3600元	7000元
1层	巴黎	41	55	20	60	24	40	23	/	99	3600元	5500元
1层	商务中心	/	/	/	/	10	/	/	/	26	1000元	1800元

游走周边

周边旅游风向标

鸳鸯湖公园景区 ／鸳鸯湖公园位于阳江市区鸳鸯湖畔，景区面积16.7万平方米，绿化面积10.8万平方米，内有鸳鸯湖、南国风筝场、风筝博览馆、海鸥观礼台和广场雕塑"放飞之梦"等景点。建于1991年的南国风筝场，占地12万平方米，是我国极负盛名的风筝竞技场。每年风筝节之际，吸引了数以万计的来自各国各地的风筝爱好者在此处竞技，一展身手。

大角湾风景区 ／大角湾位于海陵岛闸坡镇内，三面群峰环抱，面向浩瀚南海，因状似牛角，故名"大角湾"。素以阳光明媚灿烂，沙滩均匀松软，海水清澈纯净，空气清新多氧而著称。设有大型海水浴场、水上摩托车、沙滩足球、空中观光等娱乐项目。同时还曾是国际沙滩排球邀请赛、亚洲沙滩排球锦标赛、全国帆板锦标赛暨帆板冠军赛的举办场地。

阳江温泉带 ／独特的地质环境造就了优质的地热温泉，覆盖面广，西邻阳西的咸水矿泉温泉，东有阳东温泉区，其中阳江温泉占地面积45万多平方米，是东方园林风格的露天温泉。温泉常年水温75℃，富含对人体健康有益的硫磺、氡等50多种矿物质。大型的露天温泉中心，形态各异的温泉池，镶嵌在绿林翠竹之中，与日式的建筑物相结合，渗透出特有的温泉文化。

十里银滩 ／十里银滩位于海陵岛中部，占地总面积6000亩，三面环山，海岸线全长达16.5公里，并曾因此而载入大世界吉尼斯之最。十里银滩空气清新，沙质洁净均匀，水质清澈透明。设有帆船、游艇、水上垂钓等水上项目以及沙滩排球、

足球等体育活动项目，是休闲度假好去处。

地方风俗节庆

风筝节 ／阳江风筝已有1300多年的历史，最初用于古代传递军情，后流行于民间的一种活动，延续至今。在国内，阳江风筝与山东潍坊风筝形成"南江北坊"两大流派，被誉为中国南派风筝杰出代表。现阳江已建成14万平方米的"南国凤筝竞赛场"。每年农历九月九日重阳节，这里都举行盛大的放飞表演（比赛）。

龙舟节 ／每年农历五月初一至初五，阳江都举行龙舟竞赛。阳江龙舟一般长30多米，坐划手50人，船上另有锣鼓手各一人，以壮船威。龙舟扒完后，被埋在河（湖）边，至第二年四月才又挖出来，初一至初四为小扒（分赛），初五为大扒（决赛）。获奖者可得金猪一只和龙包（肉包子）无数。特别的是，阳江每年龙舟节举行的都是逆水赛龙舟。

山歌节 ／自1987年起，阳江每年举行山歌节。它的渊源可追溯到明末清初的一种民间节目"跳禾楼"。"跳禾楼"是一种古老的民间山歌演唱形式，流行于阳江农村各地，意在祈求农家丰收。类似"跳禾楼"这种斗歌形式的还有后来妇人祈子的"跳花枝"，新婚闹洞房时的"打堂梅"以及海边沧家的咸水歌"对叹"等等。

度假风尚补给站

粤西小城 —— 阳江

阳江市是广东省著名的滨海旅游城市，旅游资源丰富，有滨海沙滩、峰林溶洞、温泉瀑布、湖光山色和灿烂的人文景观。其中，海陵岛、阳春春——凌霄岩为省级旅游度假区，海陵岛的大角湾于2001年又被评为4A级国家旅游区。为不断开辟旅游新的途径，阳江市旅游局设计塑造了"海天动情阳江游"的旅游新形象。"海天动情阳江游"突出了阳江富有地方特色的四大旅游景观。一是"海景"，以海陵岛为中心，突出其滨海风光；二是"天景"，以阳春——凌霄岩为代表，溶洞中的石钟乳、地下河、灯光构成了空灵、虚幻、神妙的天上景观；三是"动景"，展现了晴空中如五彩缤纷云彩飘动的阳江风筝；四是"情景"，即哺育着阳江儿女，两岸青山叠翠、风景如画的漠阳江。

度假感言

阳江没有什么高级酒店，好在碧桂园在这里有个凤凰酒店。酒店的建筑风格给人留下深刻的印象，托斯卡纳风格。西斯廷风格都被融入到酒店的建筑当中，恍惚之中以为自己在参观意大利的某座建筑，神游文艺复兴时期的意大利啊。

服务也非常专业，给人非常舒适的感觉，下次来阳江看来不用别的选择了。

同升八景　山水家园

长沙同升湖通程山庄酒店

Dolton Resort Tong sheng hu

　　浩渺无垠星空，有一颗璀璨的主寿星辰长沙星；在广袤富饶的中国，有一座多情的山水洲城长沙城。这是个驰名中外的"历史古城"。楚之重镇、秦之名郡、汉之名城，悠久的历史，沧桑的风华。这个人文荟萃的"文化名城"，翻开长沙的文明史，名贤毕至，蔚为大观，"屈原之乡"、"潇湘洙泗"，历史的文明使湖湘文化源远流长。

　　这个得天独厚的"山水洲城"，岳麓山、湘江及江中的橘子洲与东西两岸的城郭，构成了世界罕见的"山水洲城"的独特景观。这个魅力十足的"旅游星城"，随处可见的青山绿水、星罗棋布的名胜古迹、举世闻名的革命胜地、独具特色的民俗风情，吸引了海内外的游人纷至沓来。

　　楚地的天空总是那样开阔，楚地的歌谣总也唱不完。而入住拥有碧水蓝天、山水森林的生态花园酒店 —— 同升通程山庄酒店，是人们游览长沙的最佳处所。"山水景观彰显心灵气度，自然生态涤荡尘事纷繁"，在这里小住一段时间，远离纷扰烦忧，感受人间自然，来一次彻底的放松。

适合人群　家庭出游　假日休闲　商谈会务　　适合居住长度 2－4天

找一个理由住在这里

同升湖通程山庄酒店人文自然环境得天独厚，800亩天然成碧湖水映照蓝天，900亩生态森林四周环绕，是湖南独家以山水、运动为主题的生态花园酒店，有"运动王国，山水家园"，"东方夏威夷"等美称。

同升湖通程山庄酒店占地600亩，建筑面积50000平方米，配置有近20000平方米的生态花园广场，是"国际金钥匙组织"成员酒店，不仅具备一般五星级酒店的会议、宴会功能，更具备生态休闲山水酒店的所有功能。春季山花遍野，夏季碧水蓝天，秋季丹桂飘香，冬季和风煦日，四季变化的曼妙，在这里都可以体验。

休闲盘点

酒店拥有全国首家五星级多功能现代化体育运动中心，拥有高尔大球场、室内外网球场、篮球场、壁球馆、保龄球馆、泳池、健身会所、垂钓中心等时尚运动项目，以及KTV、桑拿保健、棋牌游艺等娱乐休闲项目。让人忙里偷闲，置身"事"外，轻松品味休闲时光。

度假居所

设计理念 / 山为大地骨架，水乃万物源泉。酒店依偎在钟灵秀丽的同升湖畔，风光旖旎的小盆地风景浑然天成，依山傍水阴阳调适，占得堪舆宝地，尽享山川灵气、日月精华。酒店独具澳洲特色的半弧形主体建筑形似巨龙隐于山水之间，与体育运动中心、高尔夫球场、风车渔场等时尚运动休闲项目辉映成趣，俨然一处和谐唯美的"世外桃源"，是湖南独家以山水运动为主题的生态花园酒店，素有"东方夏威夷"之美誉。

客房类别 / 酒店拥有10多种房型共300多间豪华客房。房间布局、室内装饰、灯光均充分体现生态环保主题。独有的Lake View & Hill View 生态客房概念，在这里如置身自然山水，尽情享用天然氧吧的绿色养料，感受心灵与自然的契合。

美食诱惑

酒店中餐厅经营湘菜、粤菜以及各式地方风味菜，名师主厨，展现中华饮食文化的博大精深。西餐厅环境优雅，出品纯正，让人自在品尝地道异域美食。碧水阳光吧大气磅礴、风景旖旎，是休想品茗的理想所在。

碧水阳光吧 —— 雅致舒适的环境，既适合商务会晤，有适宜二三好友轻松聊天！浓郁咖啡，醇香香茗，每一款都令人无法放弃！

夏岛咖啡厅 —— 提供醇香浓郁的咖啡、精致正统的西餐以及与相匹配的典雅环境，在这里，可以独享难得的清静时光。

粤菜厅 —— 突出正宗粤菜、潮州卤水、海鲜、燕、鲍、翅、参、肚等菜品。在随处可见的颇具中国传统特色的壁画衬托下，隐约透露着古典的韵味。

KTV娱乐中心 / 豪华装饰、设施一流，配备超大投影电视、无线麦克风、VOD点播系统，营造一个至尊欢唱空间。

桑拿休闲中心 / 萃取传统医学精华，满足现代尊贵享受，淋漓汗水，消解事业劳劳；灵舞纤指，舒缓工作重压。浪漫假日，山水福地，让身体彻底放松。

棋艺中心 / 棋艺之痒，尽在指尖流动，这里准备了丰富特惠大礼包，伴人度过迷人的完美假日。

游泳健身中心／独特设计，汲取天然山泉，畅游生态碧波，激情专业健身，塑造完美形体。拥有现代化专业设备30余套，满足人们全面锻炼的要求。

高尔夫练习场／湖南首个专业场地。球场位于山水之间，利用山坡和湖泊的自然曲线起伏，浑然天成，是不得不去的好地方。

钓鱼场／专业打造，专人负责。六个大小不同的水面，共计两百亩渔场，让人"把竿山水，自得心闲"。

华彩篇章 "同升八景"

　　酒店总建筑面积10万平方米，包含各种现代化元素，酒店拥有很多可观的景致，亭台楼阁，小桥流水，古今中外，自然人文，应有尽有。而最独到的当推"同升八景"，在闲暇之时，漫步其间，将感到心神凝结，悠闲自得。以下是重点推荐的四大景观。

　　推荐一："钓胜于鱼"的风车渔场

　　"钓胜于鱼"是一种超脱了凡俗

度假村精华

纷扰才能激荡的心灵气度。置身风车渔场，闻风车悠悠，看波光鱼动，甚至把竿这个动作本身都已不再重要，所倾心的将是在这方吐纳山川灵气、汇聚日月精华的秀美盆地里自由自在地休养生息。

　　推荐二：棋坛决胜 纹枰瑞松

　　乙酉初春，"春兰杯"围棋决赛落子同升湖，选址就在"纹枰瑞松"。

　　挟决战山水之颠的王气，怀纹枰泰斗的佛心，决战前日，"济公活佛"周鹤洋、"石佛"李昌镐手植"鹤洋松"、"昌镐柏"，象征湖南围棋生气蓬勃，见证中韩友谊繁荣常青，祝福中韩两国"同升"同盛。

　　推荐三：佛门圣兽 湖畔小象

　　象，是佛门圣兽，也是智慧和力量的象征；有象的地方就会充满光明美好和幸福吉祥。信步同升湖这方飘逸着仙境韵致的山水福地，目光自然停驻在湖畔的"小象鼻山"。

　　象身、象鼻、象耳、象目，无一处不栩栩如生。它与同升山水融为一体，张扬着力量和灵气。

　　推荐四：赤色巨石 问天而立

　　"巨石问天"一景原型取自澳大利亚名满天下的艾雅斯巨石岩。依山傍水处，赤色圆石安居其间，有一种浑然天成之感，自然激发了对澳洲神秘浩渺的绵绵情思。石名曰"问"，使人脑海不禁浮现屈原仰望天空，对索自然与社会的渊源历程和演化奥秘的卓然形象，精骛八极、心游万仞，"天问精神"油然心生。

地理位置

酒店坐落于长沙市区东南，长株潭三市融城的中心位置，地理位置优越，交通便利。

度假村实用信息

交通信息指南

武汉／由京珠高速南下约4小时，于长沙南出口下高速，右转2公里至同升湖山庄即可。

广州／由京珠高速北上约8小时，于

长沙南出口下高速，右转2公里至同升湖山庄即可。

长沙黄花机场／出机场沿机场高速西行，至万家丽大道左转，一直南行至天际岭隧道，过隧道至第一个十字路口左转，前行至同升湖山庄即可。全程35公里。

地址：湖南省长沙市雨花区同升湖
电话：0731－5168888
网址：www.dolton-resort.com

消费指南

长沙同升湖通程山庄酒店

房间类型	前台散客价	优惠价
山景豪华房	758元	458元
湖景豪华房	898元	538元
山景豪华套房	1248元	748元
湖景豪华套房	1368元	818元
总统套	11118元	9999元

备注：五一黄金周、十一黄金周需加收15％的服务费。所有房间含免费自助早餐、免费游泳、健身、净桑拿。

长沙同升湖通程山庄酒店

湖南 ∨ 长沙　度假类型　湖畔幽居

游走周边

周边旅游风向标

天心阁／天心阁景区以天心阁与长沙古城墙为主要景点，与纪念抗日阵亡将士的崇烈亭、崇烈门、《太平军魂》浮雕、历史名人石刻画廊等组成景区核心景观。自古享有"潇湘古阁、秦汉名城"的美誉，是古城长沙的象征。雄踞长沙城南古城墙垣之上的天心阁，历经数百年风雨沧桑，成为见证长沙历史的"活化石"。

岳麓山／岳麓山国家级重点风景名胜区，内有岳麓书院、爱晚亭、麓山寺、云麓宫、新民学会等景点。岳麓山风景名胜区南接衡岳，北望洞庭，西临茫茫原野，东瞰滔滔湘流，凌空俯视如一微缩盆景，远观如一天然屏壁。可谓天工造物，人间奇景，长沙之大观。

地方风俗节庆

长沙花鼓戏／长沙花鼓戏形成并流行于旧长沙府，以长沙官话为统一的舞台语言，是湖南花鼓戏中流传较广、影响较大的一个剧种。长沙花鼓戏来源于民间歌舞说唱艺术，它脱胎于湘中各地的山歌、民歌和民间舞蹈，是在丑、旦歌舞演唱的"对子花鼓"基础上发展形成的。故事多取自民间传说、神话故事、通俗话本和社会生活。

湘绣／中国四大名绣之一。湘绣源于长沙乡间的民间刺绣。清代末年，老艺人胡莲仙、袁魏氏等将苏绣、粤绣的针法糅合在长沙民间刺绣针法中，使绣品既不同于原有的民间传统刺绣，又不同于苏绣、粤绣，而形成了独具风格的湘绣。湘绣的艺术特色是：色彩鲜艳，形象生动，富表现力，质感强烈。在同一块透明底料上，两面各绣出一个主题，浑然一体。

度假风尚补给站

湖南湘菜／湘菜即湖南菜，由湘江流域、洞庭湖区和湘西菜组成。湘菜采用薰腊原料较多，烹法以薰、蒸、炒为主，味偏酸辣，刀功到位。湖南菜重辣，可谓辣不怕。最讲究的是口味，口味喜咸鲜，重酸辣。湘菜的辣有香辣、麻辣、鲜辣、酸辣及苦辣。作为全国八大菜系的湘菜有其鲜明的特色，在湘菜中，左宗棠鸡的辣度高居榜首。

长沙由来／长沙一名是怎么得来的，历来众说纷纭，据史籍记载，应得名于万里沙祠。万里沙祠一说最早见于《十三州志》：汉"有万里沙祠，而西自湘州，至东莱万里，故曰长沙。"唐杜佑《通典》中潭洲"秦为长沙郡"的自注亦云："有万里沙祠，故曰长沙。"于是以后的各代地方志，多引此说作长沙得名之源，并加以阐发考释，认为长沙在古代有祭礼沙土之神的活动。于是有"长沙者，所谓万里长沙也"之说。

度假感言

父亲退休之后，我和妻子便请父亲到长沙旅游。我们选择了同升湖通程山庄酒店，因为那里有山有水，父亲喜欢有山有水的地方。在阳光明媚的日子里他都去垂钓，我们常在饭后散步，这里的景致很不错，尤其是"同升八景"，我们都很乐意到这些地方散步。虽然我们在那里只待了几天，但是大家都很开心，尤其是父亲，他很感激儿子能这样做，自然，我们一家都感到这是一个不错的旅程。

一样的千岛湖，不一样的开元度假村

杭州千岛湖开元度假村

New Century Resort Qiandao Lake Hangzhou

夜晚，枕着一湖秀水入睡；清晨，在柔软的床上优雅醒来。拉开窗帘推开窗户，扑面而来的湖岛风光，让人精神振奋。湖风的清馨与海风不同，带着淡淡鲜香与薄薄晨雾，在这片没有污染的纯净天地里生长的淡水鲜鱼有着久居城市所不能体验到的纯鲜美味。

千岛湖湖面开阔，岛屿棋布；大岛如山，小岛如船，个个清翠欲滴，像一块块半浸在湖中的碧玉，因其山清、水秀、洞奇、石怪而被誉为"千岛碧水画中游"。

在千岛湖游玩，如果不行色匆匆，花些时日，可以充分享受到千岛湖水上鱼排档的诱人之处。沿着06省道的湖岸线，几十家风格各异的水上鱼排档巧妙地将千岛湖的渔家风情、山水风光与船屋建筑风格紧密结合，融垂钓、划艇、聊天、打牌、喝茶、赏景、观鱼、美食于一体，伴着"九姓渔民"的渔家文化，体验湖畔人家的原味生活。

在千岛湖，住的是景观房，喝的是天然水，吃的是有机鱼，吸的是森林氧。在湖中坐小艇兜兜风、钓钓鱼、游游泳，如此千般美景，不去度假，仅仅是匆匆而过，岂不是太过浪费？

中国旅游导览

183

杭州千岛湖开元度假村

浙江 ∨∨ 杭州　度假类型　湖光游艇型

184

杭州千岛湖开元度假村

浙江
∨∨
杭州　度假类型
湖光游艇型

找一个理由住在这里

千岛湖开元度假村位于国家4A级风景名胜区千岛湖，是由"中国饭店业集团20强"之一的开元旅业集团开发管理的五星级豪华度假村，内有一家五星级度假酒店和88幢独立别墅。本着"打造华东第一度假村"的美好愿望，度假村从筹建伊始就诚邀美国WATG、HBA和香港BELT COLLINS等国际顶尖设计公司分别担任度假村的建筑规划设计、室内装修设计与室外景观设计，被《时尚旅游》评为中国15家最佳度假酒店之一。

2006年，度假村与上海金茂君悦大酒店、北京中国大饭店、香港丽嘉酒店等入围有"酒店业奥斯卡"之称的中国酒店星光奖之"中国十大最具魅力酒店"，同时还获得"中国餐饮名店"称号；2007年度假村还获得了"中国酒店金枕头奖十大最受欢迎度假酒店"。该度假村也曾是电视剧《老鼠爱大米》和《又见一帘幽梦》的拍摄地。

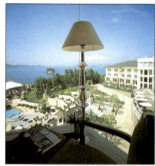

千岛湖特色菜 —— 湖鲜：千岛湖鱼头煲、千岛玉鳖、银鱼羹、清蒸桂鱼、葱油白花、清汤鱼圆。山珍：蕨菜、山笋、石衣、野香菇。野味：椒盐野猪排、鹿肉炒冬笋、石鸡煲、山鸡。

度假居所

千岛湖开元度假村拥有201间客房及26间套房供宾客享用。每间客房均参照美国风情，经过精心设计，并缀以华贵家具、原创艺术摆设及优雅精致的中式装潢。

度假村客房格调高雅，设施齐全先进，其中，最大特色是每间客房都有独立观光阳台，可以让每一位宾客足不出户而尽享千岛美景。

房间都设有中央空调、独立卫浴，提供茶、咖啡、矿泉水等免费服务项目。电视频道有43套，其中有线电视26套，境外卫星电视13套，39频道为度假村自办台；提供免费宽带上网服务。另外，还配有豪华的客房小酒吧、电子保险柜等服务项目。

度假村拥有7间餐厅及酒吧，各具特色，叫人难以取舍。

美食诱惑

度假村的特色餐厅很多，皆为不同的人群所设，个个拥有诗意非常的名字。环境的祥和闲雅暂且不提，唇齿留香的珍馐佳肴搁下不说，单是厅外风起水涌，水秀山明的惬意足以令人大振食欲。

秀水阁宴会厅 —— 临坐秀水阁，千岛竞秀的绝色美景尽收眼底。宴会厅可容纳360人同时用餐，另有48平方米的贵宾接待室，适合结婚喜宴、各型会议、中西式酒会及其他各种活动使用。空间规划弹性使用，是团体活动、聚餐的最佳选择。

夏威夷西餐厅 —— 在舒适惬意的夏威夷风情中，在名师设计打造的全新空间中，享用精致开胃菜、口感丰富的面点主菜与手工现制比萨、红酒佳酿及精致甜点，更能满足挑剔的脾胃。

休闲盘点

舞月光演艺吧 / 在歌舞帷幔的诗意氛围中，您可以和好友聊天浅酌，欣赏歌艺表演，同时也是会议团队搞活动的理想场地。KTV共有13间包厢，大小不一，可以满足不同客人的需求，其中豪华包厢可容纳20人共同聚会，包厢内拥有索尼背投电视及智能电脑点歌系统。

游泳池 / 国际标准室内恒温泳池长25米，宽10米，水温常年控制在28℃左右，并配有儿童恒温戏水池。800平方米的室外泳池与千岛湖湖水相邻。

室外运动 / 室外网球场和沙滩排球是酷爱运动人士的好去处。室外T吧，您可以在室外太阳膜下边饮茶聊天，边欣赏美景，T吧可容纳40人同时就座。

度假小贴士

潜水俱乐部还提供多项潜水服务，您可以在色彩缤纷的水中漫步，探寻亦幻亦真的水下古城，还有专业摄影师为您记录您的水下奇遇。

在这里，不仅有千岛湖天然秀水的滋润。游客还可以到800平方米的露天游泳池中畅游，与大自然的亲密接触，让您与您的贵宾们，彻底放松，让会议的召开更有成效。

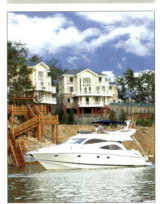

度假村精华

湖光山色　悠游度假

573平方公里的千岛湖是开元度假村的最大亮点。千岛湖湖面开阔，水质澄清，水温适宜，是开展水上运动和娱乐的理想场所，快艇兜风、水上摩托、水上自行车、冲浪舰、水上降落伞、阿甘艇、氦气球、弹跳飞人等等，携带家庭成员进行一次亲子游，绝对是大人与孩子记忆中共同的闪光片断。

豪华游艇曼哈顿56号

盈盈碧水也为游艇提供了一个从容驾驭的空间，曼哈顿港口，专人护理的游艇曼哈顿56号堪称中国大陆豪华之最，如璀璨的钻石发出眩目的光芒。这是度假村耗资千万，让全球最著名的游艇制造商英国Sun－Seeker公司精心打造的一艘顶级豪华游艇。它具有皇家私家游艇纯正血统，是目前华东地区价格最高、性能最好、配置最豪华的一艘。在英国它叫“曼哈顿56号”，在度假村它又是名副其实的“开元一号”。如果在蜜月或结婚纪念日给对方一个惊喜，这绝对是物有所值的选择。

度假村实用信息

服务设施一览

会务设施／千岛湖开元度假村的功能厅及行政会议设施可供多达600人举行会议。酒店内的商务中心设备一应俱全，提供各类先进器材，包括私人电脑、投影机、室内无线网络及视像会议设施等，为客人进行全天服务。

其他服务／每个楼层走道上都设有自助式制冰机，24小时免费为宾客提供服务。服务中心作为对客服务信息的收发中心，负责服务指令、重要信息及时准确的传递。提供鲜花服务（需提前4小时预订）、洗衣服务、失物招领、托婴（提前4小时预订）、免费擦鞋及提供婴儿床服务、客房用品、手机直充式和电板式充电器、常用药品服务等。

地理位置

位于国家4A级风景名胜区千岛湖，临水依山而建，占地300余亩，珍藏天然半岛的层峦叠翠，独享三面环绕的盈盈碧水。

交通信息指南

千岛湖开元度假村离杭州机场距离190公里，离杭州火车站距离190公里，离县城距离6公里。

杭州：上绕城高速，至绕城南线，上杭新景高速公路行驶约108公里，转至杭千高速公路支线行驶约21公里即到千岛湖，出杭千高速淳安收费站再行驶12分钟即可，时间约为1.5~2小时。

金华：从金华上杭金衢高速公路，到龙游出口，沿320国道到建德，再上杭千高速支线约21公里到千岛湖，出杭千高速淳安收费站再行驶12分钟即可。行程仅130公里。

上海：可先从沪杭高速公路到杭州，时间约为2小时20分，到杭州北，上绕城北线，经过绕城西线到绕城南线，上杭新景高速约108公里，转至杭千高速公路支线行驶约21公里即到千岛湖，出杭千高速淳安收费站再行驶12分钟即可，共计时间约为4小时。

消费指南

杭州千岛湖开元度假村

湖景高级单／双人房
挂牌价格：1080元　优惠价格：702元
（含中西自助）

湖景豪华单／双人房
挂牌价格：1180元　优惠价格：767元
（含中西自助）

室外景区前曼哈顿港→游艇俱乐部
曼哈顿56／11人座：游湖5800元／小时。游岛10000元（限4个小时，门票客人自付）超过4个小时，每小时按2900元收费。

格兰特快艇／6人座：游湖800元／小时（门票客人自付）；游岛1000元，游岛门票客人自付

水上摩托／1人座：10元／分钟（5分钟起开）

普通遮阳快艇／9人座：游岛1000元（门票客人自付）

豪华遮阳快艇／11人座：游岛1200元（门票客人自付）；游湖1000元／小时（门票客人自付）

观光、钓鱼艇／观光：800元／小时（门票客人自付）；钓鱼：第一小时600元，以后200元／时

甲类游船／30人以内船费1500元，超出30人每人船费45元，船上可安排用餐。（游岛门票客人自付，门票120元／位）

沙滩排球／50元／小时；30元／半小时

浅水湾景区
热气球／100元／位（乘坐时间为10分钟）

水上步行球／40元／位（限10分钟）

潜水俱乐部／岸潜：360元／位

备注：1.健身房和游泳池可凭房卡免费使用　2.旺季游岛门票价格120元／位，淡季游岛门票价格100元／位，儿童票72元／位（指身高1.1~1.4米儿童）。

地址：浙江省杭州市淳安县
　　　千岛湖镇麒麟半岛
电话：0571-65018888
网址：www.kaiyuangroup.com

游走周边

周边旅游风向标

千岛湖风景区

1.中心湖区：

A线：梅峰、鸵鸟岛、孔雀园、猴岛、三潭岛

B线：五龙岛、温馨岛、神龙岛、龙山岛

2.东南湖区：

C线：桂花岛、天池、羡山、蜜山岛

外围景点

千岛湖石林/景区由蓝玉坪、玳瑁岭、西山坪石林三部分组成，总面积20平方公里，是中国四大石林景观之一，其面积之广、规模之大、景观之奇、高度之高在华东地区堪称一绝，被称为"华东第一石林"。

森林氧吧/拥有千岛湖最好的森林植被、最美的自然风光和最佳的生态环境。景区周边群山叠翠，湖湾优美，自然生态环境一流。秀美曲折的溪涧、跌宕多姿的瀑布、色彩斑斓的水潭共同组成了地形复杂多样、景致变化万千的森林游憩景观，被誉为千岛湖的世外桃源。

芹川古民居/芹川村位于淳安县姜家镇浪川乡，已有750余年的历史。整个村庄以小桥流水古民居为主要特色，目前尚存大量建于明清时期的古民居，部分民居的雕梁画栋乃古民居建筑之精品。

地方风俗节庆

淳安民风/淳安属浙西山丘陵区，由于山水阻隔，形成了数以千百计的源坞，传统的淳安人住的是石瓦屋，围的是麻绣裙，听的是睦剧歌，看的是竹马舞，吃的是又薄又脆又香的玉米饼，嘴里还唱着："脚踏白炭火，手捧苞芦果，除了皇

帝就是我。"这便是山越之地淳安县独特的民风。

地方节庆/淳安岁时习俗重视春节、元宵、清明、端午、中元(俗叫七月半)、中秋。凡逢节做米粿、馒头、油粿、油炸豆腐粽子，不做年糕。春节从农历十二月二十四日起，杀猪宰羊，张贴春联，祭祖上坟，中堂悬挂太公太婆像。正月初一不出门探亲访友，初二为公认的探亲访友日，大村子请戏班演三日三夜大戏，主要是请徽班、横江班(婺剧)的笃班、三脚班。

度假风尚补给站

第一秀水千岛湖/千岛湖湖区面积573平方公里，湖中拥有形态各异的大小岛屿1078座，平均水深34米，能见度9～14米，属国家一级水体，

被原新华社社长穆青赞誉为"天下第一秀水"。

千岛湖周边拥有448平方公里的森林面积，森林覆盖率已达81%，茂密的森林净化了千岛湖一流的大气环境，有"森林氧吧"之称。

淳安文化/淳安建制始于东汉建安十三年，距今已有1800余年。这个地方历史悠久，人文荟萃，素以"锦山绣水，文献名邦"著称。它是新安江流域古老的新安文化的发祥地之一，出过农民领袖陈硕真、方腊、唐代诗人方干、明代"三元宰相"商辂等历史名人。宋代理学家朱熹在淳安讲学时所作"问渠哪得清如许，为有源头活水来"名句，至今广为流传。

古典江南之临湖雅居

浙江南湖国际俱乐部(大酒店)

Zhejiang South Lake 1921 Club Hotel

浙江南湖国际俱乐部（大酒店）

浙江 ∨∨ 嘉兴　度假类型　湖畔幽居

嘉兴，这座被水滋养的城市，南湖和古运河以其特有的灵秀纤巧孕育着它深厚的历史文化。杭州之美在于西湖，而嘉兴之秀完全体现在南湖之中。

烟雨迷蒙、碧波浩渺的嘉兴南湖与杭州西湖，绍兴东湖并称浙江三大名湖。这片水乡泽国，这块旧时的吴越之地，几千年来，南湖以其秀丽、醇厚的江南水乡风情为历代文人雅士所赞誉。宋代诗人苏东坡三过嘉兴，留下了"闻道南湖曲，芙蓉似锦张，如何一夜雨，空见水茫茫"的诗句，清代学者朱彝尊对南湖情有独钟，一连写下百首鸳鸯湖棹歌，把嘉兴和南湖的风景描绘得淋漓尽致，堪称空前绝后。

南湖所承载的文化投映在这里的每一件风物中。在画舫里看身着蓝印花布的船娘双手摇桨，或在南湖之畔览南湖之美景，或登水榭画舫，踏着古风读一段美人携李佳话都能引人无限遐思。而入住浙江南湖国际俱乐部，正是人们亲近南湖的最佳理由。

适合人群　商务人士、朋友聚会、家庭度假、情侣出游、自驾游、高端董事会　　　适合居住长度　1天以上

找一个理由住在这里

浙江南湖国际俱乐部位于国家AAAA级国家风景区南湖湖畔。俱乐部将"生态，人文"的理念阐释得无懈可击，临湖而筑，古朴雅致的江南民居建筑将深厚的文化底蕴演绎得淋漓尽致。流水潺潺，鸟语花香，仿似世外桃源，大自然氧吧，营造出一种室内即室外不再有墙体分隔的感觉。

在这里，一年四季皆有景致：春天，湖畔柔柳如烟；夏天，楼前荷花摇曳；秋天，满湖菱香四溢；冬天，琼宇银装素裹。在迷人的园内，体验移步换景，让人徜徉其中，流连忘返。

度假居所

设计理念： 俱乐部装修中运用现代表现手法将传统的中国神韵重新演绎，与室外美景融为一体，让人领略光阴若流动的镜头，最终定格在这充满传奇色彩的氛围中。

套房配置： 俱乐部一期拥有客房83间/套，包括南湖、园景豪华复式套房、宫廷豪华帷幔房以及各式带有阳台或观景露台的豪华客房。

客房设施： 所有客房均接入宽带以及HBO、NHK、CNN、凤凰卫视等卫星电视频道，还有私人保险箱，国际国内长途电话，语音留言系统、

展履服务等设施，将现代化元素及品质融入古典精致的江南居所。客房面积宽敞，所有房间都可欣赏到南湖迷人的风景。

美食诱惑

话雨轩西餐厅 —— 典雅考究的设计风格，融合了东方的古典与西方的浪漫。品种丰富的中西式自助早餐及零点服务，为游客演绎欧美及亚洲的经典厨艺。总容纳人数80人，二楼还设有安静、舒适的私人会所。平日供应早、午、晚西式单点，以及英式下午茶，周末晚上供应自助餐美食。

味秋轩中餐厅 —— 中式装饰风格完美展现东方韵味。荟萃川粤、沪杭美食之精华，从选料到加工，无不体现出美味、营养、健康、绿色的现代饮食文化精髓。在这里游客亦可欣赏"湖烟湖雨荡漾波"的南湖迷人景色。味秋轩总容纳人数80人，最大的1间豪华包间，可容纳15～20人。

休闲盘点

环湖园林慢跑道 /沿湖而建，在这个纯天然的绿色氧吧中，人们在休闲放松的同时可以尽情享受湖光潋滟的景色，听飞鸟鸣虫，观晚照晴空，望来鸿去雁。

燕来堂 /格调古典的豪华KTV包厢，提供各种美酒佳酿，开胃小点。并提供棋牌、乒乓球等娱乐设施。在这个让身心放松的休闲中心，住客将抛开一切尘世的纷扰、烦忧而尽情释怀。

健身房 /住店客人免费享受跑步机、高拉划船训练机等健身器材。在这里，人们可以酣畅淋漓地挥洒汗水。

另外还有美容美发、1921特色专卖店、外币兑换等服务，让人感受无处不在的舒适。

浙江南湖国际俱乐部（大酒店）

浙江 ∨∨ 嘉兴　度假类型　湖畔幽居

190

浙江南湖国际俱乐部（大酒店）

浙江 ∨ 嘉兴　度假类型　湖畔幽居

度假村精华

古韵南湖的浪漫栖居

南湖国际俱乐部的装修别具一格，运用现代表现手法将传统的中国神韵重新演绎，将江南居所精髓与室内装修融成一体，同时又将室内与室外美景融为一体，让人领略时光荏苒，弹指一挥间的古今交错。

这里的华美让人忘了初衷，当它把人们从历史的恍惚带回现实，如梦的细节却一直没有改变。俱乐部的非凡气度与浙江三大名湖之一的南湖融为一体，浑然天成，自然圆融，无半点阻滞生涩。匠心与巧思，灵秀与神韵，宏大处见豪放，细腻处见柔婉，中国装修艺术的精华在此得到完美的诠释。

精致的布置摆设、浪漫的帷幔织物、高贵的仿古家具，令住客分秒尽享尊贵与舒适。全落地窗设计，在清晨的第一缕阳光射入窗户时，

将园景湖光尽收眼底。

特别推荐

宫廷帷幔大床房：面积为50平方米，配备1.8×2.0米的大床并免费享受增值擦鞋服务，浴室带亚马逊花洒，配合宫廷帷幔房间。伴着微风掠过窗子，帷幔随之起舞。柔和的灯光中，自得的惬意，消融了时间的界限，让呼吸变得缠绵，让心情行走无限。

豪华复式套房：面积为115平方米，分为上下两层，一楼为一厅一室和独立观景露台，让人们在尽获现代商务便捷之余而有湖光之怡、园林之趣；二楼带1.8×2.0的大床及独立的盥洗室，简约别致、精心浪漫的装饰，精细体贴的服务，将旅途中的倦怠一扫而光，这里邀请游客体验的是家外之家的全新感受。

度假小贴士

在2006年第16届亚太区室内设计大奖颁奖典礼上，南湖国际俱乐部大酒店进入前三甲，是世界500件作品中中国唯一获奖作品，同年7月份还曾获得中国旅游饭店改造与设计酒店设计奖银奖，10月份获得中国第二届室内设计文化节酒店类金奖。另外还获得由中国营销旅游年会组委会颁发的"中国最佳休闲度假酒店"称号。

度假村实用信息

服务设施一览

乾隆画舫游江南／南湖国际俱乐部拥有三处专属码头，可以登乘乾隆画舫，悠游南湖，还可由此进入京杭大运河，游历世界上最伟大的人工运河，欣赏江南水乡的独有美景，观烟柳画桥，体江南神韵。还能感受世界第一大党中国共产党由此走向成功的道路。人们事业之顺利，人生之成功亦在此起航。

企业会议／商业活动 —— 俱乐部拥有可同时容纳60人的大型多功能厅和4间规格不同的豪华会议室。不管是销售会议或商务会谈，员工奖励还是产品上市，数天或数周，这里将会精心营造一个舒适而亲切的环境。

亦方壶私人会所／"亦方壶"匾额为乾隆在南湖留下的墨宝。会所临湖而立，绿茵环绕。无论是高层人士行政会晤，还是文化精英品茶论道，抑或商务精英切磋交流，亦方壶私人会所独到的中式会堂，让人尽享尊贵。

地理位置

浙江南湖国际俱乐部位于AAAA级国家风景区南湖湖畔。东接上海，南邻杭州，距市中心3公里，距乍嘉苏、沪杭高速出口只需15分钟车程；距火车站车程5分钟，距杭州萧山国际机场，上海虹桥国际机场，上海浦东国际机场车程均只需60分钟左右。

地址：浙江省嘉兴市鸳湖路
电话：0573-82555555
网址：www.1921club.com

消费指南

浙江南湖国际俱乐部(大酒店)

园景高级大床房
价格：1080元（含单早）

帷幔行政大床房
价格：1680元（含单早）

水景商务大床房
价格：1280元（含单早）

豪华复式套
价格：2880元（含单早）

行政景观双床房
价格：1480元（含单早）

休闲娱乐场所消费标准

英式下午茶 48元／位
西式点心蛋糕、咖啡茶水、精美干果、水果拼盘等。

K歌包厢 欢乐价 85元／小时 含包厢费　时间：19：00—01：00

鱼翅套餐 128元／位
特惠内容：冷菜、水晶虾、尖椒牛柳、时令蔬菜、点心、水果

交通信息指南

自驾车旅游路线：■上海－沪杭高速"嘉兴"出口下，右转100米桥下左转，为中环南路直行约10公里到新气象路，右转直行1公里，右边"南湖渔村"进入酒店。■嘉兴市区－中山路直行到禾兴南路口，向南转入禾兴南路，笔直行上"南湖大桥"，下桥即左转进，直行1公里，右边"南湖渔村"进入酒店。■杭州－沪杭转乍嘉苏高速，苏州方向"南湖"出口下，直行约10公里到中环南路左转，1公里新气象路右转，直行1公里，右转"南湖渔村"进入酒店。

飞机：距杭州萧山国际机场，上海虹桥国际机场，上海浦东国际机场车程均只需60分钟左右。

游走周边

周边旅游风向标

南湖风景名胜区一日游

南湖秀美的风景虽不及杭州西湖的浓艳纤丽，也没有太湖"包孕吴越"的壮阔气势，却天然本色，秀姿天成，自有一番动人的气韵，如清水出芙蓉般自然可爱。清朝喜爱游山玩水的乾隆皇帝曾六下江南八次驻跸南湖。

南湖景区联票为60元/人。景点包括：纪念馆、湖心岛、乾隆挥墨处、揽秀园、梅湾街、韩国国父金九避难处、韩国临时政府纪念处等。

周边特色城镇：

桐乡 —— 包括著名的水乡风景桐乡乌镇景区以及桐乡华庄生态农业园，桐乡皮革城。

西塘 —— 包括著名的水乡风景西塘古镇。

海宁 —— 包括海宁盐官景区，海宁皮革城，海宁尖山高尔夫球场。

海盐 —— 包括海盐南北湖景区以及中国秦山核电站。

平湖 —— 包括平湖莫氏庄园，九龙山旅游中心。

地方风俗节庆

地域民风／嘉兴民俗文化艺术丰富，至今保留了中国独特的民间艺术，如海盐骚子、海宁皮影戏、嘉善田歌、平湖钹子书等。

地方节庆／嘉兴地区有着多彩的

民俗文化：平湖西瓜灯节（时间不定），国际钱江观潮节（农历八月十六日－八月十八日），南湖船文化节（农历七月初一日前夕至中秋前后），南北湖观光旅游节（春夏时节），凤桥桃花节（4月初），乌镇香市（清明前后），西塘文化旅游节（春秋时节），桐乡菊花节（11月9日左右）。

工艺风物／岁月的流逝从不曾尘封嘉兴"丝绸之府"的光彩，秀州绫、濮院绸、王店褚氏画绢都曾使这座城市流光溢彩、婀娜动人。而那些精美绝伦的民间工艺品，如沈珪墨、银槎杯等，都无不以其各自的光泽点缀着这座城市的骄傲。

地方特产／嘉兴土特产十分丰富，著名的有平湖西瓜、槽蛋、元青豆，五芳斋粽子，南湖的菱角圆而无刺，绿皮白肉、壳薄味甜，种植历史已有5900余年。

度假风尚补给站

人文内涵／南湖原名马场湖，又叫东湖，嘉兴城西南有西南湖，原称鸳鸯湖。南湖成为旅游地后，人们多把南湖叫做鸳鸯湖，或将两湖合称为鸳鸯湖，简称鸳湖。中唐诗人刘长卿有一首咏南湖的诗《鸳鸯湖送别》，自唐代以来，南湖以其烟雨迷蒙的秀丽景色成为江南著名的游览胜地，若到春暖花开时，满眼的桃红柳绿，曾倾倒多少文人墨客，舞诗弄句，一醉方休。乾隆皇帝当年下江南到此，留下不少"烟雨南湖"的感叹。

革命摇篮／嘉兴南湖不仅以秀丽的风光享有盛名，1921年8月初，中国共产党第一次全国代表大会在南湖的一艘画舫上完成了最后的议程，庄严宣告中国共产党成立。南湖从此成为党的诞生地，中华大地从此开始了开天辟地的大事变，从而更使南湖闻名遐迩。

烟雨江南的美式休闲地

南京湖滨金陵饭店

Jinling Resort Nanjing

古都南京的近郊，有着青山半落的秀丽，更显烟雨江南的缠绵。在这样的诗情画意中，体验中国的古典山水与北美郊野风情的双重享受，这是入住南京湖滨金陵饭店的客人所感受到的独特乐趣。

在风景优美的百家湖畔，湖滨金陵饭店营造出人与自然和谐共处的悠然环境，秉持着对中国传统文化的尊重的度假饭店，同时又巧妙地将北美的休闲风格融入青山丽水环绕的酒店庭院之中，让人既领略到"寄情山水之间"的欣然情怀，又能随处享受现代服务设施所带来的便捷惬意。

适合人群 商务会谈 情侣度假　　适合居住长度 2天1晚

194

南京湖滨金陵饭店

江苏 》 南京 度假类型 **湖畔幽居**

找一个理由住在这里

南京湖滨金陵饭店凭依三面环湖的自然水景，是一家与自然环境完美结合的高档商务型度假酒店。

宋明江南殷实人家的庄园式建筑，在典雅华贵的整体氛围中透露出自然的和谐与温馨，独具灵动怡人之感。柔情与风景同丽，美肴与宾客结缘，这是"金陵人"酒店经营风格的艺术再现。

在这里，舒适的度假功能与山水休闲风格，实现了完美的统一。

度假居所

客房类别： 饭店现拥有客房138间，共有日式标准间、标准间、豪华房、豪华套间、商务套间、总统套房六大类客房。客房设计古朴大方，装饰简约典雅。所有房间或直面中庭花园，或临湖畔美景，同时配备免费宽带上网服务。

特色推荐：日式标准间房间／面积为25平方米，榻榻米床铺配合斜屋脊设计使它很受年轻人的欢迎，同时也吸引着很多度假休闲的年轻家庭。

豪华湖景房／面积均为30平方米，层高3.2米，拥有宽大落地窗，给人开阔舒畅的感觉。

豪华商务房／深受商务人士喜爱，层高3.2米，4平方米的正方形舒适床榻，12平方米超大浴室配有"热带雨林"花洒冲淋系统，并与电视接驳配备同步音响，沐浴中即可掌握最新商务资讯，亦可推开拉门透过落地玻璃窗欣赏湖畔美景。

美食诱惑

餐厅名称	餐厅风格	餐位数	特色菜品/功能	营业时间
聚贤堂零点厅	中餐厅	104	淮扬菜和金陵菜	11:30-14:00
				17:30-21:00
聚贤堂嘉宾厅	中餐厅	340	淮扬菜和金陵菜	11:30-14:00
				17:30 - 21:00
香榭	西餐厅	138	简易西餐、中餐小吃和茶水、	6:30- 11:00
			堂吧、房内用膳	16:30 - 01:00
钟山厅	多功能厅	250	会议及用餐	
扬子厅	多功能厅	150	会议及用餐	
金陵厅	多功能厅	50	会议及用餐	
岚湾餐厅	户外烧烤	150	烧烤	
贵宾阁	总套餐厅	18	淮扬菜和金陵菜	
VIP房	休息会见厅	12	会见、休息	

度假村精华

细品湖滨的金陵菜肴

　　湖滨金陵饭店的餐饮充分继承"金陵"菜肴传统，融合本地菜肴精华，形成了清新、纯正、天然的菜品特色。

　　金陵菜一直名声在外，又称"京苏大菜"，指以南京为中心的地方风味菜。金陵菜起源于先秦，隋唐已负盛名，至明清成流派，是为苏菜的一个分支。

　　金陵菜原料多以水产为主，注重鲜活，刀功精细，善用炖、焖、烤、煨等烹调方法，口味平和、鲜香酥嫩。也善用蔬菜，以"金陵三草"（菊花脑、枸杞头、马兰头）和"早春四野"（芥菜、马兰头、芦蒿、野蒜）驰名。总体而言，湖滨金陵菜细致精美，格调高雅。而这些在三面环湖的金陵饭店都能得到最为上乘的体验。

南京湖滨金陵饭店

度假小贴士

　　聚贤堂中餐厅位于酒店二楼，古朴典雅的氛围让宾客仿佛置身明清时代的儒家大堂，聚贤堂主理淮扬美食，同时精于烹饪各种经典川、粤美味，厨师还根据酒店独特的地理人文特征将田园风格融入菜色中，精心的包间布置，令用餐的享受得到升华。

　　岚湾餐厅是酒店的户外烧烤餐厅，它位于酒店的湖畔花园里，临百家湖而建，餐厅在每年的4月—11月开放，客人可在春夏秋三季感受不同的户外用餐乐趣。岚湾烧烤品种繁多，有厨师现场烤制，客人也能亲自动手烹制操作。岚湾也是举办户外婚礼的最佳场所，旖旎的湖光水色、优美的花园美景，营造了浪漫、温馨的婚礼氛围，倍受新人推崇。

服务设施一览

　　会议主题："湖畔会议，自然怡心"／酒店目前拥有850平方米的宴会会议场地，400平方米的钟山厅、250平方米的扬子厅、100平方米的金陵厅和4个25平方米的小会议室。

　　宝贝天堂／位于岚湾餐厅旁，配备秋千等儿童免费游乐设施。

　　垂钓／垂钓地点在湖畔花园水池边，时间：8：30—18：00，收费标准为：1—4小时内30元，4小时以上50元。鱼10元／500克，客人如需要垂钓可以与总台联系。

　　室内泳池／开放时间为13：00—21：00，住店客人凭房卡可免费使用，非住店客人50元／次（1.4米以下儿童半价），客人需要可以直接与总机或总台联系。

　　室外泳池／每年7、8月开放，住店客人凭房卡免费，非住店客人20元／次（1.4m以下儿童半价）。

　　网球场／客人需要可以与总机或总台联系，白天50元／小时，晚间80元／小时。

　　桑拿（金沙温泉）／提供洗浴、按摩、香熏等服务。

南京湖滨金陵饭店

江苏 ≫ 南京　度假类型　湖畔幽居

度假村实用信息

交通信息指南

102路公交车

长乐路→箍桶巷→军师巷→中华门内→雨花路→雨花路立交桥→雨花台东门→养回红村→卡子门西站→卡子门→夹岗→双龙街西站→双龙街→气象学院→江宁装饰城→岔路口[江宁]→史家里→河定桥(西)→长城装饰城→同曦鸣城(胜太路)→【此站下】→湖滨公寓→江宁开发区(仲景公寓)

盛泰路→同仁医院专线

从中华门上车→湖滨公寓下

南京长途东站：坐2路到中华门，再坐102路到同曦鸣城下

南京火车站：坐南金线到史家里 转102路到同曦鸣城下

地理位置

到南京禄口国际机场行车时间：30分钟

到南京火车站行车时间：40分钟

到长途汽车东站行车时间：45分钟

地址：江苏省南京市江宁区
　　　金陵饭店路1号

电话：025-52107666

传真：025-52103333

游走周边

周边旅游风向标

在这里，有触目可及的江南美景与远目可眺的郑和墓、将军山国家风景区、南唐二陵、阳山碑材等风景名胜。

将军山／金陵南郊的将军山，风景绝佳，却久藏深闺鲜为人知。这里曾是宋代牛首山大捷的古战场，八百年前，岳飞将军在这里筑壁垒，设伏兵，大败强敌金兀术。横亘山脊，连绵数里的故垒工事，便是当年激烈鏖战的见证，将军山也因此而得名。

南唐二陵／南唐二陵即南唐先主李昪与中主李璟的陵墓，李昪墓称为钦陵，李璟墓称为顺陵。二陵位于祖堂山的西南麓，若从远处综观群山，形如一条巨龙，祖堂山乃龙首，二陵正位于龙口位置，据传说这是精心选择的皇家风水宝地。

郑和墓／郑和墓位于牛首山南麓。郑和是明代著名航海家，去世后葬于牛首山南麓，左右峰峦环抱，附近有一村庄名郑家村，是郑和后裔守坟所居。

地方风俗节庆

吃"乌饭"／农历四月初八，南京郊县农民一般都要蒸煮江南特有的乌黑发亮、清香可口的青精饭，俗称乌饭，又名"阿弥饭"。它是用南天烛（即青精树）茎叶捣烂后浸泡糯米，再晾干蒸煮而成。每天煮食一碗，能强筋骨，益气力，固精驻颜，被誉为"仙家服食"。

江心洲葡萄节／江心洲，南京城西南部长江中的一个岛，风光旖旎，景色优美。每逢7月至8月，岛内千亩葡萄园硕果累累，游人登洲观大江风貌，享天然氧吧，尽情体验采摘葡萄的野趣。

度假感言

优质的服务是酒店制胜的法宝，每次入住酒店，快速的入住手续和对客户资料的了解是我在入住的所有酒店中最好的。而且湖滨金陵的位置很不错，设计者也有着不错的理念，把湖光与园林景色结合得很和谐，让人有再来一次的冲动。

苏州金鸡湖大酒店

苏州金鸡湖大酒店

金鸡湖畔的森林花园

苏州金鸡湖大酒店

Jinji Lake Grand Hotel

　　比杭州西湖大1.87平方公里的金鸡湖，是万顷太湖的一个支脉。临湖远眺，才发现原来小家碧玉的苏州人，其实有着特别大气的一面。西湖的美，浓妆淡抹了上千年，美在"不变"，而金鸡湖的美，却在于它的"善变"，在柔美中又有"大江东去"的气概。

　　金鸡湖大酒店就建在这湖光之间，三面临水，四面环景，有着极其开阔的视野和极其丰富的景色，以其安静而典雅的风格融入这金鸡湖的一景中。北面临湖的一面，两排柱子错开设置，在视线上造成随机排列的效果，呈现出乱竹之态。三面的外墙采用了玻璃幕墙，夜幕来临时，打上橘黄色的灯光，晶莹通透。建筑色彩上采用了江南风格的灰色，与周围的园林风景联为一体，淡雅而高贵。

江苏

∨

苏州

度假类型 湖畔幽居

适合人群　商务人士　情侣出游　朋友聚会　家庭度假　　适合居住长度　3天2晚或长期居住

找一个理由住在这里

金鸡湖大酒店按中国国家旅游局最新颁布的白金五星级标准设计，将成为国际一流的森林花园式酒店。一期国宾馆 63 间客房，二期商务酒店 409 间客房（建设中），建筑总面积 12 万平方米左右。景观设计别致，酒店内装精细，配套设施先进，佐以个性化的尊贵服务。金鸡湖大酒店整体由一栋商务酒店主楼（建设中），和五幢别墅楼组成。酒店南临辽阔的独墅湖，西邻总面积达 1.25 平方公里按国际比赛标准建设的 27 洞高尔夫球场，地理位置得天独厚。

度假居所

套房类型： 酒店一期国宾馆拥有 63 间客房，其中 33 间为豪华房，15 间商务套房，8 间行政套房，6 间部长套房，1 间总统套房。

客房设计： 由世界一流酒店设计公司进行室内装饰设计，拥有超高超大的室内空间，可观赏到赏心悦目的江南园林美景。

客房设施： 每幢别墅均有独立控制的空调系统，每间客房内均有有线／无线上网系统，贵重物品保险箱，迷你酒吧及冰箱，国际／国内长途直拨电话，内设先进的视听设备，还有高档无绳电话，独有的热带雨林淋浴、按摩浴缸，24 小时有 44 个涵盖 10 个国家的卫星电视频道。

美食诱惑

国宾区 5 幢别墅分别设有多个主题餐厅、多功能会议厅及贵宾会见厅；每个主题餐厅均提供准、扬、川、粤等特色菜肴，定能让你齿颊留香。

春秋仁和厅——宴会厅，可承接 150 人以内的高档政府及商务宴会。

万盛轩——园林景观宴会厅，可举办 60 人以下豪华中西式宴会。

金湖轩——精致自助餐厅，定期推出不同的时令中西式菜肴。

中国旅游导航

200

苏州金鸡湖大酒店

江苏 ∨ 苏州　度假类型 湖畔幽居

度假村精华

金鸡湖高尔夫

　　球场在金鸡湖与独墅湖之间铺展开总长 7396 码的 18 洞球道和总长 3586 码的 9 洞灯光球道，设计者世界高尔夫三巨头之一的加里·普莱耶将丘陵、湿地、森林三种截然不同的风格自然相连，全部 27 洞均配备了 GPS 卫星定位系统，为会员打球提供现代化的技术便利。

　　球场分为三种风格，分别为森林九洞、湿地九洞和丘陵九洞。森林九洞，数十种参天大树合抱出江南罕有的森林风光；湿地九洞，球场与水景辉映，水波荡漾 丘陵九洞，要面对来自起伏地形和 Gary Player 特色沙坑的轮番考验。

　　三个风格各异的中途休息亭及十座各具特色的桥梁，就可以看到

苏州的、江南的乃至中国的文化缩影。球场的会所面积达 1 万平方米，分上下三层，外部造型寓意为矗立在湖边的灯塔，设计极具现代气息。

度假村实用信息

地理位置

位于苏州东隅，金鸡湖和独墅湖这两大天然湖泊之间，南临独墅湖，距上海虹桥机场86公里、上海浦东机场140公里，北邻机场路、南毗正在建设中的苏州至上海桥隧高速。

金鸡湖大酒店按中国国家旅游局最新颁布的白金五星级标准设计，将成为国际一流的森林花园式酒店。一期国宾馆63间客房，二期商务酒店409间客房（建设中），建筑总面积12万平方米左右。景观设计别致，酒店内装精细，配套设施先进，佐以个性化的尊贵服务。金鸡湖大酒店整体由一栋商务酒店主楼（建设中）和五幢别墅楼组成。酒店南临辽阔的独墅湖，西邻总面积达1.25平方公里按国际比赛标准建设的27洞高尔夫球场，地理位置得天独厚。

地址：江苏省苏州工业园区国宾路
　　　168号
电话：0512-62887878
传真：0512-62888788
网址：www.siphotel.com/

交通信息指南

距苏州火车站11公里，距市中心距离8公里，距左岸商业街4公里

路线一：沪宁高速苏州工业园区出口下—现代大道（约10公里）—左转星湖街—右转机场路—第二个红绿灯左转进国宾路（约1.5公里）—金鸡湖大酒店

路线二：沪宁高速苏州下—上东环高架直走—机场路路口卜—左转上机场路—第七个红绿灯右转进国宾路（约1.5公里）—金鸡湖大酒店

消费指南

苏州金鸡湖大酒店

房型	早餐	门市价	优惠价
豪华房（双人）	单份	1941 元	958 元
豪华房（单人）	无	1941 元	758 元
商务套房	双份	4011 元	1888 元
行政套房	双份	8611 元	2188 元
豪华套房	无	13211 元	4888 元

江苏 ∨ 苏州　度假类型　湖畔幽居

游走周边

周边旅游风向标

李公堤 / 李公堤是金鸡湖畔一道亮丽的风景，更是以休闲娱乐打造出一条国际风情特色水街。街内有多家异国情调店，如来自丹麦的"老农场房舍"是一家北欧风情的酒吧、西餐厅；"番茄主义"是提供精致意大利美食的餐厅，以番茄作为主要素材；还有诞生于1589年的德国皇家啤酒馆，以及风行日韩的"韩国帝王蟹"。此外还有苏州本土的得月楼，古色古香的春蕾茶庄，以及昆剧主题酒店"吴地人家"等。

白塘生态植物园 / 位于园区现代大道中段的北部，与金鸡湖、沙湖互成犄角，总占地面积约60.5公顷，其中水面面积约12公顷。植物园内共有植物510多种，最大限度地保留了绿色空间和生态环境。园内建有名贵花卉园、湿地园、樱花园等25处植物观赏园和两宜亭、木屋观鸟站等十几处园林景点，自然清新、宁静开阔。

地域民风

园林 / 苏州私家园林始建于公元前6世纪，至明代建之风尤盛，清末时城内外有园林170多处，为苏州赢得了"园林之城"的称号。现存名园十余处，其中有沧浪亭、狮子林、拙政园、留园等。苏州园林占地面积小，变幻无穷、不拘一格，以中国山水花鸟的情趣，寓唐诗宋词的意境，在有限的空间内点缀假山、树木，安排亭台楼阁，给人以小中见大的艺术效果。

丝绸 / 苏州不仅是一座园林之城，也是一座丝绸之府。唐宋时期，苏州就是全国丝绸中心；明清时代，皇家高级丝绸织品大多出自苏州织工之手。苏州国际丝绸节在每年金秋举办，是以丝绸为主题、联系旅游、商贸、外向型经济而展开的系列节庆活动。

评弹 / 苏州评弹是苏州评话和弹词的总称。它产生并流行于苏州及江、浙、沪一带，用苏州方言演唱。评弹的历史悠久，清乾隆时期已颇流行。苏州评弹有说有唱，大

体可分三种演出方式，即一人的单档，两人的双档，三人的三档。演员均自弹自唱，伴奏乐器为小三弦和琵琶。

度假风尚补给站

与自然共生：园林式的酒店设计 / 古人的居住环境注重"天地为庐"，即天覆地载的自然环境是建筑的基础。别墅的布局强调自然环境的空间利用和单体的自由式布局，体现园林化的建筑风貌。整个国宾区北高南低。在中区引入独墅湖水成为园中内湖，四周地形缓缓倾向湖面，构成了亲水景致。平面上，各楼错开布置，保障了每栋楼均有通畅的湖景景观通道。同时，各幢别墅与湖区自然形成落差，充分利用观湖最佳视角。北部隆起的地形种植成片的香樟树，形成的绿色屏障隔绝了外界的喧嚣，保障了静谧的空间氛围。建筑外部自然的山水景观与庭院里人为的文化景观互为衬托，相得益彰。

度假感言

开业不久，几乎全新的酒店。周围很空旷，田园气息比较浓。空气很新鲜，我和朋友都很满意，难得在苏州这种寸土寸金的城市，还有这么空旷的一片天地。下次还会去。

姑苏城外长沙岛，泛舟湖上乐逍遥
苏州宝岛花园酒店
Bao Dao Garden Hotel, Suzhou

"在水天一色中静赏云淡风轻，在鸟语花香里畅游人间仙境，在从容淡定中尽享美酒佳肴，在温馨宁静处洗净红尘铅华。"这样的生活是紧张繁忙的都市人所向往和追求的。

苏州，自古以来就有天堂之誉，是旅游度假的必选之地。在姑苏城外，在潮白之畔，有这样一个小岛，像是天界遗落人间的一颗珍珠，为世间的人们开辟一个远离尘世的度假胜地。宝岛花园酒店就坐落于这个世外桃源，像一座城堡，尊贵优雅，又带着几分神秘。

太湖环岛，无论是在餐厅，还是在卧房，抬头就能赏到湖光山色，渔家风景。遥想当年，陶朱公与西施泛舟湖上，过着神仙眷侣的生活，羡煞旁人。如今，这样的逍遥，并非遥不可及，在这里不仅可以体验纯朴、清静的湖岛生活，也能享受精彩的现代休闲。

适合人群　商务休闲人士，旅游度假人士　　适合居住长度 5-7天

找一个理由住在这里

苏州宝岛花园酒店，一个充满浪漫气质的城市度假酒店。位于苏州太湖一座美丽的小岛 —— 长沙岛上。由澳洲五合国际建筑公司按照国际五星级度假酒店标准设计打造。建筑风格典雅，服务设施高档，依山傍湖，水天一色，风景如画。

无论在此度假、休养，还是举行会议、招待商务伙伴，酒店优美的环境、高档的服务设施、专业素养的员工团队，都会留下非同一般的美好的记忆。

度假居所

湖景客房

酒店拥有温馨雅致的各类豪华套间、标间百余间。设计典雅、浪漫；用品高档、考究。更有半数房间可拥览美丽的太湖。客房设计融入了太湖独有的仙境美景，打开门窗，丝丝清风，直沁心扉，美景一览无余，今夕何夕，形神俱醉。

美食诱惑

天膳人间中餐厅

位于酒店2号楼一层，经营新派粤菜，本地菜式及太湖特产，有8个包间和一个大宴会厅。湖景厅最多容纳16人每桌用餐，也可容纳20人分两桌用餐。餐厅两面可观看太湖景色，有独立休息区，是最豪华的包间。三面落地玻璃窗，是用餐观湖的绝佳餐厅，西山风景一览无余。

水乡西城西餐厅

位于酒店2号楼负一层，可提供零点及国际自助早餐。

营业时间：7:00—10:00

午　餐：11:30—14:00

晚　餐：18:00—22:00

提供正餐零点菜式，也可根据客人要求提供自助午、晚餐或烧烤自助餐。

休闲盘点

荷塘月色大堂吧

位于酒店大堂左侧

营业时间：9:00-0:00

提供各式鸡尾酒，洋酒，软饮，咖啡，茶，冰激凌及小吃，另外有免费休息区。可看太湖景色。可提供下午茶，并定时放映露天电影。

西域俱乐部

位于酒店2号楼负二层，负三层，有可容纳40人的舞厅，KTV大包房，可容纳15－20人，有独立卫生间。还提供乒乓球，美式桌球，司诺克，自动麻将棋牌室，普通棋牌麻将室等娱乐项目。

酒店健身中心

位于酒店大堂B层

营业时间：6:00—23:00

有游泳池、健身房、攀岩、壁球场，以上所有项目住店客人均可免费使用，并可出租球拍、出租短裤、运动衫、运动鞋。

豪华SPA及来自瑞士的顶级健康、美容护理，位于酒店大堂的A层

营业时间：12:00—24:00

项目有：精华护理、按摩疗法、现代推拿术、面部保健、手足情深、足底生辉、净肤磨砂、秀发基础护理。

度假小贴士

姑苏与苏州/苏州有一个典雅的别名"姑苏"。相传，在夏代有一位很有名望的谋臣叫胥。胥不仅有才学，而且精通天文地理，因帮助大禹治水有功，深受舜王的敬重，封他为大臣，并把吴地册封给胥。从此，吴中便有了"姑胥"之称。年代久了，"胥"字又不太好认，而在吴语中，"胥"、"苏"两字相近，于是"姑胥"就渐渐演变成"姑苏"了。

有诗《枫桥夜泊》，"月落乌啼霜满天，江枫渔火对愁眠。姑苏城外寒山寺，夜半钟声到客船"，最为著名。

度假村精华

挡不住的太湖风情

宝岛花园酒店借太湖之秀，坐拥湖光山色，伴以苏州冠绝江南的风景名胜和人文气息，将苏州神韵尽收于此，辟得一方宝地。太湖碧波万顷，朝晖夕雨，雾霭晴光，自然景色变化万千，加上周围群山和湖中小岛，融娇艳、神秀于一体，使人心旷神怡。

在客房内，可将太湖一览无遗，每天早晚都能观赏日出日落，偶然望见湖面上星星点点的渔家，您也会有种学范蠡西施泛舟湖上的冲动吧。

苏州宝岛花园酒店

江苏 》 苏州　度假类型　湖畔幽居

度假村实用信息

消费指南

苏州宝岛花园酒店

房型	门市价		前台现付价		早餐	床型
高级房	RMB 1600元	（周末/固定假日）	RMB 1280元	（周末/固定假日）	双早	大/双
	RMB 1250元	（平时）	RMB 1000元	（平时）		
豪华房	RMB 1800元	（周末/固定假日）	RMB 1440元	（平时）	双早	大/双
	RMB 1450元	（平时）	RMB 1160元	（周末/固定假日）		
豪华套房	RMB 2400元	（周末/固定假日）	RMB1920元	（周末/固定假日）	双早	大床
	RMB1950元	（平时）	RMB 1560元	（平时）		

地理位置

　　苏州宝岛花园酒店坐落于风景如画的苏州太湖国家旅游度假区长沙岛上。沿苏州环城高速或湖滨大道行驶，30分钟即可到达苏州市中心。

交通信息指南

　　距苏州市中心：40公里，
　　车程：45分钟
　　距苏州火车站：45公里，
　　车程：50分钟
　　距长途汽车站：45公里，
　　车程：50分钟

地址：江苏省苏州市太湖国家
　　　旅游度假区长沙岛
电话：0512-66515999
传真：0512-66515777
网址：www.baodaogardenhotel.com

游走周边

周边旅游风向标

木渎古镇／离酒店大约8公里。木渎位于苏州城西，太湖之滨，是江南著名古镇。境内风光秀丽，物产丰饶，又恰在天平、灵岩、狮山、七子等吴中名山环抱之中，故有"聚宝盆"之称。是乾隆皇帝六次下江南都到过的园林古镇。

香雪海／香雪海因康熙三十五年江苏巡抚宋荦赏梅后题"香雪海"三字镌于崖壁，从此香雪海名扬海内。乾隆六次南巡，每次必到香雪海赏梅。邓尉香雪海位于光福邓尉山一带，这里自古为江南赏梅佳处，"有邓尉梅花甲天下，望中无地不栽梅"之称。每当二月，梅花吐蕊，势若雪海，满山盈谷，香气醉人，"香雪海"三字声名远扬。香雪海位于光福古镇，距酒店大约4公里。

三山岛／三山岛是太湖中三个小岛。岛虽小，却不同凡响。在这里考古人员发现了一万两千年以前的旧石器和古脊椎动物化石，称之为三山文化，证明太湖流域同样是中华民族的发祥地；三山岛是太湖石原产地之一，花石纲遗址让人不由地想起智取生辰纲的梁山好汉。

飘渺峰／海拔336.8米，为洞庭西山最高峰，又独步太湖七十二峰之首。飘渺峰之脉四处延伸，峰断脉连，纵横相见，错落有致，犹如群星拱月，又好似天女散花，沉浮于主峰四周。飘渺雄姿，为太湖西山平添了几分奇伟与豪气。登临绝顶，仰望苍穹，云织万景；俯看群峰，身临其境，云雾缭绕，使人顿生羽化登仙之感。飘渺峰是登临观景的好地方。

地方风俗节庆

说不尽的苏州评弹

评弹，又称苏州评弹、说书或南词，是一门古老、优美的说唱艺术。它起源于山明水秀的江南水乡——苏州，流行于富饶美丽的长江三角洲地区。当地人闲暇时间都爱上茶馆听评弹。

评弹是评话和弹词的合称，俗称说书，是用苏州方言进行说唱、表现的地方曲种。评弹大约形成于明末清初。到了明代，开始强调说书人要进入角色，说书时要"我即成古，笑啼皆一"。入清以后评弹进一步吴语化，在说表上有官白、私白（苏州话）之分。到了清乾隆以后，苏州评弹出现了兴盛的局面，据说清朝乾隆皇帝下江南时，曾经征召过一位叫王周士的艺人御前弹唱。王周士后来在苏州成立光裕公所，调整了评弹界。自此以后苏州评弹事业欣欣向荣。

度假风尚补给站

苏州太湖

苏州水美，美在清纯富足，美在山水相间的景色和刚柔相济的性格。其实，汩汩而流的苏州水，源委于清新甘冽的太湖水。太湖的源头，又分为南西两路：南路在浙北天目山区的苕溪，西路在宜溧山区的南溪。两路涓涓的溪水，形成了三万六千顷浩渺碧波的太湖，而苏州占其70%。

太湖，才是滋润和哺育苏州的母亲湖。自夏禹治水，伍子胥"相土尝水"，由"六朝"至唐宋，经过治理开挖，太湖平原形成了"三江五湖"的水系格局，苏州才有了"鱼米之乡"、"丝绸之府"、"人间天堂"的美誉。

宝岛花园酒店临湖而建，尽享地利。在客房内可以观赏到太湖上日出日落，别有一番情趣。

怀抱东山　坐拥太湖

苏州东山宾馆

Suzhou Dongshan Hotel

　　苏州太湖，是由浩渺的烟波、碧水、半岛、山峰，以及古老的民居、纯朴的民风，组成的一幅完整的美丽山水画卷，太湖畔的美，其核心就是温柔而细腻的江南风情，而坐拥山水，独享这一切的就是苏州东山宾馆。

　　苏州东山宾馆给人的第一印象就是秀，环抱在群山之中，坐落在太湖之滨，不起眼的几幢联体别墅，不惊不乍，但却是越往近看越觉靓丽，白墙红瓦，越往深探别有洞天，在一个不经意的拐角，举头仰天看到的一片风景，在细节处就越容易发现她的雍荣华贵，典雅别致，金黄色的毛绒地毯和大红色漆柱尽显高贵大气。

　　苏州东山宾馆给人的另一个印象就是幽，远离市中心的喧嚣尘土，这里是疗养休憩的好去处。在连绵群山之间坐看云起，呼吸着也能养身，因为这里的负离子含量是市区的 8 倍。

江苏 ＞＞ 苏州　度假类型　湖畔幽居

适合人群　商务人士 中高层消费人群　适合居住长度　1 周 - 1 个月

找一个理由住在这里

苏州东山宾馆，是一座按照国际水准建造的集会务、商务、休闲于一体的湖滨酒店，也是久负盛名的国宾馆。境内果树遍野、绿阴葱茏，共建有山景区域、湖景区域及VIP区域，拥有国际标准的客房400余套。山景房坐拥连绵群山，湖景房饱览太湖美景，VIP客房富丽豪华，设施齐全。

东山宾馆自营业至今，已成功接待了数百位国家元首、政府要员及众多商贾巨富，先后接待了江泽民、李鹏、朱镕基、李瑞环、胡锦涛、尉健行……等党和国家领导人，以其周到完善的服务、山水如画的风景赢得了中外宾客的一致赞誉，是会议、商务、旅游、度假的绝佳选择。

膳等均为精心烹制、独家料理。

鸿运厅——古典特色的鸿运厅，透过落地式玻璃窗可坐享苏州园林式格局，庭院及自然山林的美景，最佳的景致，最浪漫的风情。厅内可容纳50人左右的团队用餐，也是高层商务洽谈、宴请的理想场所。

大堂吧——大堂酒吧位于叠翠楼一楼，倚窗而坐，小桥流水，环境幽雅。提供东山特产上等碧螺春茶，并为各界人士提供咖啡、洋酒及时令小吃等。是亲朋好友享受午茶或进行商务交流的绝佳去处。

休闲盘点

室内外游泳池／健身中心的室内恒温泳池，水温常年控制在29.5到30度左右，并设计有儿童嬉戏区、浅水区及深水区。露天游泳池总面积2400平方米，最深2米，最浅1.6米，让你在享受蓝天碧水的同时，尽情畅游天地间。

郁金香歌舞厅／面积达300平方米，采用Sony背投电视及智能点歌系统，拥有专业演出的音响，是娱乐休闲和公司企业开展活动的理想场所。

旱地雪橇／是沪宁线上第一条旱地雪橇，集新奇、惊险、刺激、安全为一体，是太湖边的一大亮点。

度假居所

套房类型：东山宾馆临湖而建，背山面水，宾馆拥有总统楼、元首楼、主席楼、部长楼等数幢别墅楼和两幢主楼，共450余套客房。

客房设施：房内陈设富丽豪华，设施齐全、中央空调、独立卫浴、免费宽带上网、豪华客房小酒吧、免费恒温游泳、电子保险柜以及茶、咖啡、客房送餐等服务项目随时满足客人的居停要求。

无烟层：山景区叠翠楼的三楼为宾馆特设的"家庭无烟层"，该楼层所有的房间均设置为一大床、一小床格局，并全楼层禁止吸烟，为居家出游携带小孩的家庭提供了更为人性化的居停条件。

美食诱惑

叠翠楼包厢群——以吴地文化特色命名的8间包厢，华贵典雅，

个性鲜明。除了提供正宗的苏帮佳肴外，餐厅更结合本地特色，不时推出时令特色精选，享受味觉新感觉；或可根据客人的要求，提供个性化的服务。

鸿禧厅——充满着浓浓的古地风情，蕴含着古地悠久的历史，除以"太湖三白"著称的湖鲜之外，另提供苏帮菜及时令小吃、保健药

苏州东山宾馆

江苏 ∨∨ 苏州 度假类型 **湖畔幽居**

度假小贴士

　东山特产：（1－2 月）梅花、（3－4月）碧螺春、（5月）枇杷、（6月）杨梅、（7－8月）白鱼枣子、（9月）白果、（10月）板栗石榴柿子太湖蟹、（11－12月）橘子。

学推拿理论和足部经络穴位的基础上，使用特别配制的 28 味中草药熬成药液浴足，后又经过专业培训的按摩师对足部 62 个反射区实施各种推拿按摩手法，以求得健身养气、益寿延年之功效。

　90 分钟的传统特色足疗包括中草药浴足、头部按摩、手臂推拿、足部推拿、腿部推拿、背部推拿等系列服务。

度假村精华

特色足浴

　人之脚如树之根，人老脚先衰，树枯根先竭，脚称为人的第二心脏。人体各脏腑器官组织，在足部都有其相对应的反射区。通过按摩刺激，增强肌体对应部位的自我调制，克服内外病理的因子的干扰，恢复机体的正常协调运转状态，从而起到防病治病和保健的作用。

　特色足浴按摩在研究传统中医

度假村实用信息

地理位置

　　位于苏州东山古镇，太湖东山风景区，东与浩渺太湖相连，南与苍翠群山相接，占地 500 余亩。

地址：江苏省苏州市东山镇
电话：0512 – 66281888
传真：0512 – 66281230
网址：www. dongshan-hotel.com

交通信息指南

离火车站 45 公里，离市中心 40 公里

自驾车： 沪宁高速（新区出口）——西环路高架——友新路高架（越湖路出口）——越湖路——环湖路——东山宾馆

　　沪宁高速（苏嘉杭高速互通口）——苏嘉杭高速（吴中方向）——绕城高速东山出口——环湖路——东山宾馆

　　沪宁高速（东桥）——绕城高速东桥互通口——绕城高速东山出口——越湖路——环湖路——东山宾馆

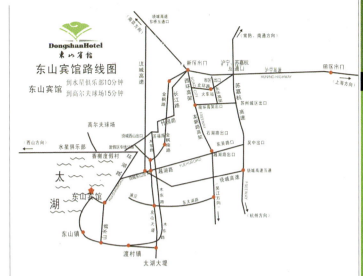

东山宾馆路线图
到水星俱乐部10分钟
到高尔夫球场15分钟

消费指南

苏州东山宾馆

房型	门市价	周末价	其他说明
湖景房	980 元	648 元	楼层：3–6 层，位于 7 号楼，免费宽带上网，饱览太湖美景。
背湖房	680 元	448 元	楼层：1–5 层，位于 7 号楼，免费宽带上网，温馨舒适。
山景房	880 元	598 元	楼层：1–5 层，位于 6 号楼，免费宽带上网，苍翠山景尽收眼底。

休闲设施：

项目	价格	备注
郁金香歌舞厅	48 元／位（含点歌）	包场：3000 元／场（不含茶水）24：00 以后 800 元／小时
康乃馨、海棠、玫瑰包厢	200 元／小时	两小时起租
紫薇、含笑包厢	150 元／小时	两小时起租
保龄球	15 元／局（18：00 以前）	包场 250 元／道／小时
	25 元／局（18：00 以后）	
室内泳池（200 平方米）	38 元／位	住店客人免费
室外泳池（7、8 月份）	38 元／位	住店客人免费
滑道	20 元／人／次	
桌球	68 元／小时	
网球	188 元／小时	
乒乓球	45 元／小时	
棋牌室	68 元／小时	
浴资	38 元／人	

江苏 ≫ 苏州　度假类型　湖畔幽居

苏州东山宾馆

江苏
》
苏州　度假类型
湖畔幽居

游走周边

周边旅游风向标

陆巷古村 ／ 是苏州迄今古建筑群中数量最多、保存最完整的一个村落。村内有明清时期厅堂 30 余处，其代表作——惠和堂是明大学士王鏊故居。

雕花楼 ／ 原名春在楼，为东山一处宏伟豪华的明清式样的庄园建筑群，享有"江南第一楼"的美誉。宅内遍布砖雕、木雕、石雕、金属雕和彩绘等民族艺术，精美绝伦。

紫金庵 ／ 建于唐初，为南宋遗物，内有十六尊彩塑罗汉，大小适度，造型准确，呼之欲活，有骨有肉，为我国雕塑艺术珍品。其中，慧眼、经盖、华盖并称为"金庵三绝"。

明善堂 ／ 被誉为"江南第一民宅"。是一座建筑艺术极高而又富丽堂皇的明代民宅，墙门、库门、大厅、备弄、厢房、花厅、花园俱全，亦以砖雕石刻著称于世，一方青石浅刻门楣被刘海粟、陈从周誉为无价之宝。

地方风俗节庆

虎丘花朝 ／ 苏州人素有种花、爱花的习俗。花神庙仅虎丘一地就有两座。每至二月十二日花神生日这天，苏州人会早早赶到庙里去庆贺，供上三牲干果，焚香点地。入夜，众人手提花灯，抬了花神，在虎丘、山塘一带游行，往往要闹到天亮方兴而归。

虎丘庙会 ／ 每年 10 月举行，位于苏州虎丘景区。是集民间文艺表演、手工艺表演，风味小吃和展销为一体的大型民俗活动。出会仪式中出会队伍由 60 多人的仿古仪仗和近 300 人的演出队伍组成，每天两次，集中在千人石上表演。其他内容还有开封盘鼓、兰州太平鼓、海城高跷、吴桥杂技、苏州评弹等。

度假风尚补给站

太湖文化 ／ 太湖，古称"震泽"，又名"笠泽"，位于沪、宁、杭三角地中心；是长江和钱塘江下游泥沙淤塞了古海湾而成的湖泊。周围则群星捧月一般分布着淀泖湖群、阳澄湖群等。纵横交织的江、河、溪、渎，把太湖与周围的大小湖荡串连起来，形成了极富特色的江南水乡。

太湖号称"三万六千顷，周围八百里"，但它的实际面积受到泥沙淤积和人为围湖造田等因素的影响，在形成以后多有变化。今天的太湖，北临无锡，南濒湖州，西接宜兴，东邻苏州，水域面积约为 2250 平方公里。

太湖水面烟波浩渺，水质清纯。湖中有大小岛屿 48 个，连同沿湖的山峰和半岛，号称七十二峰，构成了一幅山外有山，湖中有湖，山重水复，山环水抱的天然图画，形成了闻名中外的太湖风景区。

度假感言

不愧是国宾馆，景色确实不错，独一无二，空气很好，不管是外部环景、内部设施，还是酒店的软件服务，都体现出五星国宾馆的水平，特别是恒温泳池的感觉非常棒，按摩和 SPA 也都很不错。服务很好，见面时每一个服务生都会向你问好。

湖畔精致的江南水乡
同里湖度假村
TONGLI LAKE RESORT

同里，似一帧淡墨疏笔的小品，恬静、曼妙、悠然、飘逸。她是略施粉黛、深藏闺阁的小家碧玉。五湖环绕于外，一镇包含于中，河水把它分割成七座街区，三十座古桥把它连缀成小城。退思园玲珑雅致，三桥二堂遗风犹在，曾经的富土，流传至今的清秀典雅，都让人寻回一份久违的原始的真我心情。纵横相连阡陌交错的河道水曲，曲折幽深精致典雅的小弄院落，小巷中脚下平滑的石板，两边斑驳的青墙，在视线中缓缓地蜿蜒。不经意之间，安静的老街上，老人正在静静喝茶，默默下棋，一个丁香般的女子在面前缓缓走过。老街上空飘动的各色店号小旗，犹如古风悠悠扑面而来。

在同里，随时都能感受到那种淡泊宁静的文化氛围。入住同里湖度假村，在四面环水的湖心感受同里之精灵——水，在午后看阳光照在古旧的镇里，避开丝竹之乱耳，静静地享受人生。

感受水乡一夜梦回。晨起，漫无目的地走在造型各异的座座石桥上，穿行于未经雕琢的狭窄小弄堂，或只是静静地坐在河边石凳上发呆，只需用眼睛贪婪地欣赏她的绰约风姿，用耳朵倾听潺潺流水轻灵的细语，用心感悟雕花窗棂里的曾经过往。

这才是江南最真的颜色。

适合人群 文化游爱好者 情侣度假 家庭出游　　适合居住长度 3天2晚

同里湖度假村

江苏 ≫ 吴江　度假类型　湖畔幽居

找一个理由住在这里

同里湖度假村四面环水，宾客在园内可尽享同里湖美景，一睹"烟雨景观"和"罗星听雨"之风采，度假村内绿树成阴，环境幽雅，足以用"一滴水打破宁静"来形容。该度假村以国际四星级以上的现代标准来诠释江南园林风格，拥有包括8幢别墅在内的110余间各类客房。度假村内绿水荡漾，古色古香，在此感受悠然的精致江南，是再惬意不过的事情了。

同里是典型的江南水乡，气候宜人，无寒冬酷暑，四季景色各领风骚。不管四时节气，到同里湖度假村都可领略古镇水乡的宁静秀美。

度假居所

度假村建筑以江南园林为风格，并按国际四星级以上标准建造。8幢精致典雅的临水别墅清雅幽静，代表了八位旖旎柔美的仙子。

宁静典雅的安逸客房113间，是客人重归自然的诺亚方舟。宽大的落地窗让视野一览无余，绿柳，水岸，长堤，带领住客进入静谧的水乡之梦。在风格清雅的湖景房、园景房中，伫立于窗前，看湖光水色，江南风情，自适之感油然而生。

房内配有免费宽带、国际卫星电视、IDD直拨等齐全设施，让住客在此享受全方位的便捷与高效。

美食诱惑

中餐厅 —— 中餐厅内饰幽雅，窗外绿树环抱，在这样的环境里，醇正水乡风味菜肴，燕鲍翅和粤菜精品，选料严谨丰富，菜式精细典雅。

秀水阁宴会厅 —— 维多利亚风格西餐厅格调高雅、布局明快，华贵精致的自助餐台让食客轻松惬意地享用各种美食。

咖啡厅 —— 休闲咖啡厅是休闲小憩、商务会谈的最佳场所。来一杯香浓的咖啡，度过一段舒心惬意的美好时光……

风雅茶艺厅 —— 古朴典雅。品一杯香茗，释放归隐情怀，感悟人生百态。

休闲盘点

湖畔垂钓／同里湖漫长的湖岸线和湖内丰富的鱼类资源，是一个天然的垂钓场。坐拥湖畔，放松身心，与一根长长的鱼竿一起收获自然。

水上快艇／水上快艇是同里湖度假村最刺激的亲水项目，在清澈的湖面上纵情驰骋，工作的压力化作飞溅的浪花，随风而去……

网球场／阳光网球场坐落在度假村休闲绿地中，场地色彩鲜艳，具有极佳的摩擦力，超强环保。在阳光中挥舞球拍，让身心得到全然的放松。

豪华KTV／豪华KTV包房备有先进的VOD电脑点歌系统，超大容量的歌库随时更新各语种的热门歌曲。

度假村还拥有室内游泳馆、网球场、篮球场、乒乓室、歌厅、舞厅、健身房、弹子房、桑拿中心、快艇、游艇、钓鱼俱乐部等一应俱全的康乐设施。

度假村精华

同里湖度假村坐落于同里镇的同里湖中，度假村由同里湖桥与陆地相连。度假村得天独厚的地理位置使其四面环水，住客在园内可尽享同里湖美景。人们也可乘船在湖面泛舟、垂钓。温柔的河水滋润着水乡的人们悠闲的生活。

同里最具灵气就是那一湾水了。水是同里的灵魂，水是同里的命脉，水是同里千年的承载，水的律动、水的轻灵造就了同里整体的美。水是水乡的精华，没有水就没有水乡，而桥则是水乡的灵魂，没有了桥的水乡，也只能流于水域。

于是，在这个四面环水的度假村，同里湖桥成为一道耀眼的风景线，成为了川清水秀之上的与陆地联系的工具。

中国旅游导航
中国最美度假村推荐

215

同里湖度假村

度假小贴士

同里的桥/千姿百态大小不一的石桥河埠，构筑了同里典型江南水乡古镇的景致。同里五湖环抱，十多条纵横河道上架着建造于各个朝代、风格各异的石桥40余座，路由桥通，家家临水，户户通舟。

最著名的同里三桥是长庆桥、吉利桥、太平桥，三桥构筑小巧典雅，也是同里人一生必须要过三次的三桥：第一次在小孩子满月时，代表平平安安；第二次在结婚时，代表和和满满；第三次在老人60大寿时，代表平安长寿，子孙满堂。走三桥成为了同里人的民俗活动。

江苏 >> 吴江　度假类型 湖畔幽居

中国旅游导航
中国顶级度假村指南

216

同里湖度假村

江苏 〉〉 吴江　**度假类型** 湖畔幽居

度假村实用信息

服务设施一览

商务会议中心/配有多媒体投影仪等一流的会议视听系统和专业服务团队，可以满足客人不同规格会议的要求。经过严格训练及考核的会议筹办专员务求以具弹性及创意的革新理念，做到每场活动都精益求精。透过有效的沟通与各部门合作，妥善安排会议细节。并提供最先进的设备，以及现场技术支援。不论规模大小，专业的会议业务经理随时解决客户的各种需要。

洗浴中心/洗浴中心参照国际流行休闲理念。设有SPA、芬兰浴、药浴、足疗、经穴按摩和多个水疗按摩池。

健身房/健身房设施齐全，拥有跑步机、脚踏车和各种重量训练器材，住客可以在此挥洒汗水，强身健体。

美容美发/同里湖度假村配备了舒适的美容美发厅，为客人的容颜和秀发提供悉心的呵护。

地理位置

同里湖度假村坐落于同里镇的同里湖中，度假村由同里湖桥与陆地相连。距闻名中外的世界文化遗产退思园步行仅五分钟之遥。度假村还靠近周庄、上海大观园，并靠近苏嘉杭高速公路，交通十分便利。

地址：江苏省吴江市同里镇东郊
电话：0512—63330888
网址：www.tonglilakeresort.com

交通信息指南

距上海虹桥机场80公里，距苏州20公里。

一线（不经过苏州）： A9（沪青平高速）—金泽下口右转—318国道—至大观园路牌左转—吴江、同里古镇左转—至同里古镇。

二线（经过苏州）： 从外环—上A11（沪宁高速）往南京方向—转苏嘉杭高速（杭州方向）—至吴江路口/同里转左—直行转左（新吴同公路）—至同里古镇。

南京至同里湖度假村路线图

南京方向（沪宁高速）—转苏嘉杭高速（杭州方向）—至吴江路口/同里路口转左—直行转左（新吴同公路）—至同里古镇。

苏州至同里湖度假村路线图

苏嘉杭高速—至吴江路口/同里路口转左—直行转左（新吴同公路）—至同里古镇。

消费指南

同里湖度假村

园景单/双人客房	**园景别墅楼（6双1单）**
人民币：799元　美元：100元	人民币：5999元　美元：750元
湖景单/双人客房	**湖景别墅楼（4双1单1套）**
人民币：999元　美元：125元	人民币：6999元　美元：875元
套房	**豪华湖景别墅楼（16双1单2套）**
人民币：1799元　美元：225元	人民币：19999元　美元：2500元
豪华套房	**加床**
人民币：1999元　美元：250元	人民币：120元　美元：15元
湖景别墅楼（2单1套）	
人民币：4999元　美元：625元	

● 房价另需加收15%的服务费　● 家庭优惠，12岁以下未成年人可以免费和父母住一间房。

游走周边

周边旅游风向标

退思园/晚清私家园林建筑的经典，已列入"世界文化遗产"名录。园名取"进思尽忠，退思补过"之意。园内布局隽巧适度，简朴淡雅，建筑皆紧贴水面，园若浮于水上。犹如步入天然水墨画中。众美景正是"莫道园林小，佳景知多少"的写实。

嘉荫堂/嘉荫堂的主建筑系仿明代结构，整座庭院高大宽敞，肃穆庄重，宅内有"八骏图"、"凤穿牡丹"、"三国演义"等木雕精品与"暗八仙"等石雕佳作。

珍珠塔/又称陈御史府，由御史第、后花园、牌楼、宗祠四大建筑群组成，是明嘉靖万历年间南京监察御史陈王道的故居。这里也是著名锡剧《珍珠塔》爱情故事的发源地，是情侣游古镇必到之地。

崇本堂/雕梁画栋的崇本堂，建筑结构颇为科学，从正厅到后楼，呈前低后高结构，利于通风与采光，民间称之为"连升三级"，是江南宅园纵深扩展的范例。

地方风俗节庆

正月初一点罗汉/正月初一到初五，四乡八邻的善男信女争先恐后地赶到坐落于古镇西南的"南观"去点罗汉，以祈求四季平安。晚上，近郊的几个村子联合起来出夜会，龙灯随着锣鼓翩翩起舞，场面壮观。另有一些村子则串马灯、串花篮、舞狮子，同样热闹非凡，其中以蒋家浜的独狮子最为有名。

三月廿八朱天会/这个节日是民间自发纪念明朝末代皇帝朱由检的活动，但同里却大部分是以轧老婆婆为主，所以同里人很少有人晓得朱天会的实质，很多人只记得一句民谣："三月廿八轧老太婆"。主要活动是"坐蒲凳、吃素斋"，据说吃了大素菜可以身体健康，百无禁忌。

六月廿三射水龙/是同里的一大特色，实际上是一年一度的消防比赛。比赛地点从大庙开始，向西一直排到渡船桥堍，越向西河面越开阔。拿龙头的人有时故意将龙头朝

天发射，把飘飘洒洒的水珠泼向没带雨伞的人群，十分热闹。

七月三十烧地香、放水灯/七月三十是地藏王菩萨生日。每家每户都在自己家门口或庭院地上点烛烧香，结束后再放水灯，届时全镇的河面上都一闪一闪地亮起了水灯，犹如满天星斗，随着水波由西向东慢慢消失在夜色之中。

度假风尚补给站

同里的由来/同里镇位于太湖之畔古运河之东，距苏州城18公里，离上海80公里，旧称"富土"，唐初，因其名太侈，改为"铜里"。宋代，将旧名"富土"两字相叠，上去点，中横断，拆字为"同里"，沿用至今。

东方小威尼斯/水乡小桥多，同里镇四面环水，镶嵌于五湖之中。十五条纵横河道上架着建造于各个

朝代、风格各异的石桥40余座，所有桥中以长庆桥、吉利桥、太平桥这"三桥"最具代表性。路由桥通，家家临水，户户通舟。建筑依水而立，小巷深远悠长。两旁明清时期的民居经历了江南烟雨的洗涤，愈发清秀质朴，令人流连忘返，素有"东方小威尼斯"之誉，同里是目前江苏省保存最为完整的水乡古镇。

度假感言

　　一直以来就想到江南的水乡感受江南，于是在春天，在烟花盛开的日子里，我来到了这里。我是孤独的旅行者，在我所走过的地方，我都会留下心的歌唱。在同里湖度假村，安静地享受生命，在水中泛一叶扁舟，漫无目的地摇桨，在午后斜射的阳光中，走走古镇的石桥，一切都来得如此亲切，如此醉人。

217

同里湖度假村

江苏 ≫ 吴江　度假类型 **湖畔幽居**

中国旅游导航
中国最佳度假村体验

居山望湖的绝美所在

无锡太湖饭店

Taihu Hotel

　　吴越江南的灵气在于水，西湖成就了杭州，太湖成就了无锡。太湖的灵气不是纤细单薄的，太湖风光，有山有水，山不高而清秀，水不深而辽阔，淡雅清秀与雄奇壮阔浑然一体，碧水辽阔无垠，烟波浩渺迷蒙，峰峦时隐时现，气象变幻万千。

　　吴越江南的精髓在于人，地灵则人杰，远有李绅、徐霞客，近有钱钟书、徐悲鸿，被吴文化深深浸润的无锡处处体现出深刻的历史底蕴和文化内涵。

　　太湖饭店就在无锡，在太湖七十二峰之一的后湾山之颠。静，在庄园般的饭店中坐看云起云落；动，雇艘快艇飞驰在广袤的水面。推窗是湖水，启扉是园林；兴致来了去无锡城内访阿炳故居、钱钟书故居，饿了再去品太湖三白、无锡排骨、王兴记馄饨。

　　这样的假期，岂一个美字了得。

　　适合人群 商务人士、自驾游者、情侣度假、全家休闲出游　　**适合居住长度** 2天1晚

找一个理由住在这里

　　无锡太湖饭店地处太湖风景区的梅梁湖畔，背倚赏梅胜地梅园，与鼋头渚毗邻而居，与三山岛隔湖相望，占据太湖的绝佳处。

　　饭店作为无锡首家挂牌五星级酒店，占地18公顷，拥有超大规模生态园林，空气清新，环境清幽，享有"绿色饭店"的美誉。它的园林式客房、太湖贵宾楼及四幢别墅，分布于山顶的主楼及园林之中，在此居住既能近赏园林美景，又能远眺太湖风光，实在是不可多得的太湖绝佳去处。

康体中心／位于酒店B楼一层，规模达700平方米，设有桑拿房、蒸气室、三温暖按摩池、贵宾按摩房、贵宾浴室、女宾房等。还有专业按摩师为游客松盘活骨，是放松身体、消除疲劳的好去处。

太阳风夜总会／位于B楼一层，设计时尚高雅，节目丰富，让游客感受激情和青春活力。

无锡太湖饭店

度假居所

　　客房类别：太湖饭店的园林式客房、太湖贵宾楼及四幢别墅都分布于山顶的主楼及园林之中，可以直接欣赏到太湖的绿色美景，这里拥有设施一流的园林式客房278间，包括标准客房、大小套房、行政客房、太湖贵宾楼和太湖森林山庄别墅。

　　客房设备：每个房间均配备保险箱、热饮冲调设备、国际长途直拨电话。个人电脑和电讯器材插座、可接收卫星频道的彩电、吹风机、浴衣、24小时送餐服务。豪华房以上房间还配备有独立饮用水系统、独立沐浴房、卫生间电视等先进的设备。

　　推荐：饭店豪华花园别墅专为高级行政人员的商务度假活动而设计，坐落于后湾山一角，掩映在一片绿色丛林中，宁静、雅致。

美食诱惑

　　饭店提供中式、西式、日式等菜肴，拥有20个各具特色的中西式贵宾包厢，餐位数总计1110个。

　　寄畅轩特色餐厅 —— 餐厅融合了江南古典建筑与造园艺术的设计精髓。品：几款淮扬、海派菜肴，听：几曲江南丝竹雅韵，望：窗外晚霞映衬湖水。

　　绿茵阁西餐厅 —— 餐厅为欧式庭院风格，聘有国际酒店西厨经验的大厨掌勺，游客可在此享用纯正国际美食。

休闲盘点

　　无锡太湖饭店的室外休闲场地有：网球场、篮球场、室外泳池，掩映于青山绿水间，游客可以在阳光绿意中舒展身心。室内有游泳池、保龄球、桌球、乒乓球、电子游戏、健身房、桑拿中心、夜总会、KTV包房、棋牌室等，满足不同爱好者的选择。

江苏 ∨∨ 无锡　**度假类型 湖畔幽居**

度假村精华

绿色空间　秀美山湖

太湖饭店居山面湖，面积空间庞大，拥有森林般的环境，上万株树木和无数花草，光合作用下每天对饭店的空气进行有效的过滤，空气清新，没有污染，负离子浓度是城区的两倍，十分有益身体的健康。来到太湖饭店就像来到了天然氧吧，身心都可以得到充分的放松。

当游客推开饭店临湖的窗，迎着落日，眼前的远山一两抹，白帆四五张，江南名曲《渔舟唱晚》所表达一切美好都可以从这里开始想象。游客也可以信步到后山，那里绿树茂密，莲池清幽，驻足远眺，整个太湖尽收眼底。

服务设施一览

休闲商务两不误／**1.**有270亩园林，可供各类会议、烧烤美食、休闲赛事、拓展培训等户外活动场地。**2.**饭店有游船码头，可代办泛舟太湖游览品湖鲜活动，还可上鼋头渚、灵山大佛等景区。**3.**可代为联系打高尔夫活动（酒店距高尔夫球场仅15分钟的车程）。

会议设施／拥有包括大小会议场所10个，配置有先进的影像、音响、同声翻译等设备，能满足10～700人规模的高层会见、培训讲座、研讨会、董事会、展示会、酒会等各种形式的会议。

无锡太湖饭店

消费指南

无锡太湖饭店

房型	门市价	前言现价
A楼高级房	989元	470元
商务房	1242元	660元
B楼豪华客房	1472元	790元
行政房	1587元	940元
附加选择		
自助早餐价：	79元	
加床价：	200元	

江苏 ∨∨ 无锡　度假类型　湖畔幽居

度假村实用信息

交通信息指南

无锡市内公交车：

2路公交车： 火车站－胜利门广场－五爱广场－河埒广场－梅园－太湖饭店

53路公交车： 八佰伴→南禅寺→体育中心→勃公岛→梅园水厂→太湖饭店

87路公交车： 火车站→商业大厦→锡惠公园→荣巷→梅园水厂→太湖饭店

自驾车：

上海/ 上沪宁高速向北至无锡东出口→太湖大道→环湖路→太湖饭店。

南京/ 上沪宁高速向南至无锡出口→通江大道→县前街→五爱路→梁清路→香雪路→环湖路→太湖饭店

江阴/ 锡澄高速→沪宁高速→无锡出口→通江大道→县前街→五爱路→梁清路→香雪路→环湖路→太湖饭店

宜兴/ 锡宜高速至无锡西出口→盛岸路→钱威路→钱荣路→环太湖公路→香雪路→环湖路→太湖饭店

飞机：

无锡机场/ 江海东路→金城路→太湖大道→环湖路→太湖饭店

地址：江苏省无锡市梅园环湖路
电话：0510-85517800
网址：www.taihuhotel.com

地理位置

太湖饭店坐落于无锡太湖之滨，距无锡火车站12公里、无锡硕放机场25公里、上海虹桥机场128公里、浦东机场168公里，距无锡交通大动脉沪宁高速、锡澄高速、锡宜高速都只有16公里的车程。

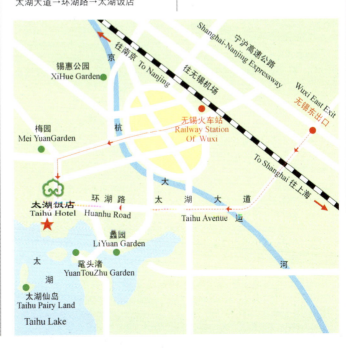

无锡太湖饭店

江苏 〉〉
无锡
度假类型
湖畔幽居

游走周边

周边旅游风向标

鼋头渚／"太湖佳绝处，毕竟在鼋头"，鼋头渚位于太湖之滨，景点有横云小筑、江南兰园、充山隐秀、藕花深处、鼋渚春涛、万浪夕照等。登上公园最高峰鹿顶山，南望万顷太湖辽阔壮美，北看无锡全貌尽收眼底，俯首蠡湖委婉曲折，美不胜收。

灵山大佛／灵山大佛位于无锡马山的太湖畔，系露天青铜释迦牟尼佛立像。大佛通高88米，佛体79米，莲花瓣9米，铸铜约700吨，铜板面积达9000多平方米，约一个半足球场大小。

蠡园／蠡园位于蠡湖畔，是太湖的内湖，两者皆因范蠡而得名。蠡园主要景点有四季亭、千步长廊、春秋阁等。

太湖山水城／无锡太湖山水城位于市区西南的太湖畔，其中大部分为中央电视台无锡外景基地，主要有欧洲城、唐城、三国城、水浒城、镜花缘城等。

地方风俗节庆

地方风情／无锡是吴文化的发源地，是江南文明的发祥地。3000年来，在源远流长的吴文化熏陶下，无锡民风敦厚、民情善良，诗书传家、崇尚礼仪。

无锡旧时的地方风俗有每年阴历三月的庙会，现在有著名的太湖山水文化节、吴文化节、阳山桃花节等。

地方特产／无锡的特产有：油面

筋、无锡排骨、宜兴陶瓷、三白（白虾、白鱼、银鱼）、惠山油酥、大浮杨梅、阳山水蜜桃等。其中惠山泥人是在浓重的无锡民俗文化氛围中发展起来的，因此带有浓郁的乡土气息。

地方戏曲／锡剧属于曲牌板腔综合体，有一百多年历史，音乐抒情优美、悦耳动听，具有秀丽的江南水乡风格，并有男、女分腔的显著特点。著名剧目有传统戏《双推磨》、《庵堂认母》、《庵堂相会》、《孟丽君》、《珍珠塔》、《双珠凤》和现代戏《红花曲》、《海岛女民兵》等。

度假风尚补给站

太湖明珠／无锡濒临太湖北岸，占有太湖山水组合最美丽的一角，南屏马迹、北枕龙山，湖中多岛、沿湖多山，山长水阔，以"太湖佳绝处"的美名而誉满中外。太湖"包孕吴越"，太湖风光融淡雅、清秀与雄奇、壮阔于一体，碧水辽阔无垠，烟波浩渺迷濛，峰峦时隐时现，气象变幻万千，早在1982年就经国务院批准列为国家重点风景名胜区。

吴文化／无锡历史悠久，早在商末周初（公元前11世纪），周太长王长子泰伯以梅里为都城建立勾吴国。泰伯带领当地居民兴修水利，农耕

桑蚕，促进了中原文化与江南文化的结合，开创了吴文化。经过战国、秦、汉、魏晋南北朝的生长发育，至隋、唐、宋、元及明形成高峰。清代及近代，吴文化开始从传统文化定式向现代文化方向转型。它是中华优秀文化的重要组成部分。"谦让开拓"是吴文化的基础。

度假感言

依山而建的饭店在江南并不多见，背靠着山，怀拥着湖的太湖饭店更是难得。我们在太湖饭店最爱做的就是沿着曲曲弯弯的林荫小道散步。满眼绿树红花，池塘睡莲和着竹林鸟语，微风吹过，犹如仙境。路边草丛里的一个小喇叭里传出的轻音乐，坐在欧洲古典风格的长椅上欣赏音乐和美景，十分惬意，都市里所有的拥挤和喧嚣在这儿都不见了。要是能天天在这儿享受大自然，那该多好！

湖光山色间的贵宾享受

徐州开元名都大酒店

New Century Grand Hotel Xuzhou

　　古往今来，云龙湖畔三面云山一面湖的天工自然风景，吸引了众多游子。北宋文学家苏轼知徐州时，情钟此湖，曾发奇想："如能引上游……之水流入此湖，则此湖风光可与西湖媲美，而徐州俨若杭州。"于是云龙湖就又得了一个西湖姊妹湖的雅号。

　　徐州开元名都大酒店就建在这风景秀丽的云龙湖西岸，因其风景之美，环境之幽而长期作为徐州的迎宾馆，用来接待各界政要来宾。不论是欧式园林式的建筑外观，还是华丽大气的大堂布置，酒店处处都让人体会到尊贵舒适的度假体验。

适合人群　家庭度假　情侣出游　朋友聚会　商务人士　　适合居住长度　3 天 2 晚或长期居住

徐州开元名都大酒店

江苏 ∨∨ 徐州 度假类型 湖畔幽居

找一个理由住在这里

徐州开元名都大酒店坐落于有杭州西湖姊妹湖之称的云龙湖西岸，依山傍水。酒店由全欧式园林式建筑嘉宾楼、迎宾楼组成，是徐州首家按国际五星级标准打造的豪华酒店。

云龙湖三面环山，风景极其秀丽，湖上共有桃霞烟柳、杏花春雨、荷风渔歌、苏公塔影等一十八景，是疗养休假的好去处。酒店于2007年初被江苏省旅游局评为"江苏省十佳旅游饭店"。

度假居所

套房类型：酒店拥有360间客房，分别为嘉宾楼标准间、嘉宾楼套房、迎宾楼标准间、迎宾楼高级标准间、迎宾楼豪华单人间等。行政楼层名仕阁位于酒店迎宾楼六楼，为高品位的商务客人度身定做，提供贵宾专享款待和24小时贴身管家服务。

客房设施：每间客房布置典雅时尚，均有齐全的设施如透明大理石浴室、卫星电视、国际国内直拨电话、浴室电话、卫星有线电视、国际／国内直拨电话、免费宽带和无线上网、保险箱、熨衣板、迷你吧、报纸、可拆移沙发、空气清洁器、24小时送餐服务等。

美食诱惑

名园包厢群——位于迎宾楼二楼，由18个餐饮包厢组成，能在此享受到精致的粤菜及高档的燕鲍翅菜品，是宴会、商务和聚餐的至尊场所。

米兰之风廊吧——位于迎宾楼二楼，提供咖啡、茶水等各式饮品及西式小点，是驻足小憩或小型商务洽谈的理想之地。

香榭丽西餐厅——位于迎宾楼一楼维诺纳咖啡厅内。原汁原味的欧陆风情，由西餐名厨为主理绝佳美味的西式美食。

云龙阁中餐厅——位于宴宾楼一楼，供应富有地方特色的徐州美食。

湖畔居包厢群——位于宴宾楼二楼，既有高贵典雅的单体包厢，也有适合商务聚餐的大型包厢，供应精心烹制的淮扬菜和杭帮菜。

宾治1840雪茄吧——位于迎宾楼二楼，提供上等雪茄与极品红酒，是良朋聚会、商务会谈的绝佳选择。

休闲盘点

酒店的康乐项目丰富多彩，拥有开放式室内恒温游泳池、健身中心、乒乓球室、台球房、室外网球场、颐和桑拿、颐和足浴等设施，让你舒展身心。

健身中心／配备世界顶级品牌健身设施，提供有氧、力量等多种健身项目，由专业健身教练为您提供全程指导服务。

室内游泳池／首家室内园林式恒温泳池，由专业游泳教练为您提供全程指导服务。

室外网球场／拥有依照国际比赛标准建造的两个户外网球场，提供专业球技指导，轻松享受高品质的健康生活。

徐州开元名都大酒店

度假村精华

品味文化与时尚

徐州开元名都大酒店十分重视为宾客营造文化氛围，在开元集团统一的文化背景支撑下，汲取各高星级酒店的文化特长，结合当地的古彭历史底蕴，营造出了徐州开元卓尔不群的独特文化气息。

如酒店里的餐饮"名园"包厢群，在文化蕴涵上就充分体现了地域特征。在餐饮包厢的墙壁上，有着充满汉代思维特征的各种元素交织重叠的金箔油画，张扬着一段悠远的历史血脉，使宾客难以释怀浓郁的古风汉韵。而"名园"之名，即出典于乾隆皇帝在云龙山下行宫所吟

的佳句"名园依绿水"。十八个包厢各具特色：汉皇阁尊贵非凡；彭祖园传承历史；云湖榭意境相连；东坡居抚古追今；快哉坊唐风汉韵……以徐州景观、典故、建筑、历史人物等为主题，体现地方文化特质，既建立与宾客良好的心灵沟通感应，又可供宾客们聊天助兴，酒店实质上以自己的方式在不经意间担负起了地方文化的传承与发扬。

徐州开元不仅仅在设计理念上凸现了当地的文化特色，更把时尚流行与传统韵律融合为一体。身处于红酒坊中，这里柔和的灯光映射在一件件造型别致、色彩斑斓的玻

璃饰品上，在视觉上产生琳琅满目、晶莹剔透的感觉。

在高档的大堂工艺品陈列柜中，一件件油漆彩绘工艺品，或纯法式设计，或深具现代气息，或兼映原版英国王室用品的神韵，或将传统中国的尊贵与意大利的浪漫相结合……让人叹为观止。

江苏 >> 徐州　度假类型 湖畔幽居

徐州开元名都大酒店

度假村实用信息

地理位置

位于风景秀丽的江苏徐州云龙湖西岸，依山傍水，独享近百亩的草坪绿阴。酒店距徐州观音机场 50 分钟车程，距火车站 10 分钟车程，距高速路口 15 分钟车程。

地址：江苏省徐州市湖西路 1 号
电话：0516-87888888
传真：0516-87888899
网址：www.ncihotel.com/jiudian/xuzhou_index.aspx

交通信息指南

飞机／徐州观音机场为全国干线机场，现有航线十余条，发往上海、北京、广州、杭州、宁波、武汉、深圳、海南等各大城市。

火车／徐州火车站为全国第二大铁路枢纽，京沪、陇海两大铁路干线在此交会，徐州站每天有 154 趟列车发往全国各地。

高速公路／距南京 3 个半小时车程，经徐宁高速，直达徐州高速出口，行车 15 分钟之后即达到酒店。

公交出租／酒店至市中心 10 分钟车程，可以乘坐 68、34 路公交车直达市内繁荣地段，出租车至市中心花费 10 元左右。

消费指南

徐州开元名都大酒店

	挂牌价	优惠价
嘉宾楼标准间	680 元	388 元
迎宾楼标准间	980 元	468 元
迎宾楼高级标准间	1080 元	518 元
迎宾楼豪华单人间	1080 元	518 元
嘉宾楼套房	1280 元	688 元

227
徐州开元名都大酒店

游走周边

周边旅游风向标

龟山汉墓 / 位于龟山西麓，为西汉第六代楚王襄王刘注的夫妻合葬墓，两墓均为横穴崖洞式，墓葬开口处于龟山西麓，成喇叭形状，有南北两墓道，墓室由人工开凿而成，是迄今世界上打凿精度最高的甬道。墓室十五间，室室相通，室内雕凿精细，气势雄伟，为中华一绝。

汉兵马俑 / 位于徐州东郊狮子山附近。1984年狮子山附近出土了4800多件西汉时期的彩绘兵马俑，这批陶制兵马俑分布于六条俑坑，总数四千多件，体现了西汉初年徐州的楚王国军队的整体建制。

龙湖水上世界 / 坐落在云龙湖湖心岛上，原是亚洲最大的淡水水族馆，2003年，市政府又投巨资对水族馆进行了全新改造，在原展出的淡水鱼种总量不变的基础上，增加了大量的海水鱼种。现分为"近海奇观"、"互动多媒体"、"淡水生态"、"热带雨林"、"神秘文化"、"珍稀鱼类"、"海底隧道"七个主题区。展示了近200种来自世界各地的珍稀鱼类。

地方风俗节庆

汉文化旅游节 / 徐州古称"彭城"，具有四千多年的历史，境内人文遗存众多，为了弘扬两汉文化，发展徐州的特色旅游，汉文化国际旅游节定于每年的10月份在徐州市举行。届时，可以在汉皇故里探访游及参与盛大的庆典活动，将观看到大型广场仿古文化仪式表演，及汉乐、汉舞、汉民俗表演等。

云龙山庙会 / 每年农历二月十八日举行，为苏、鲁、豫、皖四省交界处最盛大的庙会。它不但是重要的宗教纪念，更成为集旅游、商贸、娱乐于一体的盛会，届时可以欣赏到民间艺术表演、参加民间工艺品展销、品尝到正宗的徐州小吃。

度假风尚补给站

开元国际酒店管理公司 / 徐州开元名都大酒店的业主开元国际酒店管理公司，是中国饭店集团20强之一，也是中国最大的民营酒店集团，旗下拥有"开元名都"和"开元大酒店"两大品牌。公司迄今管理了近20家酒店，客房总数近6000间，分布在北京、上海、杭州、宁波、台州、绍兴、丽水、千岛湖、徐州、开封等重要商务和旅游城市。

度假感言

不愧为徐州最好的酒店，环境非常好，室内泳池和照片里一样漂亮，客房设施也符合五星级的标准。印象最深刻的还是周围的湖景，云龙湖非常秀丽，住在湖边真是一大享受。

郊野乡情

繁华边缘的山林幽居地

上海世茂佘山艾美酒店

Le Meridien She Shan Shanghai

要寻求繁华都市边的青山妙景吗？上海西南，"云间九峰"的佘山是不容错过的一站。

佘山，上海最高峰，也是上海唯一的山林风景区，自古便是著名的旅游休闲胜地，享有上海之根，世外桃源的美誉。佘山更以宗教历史闻名，这里汇集了天主教、基督教、伊斯兰教、佛教和道教于一地，更有远东第一大教堂的坐镇，神圣地位自然非比寻常。

在上海繁华地的一山之隔，找一处幽静独处的时空，听圣音，品鲜笋，采天地灵气，即使是一场冗长的会谈也能进行得怡心怡情。

适合人群　会务团队、举家休闲　　适合居住长度　3天2晚

上海世茂佘山艾美酒店

上海 >> 松江　**度假类型** **郊野乡情**

找一个理由住在这里

位于上海西南角的佘山国家旅游度假区是一个以山见长、以水为辅、中西合璧、古今交融的自然人文游览区，在近几年中更是成为了一处未出上海境便坐拥无限自然美景的休闲度假胜地。

地处佘山脚下、月湖之畔的上海世茂佘山艾美酒店就是世界顶级豪华酒店品牌——喜达屋全球酒店及度假村集团的成员之一，上海世茂佘山艾美酒店完美融合了"艾美"品牌独具的欧洲特质和法国感受，再加以人性化的服务和得天独厚的自然环境，成为休闲度假的绝佳之选。

度假居所

客房设置／酒店拥有327间平均面积近55平方米的宽敞客房，所有房间都拥有独立观景阳台，无论山景或湖景都可尽收眼底。包括高级标准房215间，豪华房95间、行政套房14间、大使套房1间、主席套房1间、总统套房1间。

客房设施／房内设施一应俱全：配备有42英寸等离子背投彩电、宽带上网、DVD播放器，两路电话线，豪华的浴室配备有独立的热带雨林式淋浴房和浴缸。还特别添加了诸如双人环形沙发这样的人性化布置。以浅棕黄色为基调的客房颜色，构造方与圆形的完美衔接，悬挂电视的砖墙，宽敞的更衣室及衣柜以及浴室区域匠心独具的滑门设计，独立的热带雨林式淋浴房……无一不从细节处透漏出欧式的简洁、温馨与浪漫。

美食诱惑

西餐厅——位于酒店大堂层，您既可以在室内也可以选择到户外湖边欣赏美景，同时品尝欧洲、亚洲等世界各地不同口味的菜肴。可

容纳450人，有户内外就餐区域及4间包厢。

月湖轩中餐厅——月湖轩位于酒店顶层，可以将窗外美丽的湖光山色一览无余，主要提供粤菜和上海本帮菜，将现代工艺与传统方式融于一体。月湖轩另有11间包厢，可容纳250人。

火焰吧·烧烤特区——位于酒店花园层（户外），室外泳池边专为夏季设计的户外用餐区域，可以眺望月湖风光和佘山森林公园风景。烧烤区备有一流的木质烧烤架，沿用地中海式烧烤方法，有经典美味的烤肉和海鲜烧烤。尽享美味的同时，感受来自地中海的饮食风情。

月湖轩中餐厅——周末点心畅吃／粤式点心荟萃、中式茶（周六、日上午11：15至下午2：00　价格：98元／人＋15％服务费）

休闲盘点

炫丽酒吧·酒吧和休闲娱乐中心——在设计独特的圆形酒吧中，可欣赏到户外沙滩和湖泊的全景视野，在小憩啜饮的同时，让心情沉浸在阳光、空气和山景中。酒吧内

酒店里长达365米的客房走廊在国内乃至世界都是屈指可数。

还拥有卡拉OK、桌球、飞镖和英式足球等娱乐设施。

水疗中心——上海世茂佘山艾美酒店拥有超过500平方米的健身中心，提供8间包含独立更衣室和淋浴房的理疗室。除了室内外游泳池、设施齐全的健身房，两片室外网球场和棋牌室之外，酒店还提供了别具特色的自行车项目、沙滩球类运动，令热衷户外运动的人士惊喜不已。

度假村精华

会务首选地

艾美酒店以其一流的会议设施成为远近闻名的会务活动的绝佳之选；而旖旎的湖光山色，无疑更会为严肃的会议平添几许轻松的气氛。坐拥山水之间，即刻便能拥有在其他酒店时无可比拟的舒适心情。在享受这一份别样愉悦的同时，激发灵感之源，令本已规划有序的会议愈加臻于完美。

总面积近4500平方米的会议场地包括：面积为1800平方米，可容纳1800人的无立柱型超大宴会厅（可根据会议大小分割成五部分）；可容纳470人的大会堂用以举办各式商务学术演讲；7间宽敞的会议厅和2处户外礼堂则提供更多会务场地之选；造型流畅的丽榭可举办中型宴会。

法式婚礼堂

除了会务，佘山艾美酒店还专门为新婚宾客设立了一座独一无二的法式婚礼礼堂——缘舍，将浪漫的气息与湖光山色融为一体，酒店的婚宴也由此成为一大特色。

比如2007年推出的浪漫婚礼套装，2888元起，十人桌（10桌起）。主要包括：中式晚宴；三小时免费畅饮软饮料、果汁及本地啤酒；五层香槟塔及一瓶国产气泡酒；十层精美婚礼蛋糕（切蛋糕仪式用）；

签到本，新娘化妆室；标准餐桌鲜花布置；宴会厅免费红地毯；酒店特制婚宴菜单；全场音响及背景音乐服务；婚宴当晚入住酒店高级标准房，免费赠送水果篮和巧克力，婚房含两份次日早餐，可在西餐厅享用或选择客房送餐服务；来宾入住酒店享受特惠房价；每五桌提供45座大巴士的来回接送。（此价格均需加收15%服务费。）

消费指南

"会议特选套装"价格自人民币
980元＋／每晚起

包含：一晚入住酒店高级标准房，限单人入住，含早餐；全日会议室租用（上午8：30 至下午5：30），会议室布置包含便签、笔、白板或活页夹，记号笔，瓶装矿泉水和糖果；茶歇（咖啡、茶和小点心）；自助午餐一份（周日为月湖轩中餐厅粤点荟萃自助午餐）；享受水疗中心服务八折优惠，洗衣服务和商务中心服务九折优惠；免费使用酒店健身设施；另加人民币150元＋可升级至豪华标准房；参加喜达屋优先会议组织者计划。

"乐逍遥"套装
自人民币988元／每晚起

包含：一晚入住酒店高级标准房；可享受在西餐厅、月湖轩中餐厅或炫丽酒吧价值人民币300元的餐饮消费（每房／每晚）（如果您入住超过一晚，餐饮消费可以累计）；享受酒店水疗中心，洗衣服务及迷你冰箱食物的八折优惠；免费使用酒店健身设施，包括桑拿、蒸汽浴、按摩浴服务，健身房和室内外游泳池；每晚另加人民币150元＋*，可升级至豪华房；每晚另加人民币1300元＋，可升级至行政套房。

上海世茂佘山艾美酒店

上海 ∨∨ 松江 度假类型·郊野乡情

度假村实用信息

地理位置

　　上海世茂佘山艾美酒店距离市中心40分钟车程，从虹桥机场至酒店30分钟左右，浦东机场至酒店80分钟左右。

地址：上海市佘山林荫新路1288号
邮编：201602
电话：021－57799999
传真：021－57798999
网址：www.lemeridien.com/sheshan

交通信息指南

　　公交路线：上佘线、南佘线、沪陈线、沪佘昆线、沪昆线、天梅线、松青线、松重线、松朱线、旅游一号线等。（2007年底将开通地铁9号线。）

　　自驾车：上延安路高架，穿过收费站，行驶至A9（沪青平）高速公路。从赵巷/佘山出口下高速，并在路口向左转沿嘉松南路行驶，穿过泗陈公路至林荫新路口（轻轨M9对面，天桥不到）。然后右转至林荫新路，经过月圆园，3分钟后可到达酒店。

游走周边

周边旅游风向标

　　天主教堂／位于西佘山顶的圣母大殿，是与法国罗德圣母大殿齐名的天主教堂，也称远东圣母大殿。该堂于1871年由法国传教士始建，1935年落成，集希腊，罗马，哥特多种建筑风格于一体，采用无木无钉无钢无梁的四无结构，堪称不对称的典范。

　　天文台与地震台／佘山天文台建于清光绪二十五年（公元1899年），是我国最早的天文台，也是我国天文研究中心之一。

　　坐落在竹树掩映的西佘山东麓的佘山地震基准台，前身是上海观象台，已有百年历史。和天文台一样，也配备了精良的高端设备和技术人才，是我国重要的地震研究基地。

　　百鸟苑／百鸟苑是目前最大的一个集科普、观赏为一体的鸟类景点。百鸟苑依山矗立20根高达20到40米的钢柱，近3万平方米的聚乙烯网覆盖整个鸟苑。苑内鸟类有50余个品种，5000多只鸟。其中国家一、二级保护鸟类近十种。

　　旱地雪橇和漂流世界／旱地雪橇的滑道全长606米，高差60多米，时速达到10米/秒，让你体验奇妙的惊险与刺激。而漂流世界则是集运动、休闲、娱乐、综合服务为一体的娱乐场所，也是国内最大的水上世界。

上海世茂佘山艾美酒店

上海 ∨∨ 松江　度假类型　**郊野乡情**

地方风俗节庆

佘山所处的松江是在唐天宝十年（751年）就开始华亭县建制，经过1200多年的历史变迁，它从县改至府，又从府变为县，直至现在的区，是一个集历史底蕴、名人轶事、文化内涵、风俗习惯于一身的古城。

度假风尚补给站

宗教圣地／佘山，山高90米，方圆9公里，为上海地区最高峰。山上松竹茂密、景色秀丽。自上个世纪40年代即为国际上闻名的天主教朝圣地。西佘山是远东第一大教堂——佘山天主教堂和中国第一座天文台——佘山天文台的所在地。东佘山国家森林公园山体钟秀、林木葱郁。

兰笋佘山／松江人都知道佘山又名"兰笋山"。康熙五十九年（1720年）春，康熙赐佘山为"兰笋山"，并亲书匾额，命杭州织造员外郎孙成至、苏州织造司库那尔泰两位钦差大臣，奏韶瑟离京，坐船南下，同送御匾至松江佘山。这年农历三月十一日于宣妙佛殿举行了隆重的上匾朝贺之礼。从此佘山也被称为"兰笋山"。

度假感言

我们几个大学老同学在上海玩的时候，偶然决定去佘山旅游，经过朋友的推荐住了附近的艾美酒店，本来以为是一个走豪华路线的酒店，结果完全是一种休闲的度假村风格，和这里的湖光山色融为一体。尝试了一下这里的特色水疗，感觉很不错，有机会也会向别的朋友推荐。

揽紫金山水　融金陵浓情

南京紫金山庄

The Purple Palace Nan Jing

六朝古都南京历经沧桑，三国鼎立时，群雄在此角逐争战；十代兴替间，王朝在此曲终幕落。南京东郊的紫金山却一直平静安宁，无论身边的城市如何喧闹争斗、兴衰荣辱，它始终为南京保持着一片郁郁葱葱的净土。

走上山间小道，耳闻林中鸟语，呼吸带着青草味的空气，心情慢慢放松下来。山下还有深深的湖水，湖面平静如镜，岸边水鸟叽啾；晨曦与夕阳下山林滴翠、波光涟漪。而不远处的南京城，依旧是灯火辉煌、车水马龙。

紫金山并不巍峨，也不险峻，它最可贵的特质在于深藏于世俗喧闹中特立独行的平静。

紫金山庄就身藏于紫金山边，它完全保留了周围的自然风韵，同时结合了现代化的服务和设施，让人们有机会更多地亲近这种平静、享受这种安宁。

来紫金山庄，让它成为你放松心情的精神家园。

江苏 >> 南京　度假类型　郊野乡情

适合人群 商务人士、自驾游者、情侣度假、家庭休闲出游　　**适合居住长度** 2－4天

找一个理由住在这里

南京紫金山庄是一家酒店，更是一座自然山水园林，体现了山地与滨水建筑的特点。山庄内大气、水、噪音三项污染指数远低于联合国文化保护区标准，原始次生林郁郁葱葱，野鸭、白鹭时隐时现，粉墙黛瓦的别墅点缀于静谧的湖光山色之间，每间客房均可望山观水同时公共空间更临近水库最宽阔的水面，水景景深近 500 米。联合国副秘书长安娜·蒂贝琼卡女士更把"诗画般的酒店"这样的美誉赠给紫金山庄。

除了得天独厚的环境，酒店更有细致的私人管家式服务，其富于浪漫色彩的户外婚礼婚宴也受到追捧。

度假居所

客房类别： 酒店拥有 10 栋别墅楼，184 间／套观景客房，设计装饰注重细节；所有客房都是观景房，一房一景，观景阳台将室内景色与户外风光融为一体。

酒店还拥有建筑面积 6223 平方米的总统楼，自带会议室、客厅、餐厅、小酒吧、私人书房、总统特套、商务客房、游泳池等，装修华丽，人文气息浓厚。

客房设备： 所有客房均提供宽带、私人保险箱、冰箱、独立盆浴淋浴，24 小时热水，小酒吧、电视、电话、空调等设施。

美食诱惑

宴会包间——酒店 11 个中式风格的小型宴会厅临湖而建，建筑风格具有浓郁的传统气息，提供粤菜、淮扬菜、川菜、海派菜等地方菜式，供人们在此宴请贵宾和举办私人宴会。

享尹庭——零点餐厅提供淮扬经典美食、时令江河湖鲜。餐厅包围在葱茏的山野绿意中，空气清新，在此就餐定会让人胃口大开，感到悠闲惬意。

香榭——香榭设计得内外通透，使人们身居其中览尽紫金山风光。这里不仅提供中西式自助餐和西餐零点，其亲水平台还是举办露天风味烧烤和各类户外庆典活动的绝佳场所。

水木钟山——大堂吧位于酒店主楼二层，吧内陈设华丽优雅；巨幅的全景落地窗外，青山如黛、碧水沉沉，偶有白鹭匆匆掠过湖面，恰如一幅洗净铅华的水木钟山图。

休闲盘点

户外活动／喜欢户外活动的游客，可以在清晨的山间慢跑、步行或者骑自行车，这里大量的纯净氧气让身心舒畅。

喜欢打网球的游客可以在山庄提供的网球场地上一展身手，这里不仅场地设施一流，而且始终被一种青翠宁静包围，在这里肆意挥洒汗水一定酣畅淋漓。

室内休闲／山庄的游泳池和健身房均紧邻湖面。泳池 28℃恒温，湖中盛开的埃及莲似乎触手可及；健身房则直接建到了湖面上，对面便是青山。此外，山庄的棋牌中心、乒乓球室也是放松身心的好去处。

江苏 ∨∨ 南京　度假类型　郊野乡情

南京紫金山庄

江苏 ＞＞ 南京　度假类型　郊野乡情

度假小贴士

紫金山名的由来 / 南京紫金山乃江南四大名山之一，历史上最早称为金陵山，汉代开始称钟山，东吴时一度称蒋山。山上的岩石有一大半属于紫红色粉砂岩和贝岩，每当旭日当空阳光照耀，紫气生光，山峰间有紫色云彩飘荡弥漫，紫金山由此得名。

度假村精华

自然山水唱主角

走进紫金山庄时，游客可能完全意识不到这是一家五星级酒店。紫金山庄占地 1100 亩，实际的建筑却只有 10 幢小楼，这里真正的主角是自然山水　青山松林间，天然湖泊波光涟漪，湖岸边的栈桥一直蜿蜒至树林深处；野鸭、野鸡成群结队地出现在湖水边，偶尔会有白鹭掠过水面。只有那依山傍水而建的白色小楼告诉人们它的真实身份。

自然风景和人工建筑在量上形成了极大反差，把"融入自然"四字发挥得淋漓尽致。按山地与滨水建筑的特点来设计的客房，每间都可以望山观水，更可贵的是，每扇窗外的景色绝不雷同。游客推开窗便是山水佳景，在徐徐山风中入睡，在阵阵鸟鸣中醒来，能真正感受南京的气韵精华。

浪漫婚宴受追捧

紫金山庄有山有水，不但景色好，还有一个特别适合举办户外婚礼的亲水大平台，这是南京城独一无二的，婚纱照、婚礼、婚宴、婚房在山庄可以一站式解决，省心省力。

在山庄的亲水平台举办户外婚礼，洁白的婚纱、粉红色的花廊衬着碧水青山，氛围格外浪漫。山庄既可以提供难得的拍摄场地，比如开放华丽的总统特套或风格独特的别墅楼供新人拍照使用，也可以承办大型的室内外婚宴。

南京紫金山庄

度假村实用信息

服务设施一览

宴会设施／大宴会厅钟山厅位于饭店主楼二层，楼高7.9米，面积570平方米，配备高新科技设施，迎合现代商务会议的需要。酒店宴会服务人员也可以根据客人的具体要求安排个性化会议活动

多功能厅扬子厅位于饭店主楼三楼，总面积176平方米，拥有智能化的多媒体会议设施，可供举办中型规模会议、培训会、研讨会，或是各种中小型宴会。

小型会议室九华厅位于饭店主楼三楼，可容纳10人，室内装饰优雅简洁，会议环境舒适安静，适于会见贵宾、洽谈业务。

各厅提供同声传译、视屏会议、自动升降投影仪、电脑、环绕式音响系统、会议现场录音、会议室无线上网、灯光设备、激光打印机、传真用普通纸、白板、笔、免提电话、横幅制作、背景板制作等。

客房服务／酒店提供美容美发、行李服务、婴儿床、商务中心的全套商务服务、快件服务、接受主要信用卡、小件寄存、快速退房、外币兑换、客房内私人保险箱、洗衣／干洗、国内外报刊、失物招领、邮寄、医疗、客房迷你吧、房内用膳、织补、票务、叫醒、雨伞和轮椅等服务。还可应游客要求提供观光旅游的服务。

地理位置

山庄地处南京东郊风景区内的紫金山东北麓，距市中心 10 公里，距火车站 80 公里，距飞机场 40 公里，距长途车站 8 公里。占地面积1100亩，内含上、下黄马两个水库和一个人工水面，汇集紫金山山水之灵气，水面面积约20万平方米。

交通信息指南

自驾：从南京禄口机场出发

沿机场高速公路向北至花神庙立交桥——右下上绕城公路左走——至马群立交桥下上青马南街——再上环陵路向北——至紫金山庄（左侧）

从宁沪高速（上海至南京）出发

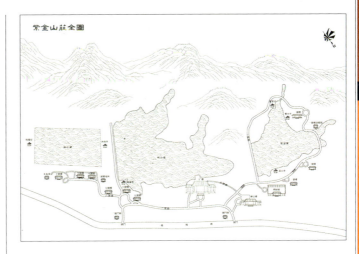

紫金山庄全图

地址：江苏省南京市环陵路18号
电话：025-84858888

先沿宁沪公路至马群立交桥——在马群岔路口下——左上环陵路——北上至紫金山庄（左侧）

公交：因为紫金山庄在环陵公路上没有公交车，没有自驾车的游客需在附近的公交站点下车后，坐出租车至山庄。

消费指南

南京紫金山庄

房型	门市价	前台现付价
主楼高级房	1580 元／间天 +15%	538 元／间天
主楼豪华房	1680 元／间天 +15%	638 元／间天
主楼高级套房	2180 元／间天 +15%	1520 元／间天
别墅 7-10	10800 元／栋／天 +15%	7880 元／栋／天

南京紫金山庄

游走周边

周边旅游风向标

中山陵 / 伟大的革命先行者孙中山先生（公元1866—1925年）的陵墓。陵墓建筑群巧妙地结合山体形势，庄严而雄伟。

夫子庙 / 位于秦淮河畔，南京最有古韵的街区。始建于北宋年间，而今已完全按照晚清风格重建。游客可以逛逛景区内各种小店，晚上这里更有花灯的海洋可供观赏。

明故宫 / 南京历史上第一个全国统一王朝的皇宫，在今中山路南北两侧。相传明太祖朱元璋征发军民工匠20万人，填燕雀湖"改筑新城"。

明孝陵 / 明朝开国皇帝朱元璋（公元1368—1398年在位）的陵墓，位于紫金山南麓，是我国最大的帝王陵墓之一。神道的规模和石雕个体均是我国古代神道中较大者。

地方风俗节庆

金陵灯会 / 正月十五，在夫子庙一带，前后历时10天，初八上灯，十八落灯。旧时讲究"上灯元宵落灯面"，是说南京人灯节期间的食俗。

爬城头 / 正月十六，在中华门，每年这一天南京人都要和家人或三五好友登城览胜，俗话叫"走百病"、"踏太平"。过去游人主要登三山、石城、聚宝（中华）、通济四城门。现在只有聚宝门（中华门）可以攀爬。

梅花节 / 每年2月下旬，在梅

花山，届时南京东郊的梅花山上几千棵梅花竞相开放，有成千上万的南京人涌向梅花山赏花、观景，钟山脚下万里人海花香，蔚为壮观。

度假风尚补给站

六朝古都南京 / 南京至今已有近2500年历史，先后有东吴、东晋，南朝的宋、齐、梁、陈等王朝在这里建都，它曾是"六代帝王国、三吴佳丽城"的金粉之地，史称六朝。它的城市绿化为全国之冠，既有自然山水之胜，又有历史文物之雅，是兼具古今文明的园林化城市。今日的南京不仅是江苏省的政治、经济和文化中心，也是中国华东地区最重要的交通和通讯枢纽之一，是

长江三角洲地区仅次于上海的国际性大商埠。

国父青睐的风水宝地 / 国父孙中山先生在南京任临时大总统时，曾到紫金山行猎。他看到这里背负青山，前临平川，有山有水，气势十分雄伟，地势比明孝陵还要好，曾笑对左右说"待我他日辞世后，愿向国民乞此一抔土，以安置躯壳尔。"由此成就了一代伟人与紫金山的千古渊源。

圣汤温泉洗凡尘

北京纳帕会所酒店

Napa Club Resort

"圣汤"温泉小汤山在昌平区东部小汤山南麓，自古闻名。

早在南北朝时期，北魏人郦道元在《水经注》中就有"湿水（注：即温榆河）又东，经昌平县，温水注之……疗疾有验"的记载。元代，小汤山更名为"圣汤"，因供皇帝专用的浴池而闻名天下。据《燕都名山游记》载，明代曾在主泉口周围修筑汉白玉围栏，辟为帝王宸游禁地，由此开始，小汤山成为燕北重镇，大有皇家独享的味道。

小汤山镇地热资源以小汤山为中心，方圆20平方公里内均有地热水。地热水的深度在各区域内不等，大约在150—1400米之间，地层深度和区域不同，水温也不同，大部分在40—50摄氏度，以小汤山中心区为最高，55—62摄氏度。

能在小汤山享受一次皇室待遇的经典温泉SPA是很多人的梦想，而把这个梦想从蜻蜓点水转变为深度体验，背负着这样一个华丽使命的北京纳帕会所酒店又岂是我们匆匆一日就能领会得尽的呢？

适合人群　小型高端会议、度假、宴请、聚会及中高层消费者　　适合居住长度　2天2晚

北京纳帕会所酒店

北京 ∨∨ 昌平　度假类型　郊野乡情

找一个理由住在这里

纳帕会所酒店是由北京翰宏基业集团投资，委托天伦国际酒店管理集团管理的五星级高档会所酒店。

在大中华别墅网评选的"2007京城十大魅力会所"中，纳帕会所酒店榜上有名。在这里，优美的环境与纯正的美式建筑相得益彰，而优质的温泉服务和高贵的配套设施，更是造就了纳帕会所酒店的迷人魅力！

纳帕会所酒店位于纳帕溪谷别墅区的中央地带，原生态树林、精美的纳帕湖、大自然的风声、悦耳的鸟鸣……这一切自然的杰作构建了纳帕会所酒店的宁静氛围。更为难得的是会所的建造理念以水为中心的度假主题，结合了这里特有的纳帕湖、葫芦河、沙沟河、温泉和特别引进的泰式SPA，成为京郊一处与皇室尊荣相匹配的度假新去向。

度假居所

客房设置： 30余套豪华客房，配备了浓郁北美风格的进口家具，提供免费上网服务，令客人尊贵独享。

特色套房： 在溪景套房，就能聆听到水中鱼儿的嬉戏声，在谷景套房，推开窗户的刹那，远山绿树尽收眼底。

美食诱惑

纳帕会所酒店四季餐厅所提供的菜品有制作精良的粤菜、适合大众口味的湘菜、京味鲁菜等，更有中国十佳烹饪大师李启贵先生倾情自创的名菜"中华宝鼎"。

休闲盘点

室内运动／室内篮球馆、羽毛球、乒乓球、游泳池、水疗室、桑拿、健身房、跳操房，即使在天气不佳的情况下，也能使人充分享受到运动的乐趣！

天然温泉／这里的天然温泉佐以目前国内功能最齐全、最先进、最专业的SPA设施及专门聘请的泰国专业技师，能让您体验到纯正的泰式SPA，真正达到放松身心、安抚情绪、调和饮食等诸多健身目的。

度假村精华

人间圣水　小汤山温泉

据北京地热水对人体健康影响科研协作组研究，小汤山居民三项免疫球蛋白、血钙、植物抗凝素等测定均高于不接触地热水的人，可见地热水有强身健体之功能。

小汤山地热温泉，按我国和日本分类属氡泉；按德国分类为纯温泉；按前苏联分类属低矿化度、重碳酸钠钙、高热含氟温泉。1989年中国科学院地质研究所进行水质化验表明，每升温泉水含钙41.81毫克，镁15.18毫克，钠6734毫克等，每升温水总矿化度大于800毫克。

第一家得到泰国大使馆认可的泰式SPA

I SPA泰美好是第一家得到泰王国大使馆正式认可的泰国SPA，是北京第一家由泰国专家直接管理的SPA，是北京仅有的2家国际SPA协会会员单位之一。《精品购物指南》把I SPA评为北京地区五星级服务的唯一一家SPA；《SPA CHINA》杂志认为I SPA具备完美无缺的服务；《瑞丽·伊人风尚》把I SPA评为圣诞节期间最浪漫的场所。

价格：498元（90分钟）
特色项目：古法泰式按摩

度假小贴士

小汤山温泉水含有多种微量元素和少量放射性气体，故而有较高的医疗价值。经多年临床治疗证明，小汤山温泉对某些皮肤病、关节病、腰背损伤等疾病有较好的辅助疗效，对慢性病有特殊的疗效。高温浴有刺激作用，促进新陈代谢机能，可增强抵抗力，预防疾病。

消费指南

北京纳帕会所酒店

豪华谷景套房（大床/双床 无早餐 宽带免费）
门市价 980元　前台现付价 650元

豪华溪景套房（大床 无早餐 宽带免费）
门市价 1180元　前台现付价 778元

纳帕情侣套房（大床 无早餐 宽带免费）
门市价 1380元　前台现付价 910元

豪华家庭套房（大床/双床 无早餐 宽带免费）
门市价 1880元　前台现付价 1240元

纳帕溪谷套房（大床 无早餐 宽带免费）
门市价 3880元　前台现付价 3300元

餐饮：零点人均消费 100元
宴请人均消费 200元

康乐：人均消费 ¥180元

度假村实用信息

服务设施一览

会务设施／纳帕会所酒店还设有1个多功能厅及3个会议室，配备了专业的音响设施，可容纳10－80人，是各公司团体举办高级商务会议的绝佳选择。

地理位置

纳帕会所酒店位于北京市昌平区小汤山镇纳帕溪谷别墅区（昌平区小汤山镇沙顺路68号，九华山庄斜对面）的中央地带，占地1.2万平方米。这里毗邻六环，交通便利，从亚运村驱车25分钟便可到达，距首都国际机场也仅40分钟之遥。

地址：北京市昌平区小汤山镇
　　　沙顺路68号纳帕溪谷会所
电话：010－61787711

交通信息指南

离机场距离：30公里
离北京火车站距离：45公里
离市中心距离：40公里
离相邻商业中心距离：40公里
路线1：（城西出发）
三环马甸桥 —— 纳帕会所酒店
从马甸上八达岭高速路向北，至六环路入口，沿顺义方向走至小汤山

北苑出口，出口向东至丁字路口向北 至大柳树环岛向东，过九华山庄200米 路南侧即到。
路线2：（城中出发）
二环安定门 —— 纳帕会所酒店
从安定门向北过安贞桥、安慧桥至安立路口向东，上北苑路，从汤立路向北12公里，路经天通苑、北七家、马坊到大柳树环岛向东，过九华山庄200米路南侧即到。
路线3：（城东出发）

京承高速路 —— 纳帕会所酒店
从京承高速路向北至昌平顺义出口，沿昌平方向上北六环路到小汤山北苑出口，下高速路向东丁字路口向北至大柳树环岛，向东过九华山庄200米路南侧即到。沿途有"纳帕溪谷"别墅区的指路牌，请根据指示行进即可。

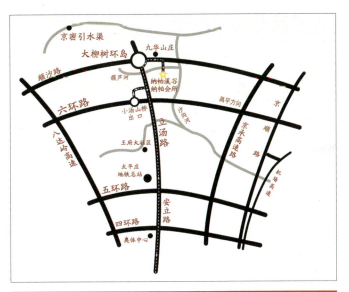

胱炎、退化性关节炎、焦虑症、忧郁症、痛性痉挛等等。

　　纳帕会所酒店康乐中心的水疗中心汇集了国际顶尖的水疗设施，是京城规模最大、种类最全、环境最美的水疗馆之一。气泡、超声波、水浮、鹅颈拍打、针刺床，不管你是"吃软"、还是"吃硬"，总有一款适合您……

度假感言
　　室内游泳池不错，25米的标准4泳道。度假村的i-SPA不错，值得做一下。酒店部分是天伦国际酒店集团的管理，所以服务态度都很不错。酒店周边因为是Napa Valley的别墅区，总体环境也很好。喜欢那里的安静，对于自驾车的朋友来说值得推荐，周末放松挺好。

游走周边

周边旅游风向标
　　昌平是一处采摘、垂钓、打高尔夫、滑雪的休闲好去处。其中重要风景有：

　　明十三陵/位于北京市昌平区境内大寿山南麓，区域面积达40余平方公里。明朝迁都北京后，有十三位皇帝埋葬在此，故称十三陵。

　　银山塔林/银山塔林又称铁壁银山。铁壁银山坐落在北京昌平区北部的崇山峻岭之中，距县城30公里，银山由黑色花岗岩构成，石崖皆呈黑色，峰峦高峻，冬日积雪深厚，银妆素裹，黑白相间，反差强烈，铁壁银山由此得名。

　　居庸关长城/居庸关在距北京市区50余公里外的昌平区境内。相传秦始皇修筑长城时，将囚犯、士卒和强征来的民夫迁徙于此，后取"徙居庸徙"之意，故名居庸关。居庸关是京北长城沿线最著名的古关城，有"天下第一雄关"之称。

度假风尚补给站
　　新鲜养身道——水疗/水疗是指运用水的物理特性、温度及水的冲击力量来达到其治疗效果。世界卫生组织（ＷＨＯ）对"健康"两字的定义为：不仅是指个人身体没有疾病，且还包括了生理、心理以及社会层面整体的舒适安顿。而水疗治疗可以符合这些预防医学的目标，抵抗压力、放松自我、减肥瘦身、美容养颜。

　　水疗适应症归纳为：坐骨神经痛、风湿病、运动引起的损伤、膀

北京乡景度假村

乡风湖景的柔软时光

北京乡景度假村
Village View Resort

　　都说怀柔上风上水，坐落在怀柔的度假村则更是沾染了一股灵气，如果厌倦了华丽而单调的酒店客房，在怀柔这里倒有一个好去处，回到过去的时光，沉浸在柔软的旧时记忆里。

　　北京乡景度假村就是有着绝对推荐值的一个好去处，所有回来的朋友都久久不能忘怀里面的三套老北京四合院，都是按照传统布置，创意随处可见。

　　如果运气好，能抢得先机，最好能尝试一下这里的特色"炕"。早上醒来，浑身都通畅很多，然后在院内走到那口消失已久的压水井前，尝一尝鲜纯的井水，齿间一片冰凉，脑中也一片舒爽，看着院内木架蔓延的葡萄藤，再烦躁的心都可以顿时静下来。

适合人群 公司团队建设，商务会谈　　　适合居住长度 2天1晚以上

北京乡景度假村

找一个理由住在这里

北京乡景度假村坐落在风光秀丽的雁栖湖畔，三面环山，一面临水。所有来到这里的住客都可以在幽静的田园氛围中体验都市生活的优雅。这是一家集公司会议、培训、宴会、婚礼、朋友聚会和周末休闲为一体的综合涉外度假村。在这里，可以闲庭信步，可以垂钓、品茶，可以观湖、看山，别有一番情趣。在这里，还可以举办各种类型的商务活动，宴请、户外及湖边婚礼。

乡景度假村避闹市而近旷野，依山傍水，建筑风格与自然浑然一体。整个度假村外形淳朴中体现经典，不张扬中体现个性。度假村里提供有特色的慢投棒垒和龙舟，十分适合团队协作活动。度假村与各大部委、外企有良好的长期合作关系，与挪威使馆，德国使馆等都有十分密切的往来，正是其高尚的文化品位的明证。

特色服务设施

草坪婚礼
看台酒吧
四合院水疗池
草坪帐篷
大小会议室
室内外场馆

度假居所

设计理念

在乡景度假村，无论下榻在特色四合院，套房还是各种西式客房里，都可以体会到客房中西合璧的现代而义时尚的风格。

客房设施

从客房中可以看到四周依山傍水的美丽风景。宽大舒适的客房里设有休闲桌椅沙发，卫星电视等，客房还提供宽带上网服务。设施配备完善齐全，给住客方便舒适的感觉。

美食诱惑

农家野味餐饮
中西式餐饮
德国式烧烤
各种饮料以及德国啤酒

休闲盘点

棒垒球
龙舟
划船
篮球
网球
羽毛球
乒乓球
台球

北京乡景度假村

北京 》 怀柔　度假类型　郊野乡情

度假村精华

乡野之趣　田园之光

度假村地处怀柔旅游区，住客可以感受千年古刹红螺寺的神秘，慕田峪长城的雄伟，箭寇古长城的奇险。感受一下在蓝天牧场上驰骋赛马、射箭，和在雁栖湖公园体验水上运动的乐趣。

在乡景度假村里，可以体验棒垒球和龙舟的独特乐趣，享受篝火晚会的热烈场面，以及网球、篮球、羽毛球、乒乓球等项目。得天独厚的自然环境，造就了乡景度假村的朴实、浓厚自然的田园气质，使之成为远离都市喧嚣的世外桃源，更是繁忙都市人周末休闲度假的上选之地。

无论是在湖畔露台、阳光咖啡厅，还是茅草覆盖的看台酒吧，都能享受到最和煦的阳光和纯正的咖啡。度假村还体现了中西合璧的风范，风味农家菜和正宗德式西餐在这里可以共享，欧式风情别墅与老北京传统四合院在这里和谐并存。

度假村实用信息

消费指南

北京乡景度假村

北京乡景度假村

房型	门市价	前台现付价
标准客房	700元	520元
2号四合院标间	770元	616元
3号四合院标间	968元	726元
1号四合院标间	968元	726元
复式套房A	2250元	1710元
复式套房B	3200元	2430元
2号四合院	4390元	3293元
1号四合院	5800元	4600元
3号四合院	6900元	5100元
湖景别墅	9500元	7220元

交通信息指南

自驾车路线：

从市区出发，从三元桥走机场高速经北皋收费站直行至枯柳树环岛，到达开放环岛；按指示标向慕田峪、雁栖湖方面行驶，丁字路口右转直行经富乐环岛，至雁西湖环岛左转，向八道河方面行至湖景水上乐园即到。

地址：北京市怀柔区雁栖镇泉水头村东
电话：010－67173558
网址：www.villageviewresort.com.cn

地图

北京 〉〉

怀柔　度假类型　郊野乡情

248
北京乡景度假村

北京 》 怀柔　度假类型 郊野乡情

游走周边

周边旅游风向标

雁栖湖／乡景度假村边上的雁栖湖，因每年春秋两季，常有大雁来此栖息，故而得名。雁栖湖三面环山，北面群山绵亘、重峦叠嶂，万里长城隐现其间，西面有红螺寺，南面有一望无际的华北平原；东岸有元宝山、金灯山。从乡景到雁栖湖公园25分钟左右。

红螺寺／乡景距离红螺寺25分钟左右，始建于东晋，扩建于盛唐，原名"大明寺"，明正统年间易名"护国资福禅寺"，因红螺仙女的美妙的传说，俗称"红螺寺"。光绪年间，印光僧人来红螺寺修学净土法门，后去普陀创建净土道场，所以世有"南有普陀，北有红螺"之说。

度假感言

最初知道乡景是听朋友提及，说那里的四合院、欧式Town-house、大草坪和紧临雁栖湖的湖景，有着说不出的味道。建筑大多是欧式的Town-house或别墅，并不是特别张扬，却有着内敛和质朴。户型很多，有标间、有套房、湖景别墅，房间很是干净，比城里一般的酒店要好。如果家庭聚会，推荐四合院或套房，房间里都有卫生间，也能上网。

北欧风情的山水小镇
北京阳光三百度假村
Sunshine Villa

　　怀柔是一个让听觉充满舒适感的地方，似乎与霸气十足的京城无法关联，而恰恰是在这里，厌倦了喧闹都市的人们才能呼吸到不一样的空气，感受不一样的度假天。

　　怀柔的怀抱，有一处名为阳光三百度假村的好去处，或许是你下一个周末的绝佳度假目的地。来到了阳光三百度假村，首先映入眼帘的是那一栋栋独特的欧式别墅，仿佛童话世界里的理想国度，一切都是那么精致，那么浪漫。湖水临山而动，走在其间，一切都不再重要了。即便什么也不做，只是静静坐在那里都会让您微笑。

　　整个度假村充满了北欧浪漫主义气息。透过房间宽大的落地窗，湖水幽静，阳光投洒在身上，窗外树木繁茂，果树成林，碧波荡漾，仿佛整个世界静止在面前。

适合人群 家庭度假、情侣出游、朋友聚会　　**适合居住长度** 3天2晚或长期居住

北京阳光三百度假村

北京 ∨∨ 怀柔　度假类型　郊野乡情

找一个理由住在这里

度假村所在的怀柔生态旅游谷抱水环山，环境得天独厚。北倚雄伟的万里长城，西部至北部有龙山、凤山、担子山、潘各长西山、红螺山等秀丽的群山环绕，青山脚下有碧波万顷的怀柔水库和小巧玲珑的红螺湖，度假村就在这襟山带水，柳绿花红，湖光山色中，成为画中的一景。

13栋北欧风情的小洋楼依山而建，座座亲水，室内装饰户户不同，设计精致高雅。度假村内有100间客房，有容纳600人的大餐厅，和大小不等的会议室和月光酒吧，是工作休闲两相宜的好去处。

度假居所

套房类型：共有100套风格不同的客房，按类型可分为圆床房、树林石屋、标准客房、豪华商务套房、豪华复式套房、别墅。间间见景，处处临水。

客房设计：在小木屋区，依山势而建造型独特的木屋别墅。小木屋是特聘欧美设计师依据欧式、日式两种不同的建筑风格，选用全天然优质木材搭建，一年四季都能看到各种不同的美景。

美食诱惑

酒店餐饮部的各餐厅及厨房设施齐全，佳肴琳琅，可提供美味可口的潮粤农家风味、欧美菜式佐膳宴客别具特色，除中餐厅、咖啡厅外，还有装饰风格古朴的茶室，景色怡人的野外湖边烧烤，古朴古香的农家氛围的风味厅，构成多姿多彩的饮食文化。

其中最具特色的要数由厨师精心烹制的农家菜，粗粮细做，风味独特。

休闲盘点

有星光迪吧、卡拉OK包房、台球、垂钓、登山、戏水等娱乐项目。如果你爱好运动，可选择室外山泉游泳或登山。

度假村精华

四季皆宜的度假好去处

怀柔区属暖温带大陆性季风型半湿润气候，四季分明，雨热同期，夏季暖热湿润，冬季寒冷少雪。雨季主要集中在6－8月份。总的来说5－10月气候较好，但一年四季都有其特点，就看你的选择。

春天，漫山遍野鲜花竞相开放，山杏花、山桃花汇成了花的世界，花的海洋；夏日，密密匝匝的板栗树如伞似盖，浅黄色的板栗花发出浓郁醉人的清香；秋季，千亩的板栗园，硕果盈枝，旅游区在"板栗节"做出的"千亩板栗园，板栗任你捡，不捡白不捡，捡了不要钱"的承诺，吸引了不少游客前来；冬天，白雪飘飞，银装素裹，是滑雪的最佳季节。

度假小贴士

怀柔三季有花，再加上山清水秀，风景非常迷人。

度假村实用信息

地理位置

度假村坐落在北京怀柔山区，沿111国道上行、经雁栖湖，过怀北国际滑雪场，再过百泉山在前行一公里后，便可到达北京阳光三百度假村。

地址：北京怀柔区怀北镇椴树岭
电话：010－61622300

交通信息指南

怀柔距市区50公里，距首都机场72公里，2004年京承高速路开通直达怀柔，2008年轻轨也将开通。

公交：在市区坐916路、936路、游6路和游16路能到达怀柔。

自驾车：机场高速北皋出口，过交费站向顺义方向行驶，然后继续直行往怀柔方向。过牛栏山路口，再前行5公里到达怀柔立交桥，继续直行至怀柔开放环岛，绕环岛驶向雁栖环岛，过环岛向雁栖湖方向行驶，至怀北镇，过镇沿山路一直前行即可到达。

消费指南

北京阳光三百度假村

房型	价格	房型	价格
圆床房	680元/间	豪华商务套房（带桑拿屋）	1380元/间
树林石屋	480元/间	豪华复式套房（带桑拿屋）	1680元/间
标准客房	398元/间	别　墅	5800元/栋

会议室及康乐项目

大会议室	1800元/全天	含茶水、幕布、白板、笔
小会议室	600元/全天	含茶水、幕布、白板、笔
篝火晚会	600元/堆	含卡拉OK3小时
星光迪吧包场	2000元	不含酒水
星光迪吧散客门票	30元/人	含啤酒或软饮一个
KTV大包房	1280元/间	含洋酒一瓶或干红两支加干白一支 啤酒20瓶，小吃8种，果盘2个
KTV小包房	880元/间	含哥顿金酒一瓶或干红干白各一支 啤酒10瓶，小吃4种，果盘1个
台球	30元/小时	押金200元
乒乓球	20元/小时	押金100元
皮划艇	50元/小时	押金200元
羽毛球	20元/小时	押金100元

252

北京阳光三百度假村

北京 》 怀柔　度假类型　郊野乡情

游走周边

周边旅游风向标

幽谷神潭／位于怀柔区怀北镇椴树岭村北，距市区75公里。景区总面积约6平方公里，从山脚到顶上神潭一路是翠岭、青山、奇峰、怪石、峭壁、悬崖、幽溪、曲水、飞瀑、清潭、游鱼、鸣禽、繁花、绿树，山顶处有天然形成的大石潭。著名景观有"通天门"、"回首卧虎岭"、"雷劈石"、"闻泉知鱼潭"、"鹰嘴峰"、"映月潭"等。

百泉山风景区／百泉山自然风景区位于怀柔区峪道河北雁栖湖与幽谷神潭之间，距京城63公里。景区以其特殊的地理环境、雄奇的山体结构、丰富的植被及矿泉资源，构成了得天独厚的自然景观。山中隐藏的数百山泉使峡谷溪流不断、潭潭相连。著名景点有"如来佛掌"、"立鹰峰"、"擎天柱"、"小黄山"、"太极谷"等。

怀北国际滑雪场／位于怀柔城北18公里，雪道长3800米，落差238米，是北京地区雪道最长、规模最大的国际级雪场。雪场还拥有全长1200米的观光缆车，3条拖索索道，并有雪地摩托、马拉雪橇、雪地射箭等多种娱乐项目，同时配有20余名专业滑雪教练辅导。

红螺寺／红螺寺位于怀柔北部的红螺山，该寺初建于东晋永和四年（348年），因该寺所在山下有一"珍珠泉"，相传泉水深处有两颗彩色殷红的大螺蛳，每到夕阳西下便吐出红色光焰，故山得名"红螺山"，寺俗称"红螺寺"。寺院占地百余亩，主要建筑为山门、天王殿、大雄宝殿、禅堂，以及由东西四座配殿和诵经房组成的中院。

慕田峪长城／位于怀柔区，总长2250米，是明初大将徐达大败元兵之处，公元1569年，著名爱国将领谭纶、戚继光对这段长城进行维修重建。长城许多地方是用花岗岩建成的，景区内树木覆盖率达96%以上，景色非常优美，每年的金秋十月是旅游的最好季节。

度假风尚补给站

阳光三百的环保政策／度假村坐落于怀柔山区内，十分重视对周围环境的保护，珍爱大自然，也为游客提供一个自然、优雅、洁净的度假环境。推出的环保政策主要有以下几条：各项工序运作尽量减少对空气和水源的污染；采取措施减少废料、降低能源耗费；尽量利用自然风、光、通风、采光；建筑材料和外观色彩与酒店环境和谐；减少客房各种布料的洗涤，以保护水资源；挑选种植净化空气的花、树品种等。

度假感言

整座小别墅从外观看很不错，和宣传照上一样。这里的餐厅做的农家菜价廉物美，有国产的中档干红和干白选购，有冰块提供。建议配合整体风格酒店可以考虑增加咖啡屋和书吧，适合喜欢安静的客人。另外在餐厅也可以单独设置西餐区以及西式早餐。

依山傍水　山灵水秀之佳处

北京月亮河庭院酒店

Peking Moonriver Hotel

　　仁者乐山，智者乐水，不管仁者与智者，在密云都能找到让他们亲近的地方。密云拥有亚洲最大的水库 —— 密云水库，还拥有以其名字命名的山 —— 密云山，白云在山间萦绕，仿若一条腰带，在日光的照射下若隐若现，轻灵而飘忽，此山四时景不同，阴晴景相异。陈胜、吴广、曹操……多少真的勇士从这里走过，多少岁月在此留下印记，当年"渔阳"的名字早已被世人淡忘，她拥有了一个更富诗意的名字 —— "密云"。

　　都市的灯红酒绿在此变得黯然失色，快速的生活节奏在乡野农家的乐趣中消失殆尽。置身于大自然氧吧中，呼吸变得顺畅，心情变得愉悦，心境更加空灵、澄明。山峦连绵，峡谷幽深，青山与碧水带给人们宁静与悠闲，大自然也总能让人感到心旷神怡，忘却世俗的纷扰，尘世的喧嚣。

　　入住北京月亮峡谷庭院酒店，正是人们亲近自然的绝佳选择。临水而坐，或用一根纤细的竹竿垂钓，或打坐静思，与水相视，追寻久违的清静。

　　适合人群 小型商务会议、旅游度假、休闲聚会、避暑疗养　　**适合居住长度** 3—7天

北京月亮河庭院酒店

北京 >> 密云 度假类型 **郊野乡情**

找一个理由住在这里

　　月亮河庭院酒店位于亚洲最大的水库 —— 密云水库南，依山傍水，山灵水秀，是半开放式私家庭院式会所。森林覆盖率达87%，茂密的森林净化了一流的大气环境，是首都最近的天然氧吧。酒店毗邻密云众多景点及县城，且方便到达。

　　这个清静的小型精品度假村有着太多的惊喜，非常适合情侣来此享受两个人的世界。可以先到云蒙山一探究竟，而后回来品尝著名的水库鲜鱼，晚上累了还可以在房间内观看DVD大片。如此享受的假期只有月亮河能满足！庭院内，万顷涟漪尽收眼底，艺廊前，湖水畔，紫藤架下，红烛桌边，夜静对饮，月圆窗前，给人心灵的沉醉。庭院后，青山绿水环绕，置身天然氧吧，聆听鸟鸣山谷，健步山峰层峦，遥望瀑挂前川，纵览万亩碧波，使人流连忘返。

休闲盘点

　　金地庄园、绿色采撷/金地庄园是京北最大的葡萄采摘园，金秋9月，这里硕果累累、葡萄满枝。这里的葡萄品种大约有70多种，多为进口品种，被称为白河边上的水果山。在此，游客们可以感受亲自采摘的乐趣。

　　水库垂钓/湖光山色，碧波万顷，置身于大自然中，享受怡然自得的垂钓之乐。

度假居所

　　设计理念：树影婆娑，坐落在密云水库的世外桃源。月亮河庭院酒店傍依青山，临湖而筑，采用经典庭院式布局，中西合璧、异域风情，是幽静的避世之处，让游客远离尘世的喧嚣。撷取传统庭院式建筑之精髓，给人以美的享受。

　　套房配置：拥有客房30余套，双人标准间25套，行政套2套，豪华套4套，总统套1套。另有配套多功能厅，会议室，中西餐厅，活动室，棋牌室。

　　客房设施：室内装饰尽情演绎南美风情，为顾客提供优雅、高贵的心灵居所。所有客房均接入宽带以及有线电视、DVD机、国际国内长途电话，配套设施齐全。客房宽敞明亮，临窗可观湖光山色。酒店同时提供特色私人管家服务，给顾客一个完整的轻松假期。

美食诱惑

水景餐厅

　　墨西哥式的南美装饰风格与窗外庭院美景融为一体，在畅快呼吸山林氧气之时，品尝美味佳点。无论山野家宴，还是悠然小酌，或商务宴请，顾客都将充分领略生活中可望而不可求的华贵与儒雅。川、鲁、粤、淮扬菜及地方风味菜肴，均由行家料理，做工考究。在这里，游客将尽情感受密云之鱼文化。

度假村精华

入住月亮河庭院酒店，零距离享受京北风光。这里有被誉为"小黄山"的云蒙山，有深不可测的黑龙潭，有京都第一瀑……这里也有得"燕山明珠"之名的密云水库，挟天下之最的司马台长城，人文与自然完美结合。而在这里，与人最亲近的自然就是水。

临湖观景

月亮河庭院酒店，布局幽静典雅，依山傍水。泡一壶清茶，落座水边，柔风拂面，夹着阵阵茶香，悠然品茗，不亦乐乎。

纯天然　密云鱼

密云"水库鱼"天然无污染，品质优良，味道鲜美，入口细腻，肉嫩汁甜，是游客必尝佳肴。这里还有一种名为"潮白河鲤鱼"的原生鱼种，又称"潮白河金黄大鲤"，素有"美人鱼"之称。

中国顶级度假村指南

255

北京月亮河庭院酒店

北京 ∨∨ 密云　度假类型　郊野乡情

度假小贴士

密云鱼文化/京郊密云县，自古以来就和"鱼"字结下了不解之缘，早在春秋战国时期，这里就因为捕鱼人数众多，被称为渔阳郡，这是密云"鱼文化"最早的记载。解放后修建密云水库后形成了华北地区第一大水库，目前已成为北京城唯一的一盆"净水"。密云"鱼文化"也揭开了新的篇章。每年9月是水库捕鱼佳期，这里便成了京郊旅游的独有风景，密云的金字招牌。

服务设施一览

企业会议，商业洽谈

酒店环境优雅，拥有可同时容纳40人的会议室。为各企业、商会、政府部门举行小型高档会议或活动提供优质服务。

娱乐室

现代化的多功能厅，卡拉OK，棋牌，台球、乒乓球。在这个让身心放松的休闲中心，人们抛开一切尘世的纷扰，尽情地释怀。

北京月亮河庭院酒店

北京 >> 密云　度假类型　郊野乡情

度假村实用信息

地理位置

　　月亮河庭院酒店位于密云水库的南岸。近京承高速公路，距城区40分钟路程，距首都机场半小时路程，交通便利。酒店依山而建，地处密云黄金地段，紧挨水库，是现有唯一一家坐落于密云水库前山的酒店，步行至水库仅需10分钟。

交通信息指南

　　距首都国际机场车程约为30分钟，可打的前往。

自驾车路线一

　　从三元桥走京密公路（101国道），到密云县城第一个红绿灯左转，沿白河东侧走上密溪路，直行至溪翁庄丁字路口右转直行，约3公里处可以看到溪翁庄镇政府（月亮河庭院酒店就在镇政府东侧），路北有一斜坡岔道开车而上即可到达酒店。

自驾车路线二

　　京承高速至密顺路出口至密云水库风景区直行至（见路边指示牌）水库宾馆右转2公里左右见密云月亮河庭院酒店标示牌即到。

地图：

地址：北京市密云县
　　　溪翁庄镇镇政府东侧
电话：010-69015696
网址：www.moonriver.com.cn/ceshi/home.htm

消费指南

北京月亮河庭院酒店

标准间　780.00元　22m²
退房时间：中午12:00，超过12:00加收房费的50%，超过18:00加收房费的100%。
无预先提示所有预订只保留至下午18:00，周五保留至晚20:00。

商务间　780.00元　22m²
行政套间　2800.00元　70m²
豪华套间　6800.00元　118m²
会议　200元/小时
会议室可容纳40人，租用投影仪80元/小时。

餐饮休闲

水景餐厅
宴会最低标准：￥800元/桌
早餐：￥30元/人
餐饮经营以川、鲁、粤及农家特色为主，又以"官府谭家菜"而著称。

中医保健、足底按摩
￥268元/位、128元/位（45分钟）

卡拉OK
￥600元/次（4小时）

棋牌室、台球、乒乓球
￥150元/天/套、50元/小时、40元/小时
团队、会议价格另议。

游走周边

周边旅游风向标

密云水库 / 美丽的密云水库宛若明珠镶嵌在华北平原上，环抱于燕山山脉之中，以山灵水秀，景象万千而吸引游人，成为京东著名的旅游风景区之一。登临坝顶，顿时豁然开朗，烟波浩渺，天水茫茫的湖面，渔船点点，一眼望不到尽头，库旁的各式建筑，隐现在青山绿水之中，恰似仙宫琼阁。

司马台长城 / 这段奇妙的长城历经四百多年的风雨洗礼，至今仍然较好地保存着明长城原貌，最大限度地保留了历史信息。斑斑点点的"伤疤"，大量的文字砖群，技艺精湛的浮雕，完美的建筑工艺和长城磅礴飞舞的身躯，对人们欣赏、了解和认识长城增添了极大的乐趣。被行家誉为"奇迹中的奇迹"。

云蒙山 / 被称为"小黄山"的云蒙山位于密云县和怀柔区交界处，

古称"云梦山"，是京郊著名的风景名胜区，也是北京市著名的国家级森林公园。境内山势耸拔，沟谷切割幽深，奇峰异石多姿，飞瀑流泉遍布，云雾变幻莫测，林木花草馥郁，自然风景十分优美。被冠以"黄山缩影"的美誉，而"云蒙林海"更为黄山所不及。

桃源仙谷 / 桃源瀑旁天梯悬挂，桃源湖畔绿柳成荫，观峰台上苍松迎客，观楼台下春花尽览。山峦连绵，峡谷幽深，森林茂密的桃源仙谷以湖、瀑、潭、洞、多树而著称。四季景致，各有不同，让人赏心悦目。春季，桃花遍山，野花烂漫；夏季，山风清凉，是避暑的胜地；秋季，硕果累累；冬季，银装素裹，冰瀑倒挂，是强身健体的好去处。

地方风俗节庆

"五音大鼓" / 密云五亩地村里有一个非常热闹的地方，在这里您可以欣赏到北京当今唯一保留下来的"五音大鼓"民间艺术表演。"五音大鼓"源远流长，音律美妙，被人们称为"密云的纳西古乐"。

密云"蝴蝶会" / 以蝴蝶为形象特征的一种民间舞蹈表演形式，因其通常随走会队伍进行表演，也被视为一个会档。在密云境内卸甲山、

康各庄等地广泛流传，深受当地群众欢迎。密云"蝴蝶会"与国内其他地区以蝴蝶为形象特征的表演形式不同，它采取成人与儿童叠加上肩的表演形式，拓展了表演的空间，增加了表演的观赏性。

地方特产 / 密云特产十分丰富，著名的有梨中之王——黄土坎鸭梨、御皇李子——东邵渠李子、金丝小枣——田各庄小枣、燕山板栗、龙全香白杏、上峪野生鲜菇、水库鱼等等。

度假风情补给站

悠远历史

密云历史悠久，距今约10万年前，已有人类活动。秦末陈胜、吴广渔阳起义，即在现在的密云。三国时，密云为魏地，曹操大战乌桓，一统北方亦在此地。北魏时因县城南15公里处有高山，常年云雾缭绕，名为密云山，从此，"密云"的名字便沿用到了今天。明朝抗倭名将戚继光从浙江调入密云，重修了金山岭、古北口、司马台长城。

司马台长城

司马台长城是万里长城中的精华部分，已被联合国教科文组织确定为"世界级珍品"的人类特级文化遗产。它是我国唯一一段没有修饰，保留明朝原貌的古建筑遗址。司马台附近山势险峻，到了司马台隘口，可谓一夫当关，万夫莫开。山势使然，修筑者不能不匠心独运。在很短的距离里，城墙和敌楼形式之多、变化之大，在万里长城中极为罕见。

古风民俗

武陵仙境　山水奇源

最佳西方武陵源国际度假酒店

Best Western Premier Zhangjiajie

湘西如诗如画，恬静淡远，文学家沈从文赞美过，画家吴冠中表现过。

湘西武陵源是一幅由茂密森林、多姿溪涧、变幻烟云和淳朴的田园风光所构成的浑然一体的立体长轴画卷。没有人工的粉饰雕琢，没有历代帝王将相、文人雅士的诗文捧颂，它向人们展示了自己具有原始野性的本色。而湘西少数民族的独特风情又给这幅画卷添加了一抹浓浓的人文色彩。走一回长长的石板路，睡一晚月色下的吊脚楼，听一曲原汁原味的民歌，再来一段地道土家舞蹈，你会怀疑世俗的尘埃是否来过这里。

武陵源国际度假酒店就坐落在这人与自然和谐统一的世界里。在这里，住的是景观房，喝的是天然水，吃的是索溪峪小鱼，吸的是森林氧；在金鞭溪边散步钓鱼、听听水鸟啁啾；满目碧水蓝天、湖光山色。

一不小心，你就成了画中人。

适合人群　休闲旅行者、旅游团队、商务人士　　适合居住长度　4-14天

左侧竖排：

中国旅游导航
中国高级度假材料指南

最佳西方武陵源国际度假酒店

湖南 ∨∨ 张家界　度假类型　古风民俗

找一个理由住在这里

武陵源风景区是国家 5A 级景区、世界自然文化遗产、世界地质公园，以奇峰、怪石、幽谷、秀水、溶洞"五绝"闻名于世，区内有茂密的森林，多姿的溪涧、变幻的烟云，淳朴的田园风光，构成立体的水墨山水画卷，被称为"人间仙境，世外桃源"。

武陵源国际度假酒店位于武陵源风景区的心脏地带、张家界国家森林公园的核心，临水依山而建，占地 55.5 亩，是湖南省首家国际品牌五星级酒店，也是张家界市目前最大的旅游酒店。酒店坐落在美丽的索溪河边南侧，将现代时尚元素、湘西土家文化和张家界独特的自然景观融合为一体，已成为张家界的标志性建筑。

度假居所

度假村临水依山而建，拥有 482 间融入自然风光的客房，每间客房都有独立观光阳台，可以让游客足不出户便欣赏到美景。

三区七楼的总统套房面积 378 平方米，采用复式结构，有华贵建筑造型、舒适起居卧室、静谧的书房、典雅家具摆设。窗外可见群山飞瀑，纵观酒店园林景观。另外酒店三区还为残障人士专门设置了残疾人房，为伤残人士提供便利的客房服务。

美食诱惑

泰和国际宴会厅：临坐索溪河，在室内就可将户外美景尽收眼底。宴会厅可容纳 500 人同时用餐，另有多功能会议厅 6 间，能容纳 30－750 人不等，能满足结婚喜宴、各型会议、中西式酒会及其他各式活动需要，空间规划可根据需要弹性使用，适合团体活动、休闲会晤，或亲朋聚餐。

泰和中餐厅：这里游客能品尝到地道的土家风味特色佳肴和粤港美味。菜式丰富，风味独特，并提供 24 小时送餐服务。

瑞雅西餐厅：餐厅布置具有东南亚园林风情，空间设计由名师打造，提供的菜品包括开胃菜、口感丰富的面点主菜与手工现制比萨、红酒佳酿及精致甜点等，满足喜爱西餐的游客的需要。

休闲盘点

汉宫夜总会／内设 15 间 KTV 包厢及休闲清吧，大小不一，可以满足不同客人的需求，是公司聚会和朋友聚会的极佳场所。棋牌室、麻将房配备全自动麻将机，24 小时提供麻将、扑克、围棋、军棋等服务。

池畔吧／可以在室外太阳伞下边饮茶聊天，还承接大小会议团队的自助烧烤晚餐，游客能在习习的凉风中感受别样风情。

健身区／拥有国际标准室内恒

温泳池，水温常年控制在 28℃左右；跑步机、登山机、划船机、哑铃等健身器材，让爱运动的游客身心酣畅淋漓。800 平方米的室外泳池与异国风情园林景观相邻，游客可以尽情享受阳光、美景与碧水的快意。

美容中心／提供剪发、染烫发、护肤、面膜等一系列服务；在含负离子的空气中，芬兰式桑拿和蒸汽浴以及专业足疗让身心得到尽情放松；SPA 专为需要营养护理、消除旅途疲劳之人士提供放松服务，提供各类精油按摩、保健护理等服务，游客能在洋溢精油芳香的气氛中边欣赏美景边啜饮热茶。

最佳西方武陵源国际度假酒店

度假小贴士

张家界的最佳旅游时间是春秋两季：春天的张家界芳草鲜美，落英缤纷，溯金鞭溪，游十里画廊，探黄龙洞，体会武陵人进入桃花源的惊喜；秋天的张家界天高云淡，层林尽染，此时正是猕猴桃、蜜橘等美味水果成熟的时节。相对而言，夏季高温多雨，冬季气候寒冷，舒适度稍逊于春秋。

银杏、水杉、龙虾花等奇花异草漫山遍野，还有猕猴、灵猫、角雉、锦鸡等珍禽异兽出没其间，再加上奇峰异石，突兀耸立，溪绕云谷，绝壁生烟，不由让人对何谓"天然去雕饰"的人间仙境深有领会。

尽赏民族风情

与自然风光相映成趣的，是武陵源纯朴的田园风光和浓郁的民族风情。武陵源是土家族、白族、苗族等少数民族的聚居地，一块块梯田，一间间房舍星星点点缀在青山绿水间，绿树四合，炊烟袅袅。游客假如有缘赶上当地节日，还可欣赏到"魅力湘西"等民俗歌舞表演。它们与武陵源的大山、密林和秀水浑然一体构成一幅原始苍茫的画卷。

度假村精华

畅游人间仙境

千百年来武陵源一直默默无闻地躺在湖南的西北大地上，直到上世纪70年代还鲜有人知。也许正是"明珠遗落深山"，才能让武陵源保持了自然风味和原始野性。

它不仅有奇峰、怪石、幽谷、秀水、溶洞这五绝，更是资源丰富的绿色植物宝库和野生动物乐园。这里拥有成片的原始次生林，珙桐、

最佳西方武陵源国际度假酒店

湖南 ≫ 张家界　度假类型　古风民俗

最佳西方武陵源国际度假酒店

房型	门市价	前台散客价
高级园景客房	1932 元	890 元
豪华园景客房	2047 元	940 元
高级全景客房	2162 元	1000 元
豪华全景客房	2277 元	1050 元
行政客房	2507 元	1160 元

注：房费含中西式自助早餐（最多不可超过 2 份）

附加选择
超出人数享用自助早餐价：78 元／人
加床价：220 元（含 1 份中西式自助早餐）

度假村实用信息

服务设施一览

客房设施／客房设有中央空调、独立卫浴，提供茶、咖啡、矿泉水等免费服务项目，电视频道有 43 套，其中境外卫星电视 13 套，提供免费宽带上网服务。另外还配有豪华的客房小酒吧、电子保险柜等服务项目。

会议功能厅设施／提供各类先进器材，包括私人电脑、投影机、室内无线网络及视像会议设施等。

服务中心／提供洗衣服务、失物招领、托婴（提前 4 小时预订）、免费擦鞋及提供婴儿床服务、客房用品、手机直充式和电板式充电器、客人借用物品服务等。

地理位置

位于湖南省张家界市武陵源自然风景名胜区，距市中心约 30 公里，距张家界荷花机场约 32 公里，火车站约 32 公里。

交通信息指南

航空／张家界荷花机场位于张家界市永定区官黎坪办事处荷花村，距离市区 5 公里，目前已开通了往返全国 20 多个城市的航班，但除了上海、北京、广州、成都、长沙之外，其他城市并不是每天都有航班，航空时刻表经常变化，因此要以当地售票处电脑上显示的班次为准。

铁路／张家界铁路线路四通八达，通过石长线与京广铁路相通，

地址：湖南省张家界市武陵源高云画卷路
电话：0744-5668888

目前已与国内 10 多个大、中城市开通了旅客列车。张家界至广州、长沙、湛江的列车为始发站，乘坐方便。

从火车站到张家界市有 24 小时营运的公交车，票价 2 元。

公路／从长沙往返张家界市或武陵源景区，可以乘坐长途卧铺汽车，每天早上 7:00 发车，车票 100 元左右。凤凰到张家界，每天早上 8.30 有一班汽车，票价 40 元／人。

市内公路／张家界汽车站在人

民路尽头处。张家界市至武陵源景区约 30 公里，每天中巴来往频繁，约 30 分钟一辆，车票价 10 元，40 分钟左右就可以到达。

游走周边

周边旅游风向标

张家界国家森林公园 / 张家界山奇、水秀，园内几千座山峰拔地而起，千姿百态，鬼斧神工，岩峰的四边似斧砍刀削般齐整而又形态各异。岩缝幽谷间，一年四季，泉流巨瀑，汩汩流淌，与天上的白云、两岸的绿树相映成趣，置身其间，飘飘然如入仙境。

索溪峪自然保护区 / 索溪峪因溪水状如绳索而得名。这里洞穴奇异，峡湖倚天，飞禽走兽多，植物种类全，景观独特，可以连片纵观，也可以分园细览，可谓景中有景，园外有园。以水晶玉石、美若仙境的黄龙洞，波平如宝镜的"天上瑶池"宝峰湖，奇甲天下、高秀入云的百丈峡等最为著名。

天子山自然保护区 / 一向被称为"峰林之王"，总面积达 67 平方公里，环山游览线长 40 余公里，以峰高、峰大、峰多著称。东、西、南三面石峰林立，沟壑纵横，雄伟的石林如刀枪直刺青天，以御笔峰最为著名。

天子山的云雾也十分出名，特别是在雨过初晴时分最为壮观，奔涌的云雾形成各种连绵浩瀚的景观，煞是好看。此外，这里还有全国最大的雕像——贺龙铜像。

地方风俗节庆

张家界是一个少数民族聚居地，少数民族人口占全市总人口的 72%，有着多姿多彩的民俗文化。

民族歌舞 / 张家界民族歌舞地方风格鲜明，乡土韵味浓厚，花样百出，极其精彩。有地方特色舞蹈高花灯，白族引以为自豪的仗鼓舞，板凳龙，土家族最有影响的大型舞蹈摆手舞、三棒鼓，有流行于汉、白、土家各族民间，尤以白族人民最为喜爱的九子鞭（"天神鞭"），还有旋律优美、节奏明快的桑植民歌。

凤凰蜡染 / 凤凰蜡染艺术历史悠久，其蜡染印花布纯美典雅，原始古朴，是凤凰民族民间工艺品中的精品。蜡染印花布制作工艺程序复杂，成品独具特色，可以根据需

要设计，制成壁挂、屏风、被面、桌罩、衣物等，具有鲜明的民族风格和浓郁的民族韵味。

土家吊脚楼 / 土家吊脚楼是湘西最具特色的民族建筑，多为木质结构，一般为横排四扇三间，三柱六骑或五柱六骑，中间为堂屋，供历代祖先神龛，是家族祭祀的核心。富足人家雕梁画栋，檐角高翘，石级盘绕，大有空中楼阁的诗画意境。

婚俗 / 此地的婚俗习惯丰富多样，富有情趣。土家族婚俗名目繁多，幽默有趣，白族婚俗"墨守成规"，"父母之命，媒妁之言"盛行。还有放话（"议婚"）、命字（俗谓取号）、接亲、"妆郎"、"送亲"、"圆亲"、"见大小"、"回门"等等规矩。

度假风尚补给站

世界遗产武陵源 / 武陵源于1992 年 12 月正式被联合国教科文组织根据自然遗产遴选标准 N(III) 列入《世界遗产名录》。

世界遗产委员会这样评价：武陵源景色奇丽壮观，景区内最独特的景观是 3000 余座尖细的砂岩柱和砂岩峰，大部分都有 200 多米高。在峰峦之间，沟壑、峡谷纵横，溪流、池塘和瀑布随处可见，景区内还有 40 多个石洞和两座天然形成的巨大石桥。

除了迷人的自然景观，该地区还因庇护着大量濒临灭绝的动植物物种而引人注目。它无需人工粉饰雕琢，淡抹浓妆，它向人们展示的是它那带着洪荒时代、具有原始野性的本色。正是它那独特的风格、卓绝的风范、美学特征和科学价值，一举成为人类的科研宝地，览美天堂。可以说武陵源是地球惠赠给全人类的最珍贵的遗产。

梦里水乡的悠长假期

乌镇西栅度假区

Wuzhen Xizha Resort

　　乌镇，一座具有1300多年建镇史的江南水乡古镇，地处上海、杭州、苏州三大城市构成的金三角中心位置，古老的京杭大运河穿镇而过。镇内十字型的水系将其划分为东栅、南栅、西栅、北栅。从公元872年建镇以来，乌镇镇名未变，镇址未变，水系未变，生活方式未变，传统建筑历经百年风雨，依旧保存完好。

　　乌镇是一个天然的文化容器，踏着幽幽的石板路，小桥流水人家，藏在乌镇暖暖的阳光里。那一抹柔美的江南文化及水乡人的热情，足够让来客感慨万千。

　　清晨，当阳光还被挡在蛎壳窗外，枕边欸乃的橹声把你从梦中慢慢摇醒，推窗临河，晨雾缭绕中的小桥人家、行人炊烟就如一幅淡淡的水墨画呈现在你眼前。尘世的喧嚣在这里一洗而尽，宿在乌镇，枕水江南，享受一种平静恬然的假日生活。

浙江　∨∨　桐乡　度假类型　古风民俗

适合人群 各种休闲旅行者、公司企业团体和喜爱文化旅行的人　　**适合居住长度** 2天以上

找一个理由住在这里

作为中国保护面积最大的古镇，乌镇深厚的人文积淀展现出东方古老文明的无穷魅力。传承千年的历史文化；淳朴秀美的水乡风景；风味独特的美食佳肴；缤纷多彩的民俗节日……在乌镇展现出一幅迷人的历史画卷。

把整个乌镇西栅规划成为一个全新理念的度假镇，是一个大胆而新奇的构思，在国内实属首创。街区内的名胜古迹、手工作坊、经典展馆、宗教建筑、民俗风情、休闲场所与整个水乡度假氛围融为一体。各类风格的民居客房、度假酒店和商务会所，可供一千余人住宿；多家风格独特、配套齐全的商务会馆和会议中心，更是商务活动的绝佳选择。

度假居所

乌镇西栅有各种特色的居住场所，有民宿、星级酒店、高端会所等多种选择。

乌镇民宿：乌镇民宿分布于西栅市河的南北两岸，或面水或临街，出门跨台绵延的西栅老街，江南风情水乡人家，在这里可以体验星级宾馆的洁净与水上人家的亲情。装修风格家家各异，又充满了浓浓的江南人家风情。

通安客栈：通安客栈是按准五星级标准建造、装修的度假型酒店，位于乌镇西栅景区安渡坊渡口东侧通安岛上，典型的江南明清建筑群落，推窗临河，枕水而居。房间或临街或朝湖，古朴典雅的装修风格，绿树葱茏的外部环境，推窗见水的独特风韵，是世界遗产级古镇与五星酒店配置的完美结合。

锦堂会所：二层古典硬山式园林建筑，会所内南临逶迤的石板老街，东接优雅的乌镇金莲SPA，北可隔河眺望大块的天然湿地，西有清流直通市河，地理位置极为优越。

盛庭会所：盛庭会所是由近百年历史的水乡豪宅改建而成，并以江南水乡文化为元素，用后现代设计观念上现古镇水乡的精美风格，置身于会所，可以领略到具有浓郁江南民居的庭院风韵。

恒益堂养生会所：恒益堂·养生会所（Heal town）位于西栅大街606号，为典型明清园林建筑。会所内设健康药膳房、休闲酒吧等多种特色餐饮，其中药膳房可容纳60余人，药膳厨房将根据住客的需求，采用绿色无污染的原材料，提供健康营养的药膳汤煲。

美食诱惑

叙昌酱园 —— 提供具有乌镇百年特色的纯手工制作老酱及酱制品，且提供当地特产姑嫂饼、三白酒、菊花茶等。

裕生餐馆 —— 位于安渡坊入口处，当地特色土菜馆，提供最具特色的当地菜肴。晚间在水市场处提供水上大排档。

通安客栈餐厅 —— 共有餐位500余个，其中大、小包厢17间，具备完善的商务宴会功能。提供多种特色餐饮，有港式茶餐厅、咖啡吧、面包房、日本料理等，让住客们在环境优美的世外桃源里，伴随着悠扬的音乐，品尝一流美食。

锦堂会所 —— 会所提供餐位128个，包厢6个，最大包厢可宴请16位宾客。内有典雅文静的中式主题餐厅、浪漫温馨的音乐咖啡厅、宁静幽雅的茶室，传承典型的中式建筑风格，在用餐、品茗中享受市河、湿地的田园风光。

休闲盘点

鸬鹚舫KTV/位于通安岛上的通安客栈内，由停泊在元宝湖上的九艘画舫船组成。每条画舫都是一个独立的KTV包间。设有衣帽间、歌厅和餐饮小厅，每船可容10至15人纵情欢唱。

景行枯咖啡馆/由一幢百年老屋改建而成，毫不张扬的装修，却处处散发着闲情逸致。供应纯正意式咖啡和各类花式咖啡及精致茶点。室外大树浓荫下，还设有露天咖啡座。

茶市街/这条一百六十多米的小街，是西栅著名的茶艺一条街。整条街西侧临水，沿河有大片原木亲水平台，河岸上古树参天。

五间堂盐浴/由五间豪华包间组成，故名五间堂。盐浴除了舒筋解乏外，还有润肤美容减肥的作用，并对心血管疾病、皮肤病以及运动系统等疾病有疗效。

金莲酒吧/西栅景区内最大的主题酒吧，位于"绝代金莲馆"西侧。酒吧占地约300平米，分2层4个区域，主题也由金莲馆衍生，酒吧内器具用品及装饰都与三寸金莲有关。2楼还有可容十多人的大包间，十分适合朋友聚会或商务会谈。

通安露天游泳池/在典型江南明清院落里，有一处宽大的游泳池依势而建，蓝天碧水韵味悠长，让人感慨：古镇里竟还有这样的一个角落。

度假村精华

西栅夜游

有人说，如果没有感受到乌镇的晨昏，就不能完整体会到江南水乡的美。如果白天的乌镇是原汁原味的江南水乡风景，那么夜晚的乌镇则是迥然不同的梦幻之境。

乌镇的夜万籁俱静，尘世的喧嚣在这里一洗而尽。

入夜时分，时控的泛光照明陆续亮起，将整个西栅景区映照得晶莹剔透。雇一艘小船，在如梦似幻的灯河中漂浮，船桨轻摇，划破了一池碎银。在一座座石桥中穿越，仿佛穿梭着一个个时空隧道。

在清风徐来的夜晚，自由自在地徜徉在泛着淡淡光晕的大街小巷中，领略乌镇夜的安谧。

度假村实用信息

服务设施一览

商务会所／乌镇的酒店及会所均拥有不同规模的会议室，配备有各项尖端科技的商务设施，是各类会议的理想场所。

智能停车场／景区外设有可停放近千辆车辆的智能化生态旅游停车场，24小时提供监控服务。

配套设施／景区内直饮水、天然气、宽带网络、电子监控、泛光照明、电子货币、智能管理等现代化设施一应俱全，游客在体验江南古镇风韵的同时还可享有现代化的快捷与便利。

地理位置

乌镇地处浙江省桐乡市北端，西临湖州市，北界江苏吴江市，为二省三市交界之处。乌镇距桐乡市区13公里，距嘉兴、湖州、吴江三市分别为27公里、45公里和60公里，距杭州、苏州均为80公里，距上海140公里。

地址：浙江省桐乡市
　　　乌镇石佛南路18号
电话：0573-88731991
传真：0573-88718700
网址：www.wuzhen.com.cn

交通信息指南

到乌镇可经沪杭高速公路、320国道、510公路到桐乡，再从桐乡到乌镇，也可经沪宁、杭宁高速公路到乌镇。

自驾游路线：上海—沪杭高速—乍嘉苏高速新塍出口下—嘉湖公路—盐湖公路收费站—乌镇（车程约1.5—2小时）

杭州—沪杭高速—桐乡出口（14#）——盐湖公路收费站—乌镇（车程约1.5小时）

公交：乌镇汽车站有直达桐乡、湖州、嘉兴、杭州、上海等地的专车。

桐乡自早上7：00—17：00每隔15分钟就有一班中巴车到乌镇，交通十分便利，乌镇镇内主要以人力三轮车、出租车为主，景区内交通主要有手摇游船和观光车等。

消费指南

乌镇民宿

1.2米单人床			1.8米单人床		
甲类	26间	380元/间/天	甲类	19间	780元/间/天
乙类	10间	350元/间/天	乙类	6间	580元/间/天
丙类	17间	280元/间/天	丙类	6间	580元/间/大
1.5米单人床			双人标准间		
甲类	24间	758元/间/天	甲类	28间	780元/间/天
乙类	18间	658元/间/天	乙类	41间	680元/间/天
丙类	31间	558元/间/天	丙类	27间	580元/间/天
三人间					
甲类	3间	880元/间/天	乙类	11间	780元/间/天

通安客栈

双标房A	68间	880元/间/天
双标房B	12间	780元/间/天
单人房A	17间	880元/间/天
单人房B	2间	780元/间/天
标准套房	7间	1680元/间/天
复式套房	20间	2980元/间/天
豪华套房	1间	6880元/间/天

注：以上房费含双人早餐，早餐费48元/人/天

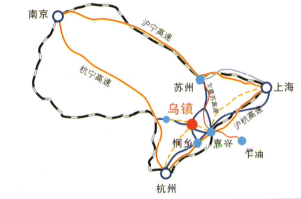

南京　沪宁高速　杭宁高速　苏州　上海　乍嘉苏高速　乌镇　桐乡　沪杭高速　嘉兴　乍浦　杭州

268

乌镇西栅度假区

浙江 ∨∨ 桐乡　度假类型　古风民俗

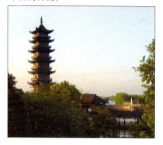

游走周边

周边旅游风向标

　　濮院羊毛衫市场/濮院是全国最大的羊毛衫集散地。

　　丰子恺故居/石门有丰子恺的"缘缘堂"，瞻仰一代漫画大师潇洒丰神的神韵。

地方风俗节庆

　　香市/从清明节开始，约半个月时间。茅盾称之为"中国农村的狂欢节"。它开始时是当地蚕农祈祷丰收的一种仪式，后逐渐演变成万众狂欢的欢乐之节。

　　元宵提灯走桥/正月十五元宵节，乌镇除了吃元宵、迎花灯、猜灯谜外，还有走桥的习俗。乌镇是著名水乡，镇内有一百余座桥，人们以走桥代替爬山登高，借以锻炼身体，祛除疾病。走桥必须走过至少十座桥，路线不可重复。元宵节晚上，人们成群结队，扶老携幼，提着花灯，在河边、桥上游走，远看去，煞是壮观。

度假风尚补给站

　　名胜古迹/乌镇深厚的历史文化底蕴造就了当地丰富的历史人文，西栅景区内名胜古迹众多，如明朝万历年间始建的"六朝遗胜"、西栅大运河畔的白莲塔、建于民国初年的"恒益堂"中药店等。

　　展馆作坊/众多的展馆、作坊浓缩了乌镇传统工艺、民俗文化精华，是了解乌镇的绝好窗口。西栅的丝作坊、百年冶坊、酱园等作坊使游客在观赏传统工艺制作的同时还能参与其中。

　　景区内的"三寸金莲馆"是中国第一家缠足文化博物馆，从中可以了解中国历史上妇女追求美的奇异历程。

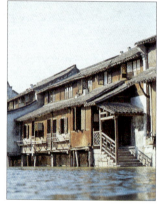

度假感言

　　去乌镇西栅以前，我们并没有任何心理预期，总以为是东栅的扩大化。而到了西栅景区，进入了一个与古镇融为一体的度假小镇，一路走走停停，这里的每个细节都展现了古镇的静幽与水乡的甜韵，真的有说不出来的震撼。更难忘的是晚上看到了宛如仙境般的夜景，被我们一致认为是中国最无可匹敌的水乡夜景。

明清特色与浓郁民俗交融之豪宅

平遥云锦成民俗度假村

PING YAO INTERNATIONAL FINANCIER CLUB LIMITED COMPANY

　　城墙，街道，店铺，民居，庙宇……见证了平遥2700多年的历史，也赋予了平遥丰厚的文化底蕴和历史积淀。看着古旧的街道，两旁老式的铺面鳞次栉比，恍惚间，仿佛能听到旧时街市的喧嚣，看到过往市井的繁华。平遥古城，在中国历史的发展中为人们展示了一幅文化、社会、经济及宗教发展的完整画卷。

　　"天人合一"的思想支配了古城"人、天地、建筑"间的和谐，恪守"礼制"的忠诚，展现出方正、端庄、对称的"辨方正位"。当太阳一天天升起，日升昌逐渐成长为中国银行界的鼻祖；"汇通天下"的理想，让它奔走于四方。儒家，佛家，道家文化的融合，使古城在经历了千年沧桑之后，还能为世人所熟知。

　　入住票号，是体验古城积淀的最佳方式。"云锦成"晋商豪宅为游客提供"住票号读晋商赏晋文化，聊家事品晋酒享晋佳肴"的最佳处所。繁华的明清街，300年历史老字号，庭院深深，幽静沧桑，在这里感受票号文化的浓郁氛围。与天地结合的院落，给人强烈的领域感，人们在院落中感受细雨轻风，聆听燕语莺声，在"家"的轻松气氛里体会自然的无限爱意。

适合人群 高端商务客人，自驾游人群，文化游爱好者　　　　**适合居住长度** 1天以上

270

平遥云锦成民俗度假村

山西 >> 平遥　度假类型　古风民俗

找一个理由住在这里

在繁华依旧的明清街上，那家不同凡响的民俗酒店，从开业那天起，就吸引了整个平遥城的目光。明清时代的晋商豪门老宅，现已辟为装饰精美、设备功能齐全的豪华客房。老字号"云锦成"由十八个雅致的庭院组成。拥有近300年历史的五星级老店，是全国第一家旅游涉外民俗酒店。

荟萃地方饮食文化和民俗风情，集吃、住、观光、娱乐、休闲、度假、会议、演艺为一体的云锦成，现在已经成为豪华民俗酒店的代名词。

在这里小住，看雕镂错彩，流光饰金，感受时空交错，体验古人情怀，看历史沧桑，品人间真味。青砖白瓦，飞檐回廊，体晋商之情趣，感豪门之流金。在窗边泡一壶好茶，一边品茗，一边玩味。

度假居所

深宅老院，几处庭院错落有致，别具一格，极富明清特色。明清时代的晋商豪门老宅，现辟为装饰精美、设备功能齐全的豪华客房，墙外繁华似锦，商铺林立，院内雅致幽静，装饰美轮美奂。

两院均为四进式穿堂院，庭院深数十米，层次分明，有曲境通幽之妙。青砖白瓦，飞檐回廊，又处处雕梁画栋，积淀着丰富的文化内涵。

庭院建筑群占地12000平方米，建筑面积15000平方米。这是目前平遥档次最高，规模最大，设施最齐全的旅游涉外酒店，也是中国首家挂牌五星级民俗酒店。

美食诱惑

餐厅共占地约500平方米，可同时接纳300余人享受各式餐饮。这里发掘了晋商十家豪门旺族的百种私家菜肴，隆重推出了以晋菜为主的八种豪华套餐及六种中档套餐的晋商家宴，以满足不同标准、不同人数、不同口味的食客到这里尽享美食，让美味"有口皆碑"。

中餐厅 —— 中餐厅在平遥古城繁华的明清街，这是一座有近300年历史的老宅。其前身是平遥人的第二家毛氏所开的云锦成饭庄。古朴典雅的翠楼古宅，雕镂精致的雀替窗棂，技艺精湛的油漆彩绘，无不显示着当年主人富比王侯的豪华

和气派。餐厅处处富有诗情画意，建筑古典风雅，一步一景，让人赏心悦目。14个大小不同的豪华包间贯穿全院，让古代晋商家宴在百年老店焕发青春。

西餐厅 —— 西餐厅位于新落成的北院前厅，这里建筑风格透露着几分现代气息。穿过晶莹剔透的玻璃大门，是一座厚重的大理石屏风，从红色垂珠帘的缝隙间望去，内院处处雕梁画栋，精美绝伦。屋顶红色的绸面吊灯，在柔和的灯光照射下显得格外的别致、典雅，在这里品咖啡、享用正宗西式佳肴的同时，食客可以感受东西方的交融之美。

酒吧 —— 西大街的一座古典豪华的建筑是"云锦成"的西院，整体建筑豪华典雅，基本保存了百年前的建筑风格，又巧妙地融合了现代建造工艺。大厅两侧置顶而立的博古格上摆放有各种供客人鉴赏的古玩。听着悠扬的琴声，在面街而设的咖啡座和充满东方魅力的吧台里品一杯咖啡或是点一杯精致的鸡尾酒，都能给游客带来一份好心情。

休闲盘点

云锦成演艺中心／该演艺中心是集演艺、餐饮、宴会、会议为一体的大型活动场所，可容纳400多人同时用餐、观赏表演。大厅处处金碧辉煌，集古典工艺与现代元素于一

身。2007年5月1日，大型舞剧《一把酸枣》在该演艺中心隆重上演。这部耗资达2000万元的舞剧，是由国内著名导演、总政歌舞团团长张继纲编导的，是中国舞剧史上第一部反映晋商文化、第一部拥有最大写实舞美场景以及最大演出阵容的舞剧，是继《千手观音》后的又一宏篇力作。该剧曾入选2005~2006年度国家舞台艺术精品工程十大精品剧目，现已在全国30多个城市及日本、韩国、捷克等国家演出200余场。

养生堂/酒店高薪聘请专业技师，推出以泰式按摩、沐足为主的专业理疗项目，为远道而来的游客送上一份关怀。在住客享受舒适、放松的足疗服务的同时还可以感受养生堂内古朴的氛围，体验全身心的放松。

和朋友小叙之后，心血来潮，还不妨到西院的顶楼进行一场国际台球比赛或是去网上冲浪，休闲、惬意尽在其中。

度假村精华

百年"云锦成"

三千年古城，三百载大院。明清时代的晋商豪门老宅在此矗立。墙外繁华似锦，院内雅致幽静。每座院落都充满民间吉庆祥和的气氛，反映着当年主人对美好生活的向往和憧憬。"汇通天下"的匾额高悬大堂，雕镂精致的雀替窗棂，技艺精湛的油漆彩绘都明示或暗喻吉祥而又充满哲理的雅俗文化。木、石、砖雕俯仰可见，刀法精良，蕴含着丰富多彩的文化内涵，绝妙绝伦的古典家具，无不显示着云锦成当年的豪华和气派。

所有的客房不仅均以"票号"冠名，还有对所涉及的每一家票号

的介绍，就连饰品也都与票号有关。在这里，住客可以住"票号"，读"票号"。就连巨大的铜钱造型的窨井盖也都展示着晋商的文化内涵，揭示着晋商票号汇通天下，雄阔经商的辉煌。这里营造的是古典氛围，感受的是"小世界，大天下"。

各院落间由垂花门串连，辅以高大的院墙，形成对外封闭，对内开敞的格局。庭院有明确的中轴线，左右对称、布局合理。四进穿堂式四合院层层递进，造成一种"庭院深深深几许"的空间效果。整座大院墙高院深，外墙高大壁立，对外不开窗，显得宏伟厚重，气势恢宏，

度假小贴士

晋商居所设计细节

屏风/并联的两院均为四进穿堂院，庭院深数十米，两个穿堂院的中门各有一木构垂花门，均设有两层门窗，除两侧隔墙间的大门外，内侧还有一层屏门。平时屏门不开，权作屏风。人们从两侧出入，只有在特殊时刻或有重要客人来访时，才打开大门迎嘉宾。垂花门檐下的题字分别为"福源""同春""集祥"表达了追求平安吉祥、祈望福贵如意的民俗文化。

票号/票号以平遥为最，云锦成为票号大观。最盛时期，平遥城内就有22家票号，人称"平遥帮"的票号业年获厚利，源源汇入古城，故有"填不满、拉不完的平遥城"之说。"日之升"、"月之恒"匾额，恰如其分地反映了这座宅院当年主人的身份和气魄。

井盖/井盖本身就是各个时代的钱币（顺治通宝、道光通宝、康熙通宝、乾隆通宝）造型，有着古朴敦厚的沧桑感和浓郁的乡土气息。

平遥云锦成民俗度假村

山西 >> 平遥　度假类型　古风民俗

度假村实用信息

服务设施一览

会议中心／配有先进视听设备，适合举办商务学术会议、签字仪式、团体聚会等现代化的会议厅，还有可容纳10-80人的中小型会议厅。装备有先进的会议音响设施，可承接各类多媒体的会议、产品演示、自助酒会、合约典礼等活动，还提供精致的茶酒美点解除会议的疲倦。

云锦成艺术团／为弘扬黄河文化及晋商文化，填补平遥古城文化市场的空白，公司组建了一支60余人的艺术团，演员均17～23岁，来自省内外各大艺术院校和团体，均接受过严格的训练，有较高的艺术造诣和水准。公司对古城内唯一的大剧院装修工程即将竣工。届时在这座充溢着明清风格的建筑里将会使黄河文化及晋商文化得到更为广泛传播。

消费指南

平遥云锦成民俗度假村

客房	高级房	580/间	床型全部为土炕	每年的4月-10月执行此房价，节假等黄金周将相应上调
	豪华房	680/间	床型有土炕、双床	
	高级套房	730/间	床型有土炕、双床、大床	
餐饮	晋商家宴	可零点或享用套餐		住店客人可享受九折优惠
养生堂	沐足	80分钟	118元/次	住店客人可享受八折优惠
	按摩	120分钟	388元/次	
		60分钟	188元/次	
	刮痧		38元/次	
	拔罐		38元/次	
	采耳		38元/次	
演艺中心	舞剧《一把酸枣》	贵宾票	388元/位	五一黄金周至国庆黄金周期间，除每周一因检修设备外，每晚一场。
		嘉宾票	288元/位	
其他	桌球	80元/小时		住店客人享受八折优惠
	棋牌	60元/小时		住店客人享受八折优惠
	麻将	100元/次		只限住店客人
	古城门票	120元/人		此门票含平遥古城内19个景点，有效日期2天

地理位置

地处平遥古城内繁华地段，位于平遥古城内西大街日升昌票号西侧，距太原火车站100公里，距离太原武宿机场90公里，交通便利。

地址：山西省平遥县西大街56号
电话：0354-5888888
网址：www.pjbc.cn

交通信息指南

平遥距太原武宿机场90公里。
平遥距太原火车站100公里。
平遥到北京：平遥－大运高速－太原－石太高速－石家庄－京石高速－北京，行程650公里。
平遥到西安：平遥－大运高速－运城－运风高速－风陵渡－西潼高速－西安，运风高速路上设有加油站，行程550公里。
平遥到郑州：平遥－208国道－晋城－晋焦高速－郑州。

游走周边

周边旅游风向标

古城墙／平遥城墙始建于西周（公元前827—前728年），按照相传的"山水朝阳，龟前戏水，城之攸建，依此为胜"说法，取神龟"吉祥长寿"之意，筑为"龟城"：六道城门南北各一为头尾，东西各二为四足。均为重门瓮城，外建吊桥，整个内城外郭，固若金汤。平遥城墙拥有六百余年历史的平遥城墙，规模宏大，设计严谨，是研究中国古代城池建制的珍贵实物遗存。

中国彩塑艺术博物馆－双林寺／位于平遥古城西南6公里的桥头村，原名"中都寺"，北宋时为纪念佛祖释迦牟尼"双林入灭"之说，改为双林寺。整座建筑群坐北朝南，东为禅院、经房，西为庙群，由风格迥异的十座殿堂组成前后三进院落。

唐槐、宋碑、明钟、壁画交相辉映，构成一方胜境。

地方风俗节庆

祭星／正月初八夜，人们打面茶，制糕灯，设供桌于院内，祭祀值年岁君和满天星君。有人因命星受岁星所克，恐生灾难，便同时祭祀本命星官。

爆食／腊月初一日，有食爆米花的习俗，可以祛除百病。

祭灶君／腊月二十三日，有食栖瓜的习俗。传说这天灶君升天向玉帝汇报，人们以栖瓜祭灶，意在"上天言好事，回宫降吉祥"。

度假风尚补给站

平遥古城／平遥古城是一座完全按照中国汉民族传统城市规划思想和布局程式修建的县城。封闭的城池里，以市楼为中心，有四条大街、八条小街及七十二条小巷经纬交织

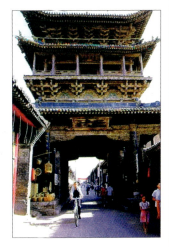

在一起，它们功能分明，布局井井有条。城内古居、民宅全是清一色青砖灰瓦的四合院，特别是砖砌窑洞式的民宅更具乡土气息。1997年，联合教科文组织世界遗产委员会把平遥古城列入《世界遗产名录》。

日升昌票号／创于清道光三年的日升昌票号开中国银行之先河，是中国金融发展史上汇兑开始的里程碑。日升昌总号位于平遥县城内繁华街市的西大街路南，整个院落布局紧凑，设计精巧。1840年前后，山西票号已由平遥帮扩展为祁县、太谷在内的三大帮，共11家。后来在国内85个城市和东京、大阪、神户、新加坡、莫斯科和加尔各答等地，共有分号500多处。

度假感言

因其所在的山西省地势较高，东南面又有山岭阻挡海洋气流，故较邻近的华北平原气温低，降水少，昼夜温差较大，特别是春季的风沙很大，所以到此旅游最好准备太阳镜、帽子等物以防风沙。

山水风华

青山碧水间的悠然居所

东莞索菲特御景湾酒店

Sofitel Royal Lagoon Dongguan

　　这片战国时代的"百粤之地"，这座打上几多战争烙印的历史之城。在烟光残照里回首，中国的第一位皇帝灭六国后派兵征伐百粤的故事已鲜为人知，东莞却保留下了经由那时传承的中原饮食文化；虎门的烟光已经消逝，因为林则徐，那位率领义勇军民抗英的民族英雄，销烟池和虎门炮台却留名于后人；东江纵队的根据地也早已不见踪迹。在岭南的这座重要历史文化名城中怀古，浓郁的历史现场气氛，仍旧能在人们的脑海里浮现。如今，在广州与深圳之间，毗邻香港和澳门的东莞已经发展成为世界多个著名品牌的加工和生产基地，也是珠江三角洲地区重要的工业和商贸中心。

　　奇特秀丽的自然风光、名胜古迹与现代文明交织，东莞成为了著名的旅游胜地。而坐落在东莞市区繁华地段的索菲特御景湾酒店，依山傍水、怡静翠绿，在阳光下畅游棕榈谷水城，在柔风中挥杆于峰景高尔夫球场，入住这里，还需要别的理由么？

适合人群 中、高层人士　　适合居住长度 3－5天

东莞索菲特御景湾酒店

找一个理由住在这里

东莞索菲特御景湾酒店坐落于距东莞市行政、金融以及商业中心仅1.5公里怡静翠绿的虎英公园之中，与拥有36洞的峰景高尔夫球场融为一体。268间高贵典雅的客房，每间都有私人阳台，每位住客都可亲临青山碧水，融化在新鲜的空气里，清凉的柔风中。在棕榈树影之下漫步，在露天的泳池中畅游，抛却一身烦恼。

索菲特御景湾酒店，让住客在瞬息万变的环境中享受现代生活的宁静与安逸，用"结庐在人境，而无车马喧"来形容它，并不过分。这里将古典、精致、新颖与舒适融为一体，让更多的旅游者实现舒适、和谐、难忘的旅程；让更多的商务人士在充满挑战的社会收获成功，享受便捷与高效。

度假居所

酒店特色

索菲特御景湾酒店依山而建，为绿树所环绕，森林覆盖率极高。在此不仅可以享受干净清新的空气，还可俯瞰悠静的湖光山色。面积35—70平方米不等的268间客房，包括12间跃层套房、20间行政套房和一间总统套房，另有景观房和湖景房。所有房间均配有私人阳台，在欣赏湖光山色的同时还可以充分享受自然的阳光。

客房设施

所有房间都配有豪华浴缸和索菲特特有的品牌"My Bed"床上用品，让住客感受到无与伦比的舒适。客房区域已全面开通免费的无线上网系统和免费的网络宽带接口，令住客与外界的沟通更加便利。

美食诱惑

园林阁 —— 各类中式、东南亚式、欧陆式风情的美味佳肴及每日特别推介，各式精美的甜点，配上世界各地的精选葡萄酒，尽享世界美食。在享受国际大餐的同时，还可以远眺美丽的湖光山色。

满庭芳中餐厅 —— 在此，住客可体验正宗的皇家盛宴。酒店大厨精心打造各式本地或地方风味，样样精美可口。餐厅面向花园，在此一边用餐，一边享受美景，不亦乐乎。而大厅及15间包房舒适高雅，商务用餐或是家人朋友欢聚，此处均是理想之地。

莱奥咖啡厅 —— 各类主题的自助晚餐，选择品种繁多，由海鲜、亚洲风味、中国风情至环球美食，一应俱全。此外还有令人垂涎欲滴的甜点，完全满足顾客的食欲要求；

巴比巴西餐厅 —— 新鲜热辣、美味多汁的各式烤肉，引人垂涎欲滴。

日本餐厅 —— 让顾客领略拥有北海道风情的和美食，感受东洋气息。

休闲盘点

索菲特御景湾酒店会所体贴完善的服务理念，专为繁忙的商务人士或想远离紧张节奏的旅客而设，仿如置身宁静的绿洲，尽享悠然写意。

皇家水疗/踏进这里的第一步，充满独特香熏的气味，能即时缓和顾客的情绪，令身心得到即时的解放。顾客可以选择由头至脚的享受，包括脚底按摩、全身按摩、水疗护理、香熏治疗及美容护理等等。所有疗程都使用高质素的产品，包括来自法国的"维健美"和"海之韵"

品牌，以及由"皇家水疗"中心的香草花园独家研制的精华油。具有严格和专业训练的工作人员，能为顾客提供最合适的疗程意见。

室外泳池／在2000平方米的户外泳池畅游，享受无限风光；辽阔宏伟又充满热带风情的室外泳池，既是住客消暑、进行水上游戏的理想之地，又是与朋友在池畔享受午餐或晚餐，饮酒谈天，放松怀抱的最佳胜地。

运动健身／在一望无际的高尔夫球场一展身手；在清凉幽静的环境中，在单车径上踏车或慢跑，亦是不错的选择。御盛商会和体育俱乐部可为热爱运动的人提供10多个健身项目。宽大的室内网球场、健身房以及游泳池，不会因天气原因而耽误顾客的健身计划。

马迪加爵士吧／经过一天的工作、购物或打高尔夫之后，马迪加爵士吧是放松身心的绝妙去处。喝着最喜爱的鸡尾酒，欣赏驻店乐队带来的精彩演出，惬意不寻自来。

度假村精华

棕榈谷水城　亲水之乐

棕榈谷水城位于御景湾酒店旁，是客人休闲的绝佳之地。棕榈谷水城糅合了独特的天然环境地势以及巧妙的设计构思，既可欣赏到浪漫迷人的海浪沙滩，又可享受刺激有趣的水上活动。

冒险刺激的环流河，为冒险者创造了有趣、刺激的娱乐环境；休闲池，适合成年的初学者及游泳好手，池内有池畔吧为客人提供各式清凉饮品和小食；海浪池，为喜欢日光浴的客人提供了逼真的沙滩，并提供沙滩上的

必需品，如棕榈树下放有沙滩椅；儿童池，池中特别装饰了卡通雕像，池中央还有一个水上游乐场，这是整个水上乐园中儿童的最爱；螺旋滑道，喜欢冒险的朋友可沿着两条滑道从10米高的站台滑至低处，一条滑道是敞开式，一条为封闭式，胆小的客人可选择高滑道旁边那条短而低的滑道。另外这里还有按摩池、瀑布池，为游泳累了的朋友设置的休闲小坑。

无论成人孩童，在此均可充分领略盎然之情趣，加之酒店提供的妥善、体贴的管理和服务，必能让游客度过每一个充满奇幻魅力的精彩假日。

度假小贴士

棕榈谷水城水城面积达3万平方米，位于御景湾酒店旁，坐落于两岸青山、恬静翠绿的环境之中，此处空气清新、绿色幽幽，别具异域风格。水城将独特的天然环境地势以及巧妙的设计构思糅合，既有峡谷美景，又有沙滩风情，更有水中乐趣，可同时容纳3000人玩乐，是东莞市最大最优美的水上世界，是人们在市内休闲的好去处。棕榈谷水城6月1日—8月31日营业。

东莞索菲特御景湾酒店

广东 》》 东莞　度假类型　山水风华

服务设施一览

宴会设施／索菲特御景湾酒店拥有东莞市最豪华的宴会设施：600座位的大型宴会厅，可容纳400人、设备先进的会议中心及各类小会议室，是东莞最适合举行宴会及会议的酒店。无论是会议、展览、产品发布会、午餐或晚宴、时装表演、婚礼或家庭聚会，甚至浪漫温馨的二人烛光晚餐，酒店都会为每一位客人做出精心准备。

商务中心／各类完善的秘书服务，使顾客可集中精力处理重要事务，精通多国语言的员工为顾客提供专业可靠的口译及笔译服务，包括中文（广东话及普通话）、英语。满足顾客的各层次专业要求。信息中心提供文字处理、个人电脑、通讯设备、电传及复印等办公用品，并可免费使用计算机及录音机。

东莞索菲特御景湾酒店坐落于距东莞市行政、金融以及商业中心仅1.5公里怡静翠绿的虎英公园之中，交通便利。

消费指南

东莞索菲特御景湾酒店

客房类型	客房数量（套）	面积（m²）	门市价（人民币）
高级客房	56	40	RMB 1080元
豪华客房	132	40	RMB 1280元
湖景客房	47	40	RMB 1680元
一卧室跃层套房			RMB 2000元
高级一卧室跃层套房			RMB 2600元
高级两卧室跃层套房	12	70～150	RMB 2900元
豪华两卧室跃层套房			RMB 3600元
豪华三卧室跃层套房			RMB 3900元
总统套房	1	510	RMB 18000元

度假村实用信息

交通信息指南

地处东莞市虎英公园，毗邻市中心，周边设施齐全，交通方便，附近有市汽车总站、东莞体育中心、会议展览中心等。

距广州机场60分钟、距深圳机场45分钟、距火车站40分钟。

地址：广东省
　　　东莞市东城区迎宾路8号
电话：0769-22698888
网址：www.rlagoon-dg.com
　　　/china/index.htm

游走周边

周边旅游风向标

周边景点

东莞境内有丰富的旅游资源，已发掘的名胜古迹有60多处，旅游景点星罗棋布：有虎门威远岛、仙鹅湖两个省级旅游度假区；有中外闻名的鸦片战争博物馆、抗英古战场；有岭南园林建筑精品的可园；珠江滨海秀色；稻海蕉林，荔枝荷香，以及虎门大桥，绿色世界等迷人风景。

鸦片战争博物馆／坐落在东莞市虎门镇，是一座收藏、保护、陈列、研究林则徐禁烟与鸦片战争文物史料的专题性博物馆。

虎门大桥／我国自行设计建造的第一座特大型悬索桥，被誉为"世界第一跨"，是东莞标志性的旅游景点。

可园／广东近代四大名园之一，以小见大，缜密布局，设计精巧。亭台楼阁、厅堂轩院、山水桥榭，一应俱全，被誉为岭南古典园林建筑的珍品。

旗峰公园／位于莞城以南4公里的黄旗山，内有黄旗古庙、黄岭道院、黄旗山顶灯笼等自然和人文景观十数处，是游人踏青、了解东莞历史的好去处。

地方风俗节庆

龙舟、舞狮、舞麒麟

东莞民间活动丰富，以龙舟、舞狮等最为著名。东莞的沙田镇被命名为"龙舟之乡"。每年从农历五月初一至十五，东莞水乡各镇区连续举行一系列龙舟比赛，成为东莞一景。东莞民间以动物造型的舞蹈丰富多彩，有龙舞、凤舞、狮子舞、麒麟舞……特别是狮子舞，技艺精

湛，演技非凡，扬威四海。长安镇被命名为"龙狮之乡"。舞麒麟则以清溪镇、樟木头镇较为出色。每年元宵节，数百台醒狮、金龙、彩凤、麒麟参加，万人空巷。

荔枝节

东莞荔枝有"岭南第一品"、"果王"之美称，每年6月至7月荔枝成熟之际，全市各镇都相继举办"荔枝节"，节日期间有大型文体活动，商贸活动等。最吸引人的活动是游人和客人亲身到荔枝园采尝鲜荔枝，别有一番风趣。其中大朗镇、寮步镇、大岭山镇、常平镇、石碣镇、石龙镇等主要产区最有特色。

三禾宴

东莞的水乡片，以种植水稻为主，每年夏秋之交，禾花飘香，稻谷金黄，以禾花、稻谷为食物生存的禾虫、禾花鲤鱼、禾雀到了这个季节，都长得肥胖鲜嫩。人们将禾虫、禾花鲤鱼、禾雀掺米烹饪，摆上宴席，招待客人，怡称三禾宴，其风味别具一格。其中以道窖镇的三禾宴最为著名。

度假风尚补给站

岭南名城

东莞是岭南重要的历史文化名城，历史源远流长。在近代，它曾是民族英雄林则徐率领义勇军民抗英销烟的名城；抗日战争及解放战争期间，是东江纵队的根据地之一。其历史印迹历历在目。奇特秀丽的自然风光，名胜古迹，现代文明交织，是著名的旅游胜地。

饮食文化

东莞美食历史悠长，秦始皇灭六国后派兵征伐百粤，一部分将士就在当地留了下来，带来了中原文化和美食，这些美食流传至今，比如著名的小吃"麻葛"，"洗沙鱼九"，均源自秦始皇时。作为粤菜的一支，东莞菜肴有其独特的地方。东莞的菜式具有浓厚的农家风味。相对而言，东莞的菜肴不如普通粤菜那么清淡，味道略重，而且肉类在其中占了很大的比例，在做法上，东莞的菜肴更讲究功夫，步骤倒不是很复杂，但吃起来非常爽口。

凤凰山里的仙灵之所
广州凤凰城酒店
The Phoenix City Hotel, Guangzhou

　　湘西的凤凰古城以一种人文丰润的灵秀山水成为一代又一代文学爱好者的梦里故园。鲜为人知的是广州也有一个凤凰，这里的凤凰不是古镇也没有翠翠与顺顺的身影，但在这凤凰山中，也有着让人神往的仙灵之气。

　　何仙姑本就是这里的凤凰山人，她的得道经历也颇为浪漫，"食凤凰山云母片学会飞身法术"。而后又因为忘不了家乡故土，几次回来，无意中留得绿衣丝缕挂于荔枝树上，凝成了带有仙气的"挂绿"荔枝。

　　"挂绿"之名曾惊动过众多文人墨客，清代的朱彝尊慕名入粤观赏，赞之："南粤荔枝，向无定论，以予论之，粤中所产挂绿，斯其最矣。"足见其珍贵程度，被称为"荔枝之王"。

　　遥想着当年的美妙传说，品着一生难得的荔枝精品，面对郁郁葱葱的凤凰山脉，人们可以怀抱山林而眠，然后迎着凤凰山的晨曦而醒。若有闲暇，也可面对美丽的凤凰城夜景，让晚风袭人与璀璨灯火成就另一番的独特景致。

　　无论是何仙姑故乡也好，还是挂绿荔枝的产地也好，广州增城的这一处面山临水的凤凰城酒店，给人不一样的假日休闲感受。

适合人群　朋友出游、情侣约会、商务人士　　适合居住长度 2天1晚

找一个理由住在这里

广州凤凰城酒店背倚郁郁葱葱的凤凰五环山，面朝仪态万方的翠湖。整体占地面积达 20万平方米，建筑面积达8.8万平方米，是广州面积最大、楼层最低的山水酒店。富丽典雅的欧陆式建筑风格，使宾客感受到西方古典文化独特的神秘雅致。

大堂天顶及前厅100多米的长廊，以梵蒂冈西斯廷大教堂的穹顶壁画为原形，重现了米开朗琪罗《创世记》的雄伟与壮丽。彩色与金色的完美契合，突现了圣经故事的古典与绝美。自由宽广的爱琴文明融入了传统的东方山水写意情怀，构筑成一种天然和谐的魅力。漫步于酒店大堂之内，可尽情体会西方艺术的精华。

度假居所

设计理念

广州凤凰城酒店拥有600多间宽敞舒适、豪华典雅的客房，并有十多种房型可供选择。客房全部由国际名师设计、装修豪华典雅。宽敞的空间规划使每间客房皆有独立景致。

客房设施

客房内设施先进齐备，其中包括了多种语言的卫星电视频道、宽带互联网接口、迷你酒吧、先进的独立浴室等等配套设施。每个房间配有观景阳台，俯瞰凤凰城的灯火璀璨，领略凤凰山的翠湖胜景，尽享尊贵豪华。

美食诱惑

维也纳西餐厅

180度菱形设计，一改传统落地窗造型，以齐顶透明玻璃勾勒出维也纳西餐厅的独特风韵。西餐厅设有室内和露天雅座，坐拥波光粼粼的翠湖，面对郁郁葱葱的凤凰山脉，伴着琴声乐韵，构成了一幅充满欧式风格的画面。

渔米之香中餐厅

中餐厅由广州著名的渔米之香连锁中餐厅承包经营。该中餐厅承继粤菜之精华，同时在这里还能领略到传统顺德菜之精髓。

根据广东菜"清、鲜、爽、嫩、滑"的特色，所有原材料采用即点即煮的做法，充分保留了生、脆、鲜的特点。同时该餐厅兼具各方特色，将日本料理及其他各方菜色都做得十分可口精细。渔米之香中餐厅拥有30多间风格各异、大小不一的贵宾厢房，可满足宴客、小聚等的各方面需要。

休闲盘点

蒙娜丽莎俱乐部

蒙娜丽莎俱乐部位于酒店负一层，环境幽雅，装修高贵典雅，拥有18间风格各异的KTV包房。一流的灯光音响设备，配备古典西欧家具，尽显富丽堂皇。泼墨欧陆风情的原始设计，写实东方传统文化的巧妙组合。在这里，热带风情与自然野性的交汇，让人彰显高贵的同时，尽情张扬个性。

凤凰城桑拿

凤凰城桑拿中心位于酒店负一层，占地面积2300余平方米，装修舒适华丽，拥有大型宽敞水池区、干蒸房、冰房等。凤凰城桑拿中心在正宗芬兰桑拿的基础上，集各家所长，引进最新的桑拿设备，让人享受真正传统的芬兰桑拿的冰火两重天的感觉。

广州凤凰城酒店

同时华贵休闲室免费供应精美餐点小食、冷热饮料和时令水果。

梦迪莎水疗美容中心

这是一间以巴厘岛为主题设计的专业水疗美容中心。SPA水疗方式繁多，有日式、意大利式、法国式、印尼式、土耳其式、印度式、泰国式，使人的视、听、触、味、嗅五觉得到美好的体验。

梦迪莎水疗美容中心内设茶吧、瑜伽室、健美健身室等，可同时容纳上百人光临。梦迪莎水疗美容中心以巴厘岛热带风情为主体情调，热情奔放的热带风情散布在美容中心的各个角落，让您感觉身临其境，与热带风情坐卧相拥。

广东 >> 增城　度假类型　山水风华

度假村精华

荔枝文化村主题公园

除了带有爱琴海文明特色的酒店设计与周围的山水风光外，凤凰城酒店为了全面烘托出广州增城的独特荔枝文化，这里全新开辟了一个荔枝主题游乐胜地 —— 荔枝文化村。

荔枝文化村汇集荔枝文化、田园野趣、动感游戏于一体。村内有繁荣的荔枝盛景；清新、有趣的农家游戏；新奇至酷的动感游戏等50多种游乐项目，新鲜好玩、寓教于乐，不但是"广州中小学生综合实践基地"，也是团体旅游、合家游玩的首选。

荔枝文化村首次集齐增城50余种荔枝。村内满目苍翠、荔香飘远，更有散落于荔枝林间的"荔枝诗林"与饱满红荔交相辉映。增城荔枝文化村是一个至酷至激的游乐天堂，汇集30多种新、奇、特大型机动游戏，荟萃最精彩的艺术表演，是收藏最疯狂尖叫与欢乐回忆的绝佳场所。

度假小贴士

荔枝文化／荔枝是著名的岭南佳果，属亚热带珍贵水果，享有"岭南果王"和"果中珍品"的美誉，为岭南四大名果之一。荔枝有2000多年的栽培历史。我国能种荔枝的只有广东、广西、海南和福建南部等少数省（区）。荔枝古籍称荔支、离支、丽支，果实成熟时果皮色红艳可观，俗称丹荔。唐朝朱应《扶南记》对荔枝一名解释为："以其结实时，枝弱而蒂牢，不可摘取，必以刀斧劙（割）其枝。"

服务设施一览

室内外游泳池

广州凤凰城酒店拥有大型的欧陆式户外园林泳池、全天候室内恒温泳池及水力按摩池。酒店外的非洲热带园林巧妙地为泳池提供了一个天然的绿色屏风，使泳池与园林完美结合，让人在畅游的同时享受到绿色园林的清风。酒店内全天候的室内恒温泳池的天顶采用透明玻璃，全部采用自然采光，在娱乐之余，还可与蓝天白云为伴。

沙弧球室

这里的沙弧球室很受时尚青年的好评。沙弧球是从国外引进的竞技比赛和休闲娱乐项目，亮闪闪的金属制沙弧球、细密的合成球沙、光滑耐磨的长长滑道构成了红蓝两色的美丽曲线。

网球场

位于酒店后花园内，拥有4个国际标准单双人比赛的网球场，配备专业灯光照明。在酒店后花园内与蓝天白云、明媚阳光、清新空气相伴，让人在挥洒汗水的同时可以享受广州凤凰城酒店的美丽景致。

地址：广东省增城市
　　　广园东路新塘路段凤凰城
电话：020-82808888
网址：www.phoenixcityhotel.com

度假村实用信息

交通信息指南

■ 至香港

凤凰城交通中心 —— 铜锣湾（新国泰大酒店门口）

　　每天 17:00 发车，仅此一班车

铜锣湾（新国泰大酒店门口） —— 凤凰城交通中心

　　每天 08:30 发车，仅此一班车

■ 至深圳

凤凰城交通中心 —— 深圳福田汽车站

发车时间：07:40　　09:00　10:20　11:40　13:00　14:20　15:40　17:00　18:20　19:20

深圳福田汽车站 —— 凤凰城交通中心

发车时间：07:20　　08:40　10:00　11:20　12:40　14:00　15:20　16:40　18:00　19:20

凤凰城交通中心 —— 广东国际大酒店

凤凰城交通中心 —— 奥林匹克体育中心站 —— 省农科干院站 —— 广工五山校区站 —— 体育中心东站（天河体育中心东门）—— 动物园南门站 —— 广东国际大酒店（花园酒店对面）

发车时间：06:30-22:00　每30分钟一班

注： 出发前请致电凤凰城交通中心，以获取最新时刻表。

电话：020-83801005

消费指南

广州凤凰城酒店		
房型	门市价	前台现付价
高级客房	RMB 1080元	RMB 580元（周一至周四）　RMB 500元（周五至周日）
豪华客房	RMB 1180元	RMB 630元（周一至周四）　RMB 550元（周五至周日）
中庭套房	RMB 1280元	RMB 680元
商务客房	RMB 1380元	RMB 888元
豪华套房	RMB 1580元	RMB 1030元（周一至周四）　RMB 950元（周五至周日）
商务套房	RMB 1980元	RMB 1180元

广州凤凰城酒店

广东
∨∨
增城　度假类型　山水风华

游走周边

周边旅游风向标

白水寨／白水寨位于广州凤凰城附近的仙境白水寨，面积约170平方公里，北回归线穿越其中，被誉为北回归线上的瑰丽翡翠，属山岳型风景名胜区。

风景区奇峰奇石林立，鬼斧神工。由于山高林密，雨水丰沛，更造就了千层百瀑的大自然奇观，落差达428.5米，为我国大陆落差最大的瀑布。相传那是何仙姑的化身，得道升仙时把自身的动态化为瀑布，被人们尊称为——白水仙瀑。

正果佛爷寺／正果佛爷寺是增城八景之一。余宾公，增城金牛都香浦塘人，以给人放牛为生，八岁时

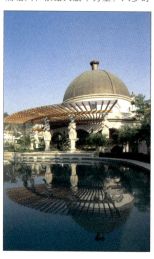

出家，后得道成佛。为纪念他，乡民将其真身塑像建寺祀之，每年农历五月初九定为佛爷诞，并举行龙船会、成佛岩洗浴日等活动，形成一套独具特色的民俗风情。

何仙姑家庙／何仙姑家庙是增城市重点文物保护单位。被评为新八景之一，名为"小楼仙源"。相传八仙之一的何仙姑姓何名琼，是增城小楼人，家庙为祀奉何仙姑而建。庙宇始建于明代，清咸丰八年（1858年）重修。

家庙每年有两大节庆，每年三月初七仙姑诞、八月初八仙姑得道日，善信自发举行盛大纪念活动，万人空巷，场面蔚为壮观。

地方风俗节庆

荔枝文化旅游节／差不多每年6月到增城荔枝文化村的游客，不仅可以体验生动活泼的田园农家生活，玩转疯狂刺激的动感游戏，还可以领略浓郁的荔乡风情。增城荔枝文化村与凤凰城酒店即将盛演"荔枝"大戏，看的、玩的、吃的、住的，样样不离荔枝。

度假风尚补给站

一颗挂绿一粒金／挂绿荔枝是增城市最名贵的荔枝品种，因果身中间有一道绿痕而得名。清代乾隆、嘉庆之后，挂绿已名扬中外，但因产量稀少而价值奇高。

"增城挂绿"外壳红中带绿，四分微绿六分红，每个荔枝都环绕有一圈绿线，果肉洁白晶莹，清甜爽

口，挂齿留香，风味独特。现存活在增城荔城镇挂绿园的那株挂绿树是挂绿荔枝品种的老祖宗，有400多年树龄，高5米多。

挂绿荔枝和何仙姑／增城挂绿以文献正式记载至今已有400多年的历史，很久以来民间流传着这样一个动人传说：相传八仙中的何仙姑是增城小楼桂村人。

何仙姑15岁时得仙人点化，食凤凰山云母片学会飞身法术。18岁时因父母将她许婚别人，何仙姑不同意，在婚礼前夕乘人不觉，飞身至罗浮山得道成仙。后因不忘家乡令人陶醉的荔枝佳果，常常回乡漫步荔枝园中。一天，何仙姑留恋西园荔枝美景，坐在树枝上编织腰带，离开时把一条绿色丝线遗留树上，绿丝飘绕在荔枝果上，于是荔枝果上都有一道绿线，人们就给它取名"挂绿"。

享受一次国宾级礼遇
广州鸣泉居度假村
Guangzhou Oriental Resort

印象中的广州是五光十色的，从节奏明快的粤语到清淡精美的广粤美食，或者街头闪烁的霓虹，川流不息的人群，都是这座城市最好的注解。

人们常用"白云珠水"来美誉广州、"白云"指的是白云山，"珠水"指的是珠江。白云山每当雨过天晴时，山上白云缭绕于青山绿水间，由此得名。这山不能用秀丽来形容了，而是汲取南粤大地的精华而成。其气势磅礴，山峦起伏，沟谷纵横，与柔媚的广州城倒是相得益彰。

鸣泉居的存在也许是一种偶然。这里不再突出浓重的南国风光，而是精挑细选欧洲风情点缀其上。借助山水的灵气，笔墨舒缓而有力，穿越时空地营造了欧洲的古典美感。鸣泉居度假村也是广州的国宾馆，无数政界要人下榻此地，隐隐间颇具大家风范。若来广州不去白云山枉称来过广州，而不住鸣泉居，怕是要遗憾终生了。

适合人群　商务会谈　休养度假　　　适合居住长度　2天1晚

中国旅游导航
中国顶级度假村指南
285
广州鸣泉居度假村

广东 》》
广州　度假类型　山水风华

广州鸣泉居度假村

找一个理由住在这里

广州鸣泉居度假村位于国家4A级景区和国家重点风景名胜区白云山麓，交通便利，是度假、会议、商务首选之胜地。

鸣泉居的美学经典设计理念，源自欧洲古典主义和后现代主义风格。借助依山傍湖的独特地形，引自欧洲大理石建筑与自然的和谐，营造恢弘的王者气势。引自澳洲的绿化理念，百余种珍贵花草，广阔的视野和清新的空气，让人感受自然之美。

度假村在外界被广誉为至尊无限的"南国钓鱼台"，名流汇聚的"都市桃源"。2005年，度假村荣获有"酒店业奥斯卡"之称的中国酒店星光奖之"广东十大最具魅力酒店"、"广东最具尊贵酒店"，2006年度假村还获得了"中国最具生态酒店"。

度假居所

自然是豪华中最奢侈的享受。鸣泉居265间各类客房，分布在28万平方米青山绿水之间。闲看南山，群峰叠翠，回首北望，大金钟湖水木清华。下榻鸣泉居，不论选择标准客房，抑或是古色古香的高级客房，还是宽敞舒适的商务套间，都会拥有最大的绿色空间。

倚松楼／雄伟壮观豪华的建筑，历来为国家元首下榻之所，各种接见厅、会谈室、宴会厅一应俱全，并设有恒温泳池和独立康体设施，

装修豪华大气，表现出至高无上的尊贵气氛。

腾龙阁／拥有12间豪华商务客房，客房配置了高标准的商务设备，由于地处度假村的最高点，每间客房都拥有非比寻常的风景，看青山绿水，云卷云舒，商务休憩两不误。

碧波楼／雄伟而温馨的建筑，大气而壮观，傲然耸立于大金钟湖畔，俯瞰湖水碧波荡漾，仰观蓝天白云，空气清新怡人，装修精致而内敛。拥有14间客房，其中5间在主楼里面，还有小餐厅、接见室和会议室。

别墅／度假村共有10栋小别墅，每栋小别墅都有6间不同样式的客房，包括主人套房、单人房和双人房，还有小会议室和小餐厅。每栋别墅独立成体，拥有一个安静惬意舒适的私人空间，是家庭聚会、公司小型会议的理想居所。

美食诱惑

鸣泉居以正宗岭南粤菜为主，兼采各大菜系之长，可筹办不同规模、高档次筵席，雍容华贵合适各种商务和社会宴会。西餐厅设置典雅，提供精美欧式、美式西餐。日式餐厅的木顶走廊装饰别具特色，备有各款东瀛美食，恭候宾客光临。

特别推荐：

鸣泉鲩／大金钟湖投入的大量鱼苗经过多年的自然繁殖，湖中之鱼的味道远胜于一般的塘鱼。最具特色的鸣泉鲩备受广大消费者喜爱。

休闲盘点

网球场／碧海楼后侧湖畔设有三个标准室外网球场，激情释放，是网球爱好者进行激烈球赛的好地方。

露天游泳池／碧海楼后侧，总面积近4000平方米，设有成年池1.4米深，还有0.9米的娃娃池。每年5月至10月对外开放，住店客人可以免费享用。

保龄球场／所有设备设施都是采用美国名牌BRUMWICK（宾士域），电脑自动记分，设有8条全新的国际标准球道。

壁球室／双人康体娱乐的首选，位置在碧云楼大厅内侧。

度假村精华

水之间，人文与自然辉映
山：白云山

白云山目前共有绿化面积4.2万亩，每天可吸收2800吨二氧化碳，放出2100吨氧气，可供近300万人正常呼吸之用，被称为广州的"市肺"（所谓"市肺"，就是指白云山位于城市中心，山上大面积绿化，是个天然蓄水的固态水库，是个抗御自然灾害的天然屏障，又是空气净化器和调节器）。据测定，白云山空气质量已达国家一级标准，噪声质量达国家0类标准，地表水质也达到国际规定。一些山洞水、泉水甚至可以直接饮用。

湖：大金钟湖

在50年代是兴建的水库，用于灌溉附近几个村的农田，但它并非一般的水库，其水源一是来自白云山的山泉水，二是天然雨水，因此，这样的活水湖水质清澈甘洌，从未干涸和受污染。鸣泉居独享大金钟湖。来自白云山的清泉石流，碧波无限，足称广州唯一一家近市区坐拥大湖的度假村。湖边是一排清秀婆娑的垂杨柳，湖风徐来，仿佛扬起一阵少女的羞涩。岸上的高坡，用桃花栽培出八个大字："桃源仙境人间乐地"。碧湖空际荡心胸，桃花相映人面红。秀影婆娑垂杨柳，唯我独钓乐其中。

园：元首式散步园

度假村内的元首式散步园倚靠植被丰富的白云山，坐拥上百种材用树种及药用植物，专用于国家级贵宾享用。

泉：清泉碧乳

水清味甘的碧乳泉为"软性无菌泉"。鸣泉居一隅原为清代香火旺盛的药王庙旧址所在，清代圆柏道士在白云山绿茵丛中，奇迹般地觅到一泓琤琮鸣响的清泉，由湖南巡抚吴荣光刻石命名为：碧乳。此泉虽无矿物质，但是细菌含量为0，水质奇好，可以直接饮用，被认为是白云山诸泉之冠。

楼：欧陆式建筑

西班牙式别墅热情鲜亮；意大利式建筑却以浪漫为主题——典型的建筑外观及和谐的周围环境，广阔的生活视线是别墅建筑的具体休现。结合热情与浪漫双重情调的建筑群体，真乃构思独特，别具匠心，与天地山水的静立姿态正好融洽。而最主要的，自然是鸣泉居的"宫殿"了。28万平方米的土地上，最为壮丽的当属融合了欧洲古典主义与后现代主义风格的建筑：倚松楼、碧波楼以及凯旋宫。

度假小贴士

历年来，鸣泉居先后接待过众多国家领导人。

还曾接待过港澳特首、台湾新党主席、外国高级政要，有西哈努克国王；国际级巨星有成龙等；承接过著名影片的拍摄，如《双子神偷》《香港姊妹》。因此，鸣泉居被外界被广誉为至尊无限的"南国钓鱼台"，名流汇聚的"都市桃源"。

广州鸣泉居度假村

广东 >> 广州　度假类型　山水风华

消费指南

广州鸣泉居度假村

房型	门市价	优惠价
标准客房	988元	518元
高级客房	1080元	580元
标准套房	1300元	780元
别墅豪华客房	1180元	680元
别墅豪华套房	2800元	1800元

度假村实用信息

交通信息指南

火车站

距离火车站仅7公里，大概路程15分钟，通过乘坐出租车或乘坐公交805路可抵达。

火车东站

距离火车东站10公里，大概路程20分钟，通过乘坐出租车或乘坐公交245路至天河城转乘263路可抵达。

机场

距离广州白云国际机场20公里，前往可搭乘出租车，40分钟左右抵达，费用约100元；或可乘坐空港快线机场巴士，从广园客运站出发，大巴费用15元。

建议游客使用空港快线线路：

8号线：增城新塘→凤凰城酒店→广园客运站→机场。

地理位置

广州鸣泉居度假村位于风光旖旎的白云山西北隅大金钟湖畔，离市中心仅十几分钟车程，与广州新体育馆隔路相望，交通便利。

地址：广州市白云大道南1068号
电话：020-86632888
网址：www.oriental-resort.com

游走周边

周边旅游风向标

白云山风景区／白云山，是新"羊城八景"之首、国家4A级景区和国家重点风景名胜区。它位于广州市的东北部，为南粤名山之一，自古就有"羊城第一秀"之称。山体相当宽阔，由30多座山峰组成，为广东最高峰九连山的支脉。每当雨后天晴或暮春时节，山间白云缭绕，蔚为奇观，白云山之名由此得来。

云溪生态公园／广州市政府于2001年在白云山西侧开辟一块以绿地生态为主的休闲带，这个休闲带北起白云山的西门，南至下塘西路，东至广园东路云台花园。休闲带主要由5个不同园林组成，即岭南荔枝园、松林石景园、观荷园、叠水园、果香园。其中观荷园、叠水园、果香园相连在一起，构成了云溪生态公园。

地方风俗节庆

广州是一个有着十分丰富的民间民族风情的南粤名城。广州近年来在欢度春节、元旦、五一节、国庆节等传统民族节日的基础上，开展了每年一度的非常有广州特色的八大节庆活动：春期间的迎春花市和元宵节，农历二月的波罗庙诞会，端午节（其间有盛大的节日庆典——龙舟节）、番禺荷花节，从化、增城的荔枝节，重阳节，中国旅游艺术节暨广东欢乐节，广州美食节等。

波罗诞庙会（农历二月十一至十三）／波罗诞庙会是广州最大的民间传统庙会之一，至今已有一千年历史，当地有"第一游波罗，第二娶老婆"之说。买波罗鸡是波罗诞庙会的保留节目。波罗鸡是一种纸糊的民间工艺品，据说这是一种"神鸡"，在10万只纸鸡中，有一只会像真鸡一样在清晨啼叫。运气好的人买到那只会啼叫的波罗鸡就可发财。

重阳节登高／重阳节登高是广州市的岁时风俗。每年农历九月初九为重阳节。重阳登高，取其吉利。以往重阳节人们主要是登高、扫墓、放风筝。70年代以后，重阳登高之风日盛，而放风筝的习俗已很少见，扫墓者也大为减少，而以登山游乐为主。广州人重阳登高往往选择白云山、越秀山，每年登山者不少于20万人，其中不少青年男女还在重阳前夜登山，通宵达旦。

度假风尚补给站

会务经典／作为一个具有接待国宾资格的度假村，会务场所自然不能马虎。鸣泉居的经典会务场所是后现代立体思维的完美展现。

宽敞巍然的凯旋宫大堂，辉煌的金沙水晶吊灯，雪花白云石罗马大圆柱，耸立的国际庭园太空网架，一一印证鸣泉居精巧的立体思维，提供庄重雄伟的会务空间。而日内瓦风格的设计，让人暖意融融。透过大厅两侧10米高弧形观景窗，如行走在日内瓦街道上一般，欣赏从自然深处渗透过来的宁静与祥和。圆弧梯级国际会议大厅舒适豪华，可举办近900人的大型会议，透过大厅两侧10米高弧形观景窗，会晤同时也可以享受大自然的宁静。

度假感言

跟随这次六一团市委的"羊城手牵手"活动，才发现广州原来还有这么个地方，风景很好，树木郁郁葱葱，建筑物非常有特色，上去爬爬白云山，下来还有掩映在绿色中的高尔夫球场。尤其是坐在那里的茶寮品茗，真是帝王般的享受。在广州近市区应该找不到第二家。

精品山水 彰显自然魅力

江门五邑碧桂园凤凰酒店

Wuyi Phoenix Hotel

江门五邑碧桂园凤凰酒店

广东 ≫ 江门 度假类型 山水风华

　　蓬江畔的江门自古闻名，从一个小小新会圩场到现在闻名海内外的"中国第一侨乡"，六百年风雨沧桑的江门，带给人们很多的思考，很多的追忆。

　　到了江门，最不可不看的就是遍布在乡间、竹林间的碉楼。在成片开阔的绿色稻田里，弯曲的小河缓缓流过，密实挺拔的竹林中坐落着风格各异的碉楼，每一座碉楼都有着一段动人的故事……寻迹碉楼，就像打开一幅幅侨乡画卷，走进一幕幕历史往事。

　　江门的五邑也是风景独特的一处宝地。拥有水乡风光、海洋风光，以及原始森林、天然温泉等自然生态环境，这样的地理位置可谓是得天独厚，难怪有"山水侨乡"之美誉。在这片古老传奇的土地上，文化的多元性与风光的多元性互为印证也相互融合，故而，在这其中的五邑碧桂园凤凰酒店也吸得天地精华，滋养出别具特色的度假文化，值得亲身体验。

适合人群 商务人士、情侣出游、合家欢聚　　适合居住长度 2天1晚

找一个埋由住存这里

　　五邑凤凰酒店，是碧桂园凤凰酒店五星级连锁体系的又一全新力作。酒店坐落于江门市西环路五邑碧桂园内，北依大西坑自然风景区，南接江门市中心，揽都市繁华而摒弃喧嚣，蕴自然气息于建筑精髓。

　　酒店全力打造"精品山水商务酒店"，博取欧陆式建筑艺术精华，融汇浓厚东方园林山水底蕴，沿袭碧桂园凤凰酒店系列的特色，提倡个性化的五星级服务标准，辅以完善先进的住房、饮食、康体及娱乐设施，是各界人士"商务、会议、度假"的精选之地。

度假居所

　　五邑凤凰酒店拥有95间宽敞舒适、精致典雅的客房，并有近十种房型可供选择。充满现代感的设计，也凸现出了简约个性化风格。

　　客房由国际名师设计，室内色调简洁明快，装饰风格新颖独特。打破整体感的分区部分更增加了客房的层次感和空间感。

　　卫生洗浴区采用先进设备，同时以玻璃门窗隔出干、湿区，彻底分离排风区和气味区，使客人得到便捷的同时，也丰富了使用空间。书桌立板安装了便捷的互联网插口，专业化设计的灯具和温馨的灯光，烘托出室内的温馨气氛。

　　宽阔的观景阳台构造出浪漫风景，让人感受窗外的自然气息，解读大西坑风景区的妩媚、莱茵湖的温柔，怀拥五邑碧桂园的精致，尽享舒适奢华的自然之美。

美食诱惑

　　莱茵西餐厅 —— 莱茵西餐厅将东方魅力融入欧陆式建筑，宽大的落地玻璃将外面的垂柳依依、鸟语花香与室内的浪漫环境融为一体。

　　西餐厅特设室内和室外雅座，让人领略"小桥流水人家"的同时，兴味盎然地品尝各国特色美食。酒店特聘名厨主理，将各家烹调手法的长处应用于不同食材，重新组合出独特的味道。以时尚健康的美食新主义为主导，让你尽享健康美味人生。

休闲盘点

　　蒙娜丽莎卡拉OK／蒙娜丽莎卡拉OK位于酒店一楼，环境幽雅。KTV包房配备一流灯光音响设备，装修高贵典雅。熔铸富丽堂皇的东方神秘与浪漫的欧陆热情，让您尽情引吭高歌。

　　室外游泳池／酒店拥有大型欧陆式户外园林泳池和儿童游泳池。茂盛的热带园林和自然保护区令宾客可以尽情享受空气浴、森林浴、冷水浴和日光浴于一体的乐趣。同时特聘专业游泳教练和救生员，让您可享受无忧的运动乐趣。

　　网球场和篮球场／室外国际标准的网球场和篮球场位于酒店后花园，配备专业灯光照明、专业塑胶地板。在繁忙的商务会议之余，携朋伴友，沐浴在清风白云之下，共同享受五邑凤凰酒店带给您非凡的运动乐趣。

　　此外，酒店还设有健身房、桌球室、棋牌室、沐足等多项康体娱乐设施，让人时刻尽享悠闲人生。

度假村精华

文化建筑精髓　自然生活气息

江门五邑凤凰酒店有着独特的建筑设计理念，把当地特有的山水特色与中国古典园林的水木风格融为一体。在传统木雕基础上，采用大胆的金色和咖啡色，塑造出别致的大堂木雕壁画，给人高贵典雅之感。此外，还有古典风韵的木漏窗构成幽静而舒适的休息区，让人清晰地感受到建筑设计的体贴和精致。

更让人惊喜的一点是，这里还有一条极富个性的艺术长廊，弥漫着深厚的古雅韵味。艺术长廊由几十米长的近现代中国山水画卷组合而成，拉伸空间层次感的同时也点缀得错落有致。行走其中，让人尽情享受东方艺术的别致风情，恰与这山水风情融为一体。

与别处的度假花园不同，这里的园林式后花园摒弃传统单一的主题式粗线条造景，萃取东方人文精髓，巧妙融入欧陆风情的视觉元素。背倚大西坑自然保护区，坐拥莱茵湖。于是，山景、湖景与别墅景相呼应，构成了酒店独特的景致。

在这里，可以尽情呼吸带着泥土气息的空气，可以凭窗静坐聆听鸟啼蛙鸣，可以近看建筑之美，远眺青山碧水。

服务设施一览

完善商务配套

豪华宴会厅／酒店拥有多个大小不同、风格各异的豪华宴会厅，可容纳20至350人的会议及宴会。全部会议厅以五星级标准装潢，采用传统中式风格为主线，辅以欧陆式的外景，优雅舒适的同时，尽显宏伟气派。此外，酒店还拥有可同时容纳350人的多功能厅。

宴会设施／各宴会厅均配备先进的多功能音响设备、投影仪、灯光和录音等视听设备，是举办各式展览、商务会议、各类晚会、婚宴联谊的佳选。

会务服务／同时酒店还特别聘有专业而经验丰富的宴会销售服务队伍和经过特别培训的DJ人员，可以针对不同的场合需求提供各式全面的宴会及会议服务。设施齐全的商务配套、优质个性化的五星级服务，为来此商谈的宾客带来无限便捷和商机。

消费指南

江门五邑碧桂园凤凰酒店

房型	门市价	前台现付价
高级客房	880元	368元
豪华客房	980元	408元
商务客房	1080元	488元

度假村实用信息

交通信息指南

广州出发：

广州→广佛高速→佛开高速→陈山出口（转左往江门方向）—江沙收费站→3公里后（第一个十字路口）转右—五邑凤凰酒店

中山出发：

中山→中江高速→龙湾出口（转左往江门方向直走）→五邑凤凰酒店

五邑凤凰酒店位处江门北新区大西坑风景区水库前，连接北环路→西环路→建设路，到江门市中心，只需5分钟车程，与江门新汽车总站、会展中心、多个政府机关企事业单位，以及大型商业配套为邻，到新会、鹤山、中山等地，都只要20—30分钟车程，交通便利。

地理位置

五邑凤凰酒店距离城市中心30公里，经酒店附近的高速公路大约需要18分钟。

地址：广东省江门市蓬江区西环路五邑
　　　碧桂园内
电话：0750－3289988

江门五邑碧桂园凤凰酒店

广东 ≫ 江门　度假类型　山水风华

游走周边

周边旅游风向标

小鸟天堂/小鸟天堂是广东闻名中外的生态旅游景点，天然赏鸟胜地。380多年前，河中一个泥墩、一棵榕树长期繁衍，形成枝叶覆盖1万多平方米，树上栖鸟千万只，鸟类树相依，人鸟相处，和谐奇特，世间罕有的一道天然美丽风景线。文学大师巴金先生曾乘船游览后叹为观止，写下优美散文《鸟的天堂》，"小鸟天堂"从此得名。

小鸟天堂于2002年重新规划扩建，并对动、植物自然生态群落加以悉心保护和优化，形成占地面积40万平方米，以独特的鸟类生态风景为主题的多功能大型景区。

陈白沙纪念馆/陈白沙纪念馆是为了纪念明朝著名的理学家、教育家、诗人和书法家陈白沙而修建的。该纪念馆由前院、陈白沙祠、展览中心、白沙父母墓等组成。前后建筑物之间以左右对称的轩廊相连接，中间形成"天井"，是传统的四合院式结构，是又一岭南民间建筑艺术之瑰宝。

长堤风貌街/长堤风貌街位于美丽的蓬江河畔，建筑风格，以西欧风情为主，间中亦有中西合璧的格局，上千间楼宇外观各不相同，是最具岭南特色的"骑楼"建筑群。多以砖雕、石雕、陶瓷木雕建造，门窗有漂亮的几何造型和淡色调化，墙柱上有各式圆雕、凸凹雕，集雕刻艺术之精美。

地方风俗节庆

五邑农村婚娶传统礼仪繁杂，隆重、有趣。除了一般的"相亲礼"

和"文定礼"，还有一种特别的"匿阁"仪式和"女哭"的风俗。

姑娘出嫁前一个星期左右，每晚由姐妹陪着上阁，不让别人看见，这就是匿阁。姑娘匿在阁中，反复练习出嫁时唱的女哭歌，如："今日洗头，天早（明日）就出门楼呀，唉！"每唱完一句，姐妹们就喊"嗳，嗳！"低声相和。

女哭的时候，厅堂里挤满听唱的人。他们时而称赞姑娘唱得好，时而劝姑娘不要哭。姑娘便又唱出答谢的歌来，气氛热烈融洽。

姑娘在女屋匿阁数天后，便转回家中匿阁。在家中匿阁唱的哭歌，内容主要是感谢父母养育之恩和兄长们的教导，嘱咐弟妹要听长辈的话，等等。因为听唱的都是亲人，姑娘也就唱得特别动情。

度假风尚补给站

江门寻古/七百多年前的江门还只是新会的一个圩场，因位于蓬江边，而蓬莱、烟墩两山犹如蓬江的两扇大门而得名。当年四乡村民多乘圩船来这里"趁圩"，登岸的水闸门口就刻有"江门"二字，两旁还有"一条大路通南北，两岸小贩卖东西"的对联。据说现在的企龙街，仍能寻觅到这些历史遗留下的痕迹。

江门八景/江门东湖公园的"东湖倩影"、新会天马村的"小鸟天堂"、新会圭峰山风景区的"圭峰叠翠"、台山上下川岛海滨旅游区的"川岛风情"、开平塘口镇的"立园春晓"、开平的"碉楼奇观"、恩平的"温泉仙境"、鹤山大雁山风景区的"雁影波光"等。

度假感言

酒店坐落于江门北郊的自然保护区内，被别墅区和森林包围着，2006年才开始营业，所以来住的人很少。环境非常好，很有度假村的感觉，十分安静。408元的豪华客房，房间也很大，有一个视角非常好的大阳台。浴室也是非常的奢华，盆浴、淋浴设施很好，其中淋浴是好几个喷头的那种，我还是第一次享受，很舒服。下次还要来住。

极致山水　尊奉御品

江门玉湖御景酒店

R o y a l　H o t e l

　　很多人都对广东江门感到陌生，只是或多或少地耳闻这里的侨乡之风与碉楼文化，凝聚了漫长历史时空的人文积淀与自然造化。很多人匆匆地来，又匆匆地走了，终不得江门之灵与江门之华彩。其实我们都知道深藏在圭峰山，玉湖水畔的山水灵韵、天地精华是要用心静静品味的，而问题是去哪里？

　　2006年开始，这样的选择不再让人费神。江门玉湖御景酒店处半山之势，依山而建，居高瞻远，俯视明净的玉湖山水，揽五邑名山之首圭峰胜景，与大自然和谐交融，其精准的度假定位让御景酒店远近闻名，并在江门众多度假酒店里脱颖而出。

　　于是，我们是幸运的，在广东都市繁华的另一边，寻到了一处这样的避世幽居的美妙地界，享山水风情，品御景美食，多留几天又何妨？

适合人群　商务人士、情侣出游、朋友聚会　　适合居住长度 2-3天

江门玉湖御景酒店

广东 》 江门　度假类型　山水风华

找一个理由住在这里

江门玉湖御景酒店由中新家具实业发展有限公司独资兴建，香港堡龙国际酒店管理公司策划，管理的具有高星级酒店档次的精品酒店，酒店地处国家4A级森林公园江门圭峰山风景区内，紧靠圭峰山，毗邻玉湖公园，地势居高临下，幽静的玉湖景致一览无遗。

御景酒店集合了中西古典优雅的建筑风格，创新地把现代与自然环境完美融汇一起，清雅中突显贵族气息。酒店于2005年12月30日正式开业，面积覆盖约16000平方米，建筑面积约13000平方米，以豪迈、雅致的建筑特色和细腻标致的雕刻工艺，体现了东方人的风采韵味。

度假居所

御景酒店有108间舒适客房，与整个4A级国家森林公园的清丽风景相得益彰，并以优雅的建筑风格于园林景致中脱颖而出。

美食诱惑

御苑食府 —— 御景酒店讲究精雕细琢的饰品，朴实而不失典雅的桌椅处处流露着东方人的传统气息。厨师的款款精美作品，令视觉、嗅觉、味觉饱受刺激，品尝中餐的韵味所在。在这里凭窗远揽湖光山色，感受美食与自然景致相互交融，更是度假生活的绝佳享受。御景的美食口号是"品一方佳肴，享八方精髓"。

招牌菜：

滋补真味鸡

蒜香海豹蛇

黑菌瑶柱捞翅

浓汤鸡煲翅

皇朝燕翅

金香粉丝羔蟹煲

休闲盘点

朝歌KTV —— 姿彩无限，乐韵人生／走进五彩的朝歌霓虹灯，工作的劳累于此刻尽情释放，在御景酒店色彩斑斓的KTV包房如置身世外，可以心身松弛；黄金的烛光于空间中摇曳，很多人都会迷恋上在这里放声高歌。适合举杯畅饮，邀知己好友同场欢聚，一起歌唱人生。

度假村精华

精品山水商务

　　和广州很多走华丽高端路线的精品酒店不同，江门御景酒店很早就明确了自己在山水文化上的独特优势，定位在度假旅行与商务出游，给予住客完美的膳宿服务与丰富的文化内涵。

　　所以，酒店在客房的设计和装修格调，完全摆脱了传统酒店客房古板、生硬的形象，从色调、布局到客房摆设都彰显出清静、脱俗的特色。与江门玉湖风景的精致典雅融为一体。

　　正如御景酒店的宗旨所告知世人的：是要让客人在房间里尽量享受到青山绿水、阳光空气，也感受到酒店的精致和细心。"走进御景酒店，让典雅之风扑面而来。"

　　除了打造山水精品酒店的典雅风格，御景酒店为了满足各类型客户的需求，还特备了多个不同风格的多功能豪华会议厅，可容纳30—250人，会议设施应有尽有，配套齐全。酒店的专业宴会销售和服务团队，殷勤备至，助来宾驰骋商海，运筹帷幄。

江门玉湖御景酒店

广东 ∨∨ 江门　度假类型　山水风华

消费指南

江门玉湖御景酒店

客房类型	门市价格	备注
行政房	2880元	单大床
豪华套房	1880元	单大床
湖景房	830元	单大床／双床
山景房	780元	单大床／双床
标准单人房	730元	单大床

度假村实用信息

交通信息指南

　　距江门市中心约8公里，距新会区中心约5分钟车程，可由广佛高速公路经陈山或龙湾出口进入江门新会地区。

地理位置

　　广东省江门市圭峰山风景区

地址：广东省江门市新会区圭峰山风景区
电话：0750－6176666
传真：0750－6177777
网址：www.royalhoteljm.com

游走周边

周边旅游风向标

圭峰山/圭峰山横跨新会、江门、鹤山三市，屹立于江门五邑地区腹地，雄霸西江海口，是镶嵌在珠江三角洲上不可多得的一块绿宝石，因山形酷似圭璧，故称"圭峰山"。相传在隋唐时期，山上多桂树，因而又有"桂岭"之名。山中玉台寺为广东四大名寺之一。

玉湖景区/玉湖景区经精心设计和投入巨资进行改造建设，现已成为新会市最主要的休闲娱乐场所、度假胜地。景区内有桃花岛、观鲤池、玉湖广场、火鲤场、玉湖小苑、玉湖度假村、植物园、游客中心、旅游商品广场等一大批景点，开辟有玉湖荡舟、野战、古装照相、喂金鱼、喂火鲤等。

地方风俗节庆

"开年"与"放生鲤"/时间：正月初二。"放生鲤"是新会县城的旧俗。每年大年初二当地人会购买活鲤放生，祈祷生意兴旺，人口平安。大年初二清早，主妇们购得活鲤，用盘盛着，配备炒米、糖、粉印饼等祭品，放于门口左侧的门官神龛前，祈祷生意兴旺，人口平安，这是当地风俗的"开年"。开年后，用一水桶盛水，把鲤鱼放进去，携往驿前桥和募前桥的河边埠头，祷告后把活鲤放于河中，叫做"放生"。

度假风尚补给站

江门文化/国学大师雷铎对江门文化的归纳是"侨、楼、泉、风"四个字，概括了江门五邑的文化特色。

所谓"侨"是江门最大的优势，无论是从人数上，还是从历史上，江门的华侨文化在广东地区都是独一无二的。而"楼"，是指江门的碉楼文化。每一座碉楼都见证着在南中国曾经发生过的往事。而"泉"，是指温泉。江门地下温泉资源丰富，被称为"温泉之乡"。最后一个"风"，是指风气。历史上的五邑是个十分富庶的地方，曾出产过品类繁多、质地优良的土特产，有"小澳门、小广州"之称。

度假感言

因为很喜欢这个酒店，所以破天荒第一次来点评一下。我住的是山景房，每天早晚听到鸟鸣，真的心情很好。酒店服务也很不错，具有广东人经营的优良传统。我开始住的房间对着两个锅炉，我要求前台换房间，前台在房间很紧张、很满的情况下，还是帮我们换了，而且整个过程让人很舒服。总之，这是我在广东省内游中住过的性价比最让我满意的酒店。

杭州富春山居度假村

富春江畔悠然的精致江南
杭州富春山居度假村
Fuchun Resort

　　一如温柔婉约的西湖造就了杭州"天堂人间"的美名，钟灵毓秀的富春江绘就了独具魅力的富春山水，也给予了富春丰厚的文化底蕴和历史积淀。

　　富春江，这条养育一方水土的神奇之水，是富春灵魂之所在。整个富春山水俨然一幅展开的画卷。以江面纵向伸展的长曲线和两岸山峦的横向长弧线为主的线条，构成了富春江视野开阔、空旷疏朗的基本形态，给人圆润、柔和、平稳、典雅的审美感受，不愧其"天下佳山水，古今推富春"之美誉。

　　富春，不仅是一个地理概念，更是一个意蕴深厚的文化概念。秦始皇、孙权、朱元璋、乾隆都曾把这片土地踩在脚下；苏东坡、朱熹、刘基、黄公望等文人雅士也曾在此留下众多诗画佳作。至今，踩着龙门镇被岁月滋润得温婉光滑的卵石古路，两旁店铺旧时的招牌依稀可见，擦肩而过的那位村民有可能就是三国东吴大帝孙权的六十八代孙。

　　沉浸在令人惊艳的古典中国景致中，绵延美丽的山际，如诗画般的村舍及茶园在游人的眼前呈现。来到这里，人们将有机会亲身体验由元代四大画家之首黄公望所发现的屏息之美，任由每一位游客恣意探索这片全然独有的世外桃源，而这正是人们入住富春山居的缘由。

适合人群　新婚夫妇、情侣、名人等各种休闲旅行者、公司企业团体　　适合居住长度　2天以上

找一个理由住在这里

富春山居度假村依傍迷人的青山和灵秀的富春江，是中国第一个以现代建筑艺术来阐释江南建筑风格的顶级度假村。山居主体客房加上临湖雅致别墅以及富春别墅共108个房间，撷取传统江南山村居所精髓，糅和当代极为简练建筑风尚设计，成就了独具魅力的富春山居度假村，带着人们走进宁静而又悠远的富春的江南。

富春山居度假村一年四季皆适宜度假，让顾客体验山居内部美妙的四季变幻，感受悠闲自在、宁静致远，品尝生活情味，人间自然。

度假居所

富春山居度假村用现代建筑艺术来诠释江南建筑风格，自然圆融又独具匠心巧思，也因此成为倍受称道的顶级度假村。度假村主体共有70个房间，加上临湖雅致别墅12幢18个房间，及富春别墅5幢20个房间，总计达108个房间。撷取传统江南山村居所精髓，糅和当代极为简练建筑风尚设计，线条简洁、色泽从容，极尽简约、极尽雅致。

清晨，在秀丽山水的陪伴下苏醒，让每位住客都能享受偷得浮生半日闲的悠闲自在。富春别墅独踞山巅幽处，如带江水、绿茵球道静卧眼底。起居室、餐厅机能名具，每一间客房都能让住客一入室就神闲气定，遥望云山，坐看流泉，品生活之情味，尝江南之醇香。

美食诱惑

亚洲餐厅／双层式精致的亚洲餐厅，一楼为食客提供当季新鲜食材并精心烹调中式午餐及晚餐，人们可以观赏二楼窗外悠然的茶山，宁静的湖面，倒映的美景，在厅内东方式红色灯笼的闪烁映衬中尽享美味的亚洲风格菜式。二楼则为品书阁，为住店旅客提供多种书籍阅览。

八号会所／提供由一流主厨精心烹调的中西式健康早餐、轻食午餐和浪漫西式晚餐。在此酒店住客及会员可以体验私人会所般非凡的餐饮服务，感受优雅惬意的用餐情怀。

湖廊居／在湖廊居雅座静思，放眼感受大湖优雅的景致，品尝久负盛名的龙井绿茶。

水廊居／泳池层的水廊居，游泳的间隙可以在这里做一个短暂的休息，喝一杯清凉的鸡尾酒或者精致的下午茶。

休闲盘点

富春太极拳

富春山居为客人提供远离尘世喧嚣的一片静心之地，客人将在60分钟的太极课程中感受身心的调和与力量。教师将根据气候和参加人数提供不同感受的上课场地，每班人数限制在8人之内。这里还为人们提供量身定做的太极课程。

富春SPA

富春SPA在得天独厚的自然条件下，以纯净天然的熏香精油引导，舒缓身心压力。富春SPA包含香熏按摩，富春经典综合疗程，足部释压

杭州富春山居度假村

浙江 》 杭州　度假类型　山水风华

护理等，结合中西调息理论，配合精致而专业的巴厘岛式按摩手法，舒缓疲劳，由内而外，释放体内纠结的情绪与压力，让身体得到愉悦的舒展，沉静的放松。

富春高尔夫

富春山居是中国华东唯一以丘陵地形茶园为主题的18洞72杆国际标准高尔夫球场。令人称赞且富有挑战性的18洞高尔夫球场位于富春山居中心位置，共有70个沙坑和12个水障碍，为游客提供三天两夜或四天三夜的富春高尔夫假期。

另外富春山居还附设户外网球场、高尔夫练习场及健身房，同时聘有职业高球教练可提供学习课程。

度假村精华

富春山居得天独厚的地理位置，集天时、地利、人和于一身，加之依山傍水，在青山与碧水之间打坐，在柔风茶香中静思，每一位住客都将感受到灵气之凝聚，心境之澄明。在这样的环境和状态中练习古老印度的哲学和修身方式 —— 瑜伽，是再适合不过的佳事。

喜马拉雅瑜伽

富春山居瑜伽室随着日落与日出时间安排课程时段，针对游客的需要提供多种类型的瑜伽课程，包括舒缓释压瑜伽，青春永驻瑜伽，体态调整瑜伽，活力瑜伽，脊椎强化瑜伽，生命呼吸等。

人们将在印度瑜伽修行者的带领下，进入融合传统与科学的瑜伽世界。学习伸展与放松，增加体内能量流动，舒缓并沉静心灵，消除疲倦，恢复体态轻盈与健康。

度假小贴士

喜马拉雅瑜伽传承喜马拉雅近两千年的瑜伽修行文化，从数十代瑜伽大师口口相传至今。即使在今日，喜马拉雅地区仍保留着那古老的修行方式。喜马拉雅以王瑜伽及其昆达里尼唤醒课程闻名世界，融合东方古老的教学以及西方现代思潮，传播喜马拉雅瑜伽的真谛。

类型		60分钟（RMB）		90分钟（RMB）	
		1节课	2节课	1节课	2节课
单人		400元	700元	500元	850元
双人		700元	1400元	850元	1700元

度假村实用信息

服务设施一览

富春山居会员居所 —— 这是富春山居会员独享的专属度假别墅，位于富春江畔的山丘上，依循山势的起伏而建造，融合于秀丽山水之中，背倚天然山势屏障，可远眺山峰夕照及富春江，环视球场及邻近的山林，同时保有不受干扰的独立隐密性，体笑傲山林，望水色天光，观云卷云收，打坐静思禅悟，笑谈江山红尘。

家庭聚会／富春山居承办家庭聚会，为不同家庭举行联谊，准备生日宴会，为工作压力大的人们和需要休闲的人们在与家人共度美好时光的同时提供绝佳的放松机会。

结婚，蜜月，周年／在美妙的富春山居交换戒指，宣读誓言，为新人的美满婚姻祈福。在此度蜜月或是举行周年庆都能让游客感受自然的舒畅与江南的雅致。

企业会议，商业活动／承办董事会策略研讨性质会议；服饰精品、化妆保养品类产品的新品上市；公司以政府、企业、客户为对象的招待；举办协会，大使馆，商会社团，各国商社的各种活动。

交通信息指南

飞机／距杭州萧山国际机场约40—45分钟车程。

市内交通／距富阳市区约8分钟车程。距杭州市区约40—45分钟车程。

地理位置

依山傍水的富春山居度假村位于杭州市杭富沿江公路富阳段。

地址：浙江省杭州市杭富沿江公路
富阳段富春山居
电话：0571－63461111
网址：www.fuchunresort.com

消费指南

杭州富春山居度假村		
豪华房	园景	2000元起
	湖景	2200元起
套房	园景	3100元起
	湖景	3300元起
	湖滨套房（附属露台）	3700元起
	湖滨高级套房（附属露台）	4100元起
	湖滨顶级套房	4500元起
酒店别墅（附属户外按摩池，专属花园）	单间客房	4500元起
	单间客房（附属客厅）	6000元起
	双间客房（附属客厅）	7500元起
	双间客房（附属客厅）	10000元起
富春别墅（附属室内泳池）	双间客房	13000元起 仅限平日
	三间客房	16500元起 仅限平日
	四间客房	20000元起

杭州富春山居度假村

中国旅游导航
中国顶级度假胜村指南

304

浙江 ∨ 杭州　度假类型　山水风华

游走周边

周边旅游风向标

人间天堂／富春山居距杭州市区约40~45分钟车程，杭州市内旅游景点如西湖、灵隐寺、雷峰塔等均久负盛名。

天山共色／富阳境内拥有国家一级风景名胜景点、华东文化名山——鹳山，山、水、林、洞浑然天成的富春桃源，华东地区最大天然淡水浴场和富春胜地天钟山等自然名胜。

名胜古迹／富阳境内有东吴大帝孙权故里、晚唐诗人罗隐碑林、元代画家黄公望结庐处、现代爱国志士郁达夫故居和保存明清建筑特色的龙门古镇以及古代造纸印刷文化村等人文古迹。

地方风俗节庆

多彩的民俗文化古镇／富阳附近的龙门古镇为中国百个民俗文化村之一，被列为省级历史文化保护区。村内除了规模宏大的古建筑群和名胜古迹外，还保留着特色鲜明的传统民俗文化，如闹元宵、庙会、祭祖等。

丰富的民间艺术／民间舞蹈有龙灯、狮子、竹子、跳仙鹤、大头和尚等17个类别41种；民间音乐有"古亭锣鼓"、"十番锣鼓"等；其他有剪纸、泥塑等。其中"跳竹马"、"跳净童"、"跳仙鹤"等，整理成文字，被《中国民族民间舞蹈》(浙江卷)收录。

独具特色的特产／有东坞山豆腐皮、竹制工艺品、富阳土纸、安顶云雾茶、洞桥香榧、富阳书画纸（俗称富阳宣纸）、龙羊白果（银杏）、富阳绿芦笋、三山板栗、峡岭湖笔、古籍线装书、竹制工艺品、半山桃子、富阳冬笋，此外，富阳还有鹳山龙井、天龙葡萄、蘑菇等名优土特产。

度假风尚补给站

富春山居图／元朝画坛四大家之首的黄公望，晚年远离世俗尘嚣，隐居于富春江畔。他以山怡情，以水养性，用十年之久的光阴创作出他毕生最精彩的代表作《富春山居图》。观其画，笔墨浓淡有致，山川卷藏，苍松有劲，凝万古于当下，呈天人合一之画境，呈现黄氏晚年以画修道，宁静致远的自在悠然。这幅名画后来被烧成两段，现分藏在中国大陆和台北的博物馆中。

人文内涵／富春之地，春秋属越，战国属楚，秦时置县，历史悠久，文化繁荣。富春江以其秀美的景色让历代文人墨客为之痴狂，谢灵运、白居易、苏轼、陆游等大文豪纷纷挥笔洒墨，留下经典。富春江也因其繁荣的文化养育了众多名家大师。严子陵、孙权、罗隐、黄公望、董邦达、董诰、郁达夫等众多名人，他们或以千秋功绩，或以道德文章，或以精神气节，为富春江铸就了不朽的灵魂。

度假感言

　我和老公是因为寻找蜜月之地而在网上查到富春山居的，因为老公说想去看富春江，所以才订了富春山居。进入山居之后，我的第一感觉是，眼前被点亮了，青山碧水，起伏的丘陵，低矮的茶树，让我似乎闻到了清凉，而最夺目的还是那与这美景融合得天衣无缝的江南古典风房屋。第一天，我们便在青山、绿水，柔风中品茶，听爱好文学的老公给我讲解富春的文化。随后的几天，我们在山居附近的地方游玩，我们非常开心，我的蜜月在这里度过，此生无憾了。

主题园林

山水之美　欢乐之都

桂林乐满地度假世界

Guilin Merry Land Resort

桂林乐满地度假世界

桂林也许是上天对广西的恩赐。广西从某个方面看可能是贫瘠的，而从另一个角度观察，却又是那么富有。桂林山水甲天下，那么这笔享之不尽的财富就是对广西最好的补偿。正因如此，如潮的游客纷至沓来，把桂林城塞得满满的，嘈杂的人群操着各地的口音对着排排石林发出赞叹，桂林仿佛微缩在东来西往的评论声中，渐渐失了朝气。

而乐满地度假世界就是一个异类。这里有自己的精神图腾，那就是快乐。把桂林的山水之美糅合广西的民俗文化，用各种主题演绎着不同的快乐。这里远离了那些聒噪的人群，独独享受自己的一份清闲。很多人喜欢在这里的高尔夫球场上挥杆，那白色的小球在天空中飞行的瞬间，一切美好的心愿都定格了。

乐满地，悄然描述着桂林不同的山水之美。

广西 ≫ 兴安　度假类型　主题园林

适合人群　家庭旅游　商务会谈　　适合居住长度　3天2晚

找一个理由住在这里

桂林乐满地度假世界于2007年6月被国家旅游局评定为国家首批5A级景区。

在这里，融合桂林山水之美、广西少数民族艺术及乐满地欢乐文化的五星级酒店，闲逸高雅。依山势高低错落而建的丽庄园木屋别墅区，隐隐山林间，尽享自然特色；美式丘陵国际标准18洞高尔夫球场，独揽桂林山水盛景，挑战极至尊荣；缤纷主题乐园，时尚、动感、刺激与欢乐并存。这些构成了集尊贵、自然、浪漫、闲逸、欢乐为一体的度假胜地——桂林乐满地度假世界。

度假居所

设计风格：乐满地房间装修与众不同，墙壁四周是用篾片织成的竹席围成，房间四周有数根支撑的木棍，木棍与木棍之间又由木棍相联，正中央还挂着一块壮族少女的银制胸牌，整个房间充满了浓郁的少数民族风情。

建筑特色：所有木屋别墅均选用全天然优质木材建造，依山林高地变化、错落有致地分布，阳光里、月光下，漫步林间，蛙鼓虫鸣，星月如练。使游客真正享受到宁静自然的情趣。

特色客房：湖景房

坐落于灵湖湖边上，房屋依据欧式、日式两种不同风格进行设计和布置，透过观景窗，可看到碧波荡漾的灵湖、湖心的月老船及侗族风雨桥。

木屋雅居：由台湾名家设计的木屋雅居为现代居家的北美简约风格，建筑立面繁缛细腻，讲究上有天、下有地，既拥有临湖别墅特有私家花园的私密性，又不失与周边景观之间的和谐与融洽，房间通透、宽畅、明亮，透气感强，家具造型简洁，做工细致，完美体现出度假休闲意境的简练与舒适。

美食诱惑

酒店餐饮区设有以下几个特色餐饮：

桂粤轩中餐厅 —— 在弥漫着浓郁老上海氛围的度假酒店2F中餐厅，特级厨师巧手妙制各式风味名点及灵湖啤酒鱼、白果老鸭汤、云吞川土鸡、土伏苓草龟等桂北风味美食以及各式桂粤名菜，让人在享用桂北古朴古香特色餐点的同时，充分领略到潮、粤、湘及桂系的地方特色饮食文化。

天可汗烧烤餐厅 —— 度假酒店1F南侧的天可汗烧烤餐厅，以其独特的桂北文化工艺风情，粗犷豪迈的特色烧烤，以及别具一格的开放式厨房，将让人身临其境地感受到

广西少数民族的热情与当地特色食材。

烟波酒吧 —— 位于酒店一楼大堂，提供各式酒类、饮料及小吃，内设音乐表演，透过橱窗，晨露晚钟，碧波环绕。不失为商务洽谈、闲暇小酌、秉烛品茗的上乘之选。

主题园区

灵湖客栈餐厅 —— 游乐之余，小憩于灵湖客栈餐厅，这里可提供品种多样的团队套餐及桂北特色风味美食，另外在中国城内还设有南北小吃长廊，其中台湾美味小点可谓不得不尝！

美式汉堡店 —— 闻香止步，美式汉堡店是青少年最为欣喜的聚集地，香脆的汉堡包、色泽诱人的炸鸡翅、吮动食指的黄金薯条，以及各式惊喜套餐，还等什么，赶快行动吧！

港口餐厅 —— 建在灵湖水面上，可以一边吹着灵湖的清风，一边享用美食，一边欣赏南太平洋舞台波利尼西亚表演。美餐之后，漫步闲暇于海湾市集，这里收罗了成千上百的海滨特色工艺品。

休闲盘点

高尔夫俱乐部/2004年荣获"中国十佳高尔夫球场"的桂林乐满地高尔夫俱乐部，为美式丘陵球场。于2000年1月9日开业，总占地面积1100亩，国际标准18洞（2007年9月再增加9洞），球道全长7073码，球场的整体规划，以符合美国USGA规

定的建场原则，特聘请美国名家Golden Louise特别依桂林山水美景度身打造。球道造型更是由美国球道专家David设计。

大鸟演艺吧／内设DISCO、酒吧及表演秀。炫丽的灯光衬托出灿烂舞台，动感热辣歌舞秀演绎无限激情、异域风情、香艳诱惑，无法抗拒，让人感受扑面而来的十足活力。

龙凤养生馆／彻底卸掉工作或旅途的疲惫。桑拿、花浴、精油SPA、中药浴足、养生按摩。新世代养生理念得到完美诠释，一切只为让人恢复阳光般的活力，舒缓全身、美化心灵。

风华馆／以精湛技艺满足入住客人美容美发需求，让您以崭新的面貌迎接新的一天。

酒店另设有麻将间，电动玩具室、美式桌球室、乒乓球室、飞镖区。此外，还有网球场、健身房、室外泳池等运动健身场所。

度假小贴士
印第安街头秀／印第安音乐中咚咚的鼓声如同各种生物的心跳一样，它代表着生生不息的生命，和印第安人对造物图腾最高的崇敬！停住您的脚步，和我们一同去探究印第安的神秘。
幻彩摩登时代／奇妙变幻的空中杂技、热力四射的大型舞台、拍案叫绝的默剧表演，配合最新环绕科技的现场音效，奇幻的灯光效果以及惊艳瑰丽的舞台布景，缔造出别具一格的感官新体验带你进入天衣无缝的梦幻国度。

度假村精华

乐满地主题乐园占地60公顷，是度假世界第一期工程投资最大的项目，在2007年度被国家旅游局评为"ＡＡＡＡＡ"景区，同时通过了ISO9001及ISO14001两项国际权威机构的质量标准体系认证，被评为"2002年度中国旅游报·中国旅游知名品牌"以及"全国十佳主题乐园"；2005年主题乐园获得"广西十佳旅游景区"的称号。

乐满地主题乐园引进国际级大型游乐园的设计，撷取世界各地的梦幻情境。在乐满地的梦幻王国中有：时空交错的欢乐中国城、惊险刺激的美国西部区、奇妙魔幻的梦幻世界区、充满神秘的海盗村、高贵典雅的欧洲区以及热情洋溢的南太平洋区，将带您进入时光隧道体验奇幻多变的精彩乐趣。

欢乐中国城
这里的建筑风格充满了浓郁的中国古代特色，有长城式的城墙及亭台楼阁等建筑造型。内部采用高科技先进设备，使得古老的东方文化与现代化高科技相结合，别有一番风情。中国城内主要的游乐设施有：龙卷风、极速动感、旋转木马、怀古照相馆、翰祥民艺馆等等。

美国西部区
进入美国西部区，这里处处可见18世纪美国拓荒时期西部风情，主要的游乐设施有：急流泛舟、好莱坞影视特技秀、拓荒者之家、小马牧场、西部野牛等等。

梦幻世界区
梦幻世界区主要的风格是以西洋童话中的梦幻仙境为主题。这里的建筑多呈不规则形状，将一些娱乐、服务设施装饰成大树、蘑菇等奇特造型。本区主要的游乐设施有：魔法光轮、鬼屋历险、飞天巴士、碰碰车、跳跃喷泉、皮宝宝游戏屋等等。

消费指南

桂林乐满地度假世界

房型	门市价	优惠价
乐满地标间	830元	520元
贵宾标间	1080元	600元
木屋观景房	830元	520元
木屋湖景房	1080元	600元
木屋雅居（大床）	1480元	650元
楼中楼（大床）	1480元	650元
二套间	1680元	960元
三套间／行政套间	2680元	1600元
总裁套间	6800元	4900元

度假村实用信息

交通信息指南

乐满地直达大巴

在桂林火车站乘坐，票价15元/人，每半小时一趟，大巴首末班时间为7点和19点。

乐满地（兴安）旅游专线

桂林至乐满地（兴安）首班车时间为7点，终点站为兴安汽车总站，末班车时间为21点；乐满地至桂林的首班车为7点，末班车为19点。在乐满地与兴安汽车总站之间有5分钟距离，公司提供免费往返接送。全程票价：15元/人。

地理位置

桂林乐满地度假世界位于广西桂林市兴安县，距桂林市仅63千米，全程由6车道国家一级公路相连。从桂林市区到乐满地的车程仅为45分钟，从桂林两江国际机场到乐满地的车程时间约为55分钟。

地址：广西壮族自治区桂林
　　　兴安县志玲路
电话：0773-6229898
网址：www.merry-land.com.cn

游走周边

周边旅游风向标

兴安北距桂林市60公里，是大桂林旅游区的重要组成部分。这里的旅游资源不但丰富独特，而且有极高的品位。

兴安灵渠/灵渠，位于兴安县城东，距乐满地仅5分钟车程，建成于公元前214年。古称秦凿渠，又称陡河、兴安运河。它与都江堰、郑国渠并称为秦代三大水利工程，不仅是我国，在世界上也是最古老的运河之一。此一运河最令人称奇的是，全长37公里的运河两端是海拔等高的设计，这也是灵渠能够保存至今的主要因素之一。另唐朝时发明了斗门，便控制水量及行船，设计巧妙，堪称目前全世界最古老的水闸门。

秦城水街/800米水街构成一幅浓郁岭南风情的市井画图。由秦代建筑文化、古桥文化、古石雕木雕文化、灵渠历史文化、岭南市井风俗文化五大部分组成。是广西独一无二的，既传承了秦汉文化，又融合了中原汉文化与岭南百越文化的一条历史文化古街。

秦家大院/位于"湘江源"白石乡的秦家大院，是历史悠久的水源头古村落。明朝洪武年间，山东一名被贬的秦姓官员携家带子，迁至桂北地区。经年繁衍，渐成规模，当地称其为"秦家大院"。整个大院古香古色，院里有保存完好的明清时期的建筑，古宅四角层檐飞翘，彩绘花鸟虫鱼，门窗雕龙画凤，饰以琴棋书画，主房宽敞明亮，厢房小巧玲珑，是民间艺术天人合一的优雅体现。

地方风俗节庆

广西壮族的民俗

正月过年/正月过年非常热闹，各村寨青年男女都要玩传统的"抛绣球戏扑"。打"磨秋"也是传统内容之一，即植一直木于地上，以一横木凿其中，合于直木顶的磨心上，二人一左一右扑于横木两端为戏，此起彼落，此落彼起，腾在半空，非常有趣。

祭龙/如部分壮族正月（亦有在五月者）祭献"老人厅"。二月（亦有在六月初六或十月者）盛行过小年。每年二月"祭龙"是各支系的共同节日。"祭龙"时由村中两户或数户人家轮流负担祭日需要的鸡、猪等牺牲品；祭日，外寨人或骑马、戴斗笠者不得通过寨心，习惯认为每年杀猪"祭龙"能使人畜平安，五谷丰登。

禁忌/如正月初一不准吹火，不得串门。平时不能坐在门槛中间。不能用脚踩灶台和三脚。不能抬着锄头或戴着斗笠进家。不能攀爬或砍伐龙山上的树木。如有结婚之家，孕妇不准去看新娘。家有产妇时，门上悬挂草帽一顶，暗示外人不得入内。

度假风尚补给站

乐满地奇幻美景 —— 灵湖

灵湖是一个自然湖泊，素有小西湖之美誉，湖面宽780亩，其最深的地方可达30米。其水来自广西灵川县海洋乡的海洋河。水质清澈冰凉，四周青松翠柏倒映湖中，犹如一幅淡淡的山水泼墨画。"水光潋滟晴方好，山色空蒙雨亦奇"。

环绕灵湖的曼佗罗八景（灵湖烟波、风雨侗桥、茶道情长、福满云天、月老情缘、松林听涛、相思霞堤、云想衣裳花想容）更是融合了桂林山水的精华与灵气，这里清新自然、明亮清澈、神韵飘逸。在烟云缭绕下的园中景观，时而观之如海市蜃楼，时而观之静谧秀美。无论从哪个角度去欣赏，这里的山水风景都如一幅幅淡雅的山水名画，静心品味，便会让人顿觉灵气四溢。

乐满地奇幻美景 —— 茶花

茶花是乐满地的园花，分布在园区各处：五星级度假酒店的庭院、高尔夫球场、曼陀罗园的茶花谷、灵湖畔……处处留其芳踪。每年的11月至次年的4月，园区内每一株林茶花竞相开放，高雅的白茶花、亮丽的粉茶花、鲜艳的红茶花……人们可以欣赏到"万朵茶花俏争春"的壮观画卷。

与桂林山水相约　与时尚艺术邂逅

桂林愚自乐园现代艺术酒店
Guilin Yuzi Paradise

中国旅游导航
中国顶级度假村精选

311

桂林愚自乐园现代艺术酒店

广西 ∨∨
桂林　度假类型
主题园林

　　早就听闻"桂林山水甲天下"，这里一直是梦想中的旅游胜地。举世无双的喀斯特地貌让这里的山千姿百态；而漓江的水，蜿蜒曲折，明洁如镜，再加上山洞中的钟乳怪石，鬼斧神工，琳琅满目，于是形成了"山青、水秀、洞奇、石美"的桂林"四绝"。

　　如果说桂林山水是借助大自然的伟力雕刻而成，那么桂林愚自乐园就是独具匠心的人类艺术家为桂林献上的瑰宝。如果你钟情于邓丽君的音乐，或者喜欢几米的漫画风格，那愚自乐园就是你来桂林不可或缺的一站。这里所有的展品都向我们展示了人文与自然的交融和文化艺术永恒延续的力量。在这里还隐藏着一座颠覆传统概念的现代艺术酒店，兼具自然风光与近千亩当代艺术园林，为你在桂林的艺术之旅悄然增添了几多情趣。

　　常常感叹艺术的魅力，竟然把休闲度假、自然风光都浓缩在这美丽的梦园，实在是不可多得的胜地。

　　有什么理由能令我们错过一次与艺术邂逅的机会呢？

适合人群　艺术爱好者、情侣度假、亲子游　　适合居住长度 1－30天

桂林愚自乐园现代艺术酒店

广西 ≫ 桂林　度假类型　主题园林

找一个理由住在这里

愚自乐园是一座以当代雕塑与洞窟艺术为主的国际时尚艺术村，是亚洲最大的艺术创作基地，于1998年创立，总规划面积8000多亩，国家4A景区。愚自乐园里的现代艺术酒店是全球唯一兼具自然风光与近千亩当代艺术园林的顶级旅游度假酒店。

愚自乐园现代艺术酒店被世界权威杂志《Asia and Away》评定为"中国最佳精品酒店"，是欧洲最尊贵的联盟"驿站城堡"在中国的唯一酒店成员。

度假居所

现代艺术酒店"心馆"/心馆以条码形的外观设计隐含"心经"的独特寓意，内设100多间不同风情的艺术客房。

现代艺术酒店"修行馆"/修行馆以独特的绿色金字塔造型，诠释人文与自然的和谐统一；内设49间世界上最独特的艺术客房，与园区开放式露天艺术博物馆相互辉映。

所有客房的定位都是高端化、艺术化、功能齐全：独立调节中央空调系统、国际/国内直拨电话、国际卫星电视和有线电视、语音留言信箱、室内保险箱、电吹风、浴袍、国际互联网连接宽带上网、迷你吧及小冰箱、咖啡或茶、冰桶、VOD及闭路电影等等。

美食诱惑

欧洲厨师联盟中国首家认证餐厅/从地方特色料理到欧陆风味串起餐饮食物链、野宴私房菜、松之林咖啡屋、莲中餐厅、人间舞台中庭咖啡、理性与感性酒吧、白日梦宴会厅、户外宴、星空婚宴等各式餐饮。

愚人餐坊/四分之一圆造型的餐厅，外墙饰以镜面玻璃。宛如晶莹剔透的扇贝造型，全视角反映自然与人文交融的景致。附设表演舞台的大型宴会厅，适合公司聚会、喜庆宴会、主题派对等各型餐会。

休闲盘点

邓丽君音乐花园/在全球唯一的"邓丽君音乐花园"里近距离感受一代歌后的生前事迹：邓丽君在各个时期的照片、衣服、化妆品、首饰、书籍、白金唱片等，聆听邓丽君生活中感人的点点滴滴。这里浓缩邓丽君一生的音乐精华，让我们在音乐和回忆中找到很多不曾发现的心情。

几米布瓜世界/几米独特的绘画风格早已让他的作品风靡世界，然而那都只是平面上的，这里的全球唯一的"几米布瓜世界"却是一个充满了乐趣的立体游乐世界，在这里和几米一起感受无常的人生。

度假村精华

悠游愚自乐园

愚自乐园，整个园区就是一个艺术天堂，来到这里，一定要感受一下整个园内的艺术氛围。园内游览路线别具匠心，十多个主题区连成一线，让人逐一体会，一个都不错过。以下推荐的便是颇具特色的主题园区：

推荐一：创作坊

设置了石雕、金工、陶艺、铸铜、版画、琉璃六大专业区块。拥有先进设备与专业设施，经验丰富的助手，成熟稳定的材料供应，能满足各类创作的需求，是艺术家梦想的创作天堂，也是园区内雕塑作品的诞生地。创作坊不仅属于驻园艺术家，也对游客开放，游客可以在创作坊里创作一件完全属于"我"自己的创意的作品，真正过一次艺术家的创作生活。

推荐二：香草花园

以生态农法运作的有机农场，种植可提炼芳疗精油的植物，如薰衣草、迷迭香。可用来制造精油以及精油肥皂、精油蜡烛、精油沐浴、精油护肤相关产品等，共享大自然提供的神奇芳芳。

推荐三：篝火广场

由露营区、烧烤区与篝火区组成的篝火广场是园区内的豪华露营区，帐篷架设在松林内错落分布的木制平台上，游客可在烧烤平台上享受自助烧烤的美食，篝火广场上的篝火晚会，是游客们星空下最难忘的夜晚。

推荐四：珍稀植物区

来自澳大利亚的佛肚树与上百种稀有品种的仙人掌，构成了园区亮点——珍稀植物区。价值百万元的佛肚树是澳大利亚沙漠区的珍宝，它耐旱的特性与储水的功能，是沙漠旅人的救星。

推荐五：白日梦纪念馆

环形造型的四层独栋别墅型会所，馆内拥有数十位艺术家创作的壁画、雕塑、绘画等百件艺术作品，使得馆内馆外都呈现浓郁的现代美术馆氛围。

度假小贴士

艺术是愚自乐园的灵魂，艺术家是愚自乐园最宝贵的财富。愚自乐园建园的思想，就是要让全世界的艺术家共同参与愚自乐园的建设，让山水与艺术共融，让文化与自然相互辉映，为后人留下一笔宝贵的艺术财富。这便是愚自乐园的艺术家辛勤耕耘、无怨无悔的原动力。

愚自乐园的艺术事业的国际创作部，聚集了来自世界各地知名的艺术家、艺术工作者，他们在各自的阵营里，在版画、琉璃、陶艺、铸铜、石雕、金工等工作室放飞想象，完成艺术创造，成就了现在的愚自乐园！

中国旅游导航

中国顶级度假村指南

314

桂林愚自乐园现代艺术酒店

广西 ∨∨ 桂林　度假类型　**主题园林**

度假村实用信息

服务设施一览

　　酒店为高级商务会议提供一条龙服务。10间65平方米至288平方米国际标准会议室、宴会厅、休憩室、餐厅、酒吧、KTV、桑拿、健身房、游泳池、烧烤区等多样化的空间场域满足了不同的会议需求；还能通过酒店量身定做"松林野宴"、"湖畔晚宴"、"篝火晚会"等各种酒会和各类演出；如果举办"新产品发布会"、"高峰论坛研讨会"、"企业高层议会"、"企业主管进修"、"客户联谊"，那是最合适不过的了。

地理位置

地址：广西壮族自治区桂林市
　　　雁山区大埠乡愚自乐园
电话：0773-3869009
网址：www.yuzile.com

交通信息指南

　　航空／桂林两江国际机场至桂林市区30公里，有50多条航线可以到达国内、国外很多地方，包括到香港、澳门及日本福冈、泰国、马来西亚等地的航班。机场有巴士到市区，终点是民航大厦。

　　铁路／京广、黔桂、枝柳、湘桂铁路都经过桂林。桂林市内有两个火车客运站：桂林北站和桂林南站（桂林站）。南站位于东西向的大马路——上海路和南北向的大马路——中山南路交界处，规模比较大，是主要的客运站，交通非常方便。

　　水运／桂林的水运主要是通过湘江和漓江，沿着漓江经过梧州可至珠江，也可直达各沿岸港口，如香港、广州、澳门等。

　　到达桂林后，可以通过以下方式前往愚自乐园：■乘坐桂林汽车总站至愚自乐园专线车，15分钟/班次，5元/人。■乘坐桂林→阳朔方向大巴在愚自乐园站（大埠路口）下车。■乘坐计程车直达愚自乐园（单程80元左右）。

消费指南

游走周边

周边旅游风向标

悠游阳朔/桂林的阳朔是一个休闲、浪漫且风光很不错的小镇。如果在阳朔玩两天，建议可以安排如下。

第一天，早餐后租辆自行车，在当地向导的带领下，去"遇龙河"竹筏漂流。竹筏漂流两个小时左右到工农桥上岸，然后骑自行车到《刘三姐》里，刘三姐抛绣球给阿牛哥情定终身的"大榕树"游览。

中餐在月亮山下吃农家饭，后骑车返回阳朔县城，沿途可欣赏阳朔著名的"十里画廊"。到县城后，换乘班车到国家4A级景区"世外桃源"，游览陶渊明笔下《桃花源记》里与世隔绝的一方净土。晚上到西街上泡吧。

第二天，早餐后乘车到兴坪镇，坐船游览前美国总统克林顿游览过的渔村，坐船游览漓江风光、九马画山、黄布倒影，二十元人民币背景图案等。然后逛兴坪古镇，或登上老寨山鸟瞰整个兴坪镇。返回阳朔县城结束愉快旅途。

地方风俗节庆

桂林是一个多民族地区，主要有壮、瑶、回、苗、侗等民族。

苗年/农历十月的第一个卯日（兔日）、五日（牛日）或亥日（猪日）。苗年是苗族传统节日。有些地方举行盛大的斗牛、赛马活动。其中芦笙踩堂活动最为精彩。苗年的时间各地不一样，基本都是在秋收结束以后。

花炮节/侗族的传统民俗节日，这一天要放花炮，第一炮表示人丁兴旺，第二炮是恭喜发财，第三炮是五谷丰登。花炮活动结束后，男女青年聚在一起吹芦笙、跳舞。花炮节的日期在各个地方都不一样，从正月到十月都有，三江侗族自治县是正月初三（农历，下同），梅林是二月初二，富禄是三月初三，林溪是十月二十六，是否能碰上，就要看你的运气了。

禁风节/农历正月二十日。桂林市临桂县庙坪瑶族传统节日。节日活动多姿多彩，敲锣打鼓，舞狮唱戏，夜幕降临时，对唱山歌。这个原是禁声禁风的日子，现在变成庙坪一次欢乐的盛会。

度假风尚补给站

愚自乐园来历 —— "愚自乐"这是创始人曹日章先生自谦之词。他以愚人自乐来投入这个艺术项目，希望国人在享受繁荣富庶的物质生活的同时，也能感受生活中的艺术之美。愚人以"艺"自乐，可不是以"愚"自乐，期待国家能够成为富而美的国家，跻身精神文明的先进国家。

愚自乐园建园的终极目标与理想是：以人文与自然的交融和文化艺术永恒延续的力量，为全人类创建一方"人间仙境、美丽乐土"，以"淳美山水"和"艺术极境"之成就为后人留下当代艺术最美好的文化资产，让桂林愚自乐园未来所有的建设成果都可以为全人类所共有和共享。

度假感言

与朋友相约来桂林游坑，初听这度假村的名字就觉得与众不同。住进来以后才感叹居然会有这样的酒店，好像来到一个艺术王国。虽然我没什么艺术细胞，但是也被这样氛围所感染，仿佛心灵和精神都接受了一次洗礼，感觉自己也成了一个艺术人了。哈哈，自然环境当然是好得没话说，酒店服务也亲切。虽然身在桂林，但是总觉得是另外一个世界。非常与众不同的一个度假村。

316

佛山南海枫丹白鹭酒店

广东 ≫ 佛山　度假类型　主题园林

欧陆式皇庭花园酒店

佛山南海枫丹白鹭酒店

Fontaine Bleau Hotel

　　广东佛山南海之地，历史悠久，文教昌盛，古时即有"南海衣冠"的称誉。这里人杰地灵，英才辈出，黄飞鸿、黄君璧在这里成长，康有为、何香凝、詹天佑从这里走出，他们都是南海这块热土哺育出来的万千优秀儿女的杰出代表。

　　千百年来，多少人憧憬、追求清静、自由、幸福的"世外桃源"。而佛山就有一方令人倾倒的人间乐土 —— 南国桃园。桃园之名便取意于陶渊明的《桃花源记》。倾城倾国的桃花园，在烟花二月的时候，一丛丛，一簇簇，汇成满天红霞，无边的花海，把整个南国桃园化成春潮涌动的世界。南国桃园，是桃花的故乡。桃园山清水秀，山上绿树成荫，山花烂漫，洞幽石奇，鸟语花香，充满情趣。引人入胜的鹭鸟天堂，让人们在鹭鸟飞舞的美态中陶醉。

　　在这桃园的一方土地上，坐落着枫丹白鹭酒店，任由每一位游客恣意探索这片全然独有的世外桃源，任由每一位住客享受西方古典主义对自然的诠释，这正是人们入住枫丹白鹭的缘由。

适合人群　团体会议、商务人士、情侣出游、朋友聚会　　　适合居住长度　一周或长期居住

找一个理由住在这里

南国桃园是现代都市人远离尘嚣，回归自然的最佳福地之一。这里没有车马喧闹，没有大气污染；这里有的，是人们清心怡情的灵感，是人们超越脱俗的灵幻。

坐落在南国桃园的南海枫丹白鹭酒店，整体设计出自法国名家之手，建筑宏伟隽逸，豪华气派。匠心独具的欧陆式园林，在蓝天碧水中让人身心愉悦。五幢别墅靠近鹭鸟自然生态保护区，可随时观赏鹭鸟飞落的美态。法兰西的浪漫，意大利的风情在此尽情彰显。

晨间起来，推开窗户，乡间清新的空气扑面而来，只听得一阵阵松涛声与山间溪流声相互奏鸣，扫去烦躁。享受酒店免费提供的美味早餐，住客可以去附近的桃花谷、碧波湖漫步，也可以到酒店康体中心休息、按摩，还可以到游泳池里畅游一番，或是选择环山自行车游等休闲娱乐活动。

度假居所

设计理念：佛山市南海枫丹白鹭酒店是一家按五星级标准建造的商务度假型酒店，整体设计出自法国名家之手，建筑宏伟隽逸，气派非凡。

客房配套：主楼和1号楼两幢客房楼高六层，拥有308间具有五星级装修标准的各类舒适客房，另外还有A区晓枫楼、皓枫楼、澄枫楼二幢豪华别墅和B区五栋度假别墅。眺望窗外蓝天碧水，匠心独具的欧陆式园林，在此入住的客人都会感到身心舒畅。

美食诱惑

枫丹白鹭酒店拥有提供世界各地经典美食的欧陆式枫菲西餐厅、丽茵阁酒吧，华贵典雅充满古典东方韵味的天宝轩酒家与诚隆酒楼。

枫菲西餐厅 —— 格调高雅充满异国情调的西餐厅，提供正宗欧美风味的西餐和亚洲美食佳肴，令食客在此即可享受世界各地的西式经典美食。同时餐厅还提供24小时送餐服务。

丽茵阁酒吧 —— 把盏言欢，对酒当歌，一壶清酒，一杯浓香，浅

尝佳酿，细品醇醪。在此还能俯瞰欧陆式花园广场，令人心旷神怡。

天宝轩中餐厅 —— 华贵典雅，充满古典东方韵味的大厅，拥有16间豪华贵宾厅房，品尝各式鲍鱼之名厨提供的饮誉港澳的粤菜和海鲜佳肴。

诚隆中餐厅 —— 宽敞宏伟的宴会大厅，临望碧波湖上的白鹭畅翔，粤菜精华和传统地方风味美食，在此荟萃一堂。

休闲盘点

自助烧烤晚宴/酒店为顾客提供138元/位的自助餐烧烤晚宴。在碧波荡漾的游泳池边，徐徐的晚风送来悠扬的萨克斯声，一场意大利、法兰西的西式盛宴已经开场。坐在藤制的餐桌旁，由酒店专门聘请的香港名厨，为自己精心烤制原汁原味的牛扒、海鲜，制作爽口的水果沙拉、果汁、雪糕，身边是古朴典雅的欧陆式花园，远处是层层叠叠的青山雾霭，令人仿佛回到悠闲浪漫的法兰西。

桃城夜总会/酒店拥有28间格调高雅、富丽堂皇的厢房的桃城夜总会；KTV音质纯正，立体环绕的音响；载歌载舞，欢乐无穷。在此，游客可大声放歌，唱出心中的声音，尽情地放松。

亚一桑拿/设有多间贵宾房，装修豪华，提供桑拿、按摩、擦背、修甲等服务。亚一桑拿拥有大型按摩大厅，环境舒适幽雅，配备干、湿蒸汽浴以及冰、热水池，享受生活的住客在此可随意挑选，随心所欲，尽享休闲。

佛山南海枫丹白鹭酒店

广东 >> 佛山　度假类型　主题园林

佛山南海枫丹白鹭酒店

度假村精华

"Fontainebleau"在法文中意为"清泉"。它是法国巴黎郊外的一个著名的度假胜地，留下了无数历史名人的足迹。其中的枫丹白露曾是拿破仑与约瑟芬的行宫，宫内金碧辉煌，更收藏了无数奇珍异宝、名家手笔。

南海枫丹白鹭酒店却是由于它周围枫林环绕，咫尺之遥有一鹭鸟天堂，才取名为枫丹白鹭。枫丹白鹭与枫丹白露是巧合也非巧合，一样充满浓郁的法式风格，浪漫风情，一样是远离尘嚣，世外桃源的怡人之所。

广场作为酒店的标志性建筑，从主楼门前一直延伸到碧波湖边，占地8万多平方米，设计依易欧陆皇庭花园式样，长廊、亭阁、喷泉、水池、塑像、灯柱、草地、幽径、水榭点缀其间，布局精巧，匠心独运，尽显豪华气派。身临欧陆式皇庭花园中，感受到的不仅仅是皇家的气象，还有自然的馈赠。枫林环绕，鹭鸟飞舞，身处枫丹白鹭仿佛置身于森林深处的皇宫，住客可感受自然与欧陆风情的完美融合，体验西欧古典主义与生态的相得益彰的互释。

服务设施一览

国际会议中心

国际会议中心宽敞宏大，富丽堂皇，全厅可容纳800人的会议或600人的筵席，亦可分隔成两个独立厅使用，配备升降、伸缩及T型舞台以及多种媒体投影机等现代设施设备，适合各种类型的会议、宴会、鸡尾酒会、大型晚会等活动的举办。

具国际标准的101座白鹭会议室，配备同声传译、自动投票和视频追踪系统，还拥有可容纳160人的豪华剧场式桃源演讲厅，12间各种规格的多功能会议室和贵宾室，均配备宽频网络接口和电动投影幕，让阁下享受舒适惬意的商务之旅。

佛山南海枫丹白鹭酒店

广东 》 佛山　度假类型　主题园林

消费指南

客房类型	房间数量	房间价格
标准客房	103	698元
豪华客房	146	788元
商务房	28	888元
标准套房	5	1188元
豪华套房	0	1688元
行政套房	8	2280元
豪华行政套房	2	3388元
豪华复式套房	1	8888元

备注：以上房价需另收10%的服务费

度假村实用信息

交通信息指南

自驾车交通线路图：

从广州出发→北环高速公路→广佛高速公路→广三出口→桂和公路→南国桃园→枫丹白鹭酒店

从佛山禅城区出发→广佛高速公路→雅瑶出口→桂和公路→南国桃园→枫丹白鹭酒店

从南海桂城出发→桂江公路→桂和公路→南国桃园→枫丹白鹭酒店

公交线路：

广州专线：广州环城（流花）车站→大沥高速公路→大沥→松岗→南国桃园西门

广州旅游穿梭巴士：广州锦汉车站→南国桃园南门→南海观音寺→南国桃园北门→影视城

佛山旅游穿梭巴士：石湾南风古灶→祖庙→梁园→中山公园→大沥→松岗→南国桃园西门

佛山城区客运站搭乘：

6路、8路、38路

佛山南海官窑车站搭乘：

19路、22路、44路

地址：广东省佛山市南海南国桃园旅游度假村枫丹路

电话：0757-85232288

网址：www.ftbl-hotel.com.cn

地理位置

毗邻广东桂和公路，在南国桃园度假区内，地处广州佛山、南海、花都、三水交汇处。距广州、佛山、南海桂城均为12公里，距南海客运港约18公里，到香港和澳门交通非常方便。

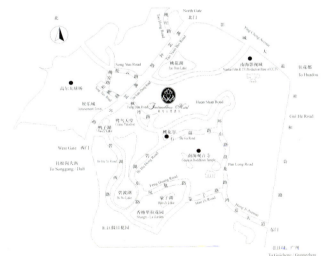

A区别墅价目表

别墅类型	数量	价格	房间数量、概况
别墅A——晓枫楼	1幢	36800元	11间房15个床位7间单床房，4间双床房
别墅B——皓枫楼	1幢	26800元	6间房7个床位5间单床房，1间双床房
别墅C——澄枫楼	1幢	16800元	5间房6个床位4间单床房，1间双床房

游走周边

周边旅游风向标

朝圣之地南海观音寺／南海观音寺，静藏在南国桃源起伏的山峦之间，寺周林木荫翳，松柏葱茏，云雾缭绕，曲径通幽，庙宇雕梁画栋，巧夺天工，气势恢宏，古朴肃穆。寺间信善如云，长年香火旺盛。

情趣盎然、优美宁静的桃花谷／南国桃园是桃花的故乡，这里的桃花树形美、花蕾多、花色鲜、花期长，声名远播。每年春节前后，南国桃园桃花盛开，漫山遍野，姹紫嫣红，如霞似火。从那里带一株桃花回家，就是把幸福、吉祥、好运带回家。

绿树成荫、湖天一色的鹭鸟天堂／成千上万只鹭鸟在此休养生息，白鹭日出而作，日落而息；灰鹭日落而出，日出而归，它们在此自由地繁衍生息，在这绿树幽篁，水清鱼跃的幽静环境里形成一个天然的鹭鸟天堂。

地方风俗节庆

年宵花市／"行花街"是珠江三角洲人民群众相沿已久的民间习俗。花市于春节前三日举行，除夕晚是花市的高潮，人山人海，水泄不通，游人买到鲜花，寓示大吉大利、大展鸿图。

行通济／佛山城南，今南蒲公园附近以前有一条河通济河，河上有一条桥叫"通济桥"。佛山人认为"行通济，无弊矣"（佛山方言，意即行通济无忧愁）。河现在没了，桥还在，每年的正月十六，人们都到这里走过桥，烧香，抛生菜和转风车，人流络绎不绝，很是热闹。

赛龙舟／每年的端午节时期，佛山各地有民间举办的龙舟赛，各乡各村派出阵容鼎盛的龙舟队参与竞渡。漂亮醒目的龙舟在水乡的河网上力争上游，两岸站满观众，锣鼓声、呐喊声此起彼伏，热闹非凡。

秋色／又名"秋宵"、"秋景"，是佛山独有的大型民间文化娱乐活动。过去秋色多在秋收时节的晚上举行，表现形式上分为灯色、车色、马色、地色、水色、飘色、景色七大类。各种精美的工艺品，通过游行的形式来展出，并用舞龙、舞狮、十番锣鼓柜等助兴。

度假风尚补给站

民间工艺／佛山是中国古代四大名镇之一，以手工业发达而著称海内外。技艺精湛的民间艺术，历史悠久，相传源于明代，具有浓郁地方特色。

佛山民间艺术，各具特色。通过剪、刻、扑、塑、扎、铸、绘、粘等手法，制作出剪纸、扎作、彩灯、秋色（包括纸扑、雕塑、雕刻、粘砌、铸塑等）、木版年画、书画等数十种艺术品。佛山的民间艺术，以装饰性强而深受人们喜爱。

粤剧之源／清雍正五年间，北京名伶张五，人称摊手五，因躲避清廷的追捕，化装易服逃亡来粤，寄居于佛山镇大基尾以京剧昆曲教授红籍子弟（粤伶以红船为交通工具，"红船子弟"便成为粤剧艺人的代称），建立"琼花会馆"，是粤剧界最早的戏行组织，佛山遂被称为粤剧的故乡。粤剧的清唱形式是粤曲，民间业余自发的粤曲演唱会称"私伙局"，以其自备乐器，自由组合，自娱自乐而得名。这是佛山文化的一大特色，至今长盛不衰。

度假感言

见到枫丹白鹭酒店的第一眼，我便被她的美折服了，我到过很多度假村，也居住过各种特色的度假酒店，而枫丹白鹭是唯一一个让我在中国的土地上感受到欧洲皇家气息的度假酒店。从广场到殿堂，从外观到室内，所有的一切都让我体验了西方的气息。听说枫丹白鹭是由法国的设计大师设计的，我更加对此深信不疑。这里无论是自然环境还是空气质量都非常不错，我在度假结束之后，都向同事推荐了这里。

游仙林之境　享氡泉之浴

宜宾竹海世外桃源度假酒店

EDEN RESORT HOTEL YIBIN

　　还记得电影《卧虎藏龙》里的男女大侠在一片碧绿的翠竹间飞来飞去，或立于竹梢纹丝不动的场景吗？这万亩翠竹、湖光山色的壮美画面来自何处？答曰来自川南之蜀南竹海。

　　这里的竹，匍匐山丘，绵延几公里，像大海一样浩渺，满眼的青翠几乎让人舍不得闭上眼睛。山林间散发的淡淡水气，让人觉得无比清爽。远观，满山鲜绿的竹林，让人不禁联想山中是否隐匿着白须飘飘的仙人？身临其中，仿佛繁华都市的尘嚣都被洗去，充盈满心的就只有"潇潇修竹"的洒脱了。

　　在游过仙境般的竹林之后，再去泡一下特别的氡温泉。洗去周身劳顿，放松全部身心。如此悠闲惬意的生活，比起神仙，有过之而无不及。

　　竹海世外桃源度假酒店坐落于集天地灵气、山清水秀的人间净土——蜀南竹海生态文化度假旅游区。在这里，可以游竹林、泡温泉、观赏地质风貌，做一回快乐神仙！

适合人群　家庭旅游、商务会议、度假　　适合居住长度　一周以上

宜宾竹海世外桃源度假酒店

四川　▽　宜宾　度假类型　主题园林

找一个理由住在这里

宜宾竹海世外桃源度假酒店建设在湖光山色、山水秀丽的三江会合处，酒店内自然资源丰富，景观优美。山为画，竹为景，人入画中，流连忘返，是一处新开发的集度假、会议、休闲、温泉为一体的五星级温泉度假酒店。

酒店区域已列入四川省委、省政府规划的新五大旅游区之一"蜀南竹海石海生态文化度假旅游区"范围，在此旅游文化背景之下，该酒店将成为世界级的自然生态及历史文化旅游精品目的地的中心，也是2006年第四届四川旅游发展大会主会场。

度假居所

接待中心

酒店接待中心由接待中心和两翼客房组成，位于酒店西南，处于建筑群的核心位置。入口正对核心跌水景观，南临三江湖口景观。建筑物将川南民居的建筑元素融入现代建筑的设计当中，形成中间通透的接待大厅和两翼沉稳的客房区。

客房设施

454套不同档次、风格各异的宾馆客房，在一览令人心旷神怡的三江湖自然风景同时，也能感受源自现代科技的舒适惬意，给宾客疏朗开阔的身心享受。

别墅风情

具有江南风格别墅群小巧雅致，散落于基地的北端，融川南民居风格于现代建筑之间简约观念之中，从而使整个项目的建筑显得典雅、单纯、明快、流畅、舒展，使建筑与自然更加融为一体，同时也富于地方文化特色。

美食诱惑

锦衣玉羹　美食八方

酒店餐饮中心囊括川菜、粤菜、潮州菜、淮扬菜、谭府菜、湘菜、杭帮菜等八方美味以及各类西餐、韩国烧烤等天下美食。餐饮中心可

满足1000余人同时就餐，大小不同的宴会包间可同时容纳30-500人就餐，可满足不同客人个性化的就餐需求。

酒店倾力将饮食文化的深刻广博推向审美的极致，令人足不出户即可享受世界美食。

休闲盘点

康体中心

康体中心为崇尚健康娱乐的现代人士而设立的高级休闲会所，服务项目包括：中式按摩、擦背、足道按摩、修甲、桌球、游戏室、乒乓球、麻将室、器械健身、棋牌室、休息厅等。康体中心引领你走上健康时尚的养生之道。

氡温泉水疗中心

氡温泉水疗中心位于建筑群的东面位置，入口正对核心景观，北临基地景观区。南侧为钢与玻璃结构的温泉馆及室外温泉区，北侧为蜀南传统风格的洗浴中心及酒店辅助客房。在温泉馆可透过玻璃观赏到美丽的湖光山色。

度假村精华

住世外桃源 听竹海滔滔

竹海世外桃源度假酒店就坐落在竹海石海生态文化旅游度假区内，与蜀南竹海为邻。在酒店的景观房内，便可欣赏到竹海的风姿。如果入住的是别墅，酒店在竹海中影影绰绰，真如住在世外桃源一般，与世无争。

酒店借助毗邻竹海的便利，将"竹文化"融入到酒店的每个细节当中。特别是颇为人称道的竹生态美食。渭江河鲜、竹海脆螺、葡萄井凉糕、绿色大然竹全席、双竹宴、竹海捞饭深受众多游客好评。各种竹工艺品、竹器加工品成为酒店的装饰布局的一抹亮点。

在酒店的房间内可以望见竹海婆娑摇摆，入夜后打开窗便能听见滔滔竹声，人在屋内，心在林中，真是不可思议的体验。

服务设施一览

会议餐饮娱乐中心

会议餐饮娱乐中心位于建筑群的入口位置，入口面临核心跌水景观，西侧和北侧为三江湖口景观区，南侧二层有连廊与西餐厅相连。地下层为厨房、设备中心及汽车库。

会议区：大中小型会议室7间，可满足1500人同时开会的要求。

餐饮区：可满足1000人同时就餐的要求。

度假小贴士

蜀南竹海的来历／相传，蜀南竹海所在的"万岭山"原来是女娲娘娘补天时遗落的赤石。南极天官的女儿瑶箐仙子因同情私自为凡界编织翠绿的金銮仙子的遭遇，偷放金銮出南天门。两人双双被捉后，瑶箐被贬到凡间编织绿波，要将绿波接上九天，才可以返回天庭与父亲团聚。瑶箐落脚于"万岭山"的荒山野岭之后，不分日夜，撒播翡翠。贫瘠的万岭山，终于变成了一块美丽的碧玉，这块碧玉就是今天的蜀南竹海。

娱乐区：可满足约145人同时进行卡拉OK娱乐的要求。

会议中心：设备齐全的多功能长江厅是举行各种大型会议、商务活动和大型宴会的理想场所。

传译系统：高层次国际性系统，由传声器设备（系统）、译音员设备、语言分配系统及有关控制设备所组成。能完成评议的翻译、传输和分配、收听的会议系统。

度假村实用信息

交通信息指南

从成都到酒店/通过二环路或三环路绕至成渝高速，行驶至约170公里抵达内江市转内宜高速，行驶约100公里抵达宜宾后转宜长快速通道并穿过生态隧道行驶约55公里至竹海镇，往兴文石海方向行驶7公里抵达竹海世外桃源度假酒店。总行程约330公里。

从重庆到酒店/通过陈家坪谢陈路进入成渝高速，后同从成都到酒店。总行程约300公里。

地理位置

竹海世外桃源度假酒店位于地质风景名胜区——蜀南竹海和世界级地质公园兴文石海的中心位置，距成都330公里，重庆300公里，宜宾机场55分钟车程。

地址：四川省宜宾市长宁县竹海镇
电话：0831-4999999

消费指南

宜宾竹海世外桃源度假酒店

高级标间	1480元
豪华单间	1680元
豪华套房	2180元
总统别墅	29800元
度假别墅	16800元
商务别墅	19800元

康乐项目价目参考

KTV大包厢（18:00-02:00）
1280元/间　20人
KTV中包厢（18:00-02:00）
1080元/间　15人
KTV小包厢（18:00-02:00）
880元/间　10人

健身房

健身加温泉套票	108元/位	
健身加桑拿套票	88元/位	

游艇

观光艇	2680元/45分钟	25人
快艇	128元/15分钟	5-8人
橡皮艇	128元/15分钟	2人
竹筏	120元/小时	4人
电瓶船	168元/15分钟	2-4人
自驾橡皮艇	168元/15分钟	4人

游走周边

周边旅游风向标

周边景点

兴文石海景区／世界地质公园、国家重点风景名胜区，位于四川省宜宾市兴文县。公园内石灰岩广泛分布。特殊的地理位置、地质构造环境和气候环境条件形成了兴文式喀斯特地貌。公园内保存了距今4.9亿－2.5亿年各时代的碳酸盐地层，地层中含有极其丰富的海相古生物化石和沉积物标志。公园内各类地质遗迹丰富、自然景观多样、历史文化底蕴丰厚。

夕佳山古民居／我国目前保存最完整的古代民居建筑群之一，全国重点文物保护单位。在江安县江安镇东南20公里处夕佳山乡坝上村。明万历四十年（1612年）建，经清、民国时期几次大的修葺，至今保存完整。被誉为中国民间建筑化石、神州民间建筑精粹。庄园四周有近百亩300年前种植的楠木林，常年有近万只白鹭栖息其间，为庄园的一大景观。

地方风俗节庆

僰人文化／僰族是一个充满传奇色彩的民族，距今已消失500余年。但公园内至今仍保留着许多僰人的遗物遗迹。据史料记载：天泉洞在先秦时期就曾是已神秘消亡的古僰人栖居地。洞内外保存完好的岩画、七星灶、滤硝池、石城堡等遗迹，神奇独特，扑朔迷离，记录着一段僰苗历史。僰人后裔每年农历九月初九前后9天举办盛大的"僰人赛神节"活动，以祀先祖。

哪吒故乡／宜宾历来有"银乡"之称。民间喜戴银饰，尤以银圈、银镯为最，与哪吒佩戴的乾坤圈一般无二。为了预防小儿受凉，宜宾人普遍喜欢剪一块红布围在幼童肚脐处，又与哪吒的主要服饰——红肚兜如出一辙。

度假风尚补给站

氡温泉功效

不少人对"氡"这一惰性气体不了解，认为它具有很强的放射性以致会诱发肺癌等病症。其实只有高剂量的氡在铀矿场内，才有诱发癌症的可能性。实际上，"氡"泉能治疗多种疾病。氡能有效治疗如慢性支气管炎、哮喘、便秘、胃痉挛、胆结石、慢性肠炎、痛风、神经衰弱、失眠、各种神经痛、荨麻疹、冻疮等病症，对心律和血压的调节更能起到立竿见影的疗效！

度假感言

和家人一起来川南旅游，这里的景色令人吃惊地美。以前只从电视上看的美景，真的出现在眼前，我真有点不敢相信自己的眼睛。泡温泉也是我向往已久的，这次如愿以偿，几乎天天都去泡一下。这里太舒服了，在房间里就可以看到大片的风景，惬意极了。走的时候就在想，下次什么时候来呢？

举杯品茗　享受茶艺人生

杭州陆羽山庄

Hangzhou LuYu Resort

　　中国人对于茶的钟爱恐怕是其他国家的人无法企及的。自唐以来，就将茶作为一种饮品。当时社会上茶宴已非常流行，宾主在以茶代酒、文明高雅的社交活动中，品茗赏景，各抒胸襟。可以说中国才是茶道的发源地。

　　"茶圣"陆羽在径山寺种茶论道，著下千古流芳的《茶经》。公元1191年，日本僧人荣西首次将茶种从中国带回日本，从此日本才开始遍种茶叶。在南宋末期日本南浦昭明禅师来到我国浙江省余杭县的径山寺求学取经，成为中国茶道在日本的最早传播者。

　　陆羽山庄就是径山寺旁最佳旅居之地，这座以茶圣命名的建筑点点滴滴中都透着茶的清香，借陆羽泉和径山寺的名声，在这里筑下一座品茗休息的居所，供游人和茶客驻足，慢慢地品味余杭这浓浓的茶文化。

浙江
⋙
杭州　度假类型　主题园林

适合人群　家庭旅游　度假休养　　适合居住长度　2天1晚及以上

找一个理由住在这里

杭州陆羽山庄位于著名的国家AAAA级风景名胜——双溪竹海漂流景区内，历史文化气息浓郁，风景清新秀丽。当年"茶圣"陆羽在此种茶论道，著有《茶经》被后世奉为圣典。酒店毗邻茶道发源地——径山寺，与陆羽泉隔溪相望，附近有良渚文化村、山沟沟、安吉竹种园等景区。

酒店还特别用心地将山涧溪水引入园林中，使之与自然有机地融为一体，更显秀美与清新。酒店处于漫山遍野的翠竹怀抱中，远处重峦叠嶂，近处溪水潺潺，朝来云霞甘露，夕至暮色苍苍，是余杭地区不可多得的度假场所。

度假居所

酒店客房：酒店拥有按五星级标准建造的主楼，客房设计集现代、时尚、简洁明快于一体，长廊、庭院尽显本土丰富的文化底蕴。客房设施先进便利，一应俱全：感应式电子门锁，私人保险柜、国际互联网等，体验现代快捷与宁静舒适的和谐完美。

酒店别墅、御合院：酒店拥有18幢风情各异的欧式小别墅，分布于环境自然、空气清新的绿色庭院之中，皆设有6间不同房型的客房，优雅的客厅及景观露台让人倍感温馨写意。酒店另建有颇具中国特色的御合院，内设19间豪华客房及独立的会议室，细致的装修和怡静的环境，定是休闲、度假、会友、商务的睿智选择。

美食诱惑

酒店餐饮设施齐全，装修极富品味，设有中、西餐厅、宴会厅、风格迥异的各式包厢，总餐位达650个。

陆羽厅——可同时容纳200人

用餐，汇集了中外美食之精华，尤以农家菜、杭帮菜见长，在饮食上倡导绿色、环保和健康，可以满足不同饮食需求。

普罗旺斯咖啡厅——品味芳菲浪漫与清馨茗香的天成之作，仿佛置身霞山翠谷之中，却又品得浓浓异国浪漫风味，此情此景怎不叫人留恋。

鸿渐茶吧——陆羽，字鸿渐。在鸿渐茶吧，茗香、竹香、泉香，

融于霞山绿水，除却丝丝烦意。品茗陆鸿渐、品味陆鸿渐、品心陆鸿渐。

休闲盘点

户外休闲/酒店拥有网球场、羽毛球场、篮球场、室内外游泳池等各种户外运动设施。场所四周环绕的优质生态景观宛若一幅淡墨山水画，挥汗之余，耳边的汩汩溪流、沙沙翠竹令人心驰神往。一旁清透见底的泳池，时而浪花朵朵，时而波光粼粼，此时池边小憩的心情定会像午后阳光一样微醺。

室内娱乐/酒店内设各类娱乐设施：KTV包厢、演艺吧装修豪华精致，尽显异国情调，是您愉悦心情、一展歌喉的最佳选择；棋牌房、健身房、桑拿包间设施齐全，环境雅致，是您消除疲劳、舒解压力的第一去处；酒店还设有风格简约时尚的美容美发厅。

浙江 〉〉 杭州　度假类型　主题园林

度假小贴士

茶道之路／茶道最早起源于中国。至少在唐或唐以前，就在世界上首先将茶饮作为一种修身养性之道，直到日本丰臣秀吉时代，千利休成为日本茶道高僧后，才总结出茶道四规："和、敬、清、寂"，显然这个基本理论是受到了中国茶道精髓的影响而形成的，其主要的仪程框架规范仍源于中国。

中国的茶道早于日本数百年甚至上千年，而且并没有仅仅满足于以茶修身养性的发明和仪式的规范，而是更加大胆地去探索茶饮对人类健康的真谛，创造性地将茶与中药等多种天然原料有机地结合，使茶饮在医疗保健中的作用得以大大地增强，并使之获得了一个更大的发展空间，这就是中国茶道最具实际价值的方面，也是千百年来一直受到人们重视和喜爱的魅力所在。

度假村精华

茶香、茶味、茶道

陆羽山庄因为这个名字，便与茶结下了不解之缘。山庄处处都受着茶文化的熏陶。无论是亭台楼榭，或是别墅客房，每一处都会有几分茶的幽香，不知道是有意为之还是无心之举。要想谈茶论道，一定要在竹林深处辟一处幽静的场所，听着泉水淙淙，用上好的陆羽泉水泡一壶清茶，伴着竹香茶香弥漫在周围，人也会觉得精神畅快很多。

陆羽山庄的茶道表演典雅而不矫揉造作，表演者举手投足间从容淡定，颇有几分大家风范，这一招一式都来自于径山寺的千年道行。中国茶道与日本自是不同，中国的文化气息多一些，自然而洒脱，日本求于"道"，严肃认真，可谓各有千秋吧。而陆羽山庄把那种悠闲自在的感觉捏合得恰到好处，让观者、饮者的身心得到一种享受。

绕城北线——勾庄莫干山路出口处下——彭公立交往余杭临安方向（6公里左右）——双溪漂流——陆羽山庄

南京至陆羽山庄／杭宁高速——湖州德清方向下高速——104国道彭公——余杭临安方向——双溪漂流——陆羽山庄（全程300公里左右）

宁波至陆羽山庄／杭甬高速——杭州绕城北线——湖州方向莫干山路出口处下——到彭公立交往余杭、临安方向（6公里左右）——双溪漂流——陆羽山庄（全程200公里左右）

度假村实用信息

地理位置

位于国家ＡＡＡＡ级风景名胜区双溪竹海漂流景区内，临水依山而建，占地150余亩，处于漫山遍野的翠竹怀抱中。

地址：浙江省杭州市余杭区径山镇
　　　双溪漂流景区内
电话：0571－88502888

交通信息指南

离机场距离90公里，离杭州火车站距离55公里，离市中心距离45公里，离商业中心距离17公里

上海至陆羽山庄／上海（沪杭高速入口）——杭州绕城北线勾庄出口处下，往湖州方向莫干山路口（104国道）——彭公立交往余杭、临安（6公里左右）方向——双溪漂流——陆羽山庄

苏州至陆羽山庄／苏州——乍嘉苏高速——沪杭高速——杭州

消费指南

杭州陆羽山庄

房型	门市价	前台现付	早餐
别墅A	9280元	6960元	单早
别墅B	9180元	6880元	单早
别墅C	9000元	6750元	单早
商务单间	1480元	620元	双早
商务标间	1380元	620元	双早
双床标间	1188元	590元	双早
大床标间	1388元	590元	双早

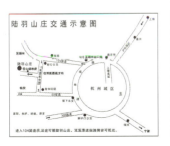

陆羽山庄交通示意图

进入104国道后，沿途可领陆羽山庄、双溪漂流旅游路径可觅迹。

杭州陆羽山庄

浙江 》 杭州 度假类型 主题园林

游走周边

周边旅游风向标

双溪漂流 / 双溪竹海漂流，可以洗手濯足，悠哉闲哉；可以冲漂过坝，有惊无险；可以坐老牛车，乡村怀古；可以坐大篷车，观赏竹海。还可以在娱乐区踩水车、荡秋千、听山歌对唱、跳竹竿舞、吃烧烤、品尝农家菜、竹筒饭、住竹海山庄、参加篝火晚会……不失为一个休闲娱乐的好去处。

良渚文化村 / 良渚文化村依傍良渚文化遗址和绿地水网的生态环境，距离杭州市中心16公里。它由"良渚圣地"博物馆公园、良渚国际度假酒店及"玉鸟流苏"文化休闲街区组成的旅游核心区块和"阳光天际"、"竹径茶语"、"白鹭郡"、"劝学里"、"七贤广场"、"绿野花雨"、"金色水岸"等多个当代风情主题村落共同构成。

东南第一禅寺——余杭径山寺 / 余杭径山寺距杭州西北50公里，位于中国江南"五山十刹"之首，创建于公元742年，被誉为"东南第一禅寺"。径山寺又是日本佛教临济宗的祖庭，寺内的"径山茶宴"享誉海内外，径山云雾茶为中国名茶，"茶宴"是径山寺以茶代宴的一种专门仪式，内容有献茗、闻香、观色、品味、论茶、交谈等程序。

地方风俗节庆

茶圣节 / 余杭以径山和陆羽径山茶叶博物馆为重点，重点打造径山寺、双溪漂流、陆羽文化园、径山茶艺相结合的茶文化特色旅游线路。

整个茶圣节围绕"茶与休闲、茶与旅游、茶与文化"三大主题，整合了七项活动，除保留原有精品项目，如旅游名茶之乡、寻茶道之源——余杭径山休闲茶文化之旅等，还突出了"径山禅茶文化"——举办中国禅茶文化高峰论坛。系列茶事活动有径山茶王擂台赛、径山茶道表演、径山茶点评语征集，以及金茶王、银茶王、铜茶王名茶竞拍活动。

度假风尚补给站

陆羽《茶经》 / 陆羽（733—804

年），字鸿渐，一名疾，字季疵，号竟陵子、桑苎翁、东冈子，唐复州竟陵（今湖北天门）人，一生嗜茶，精于茶道，以著世界第一部茶叶专著——《茶经》闻名于世，对中国茶业和世界茶业发展作出了卓越贡献，被誉为"茶仙"，尊为"茶圣"，祀为"茶神"。

《茶经》是中国第一部系统地总结唐代及唐代以前有关茶事的综合性茶业著作，也是世界上第一部茶书。作者详细收集历代茶叶史料，记述亲身调查和实践的经验，对唐代及唐代以前的茶叶历史、产地、茶的功效、栽培、采制、煎煮、饮用的知识技术都作了阐述，是中国

古代最完备的一部茶书，使茶叶生产从此有了比较完整的科学依据，对茶叶生产的发展起过一定的推动作用。

漫步世外桃源　尽享休闲人生

杭州萧山索菲特世外桃源度假酒店

Sofitel Xanadu Resort Hangzhou

如果世间真的有世外桃源，我想那个地方应该藏在杭州，那里有世界上最多情的一汪湖水，也演绎了中国古代最凄美的爱情故事。如果想忘记这些深沉的情感传说，不如去萧山品味一番，当你看到钱塘江水汹涌而来，就会忘记种种的不快，将生活工作的压力和沉重统统抛在脑后。

世外桃源，也许不需要流连忘返的美景，也不需要让人回味无穷的美食，只需要一个能远眺的潮水窗口，一个能放松心情释放压力的自由空间，有空踱步在水边看看落日，在江岸听潮，这何尝不是世外桃源呢？

而这个走入世外桃源的捷径就在杭州，在萧山，在世界休闲风情园之中。

适合人群　商务会谈，高端会议，朋友聚会　　适合居住长度　2天—3天

找一个理由住在这里

索菲特世外桃源度假酒店是杭州拥有最先进会议设施的酒店之一。酒店环境优美，依山傍水，坐落在2006年世界休闲博览会指定接待会场——世界休闲风情园内。

酒店地处钱塘江南岸，地理位置优越，交通便捷。距世界著名风景区——西湖仅15公里之遥。距杭州国际机场和火车站均只有20分钟车程。休闲的度假设施，美丽的湖光山色，都将带给住客超值的享受。如果你有会议和休闲的双重需求，那么索菲特世外桃源度假酒店是个不错的选择。

度假居所

设计理念：现代化的酒店和杭州古典的气质完美融于一体。舒适的客房和高科技的设备让你有一种宾至如归的感受，客房和套房不但设计豪华，而且配备时尚的客房用品。

客房类别：索菲特世外桃源度假酒店拥有301间客房，包括19间豪华套房，70间索菲特会所客房，所有房间的面积均在42平方米以上。其中，配有阳台的特色房间足不出户便能观赏湖光山色和江南园林。

客房配置：极富现代休闲魅力的客房配有液晶纯平彩电、100多个频道的高科技数字电视系统、直线电话、免费宽带接口以及能够让身心得到放松的索菲特全新概念卧具。入住行政楼层的客人不仅能体会到索菲特会所客房独有的高贵品质，

还能享受索菲特会所酒廊提供的悉心服务。

美食诱惑

桃源中餐厅——桃源中餐厅汇集了新派粤菜、杭帮菜、本地三江特色菜；中餐厅包括38间分别能容纳8-30人的贵宾包厢和一个足以容纳350人的宴会厅。

最忆西餐厅——欧式西餐厅，为您提供纯正的巴西烧烤。负责烤肉的大厨Wagner来自巴西，会说一口标准的普通话，风趣幽默。可在西餐外的湖边一边慢慢享用不同品种的烤肉，一边体味世外桃源"悠然见南山"的胜景。

缪斯大堂吧——提供各式糕点、小吃、鸡尾酒和安逸的下午茶，是全身心放松的理想之选。

可汗雪茄吧——在高雅和优美的环境下，可以尽情享受最纯正的古巴雪茄、进口白兰地。

休闲盘点

活力源泉／有着25米长的标准游泳池、网球场、台球室、棋牌室、乒乓球室、桌式足球室、健身房、让人的身心尽情放松！

山间有氧运动／青山秀水之间，非常适合登老虎洞山、骑双人自行车或沿湖慢跑等。

多彩生活／飞镖锦标赛、世外桃源斯诺克大师赛、乒乓球对抗赛、自行车漫游、精彩赛艇比赛、休闲羽毛球、水球游戏、桌式足球对抗、垂钓比赛、国际网球对抗、灌篮高手、寻宝比赛、老虎洞观光、游船跨湖游、电影放映、风筝放飞。

度假村精华

超完美的会议场所／酒店拥有一个国际标准会议中心，是杭州最先进会议设施的酒店之一。如果你在这里有过会议经历，一定会是一次难忘的记忆。

在酒店会议中心及贵宾接待楼共有不同规模的会议室15个。其中面积为460平方米的湘湖会议厅可容纳350人的客桌式会议和550人的鸡尾酒会。贵宾接待楼在酒店会议中心的西侧，临水而建，拥有主副会议厅各一个。

独具创意的地方是酒店特设的亲水平台，可以举行各种户外派对，无论是私人聚会、婚宴，还是产品推荐、鸡尾酒会及公司会议，都是

不错的选择。

试想在"天鹅湖"畔，钱塘江岸，召集亲朋好友来私人聚会，一边欣赏美景，享受美食，一边还能感受酒店的贴心服务，真是不可多得的会议场所啊。

会议专案：

☐课桌式、剧院式、U型台或根据客户要求布场

☐上午提供咖啡、茶及甜点

☐会议午餐：中式、西式套餐或自助餐

☐下午咖啡、茶及甜点

☐一流的视听设备

☐专业会议管家全程服务

☐便笺、铅笔以及冰水和薄荷糖

杭州萧山索菲特世外桃源度假酒店

浙江 ∨∨ 杭州　度假类型　**主题园林**

度假村实用信息

消费指南

杭州萧山索菲特世外桃源度假酒店

高级客房(花园景)
携程网预订价：788元
(楼层：1～4层，大床或双床)

高级客房(湖景)
携程网预订价：846元
(楼层：1～4层，大床或双床)

豪华客房(花园景)
携程网预订价：875元
(楼层：1～4层，大床或双床)

豪华会所客房
携程网预订价：1018元
(楼层：1～4层，大床或双床)

小套房/公寓套房
携程网预订价：1765元
(大床)

会所套房
携程网预订价：2168元
(大床)

周末休闲包价
两晚仅人民币1468元（净价）

(视酒店住房情况而定)
■ 享受高级花园客房入住（含早餐）
■ 免费16项精彩休闲娱乐活动（寻宝比赛、国际网球对抗赛、水球游戏等）
■ 纯正的巴西烧烤餐券2张

度假小贴士

索菲特会所Club sofitel/专为精英人士打造的豪华会所。独立的湖景会所酒廊，尊贵典雅，是会所客人休憩或商务洽谈的专享场所。一系列独享服务，如会所酒廊全天免费咖啡、茶和软饮服务，晚间鸡尾酒，2小时免费使用会所会议室，免费无线宽带上网，每天免费水洗衣服一件等。是会议当中不可或缺的一环。

地理位置

　　酒店地处钱塘江南岸，地理位置优越，交通便捷。距世界著名风景区——西湖仅15公里之遥。距杭州国际机场和火车站均只有20分钟车程。坐落在2006年世界休闲博览会指定接待会场——世界休闲风情园内。

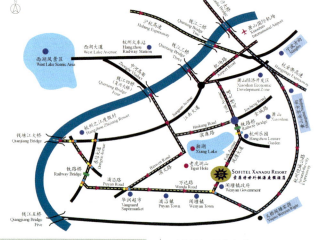

地址：浙江省杭州市萧山区
　　　闻堰镇风情大道3318号
电话：0571-83880888
网址：www.sofitel.com/asia

交通信息指南

市内

1. **杭州西湖**　南山路→虎跑路→钱江一桥→东信大道→浦沿路→万达路→风情大道

2. **杭州火车东站**　天城路→文晖路→中河高架→复兴大桥(钱江四桥)→滨文路→浦沿路→万达路→风情大道

3. **杭州城站火车站**　西湖大道→中河高架→复兴大桥(钱江四桥)→滨文路→浦沿路→万达路→风情大道

4. **萧山**　人民路→萧金路→西山隧道

(左转)→风情大道

长途

1. **上海**　沪杭高速→下沙→下沙大桥→杭金衢高速(临安、富阳方向)→绕城公路南线→义桥，闻堰出口→东方文化园→风情大道

2. **宁波**　杭甬高速→杭金衢高速(临安、富阳方向)→绕城公路南线→义桥，闻堰出口→东方文化园→风情大道

3. **南京**　杭宁高速→绕城西线(千岛湖，金华方向)→绕城公路南线→义桥，闻堰出口→东方文化园→风情大道

4. **金华，义乌**　杭金衢高速(临安，富阳方向)→绕城公路南线→义桥，闻堰出口→东方文化园→风情大道

杭州萧山索菲特世外桃源度假酒店

浙江 ∨∨ 杭州　度假类型　主题园林

游走周边

周边旅游风向标

湘湖旅游度假区／位于杭州萧山区城西，与西湖隔钱塘江相望。集湖光山色于一体，历史人文景观丰富。有浙江年代最早的考古文化之一的跨湖桥文化，有距今8000年历史的中华第一舟的独木舟。还有演绎过越王勾践"卧薪尝胆"故事的越王城山，是目前为止我国保存最完好的春秋末期城堡遗址，是当年越王勾践命范蠡所建的屯兵城，留下了越王台，洗马池等遗址。

老虎洞山／距酒店5分钟车程，是越王勾践卧薪尝胆之处。山体不高，但树木苍翠，石奇景秀。半山腰有座莲花寺。寺院建筑层层叠叠依山而上，从下往上望去规模不小，是当地历史最悠久的寺院之一。住店客人可以和酒店礼宾部预约享受免费往返接送服务。

东方文化园／距离酒店仅10分钟车程。景区占地2700亩，以周易八卦布局，儒、释、道三家同构建筑。2728米长的彩绘文化艺术长廊贯穿全园，充分展示了东方传统文化的丰富内涵和深厚底蕴。

杭州乐园／占地800亩，距西湖12公里，是中国最大的集旅游、休闲、娱乐、度假、居住为一体的大型旅游度假区之一。湖光、山色、绿地、河湾、帆影、沙滩，体现了人与自然的融合，蹦极、攀岩、太空秋千等极限运动，翻江倒海、索道、空中飞人等几十个游乐项目，处处充满动感和刺激。

地方风俗节庆

中国国际(萧山)钱江观潮节／观潮节已成为萧山的一张金质名片。"八月十八潮，壮观天下无"。观潮地点在萧山钱江观潮度假村，观潮现场还有江南风筝王风筝放飞、达瓦孜表演、彩船斗潮等活动。钱江大潮堪称世界奇观，有南北一线的"一线潮"、有惊无险的"船潮"，还有声势逼人的"回头潮"和出其不意的"潮中潮"。

萧山杜家杨梅节／是萧山区传统的旅游节庆活动。每年6月杨梅成熟时，举办杜家杨梅节。杨梅节旨在通过一系列的活动，展示萧山良好的生态环境、居住环境和发展环境，扩大对外影响，实现"优环境、集人气、聚财气、扬名气、联友谊"的目标，把杨梅节办成"百姓齐参与、群众得实惠"的活动。　杜家杨梅节期间，游客可在杨梅林中自采自尝并参与各项游乐活动。

度假风尚补给站

世界休闲博览会／2006年4月22日至10月22日，杭州举办了2006杭州世界休闲博览会。博览会以"休闲 —— 改变人类生活"为主题，融休闲、旅游、娱乐、会议、展览、大型活动于一体，并与第八届中国杭州西湖博览会实现"两会联动"，推广先进休闲理念，倡导健康休闲方式，让人们享受高质量的休闲服务和丰富的休闲体验，进一步打响"东方休闲之都"的品牌。

> #### 度假感言
> 　酒店服务团队的专业素质给住客留下了深刻的印象。睡房设备完善，素质很高，被褥舒适，环境幽美，使人身心舒坦，是度假的好地方。特别是在公司举行会议期间，感受到了酒店无微不至的服务，房间打扫很干净，还有品种丰富的各类美食，配合这风景如画的美景，一切都让人感到身心上的完全放松。

湖州哥伦波太湖城堡

南太湖的地中海风情

湖州哥伦波太湖城堡

COLON TAIHU CHATEAU

　　说起西班牙，每个人都会联想到激情燃烧的弗拉门哥舞蹈，鲜红的斗牛士斗篷，还有明亮多彩的西班牙建筑，而这些异国的风情也并非走出国门就能感受得到的。能否在脑中构想在南太湖波光粼粼之畔有这样一个去处，结合了中国古典的水墨山水与欧洲的地中海风情，把一种优雅的度假情结演绎到了极致。

　　哥伦波太湖城堡正是这样一座设计独特的度假地，而且是在国内少见的、具有真正西班牙建筑风格的城堡。在度假村的大平台上，点一杯咖啡，看着一望无际的南太湖，听着胡里奥的歌曲，真有一种身处地中海的幻觉。

适合人群 家庭出游 情侣度假　　适合居住长度 2天1晚

湖州哥伦波太湖城堡

浙江 >> 湖州　度假类型 主题园林

找一个理由住在这里

哥伦波太湖城堡坐落于烟波浩渺的太湖南岸小梅山，七座奶白色西班牙风格的建筑依山而建，犹如一组巨大的雕塑。整个奶白色建筑依山傍水，沿着山势而分布，屋顶、边缘的不规则曲线不仅与山林吻合，而且与太湖水的波浪相呼应。

在这秀色山水的温柔怀抱里，哥伦波太湖城堡又弥漫着浓郁的地中海风情。城堡门楼前矗立着一头巨大的铁质黑牛雕塑，充分体现了西班牙民族的勇敢坚强和不屈不挠的精神。城堡外开阔的依山坡势花园里采用直播式草坪，四季常青。而这里的绘画、雕塑、陶艺等各种艺术细节也都充满着欧洲格调，是太湖边上大放异彩的一颗异域明珠。

度假村精华

当太湖"风"邂逅西班牙"舞"

哥伦波的精致需要细细地品味，因为它的设计是深藏在骨子里的，就像是随着太湖风跳起西班牙舞一样，是一种融化在一静一动中的独特的风情。

在这里，是很有必要慢走细看的，因为一不留心就可能错过转角处的那盏小小路灯，那是标准的19世纪欧洲造型，而套房一角的一个花瓶、一块台布，都是西班牙原产的，家居的摆放更是一定要按照西班牙传统的规矩。就连小会议室的一幅挂画也充满了含义，一根普通楼梯的栏杆，也要弯成"太湖水浪打浪"的模样，让人时刻感受到这里与太湖是密不可分的一个整体……

西班牙风情更是无处不在，哥伦布的雕像、达利的画、胡里奥的音乐、西班牙的斗牛和原产的火腿、红酒，这些都和厚重的墙体相辉映，正是很多人梦境中的欧洲城堡的炫彩部分。

度假居所

绿地大堂：

酒店是西班牙UNISEDA公司董事长华侨吴志康先生在华投资的项目之一，建筑占地面积3000多平方米，建筑面积为10000多平方米，占据了近40亩的面积，却仅有8幢不大的建筑，超过八成的土地让给了绿化，再加傍着36000顷的太湖，想来恬静的世外桃源也就是如此了。

特色设计：

城堡内的40多个房间造型不一，各自独立，都有不同的家居饰品，连洗浴间都设计得别具一格，呈现出独特的韵味。不仅在设计方面独具匠心，设计师还考虑到了顾客的私密性，巧妙地安排了房间的空间顺序。大多数客房都面朝太湖，拥有漂亮的落地大窗，有的房间还附着精致的铁花小栏杆。

服务设施一览

户外花园/在空中花园，人们可以欣赏到美丽的太湖风光，品尝美味露天烧烤，还能呼吸到自然怡人的气息。

游泳池/在城堡的室外游泳池畅游，你能欣赏到太湖独特的风景和过往不绝的船只，以及融于自然的写意心情。

宴会厅及其他配套设施/城堡还有宽敞、色调柔和能欣赏到太湖风景的玻璃全景宴会厅和5间面湖豪华的特色包厢，可容纳300人同时就餐，在这里可以享受正宗的西班牙西餐和地道的太湖特色菜肴，还有大酒吧、小酒吧、观景吧、钢琴吧、游泳池、多功能厅、KTV包厢、棋牌室、健身房、会议室（80座、50座、30座、20座、共四处）、豪华游艇等多种娱乐设施。

度假小贴士

"哥伦波"所代表的是一种追求平衡和回归自然的意境，因此在材料的运用方面都表现时尚与人性的和谐统一，是深刻的人本主义。在这里，即使最高档的地方也不会让人感到紧张，相反，随意、舒适的感觉无处不在。

湖州哥伦波太湖城堡

浙江 ∨∨ 湖州　度假类型　**主题园林**

度假村实用信息

地理位置

位于浙江省湖州市太湖旅游度假区小梅山的山顶上，面朝烟波浩渺的南太湖。

地址：浙江省湖州市南太湖旅游度假区

电话：0572-2159007

消费指南

湖州哥伦波太湖城堡

标准间
门市价：800元　前台现付价：600元

太湖豪华套房
门市价：1600元　前台现付价：1200元

观湖套房B
门市价：1000元　前台现付价：750元

太湖全景套房
门市价：2000元

观湖套房A
门市价：1200元　前台现付价：900元

总统套房
门市价：6000元

游走周边

周边旅游风向标

太湖湿地乡村游／南太湖（长田漾）湿地位于湖州古城北郊、景色绮丽的湖州太湖旅游度假区西南部，是江南地区距城市最近的湿地形态，区域内山环水抱、芦荡深深、白鹭低飞、鸥鸟翔集。长田漾湿地景区以生态保护为宗旨，充分体现自然、野趣、质朴、清幽的原生态特色。

水上旅游观光线路／太湖乐园上船－太湖－小梅口－小梅渔港－河沙屿－小水产村－西塘漾－长田漾－三花岛，然后原路返回，整个游程约90分钟。湿地区域内物产丰富，有珍珠、野菱角、野茭白、野芦笋、桑椹等，多产青虾、黄鳝、青鱼、鲇鱼、泥鳅等淡水产品。

南太湖水上旅游景观线／太湖桅帆、渔港风情、弁山清韵、苇风芦影、白鹭展翅、野鸭戏水、荻花飞雪、田园渔歌。

度假感言

由上海前往该酒店的时候，我们并没有计划任何行程，只是被该酒店的图片所吸引。入住的是800元的湖景房，大床，落地玻璃，窗外朵朵小花，片片绿叶，一切都生机盎然，异域风情一览无遗，房间的摆设也别具风格。在酒店里到处逛逛，心情无比激动，因为太美了，真像置身于国外。

梦回唐朝的体验之居

西安大唐芙蓉园芳林苑酒店

Tang Paradise Hotel

　　改朝换代多少年，古都西安矗立在中原大地上，以她博大的胸襟和残损的遗迹，见证着曾经的辉煌、沧桑、战乱。西安已不仅仅只是一个地名，她更是一个意蕴深厚的文化概念，历史命题。周、秦、汉、唐等十二个王朝在此建都，古老的丝绸之路始于此处。远古的半坡遗址，被焚烧的阿房宫，骊山的秦始皇陵，唐代辉煌灿烂的国际大都市，与雅典、开罗、罗马一起，成为世界四大文明古都。

　　园林，是一个朝代繁华、技艺、审美的见证，有多少人梦着、想着、念着唐朝的样子，有多少往事记着、载着、刻着唐代的影子，芙蓉园便在还原历史的努力中诞生。繁华的盛唐气息印证着恢宏的气象，人们便到这里来感受大唐，亲近大唐。于是，芙蓉园中有了芳林苑，供每一位游人体验皇家的经典。

适合人群　商务人士　家庭出游　旅行者　　适合居住长度　1天及以上

西安大唐芙蓉园芳林苑酒店

陕西　∨∨　西安　度假类型　**主题园林**

找一个理由住在这里

　　芳林苑酒店位于展示盛唐风貌的大型皇家园林式文化主题公园——大唐芙蓉园东翼，坐落于芙蓉湖畔，是一座仿唐式皇家精品酒店。酒店以唐文化为特色，从唐风唐韵的建筑，到仿唐式装饰，再到中国传统文化精髓的仿唐御宴，都以简约的唐代风格为主，芳林苑的楼、馆、舍、廊、亭，无不彰显了皇家贵族的尊贵身份和品位。

　　61间豪华仿唐式风景客房，间间充满了盛唐文化的气息，推开窗户，即可远眺紫云盛景，全览芙蓉碧波。芳林苑酒店将纯正的古典园林气息和高贵的皇家风范融合，是大唐芙蓉园集商务接待、宾馆住宿、休闲娱乐为一体的独具特色的精品酒店。

度假居所

　　大唐芙蓉园芳林苑酒店是仿唐式皇家精品酒店，整个建筑以简约的唐代风格为主，并以低层组团式布局，建筑主要采用楼、馆、舍的结合布局，建筑组团之间用廊连接，整个区域内设亭、景观小品等加以点缀。置身于其中，仿佛时空倒错，一切都充满盛唐的气息，住客可尽情感受梦回唐朝的美妙。

　　酒店共有61间风景客房。所有房间配备液晶等离子电视、笔记本电脑宽带上网、国内国际直拨电话、国际卫星电视频道、中央空调等豪华设施。房间的窗口，大唐芙蓉园的美景便尽收眼底，美妙的芙蓉湖景在夜幕中，如诗如画，微风轻拂，树叶沙沙，天籁之音伴着客人安然入梦。

美食诱惑

　　"芙蓉轩"中餐厅——该餐厅提供独一无二的"唐菜系"及粤式佳肴，清淡、爽口、滋润……每种菜式都由专门师傅烹制。尤其是"仿唐御宴"

更是独家配方，以极品美食为客人提供飨宴。在盛唐文化中品味美食，抑或是在美食中领略盛唐文化，一切已无法分辨。

　　观景台——观景台的户外烧烤提供各式精美烧烤，烤肉在厨艺精湛的厨师手中翻飞，散发的浓香撩拨着食欲。一边饱览大唐芙蓉园的醉人美景，一边享用美味的烧烤，惬意自不必言说。

　　大堂吧——大堂吧别致典雅，可供50人同时用餐，在这里，人们可以享用纯正的咖啡和精致的西点。

休闲盘点

　　SPA水疗按摩 / 在这里，人们可以尽情享受水之精灵的魅力，感受排除毒素的酣畅淋漓，享受身心的轻松和舒展。

　　桑拿 / 设有高档的男宾、女宾洗浴设施，人们在水气中将得到足够的舒展和畅快。

　　棋牌室 / 环境舒适，在这里，人们可以谈天下棋，打牌娱乐，这里也是人们交流与交友的好机会。

　　卡拉OK厅 / 拥有浑然一体的音响设施，使客人倍感震撼，放声高歌，将不快与烦闷呼出体外。

　　健身房 / 设施齐全的专业健身房，人们在此挥洒脂肪，尽情地放松，肆意地挥汗，身心得到释放。

服务设施盘点

　　芳林苑酒店在传承了大唐精髓文化的同时，以最优质的服务理念为所有宾客提供一个极致化的服务，真正做到"盛世经典、皇家体验"。

　　会议设施 / 多功能会议室和豪华会议室提供全套会议服务设施。高品质的音频、视频设备以及专业的国际会议服务标准确保各类公司会议、董事会议、文娱康乐活动、课程培训的成功举办。

　　会议室外的观景台可远眺气势宏大的紫云楼胜景，又可全览碧波荡漾的芙蓉湖美景，芙蓉湖边绿树掩映，花团锦簇。人文景观与自然景色融为一体，仿佛回到千年之前的皇家庭院。

度假小贴士

自 2005 年 4 月 11 日开园以来，大唐芙蓉园吸引了无数游客前来观光体验，在"五一"黄金周期间，大唐芙蓉园游客量在全国主题公园中连续三天高居榜首，创下了骄人的成绩；同时，它还接待了多位国家领导人和省市重要领导，台湾国民党主席连战和亲民党主席宋楚瑜访问大陆期间，也曾先后参观游览过大唐芙蓉园并欣然题词。大唐芙蓉园被称为"国人震撼、世界惊奇"不可不游的旅游胜地。

度假村精华

　　大唐芙蓉园是全方位展示盛唐风貌的大型皇家园林式文化主题公园，它以独特的魅力和无可比拟的历史地位，成为华夏子孙寻根追梦的文化祖庭和重温盛世的精神家园，带领人们走入中国唯一的盛唐文化之旅。包括紫云楼、仕女馆、御宴宫、芳林苑、凤鸣九天剧院、杏园、胡店、水幕电影、儿童游乐园等多处景点和设施。

　　紫云楼——历史上的紫云楼，据载建于唐开元十四年，每逢曲江大会，唐明皇必登临此楼，在欣赏歌舞、赐宴群臣之际，常凭栏观望园外万民游曲江之盛况，与民同乐。而园外民众则雀跃争相一睹龙颜为快。

　　彩霞亭——据唐史记载，彩霞亭与紫云楼建于唐开元年间芙蓉园内。重建的彩霞亭是与仕女馆相连而又相对独立的亭、廊结合式的仿唐建筑，沿湖而建，由北向东依水

延伸，时而和湖畔接壤，时而伫立湖水之中，总体造型流线掠影，如一抹彩霞，以展示"大唐巾帼、风情万种"为主标题，展出唐代百位杰出女性的诗画，亦是以唐代女性传奇故事为题材反映唐代女性生活百态的故事长廊。

　　杏园——唐代的杏园因园内盛植杏林，故名杏园。每逢早春之际，满园杏花盛开，人们便来此赏花游览。杏园也是唐代新科进士举行杏园探花宴的场所。

　　唐诗峡——唐诗峡是一组总长度为 120 米的，以表现唐代文化高峰——唐诗为主题的综合性文化景观。精选的唐诗，由著名书法大家书写，镌刻于诗峡摩崖之上，又辅之以相关大唐榜书、中国印、瓦当图案等多种文化形式补白和诗峡的山势奇峻完美结合，形成精神内涵丰富，人文与自然景观情景交融的独特境地。

消费指南

西安大唐芙蓉园芳林苑酒店

房型	门市价	前台现付价
豪华间	1472 元	658 元
湖景间	1932 元	758 元
豪华套房	3657 元	1530 元
湖景套房	3772 元	1730 元

度假村实用信息

地理位置

位于古都西安大雁塔之侧的大唐芙蓉园内，距咸阳机场 47 公里，离西安火车站距离 7 公里，离市中心距离 6 公里。

地址：陕西省西安市曲江新区
　　　芙蓉路 1 号
电话：029-85513888

交通信息指南

公 交： 21 路、24 路、501 路、601 路、609 路、610 路、715 路可到。

游走周边

周边旅游风向标

大雁塔／全称"慈恩寺大雁塔"，始建于公元 652 年，相传是慈恩寺的第一任主持方丈玄奘法师（唐三藏）自天竺国归来后，为了供奉和储藏梵文经典和佛像舍利等物亲自设计并督造建成。唐高宗和唐太宗曾御笔亲书《大唐三藏圣教序碑》和《述三藏圣教记碑》。

大慈恩寺／大慈恩寺是世界闻名的佛教寺院，唐代长安的四大译经场之一，也是中国佛教法相唯识宗的祖庭，迄今已历 1350 余年。寺院新建落成时，唐代高僧玄奘受朝庭圣命，为首任上座住持，并在此翻译佛经十余年。寺内牡丹亭种植有名贵牡丹 70 多种。

此外，附近还有大雁塔北广场，曲江海洋馆、雁塔东西苑、陕西历史博物馆、曲江春晓园、寒窑、陕西民俗大观园、陕西戏曲大观园、植物园等游乐之地。

地方风俗节庆

剪纸／剪纸在陕北是一种很普遍的民间艺术，是民俗活动的重要一项，那些年过半百的老大娘和纯朴俊秀的姑娘，常常借助一把小小的剪刀或刻刀，弯曲自然、运转灵活地在纸上镂空剪刻成花样，装点着自己的生活。举凡岁时节令、居住、服饰、诞生成年、婚葬、寿筵，都在剪纸中得到了反映。

百样面条风

面条／陕西关中及关中以北吃面食较多，因此面条的花样百出，如剪面、扯面、干面、喜面等，其中的一些做法、吃法代表礼仪，久而久之形成一种风俗。

团面／在家人如丈夫或儿子出远门时，全家人一齐吃这种面，表示给外出的人祝福。

寿面／在家中为老辈人过生日祝寿时吃的面食。

红面／表示吉祥如意，新的一年日子越过越红火兴旺。一般都在每年最后一天吃这种面食。

蛋面／一般为丈母娘对新婚的女婿煮这种面，表示喜欢女婿。

粥面／一般为每年腊八吃，俗称"腊八粥"，表示旧的一年已经过去，新的一年一定会丰衣足食。

冷面／表示不动烟火，用于纪念不求荣华富贵、不谋官职的晋国著名人物介子推，一般在清明节前后吃，人称"寒食"。但在炎热的夏季，吃这种面食也较普遍。

度假风尚补给站

大唐芙蓉园／大唐芙蓉园是西北地区最大的文化主题公园，建于原唐代芙蓉园遗址以北，是中国第一个全方位展示盛唐风貌的大型皇家园林式文化主题公园。包括有紫云楼、仕女馆、御宴宫、芳林苑、凤鸣九天剧院、杏园、陆羽茶社、唐市、曲江流饮等众多景点，它也创下了多项纪录：有全球最大的水景表演，是首个"五感"（视觉、听觉、嗅觉、触觉、味觉）主题公园；拥有全球最大户外香化工程，是全国最大的仿唐皇家建筑群。

曲江皇家园林／秦王朝在此开辟了著名的皇家禁苑——宜春苑、乐游原，使曲江成为上林苑的重要组成部分。唐代，曲江被辟为皇家园林，建有芙蓉园、紫云楼、杏园、汉武泉、青龙寺、大慈恩寺和大雁塔等。当时的芙蓉园被辟为皇家禁苑——芙蓉苑（也称芙蓉园），并修建了紫云楼、彩霞亭等重要建筑。唐玄宗为潜行曲江芙蓉园游幸作乐，沿城墙专门修筑了由皇宫至芙蓉园的夹城。每逢曲江大会，唐明皇则携宠妃百僚登临芙蓉园紫云楼与民同乐。

度假感言

我第一次到西安游玩，到西安最想感受的就是秦代和唐代的历史风物遗迹，我在网上看到大唐芙蓉园是仿唐代的芙蓉园而建的，十分便捷到了芳林苑。到了那里，我被逼真的仿唐建筑镇住了，接下来的几天里，我白天在西安游玩，晚上则住在芙蓉园芳林苑里，全身心投入在其中，仿佛回到了唐朝，在盛唐的气象中入睡。第二天又在唐朝中醒来，透过窗户，便可欣赏芙蓉园的美景，此行不虚也。

西安大唐芙蓉园芳林苑酒店

343

陕西 ∨∨ 西安　度假类型　主题园林

344

北京拉斐特城堡酒店

不出国门就能体验法兰西文化

北京拉斐特城堡酒店

Laffitte Chateau Hotel

在北京昌平小镇上有这样一处别具一格的度假去处——拉斐特城堡酒店。地理位置的僻静让这里更像是一处避世而独处的世外桃源。

走进拉斐特城堡，仿佛进入了另一个世界，空气里夹杂着纯静与浪漫，体味来自法国的奢侈、淳朴与奢华，感受体内灵犀相应的贵族气质与自然韵律。

主城堡前的模纹花坛、栩栩如生的古希腊神话雕塑群，让你可以嗅到古老欧洲皇家的贵族神韵。跨入第一步，我们即亲身感觉到法国的古堡文化与美酒食尚。

我们可以舍远求近，不消磨太多精力，不出国门而亲身体验法兰西风情。

北京 》 昌平 度假类型 主题园林

适合人群 婚宴派对，会务人员，情侣度假 适合居住长度 2-4天

找一个理由住在这里

北京拉斐特城堡酒店是集建筑、雕塑、绘画、园林艺术为一体的高档度假酒店。酒店由主城堡、东西配楼、模纹花坛、酒文化广场组成，总建筑面积2.4万平方米。

城堡外观在设计上参照了法国拉斐特城堡（Maison Laffitte），并综合了法国枫丹白露行宫和凡尔赛宫的设计元素，是北京目前唯一的一座法国式城堡式建筑。

一条3.5公里长的人工河流环绕城堡，清澈灵动；能容纳近万人的圣彼得广场，金碧辉煌的宴会厅，豪华的特色包间是举行大型演出活动、酒会、展示会、高档会议和中西式婚礼的理想场所。

拉斐特城堡酒店2006年荣获中国酒店星光奖的"中国十大最佳主题酒店"榜首。法国的几家大报刊和电视台专程前来拉斐特城堡进行采访，法国的"费加罗报"、"观点"杂志等报刊对城堡进行了大量报道，法国电视台还多次播放北京拉斐特城堡实景介绍。由于法国各界人士对拉斐城堡的认可，法国文化年的一些重要活动都在此举办。

度假居所

设计理念／路易十四时代典型的法国宫廷建筑中流行的线条风格，简约而又得体地表现在客房装饰的

点点滴滴之中。大块的色彩变化使墙面充满了法国的浪漫情调，房中家具在实用和舒适中饱含着城堡文化的时代烙印。

客房类别／酒店拥有各类豪华客房92套，其中豪华标准间30套，行政间6套，豪华行政间14套，豪华套房12套，豪华跃层套房8套，顶级套房2套，温泉桑拿房20套。

客房服务／城堡客房布置都力求高雅，客房浴室装饰、设施豪华。在此的每一位客人将享受到宫廷贵族式的贴身管家服务。

所有房型均配备免费宽带上网、国际卫星电视接收服务。在装修典雅的温泉桑拿客房，可以提供温泉浴、桑拿、干、湿蒸汽浴、冲浪泡池、专业按摩等服务。

美食诱惑

中餐厅 —— 在城堡酒店的中餐厅，主打特色为潮粤湘川四种菜系。特聘的名厨会奉上高档潮粤湘川特色菜，地道的燕、鲍、翅和精美小炒菜体现了粤菜精华。

法餐厅 —— 在金碧辉煌的法餐厅，和配以温馨服务的豪华贵宾包房，人们可以在这里享受正宗的法式菜肴。精心制作的美食，舒适静谧的休息环境，使人在享受中感受尊贵。

休闲盘点

室内活动／拉斐特城堡酒店拥有完善的娱乐设施，健身房、桑拿浴、温泉浴、SPA水疗、台球、棋牌室、KTV歌舞厅、仿真射击、游戏机室等。

室外休闲／在景色如画的户外亦可垂钓、放风筝、环湖骑车散步之类，客人在休闲的同时得到彻底放松。

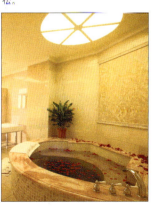

北京拉斐特城堡酒店

北京 ∨∨ 昌平　度假类型　主题园林

度假村精华

浪漫的法兰西城堡度假享受

在京郊众多度假酒店中，拉斐特城堡独有着鲜明的个性色彩，主城堡一层是富丽堂皇、高贵典雅的酒文化大厅，而二层是可容纳200人进餐的法式与中式餐厅，三层由8个豪华包间组成，在这里非常适合举办各种婚礼派对、高端会议论坛、商务洽谈，或雕塑绘画、世界顶级奢侈品展览等活动。

拉斐特城堡酒店将法兰西风情演绎得淋漓尽致，不仅有装饰独特的多功能厅和不同规格的会议厅，还可为客人提供多种会议需求的贴心服务。

以法国城堡为建筑风格国内罕有，独有着她自身与法兰西贵族文化相融洽的度假与会务理念。这方面，让世人深深领会并体现法国文化富有空间想象力的建筑精华。

服务设施一览

会议宴会

富有法兰西风情的多功能宴会厅和不同规格的会议厅，可为客人提供各种需求。专业的宴会服务和齐备的会议设施，定会给客人带来轻松惬意的会议体验。

大型会演的宫廷排场

圣彼得广场和凡尔赛广场是北京乃至中国不可多得的可同时容纳万人以上举办活动的超大活动场所，已经成为众多高端品牌发布、专业会展、文艺演出及婚庆的理想场所。

圣彼得广场

酒店的圣彼得广场占地面积8000平方米，由3座法式城堡和希腊罗马柱廊合围而成。广场气势恢弘，欧式氛围浓郁，置身其间，颇有欧洲皇家广场之感。

凡尔赛广场

位于城堡东西两侧的凡尔赛广场，占地面积各为10万平方米，大片草坪上点缀着栩栩如生的欧式雕塑、喷泉，气势雄伟，巍为壮观。

度假小贴士

法兰西城堡　浪漫婚庆：溢彩流金的宴会厅，富有浪漫迷人的色彩，丝丝甜蜜，来自于拉斐特城堡。无论是中式、西式、还是草坪婚礼都是那么浪漫温馨。美丽随风轻舞所有的幸福在此刻定格，拉斐特城堡婚礼将成为漫漫人生路上最难忘的记忆。

这里有专业人士为客人量身订制城堡仪式，隆重又不失风趣的婚礼尽在拉斐特城堡酒店。新婚套房别具匠心，一抹粉色为婚礼插上玫瑰的翅膀。

品酒屋／在这里富有法国波尔多地区乡间风情的品酒屋，客人在此可享受品酒、评酒、酿酒、藏酒、知酒的乐趣。

酒窖／拉斐特城堡地下酒窖可存储上万瓶葡萄酒。存酒来自中国、法国、西班牙、意大利、澳大利亚、以及美国加州等地。该酒窖是目前北京地区容量最大、设备最先进最理想的储酒库，可为客人提供充裕的储酒空间。

交通信息指南

自驾车：

京承高速公路后沙峪出口，出口向北行驶，沿路经过鲁疃、达华庄园向北行驶2分钟，即到达拉斐特城堡酒店。

也可从市区出发，上京承公路向北，直接行驶至北七家镇出口，再向北1.2公里即到，从首都机场北线也可直接到北七家镇出口，沿线有明显指示牌。

公车：

在地坛乘426路、850路、在天通苑北乘487路到沟岭新村站下车。

地理位置

北京拉斐特城堡酒店位于北京昌平区北七家镇，比邻风景秀丽的温榆河。西距2008奥运村约10公里，东距首都机场约13公里，南距国贸约28公里。京承高速路、立汤路纵贯南北，第二机场路、定泗路横穿东西，园区出口距高速路入口仅200米。由拉斐特城堡驱车至北四环需15分钟，至市中心25分钟。

度假村实用信息

地　址：北京市昌平区
　　　　北七家镇北京拉斐特城堡
电　话：010－89758866
传　真：010－89758975
网　址：www.bjlaffitte－hotel.com.cn
电子邮箱：sales@bjlaffitte－hotel.com.cn

The Great Wall 长城
北六环路 North 6th Ring Road
定泗路 DingSi Road
立汤路 LiTang Road
奥林匹克公园
机场北线 Airport Express
北七家收费站
北京拉斐特城堡酒店 EXIT
温榆河 Wenyu River
北五环路 North 5th Ring Road
京承高速 JingCheng Express
直都机场 Airport Express
北四环路 North 4th Ring Road
京承高速路
直都机场
N Map Not to Scale
TianAnMen 天安门

347

北京拉斐特城堡酒店

中国旅游导航
中国顶级度假村指南

北京 >> 昌平 度假类型 主题园林

游走周边

周边旅游风向标

八达岭长城/八达岭长城是最具代表性的明长城之一。这里是长城重要关口居庸关的前哨，八达岭最高峰为海拔1000米，其岭口两峰夹峙，扼控交通，大有"一夫当关，万夫莫开"之势。

八达岭长城蜿蜒于崇山峻岭之间，依山而建，高低起伏，曲折绵延。八达岭位于居庸关外口，有东、西两座关门，东叫"居庸外镇"，西称"北门锁钥"。

十三陵风景区/十三陵位于昌平区境内天寿山南麓，区域面积达40余平方公里。明朝迁都北京后，有十三位皇帝埋葬在此，故称十三陵。明十三陵，既是一个统一的整体，各陵又自成一个独立的单位，陵墓规格大同小异。每座陵墓分别建于一座山前。形成了体系完整、规模宏大、气势磅礴的陵寝建筑群。

虎峪自然风景区/虎峪位于昌平西北9公里八达岭高速路北侧，中国百仙神洞原始大世界、虎峪沟、红房子度假村，集自然与人文景观于一体，是文化旅游、休闲度假、避暑消夏、寻奇探幽的理想去处。

蟒山国家森林公园 /位于昌平十三陵水库坝东，距市区约40公里。因其山势起伏如大蟒，故名蟒山，最高峰659米。它是北京面积最大的森林公园，有人工林8000公顷。景区内层峦叠翠，郁郁葱葱，公园内有五奇：山上树木品种多；北方最大的石雕大佛；北京最长的登山台阶；北京最高的仿古明塔和彩绘长廊；国内最大的人工天池。

度假风尚补给站

2007中法文化交流之春/作为2007中法文化交流之春的一个重要内容，"城堡文化艺术展"于5月26日在北京拉斐特城堡拉开帷幕。展出历时两个月，在面积达3000多平米的展区内向游人展示包括凡尔赛宫在内的20多家法国古堡和博物馆的珍贵藏品。藏品数目达到200多件，均为法国12世纪至19世纪城堡文化的精品之作，是中国民众认识法国文化，了解法国文化的一个重要窗口。

酒文化/拉斐特城堡的主旋律是葡萄酒文化。酒文化博物馆设在拉斐特城堡地下室，面积1000多平方米，以实物、文字、图片、模型来演绎法国葡萄酒文化的发展史、酿造方法、以及葡萄酒与健康和食物的关系。

度假感言

总体感觉这个酒店不错，地理位置偏远，设施和服务都还可以，夜景唯美，京城独有的好风景，空气清新，可观看大型焰火表演，建筑比较有特色，场地很大，演出氛围不错。推荐雨天来这里，感触颇有些不同，算是雨天的浪漫吧，旁边就是温榆河，空气非常清新，大自然的氧吧。

高球胜地

亚洲最大的热带海滨花园酒店

海南康乐园海航度假酒店

Kangle Garden Hainan HNA Resort

来海南，无论你是不是一个高尔夫迷，如果错过了这个亚洲最大的热带园林海滨康乐度假酒店，一定会是一个很大的遗憾。

置身于这个豪华大气的热带植物花园酒店，徜徉在红樱绿蕉丛中，馥香沁人心脾，而万亩生态园也洋溢着别具特色的热带异国风情。开阔的海滨风光，斑斓的花草树木，透心的青山碧水，这些度假状态或许在别处也能感受，但是在这里，在康乐园，则是全方位、集中式的增强版体验。

当尘世的喧嚣在这里回归原始和宁静，相信每个人在康乐园酒店收获的不仅仅是秀美的湖光山色，更应是对生活的感悟。这样的一个康乐园，已经不仅是一个难忘的驿站，更是一处迷人的情感家园。

海南　康乐园　海航　度假酒店

海南 〉〉 万宁　度假类型　高球胜地

适合人群　情侣度假　高尔夫爱好者　家庭出游　　适合居住长度 3－7天

找一个理由住在这里

康乐园海航度假酒店是目前亚洲最大的五星级温泉高尔夫度假酒店。酒店以万亩热带园林、极品温泉和风格迥异的高尔夫球场而闻名东南亚和欧美诸国。

康乐园的度假风格定位于康乐，完备的鱼疗、桑拿按摩、网球场、保龄球馆、乒乓球室、桌球室、歌舞厅、垂钓场将给您带来完美的个性化康乐休闲体验。中医针灸皇家葛式按摩和仙池乡村水疗，是不容错过的康乐享受。而阳光中荡漾的人阳河观光游艇，月夜中文灯祈福，焰火致兴，更是海南夜空里一道巧夺天工的亮丽风景。

度假居所

清幽的桃源寓所，浪漫的绿色家园，575间豪华套房，风格各异的别墅园区营造出古典浪漫的温馨氛围。

客房类别：酒店客房分为棕榈泉别墅客房区、风吕客房别墅区、高尔夫别墅客房区和椰泉客房区和一栋总统别墅。包括1间总统套房、一间康乐园套房、12间高尔夫别墅套房、10间日式别墅房、2间棕榈泉套房、119间棕榈泉园景沙龙房、56间棕榈泉豪华池景沙龙房、132间高尔夫行政别墅房和69间别墅温泉泡池房。

客房设施：所有房间均享有充足的自然光线，临窗近观远眺，庭园美景映入眼帘。客房内可随意调节的独立式分体空调、二十四小时的温泉水供应、迷你酒吧、快捷方便的国际国内直拨电话、清晰的有线电视，客房提供送餐服务、VOD、客房音乐广播、高速宽带上网、小型厨房、冰箱、备有各种酒水的房间迷你酒吧、客房保险箱、客用浴衣、吹风筒等服务。并可根据需要配备专职管家、保姆等服务。

美食诱惑

芭蕉屋 —— 具有浓郁维多利亚建筑风格的芭蕉屋位于酒店大堂东侧，提供以粤菜为主，辅以鲁菜、川菜、东南亚风味、海南地方特色美食等各色菜式。大型的海鲜池里，各式当地深海海鲜畅游在食客的面前，在人赞不绝口的同时食欲大增。

景福宫（韩餐厅） —— 以韩式铁板烧为主，附以正宗的火锅料理、精美韩式小菜、韩国真露、啤酒、各式韩国饮料。由韩国老板娘亲自下厨打理。

休闲盘点

温泉花园/提供独立的日式温泉按摩浴缸，以及桑拿浴，可以依每位客人的需求安排玫瑰浴、泡泡浴、果酸浴等香薰水疗，面积为1500平方米，分布有14个日式温泉按摩浴

池，男、女蒸汽桑拿房，提供温泉水，提供饮料服务。

葛氏按摩/葛氏祖传的拍打按摩，可以帮人解除一天的疲劳，可以治疗多种内外疾患。中医按摩室150平方米，足疗100平方米，同时也可在游泳池边及提供上门服务。

烟花表演/通常在城市里面，人们只能在重大节日才有可能欣赏到绚丽的焰火。在康乐园只要客人愿意随时都可以享受节日的喜悦气氛。烟花表演主要安排在烧烤自助晚宴结束的时候，将活动气氛推向高潮，给客人留下深刻的印象。

皇朝国际会所/包括慢摇酒吧、桑拿按摩、KTV包厢。慢摇酒吧容纳80人（凭房卡可免费赠送鲜榨果汁一份），3个KTV大包厢每个可容纳40人，7个KTV小包厢每个容纳15人。

游艇/康乐号游艇是于2004年用近5万美元在美国定制，由世界著名游艇设计师plushly设计，Avalon造船厂制造。这条24英尺长的WindjammerSE24，有雅马哈的115hp动力，特色的最新半径造型设计，游览太阳河的同时亦能在游艇上举办小型party。

海南康乐园海航度假酒店

海南 ∨∨ 万宁　度假类型　高球胜地

度假小贴士

温泉鱼：温泉鱼有人叫它"土耳其青苔鼠"，也叫亲亲鱼，其主要分布于中东地区。温泉鱼是一种生活于温泉出水口附近，体长只有不到2厘米的小鱼，由于特殊的生活习性，温泉鱼不仅能在高达与人体体温相当的37℃水温的温泉水里畅游。还有奇特的理疗原理和功效，当人体进入温泉池中，鱼儿都围拢在人体周围，勤勤恳恳（亲亲啃啃）地工作，啄食人体老化皮质、细菌和毛孔排泄物，从而达到让人体毛孔畅通，排出体内垃圾和毒素的作用。

度假村精华

热带雨林＋海滨＝康乐园高尔夫球场

美丽的康乐园高尔夫球场以其旖旎的风光和怡人的热带风情，成为亚洲最原始的热带雨林和海滨高尔夫球场。球道穿越天然丘陵，茂密胶林和湖泊山溪，天然的地理结构与匠心独运的精巧构思浑然一体，起伏有势，使中国独一无二的双球道设计在这天堂般的自然乐园内得到完美体现。

天然乡村温泉水疗

优质热矿温泉，富含多种对人体有益元素，浸泡其中您不仅能享受无以伦比的天仙池浴乐趣，更将感受到受益终身的天然乡村水疗妙处。

最值得推荐的是这里的温泉鱼疗，引进可爱的亲亲鱼，可以帮助人体毛孔畅通，排出体内垃圾，同时还能更好地帮助人体吸收温泉水中的多种矿物质，加速人体新陈代谢，达到美容养颜、延年益寿的神奇功效。

当温泉鱼吸啄皮肤时，人不会感到丝毫的痛痒，而是一种极为惬意的感觉，是一件令人身心愉快和健康的天然皮肤保健护理服务。

度假村实用信息

地理位置

位于海南三亚温泉高尔夫旅游度假区内著名的兴隆温泉旅游城，距海口美兰机场车程1小时30分钟，距三亚凤凰机场仅1小时的车程。

交通信息指南

海南康乐园海航度假酒店距离机场180公里，距市中心5公里，交通便利，可打的前往。

地址：海南省万宁兴隆康乐园
电话：0898-62568888
网址：www.kangleresort.com

游走周边

周边旅游风向标

石梅湾海滩／距离酒店约10公里，一处天然的海滨浴场，海水、沙滩以及潜水项目可与亚龙湾媲美；当地渔民开设了海滩风味排档，各种海鲜产品约30种，全部当日捕捞，客人甚至可以在归航渔民的渔篓中选择最为新鲜的海产品，此处可以安排潜水、浮潜、摩托艇、香蕉船、烧烤、海鲜餐等活动。

石亚洲风情园／距离酒店1公里，汇集了东南亚主要国家的人文艺术表演，浪漫的歌舞、野性的斗鸡、惊险的上刀山等等，在城市当中的人们不能错过这次良机。

兴隆热带花园／距离酒店约7公里，占地5800亩，各种热带、亚热带植物花卉约3000种，原始森林环其左右、南旺水库坐落其间，乡景野色尽收眼底，该花园目前已经成

为我国政府确定的四个环境教育基地和物种基因库之一。

红艺人表演／兴隆地区夜总会的表演在海南岛地区颇具代表性，其中以来自泰国的红艺人表演最为著称，红艺人又称"人妖"，表演过程中的舞蹈、服装、以及专业的舞台风范博得游客的称赞。

兴隆农场／兴隆华侨农场是我国最大的华侨农场，今年已经建场50周年，农场内规模化种植了热带、亚热带经济作物，如香蕉、咖啡、椰子、芒果、红毛丹等。

度假风尚补给站

文灯放飞／康乐园有一处别致的文化风景——文灯放飞。文灯又称"孔明灯"，由上等宣纸以及竹子等辅料加工而成，点燃灯底部的火源，由于热胀冷缩的原理飞升空中。

相传是由三国时的诸葛孔明所发明。当年，诸葛孔明被司马懿围困在平阳，无法派兵出城求救。孔明算准风向，制成会飘浮的纸灯笼，系上求救的讯息，其后果然脱险，于是后世就称这种灯笼为孔明灯。另一种说法则是这种灯笼的外形像诸葛孔明戴的帽子，因而得名。后来，多为文人祈福的一种夜间活动。

在康乐园就可以亲自参与这种古雅的文人韵事。看文灯直飞云天，在夜空中形成壮丽的景观，来宾还可以亲手在文灯上面书写下美好的祝愿，随文灯一同放飞。

度假感言

总的感觉来说，康乐园的度假氛围营造得比较好，举个例子，天黑后在亲近自然的棕榈亭西餐厅找个露天的位子坐下，踏着松软的草坪，呼吸着清风，边用餐边欣赏地道的东南亚歌舞，想一下都叫人感到舒服；康乐园的文灯祈福燃放很有特色，多数客人都不会错过机会晚上到大草坪上感受一下……

山林中的华丽高尔夫盛宴

武夷山风景高尔夫俱乐部
Wuyishan Scenery Golf Club

　　武夷山，这片人间仙境，这块"秀甲东南"的名山，是中国四个世界自然与文化双遗产地之一。山不高有高山之气魄，水不深集水景之大成。碧水丹山，秀拔奇伟，遨游于美妙的武夷山中，如同漫步山水画廊，奇幻百出，美不胜收。

　　"千年儒释道，万古山水茶"，武夷山文化与武夷山的山水一样，引人入胜。夏商前，古越族人在此繁衍生息；汉代，它被朝廷册封为天下的名山大川，并成为历代名士和禅家的盘桓之地，名儒显宦、文人墨客接踵而至；南宋时期更是集一时之盛，一代理学巨儒朱熹在此结庐讲学，开创了一代理学之先河，撑起了中国古代文化的半壁江山。

　　武夷山风景高尔夫俱乐部正是位于集天然景观与人文史观的武夷山风景区内。入住于此，品一壶香茗，看一段往事，观一片山林秀色，挥一杆球，被宁静闲适萦绕，让清风明月包裹，人间生活之真味自然呈现。

　　适合人群　商务会谈、情侣度假、高尔夫爱好者　　适合居住长度 3天及以上

356

武夷山风景高尔夫俱乐部

福建 》 武夷山　度假类型　高球胜地

找一个理由住在这里

武夷山风景高尔夫俱乐部是武夷山市唯一的五星级度假酒店，典藏于层峦叠翠间，绽放在清凉的山风里，巧妙结合了武夷传统文化和现代建筑风格，将现代建筑元素融合于闽北建筑风格，自然圆融，毫不滞涩。建筑强调与山水的和谐交融，把住客的身心也带到与自然的对话中来。

在这碧水丹山中，精雕细琢风格迥异的别墅如珍珠般镶嵌。青山悠悠，碧水潺潺，鸟语声声，微风徐徐。返璞归真的传统建筑，精巧细致的户型设计，再配以独有的私立空间，无不流露着设计师的匠心独具。在此小住，感受山林野趣，出门挥杆在高尔夫球场上。纵情的乐趣便油然而生，放松的旅程从这里开始。

度假居所

五星级度假酒店会所的建筑元素融合闽北建筑风格，造就出会所宏伟壮观，气派却不张扬，奢华而又古朴的独有特性。俱乐部共设121间/套客房。豪华套间内置通透卫生间，270度观景超大型阳台尽显尊贵典雅的居家生活。

酒店建筑巧妙结合武夷传统文化和现代建筑风格，强调与山水自然的和谐交融，外部气势恢宏，内在精致典雅。酒店致力于提供豪华、舒适的住宿环境，精美的食品和殷勤的服务。每一位住客在此都能感受清凉的山风，看碧绿的山林，体验人间妙境，尽享山林之乐。

美食诱惑

会所一层西餐厅 —— 在温馨典雅的欧陆情调中，为食客提供口味纯正的西餐及茶点，佳肴纷呈。原装进口法国水晶餐具把客人带入中世纪，在餐厅里感受时空倒错，体验宫廷盛宴的朵颐之乐。

会所二层豪华中餐厅 —— 该餐厅聘请名厨，为客人提供正宗可口的粤菜、闽菜、极品燕鲍翅及各地风味美食。会所内10间豪华包间，每间容纳18人同桌进餐，时尚华贵的装修和精美菜肴相映生辉，是武夷山最高档的宴请场所。

休闲盘点

夜总会／500人的多功能演出大厅、KTV包间，让游客领略武夷山的绝妙魅力，在山中放歌，在山中纵舞，尽情欢笑，尽情放松。

亚洲第二的康体中心／大型SPA —— 3000平方米的大型SPA，引入东南亚风情，倡导健康新生活。喷泉式SPA池彻底营造最为返璞归真的享乐境界，在水之精灵中，让皮肤畅快地呼吸，排除体内的毒素。2－10人不等的包间可满足不同放松需求。

度假村精华

武夷山风景球场得天独厚的地理位置，区别于平原和海滨球场油画般的平面风格，纯粹利用自然天赋的丘陵地型打造山地高尔夫特色。这里终年气候宜人，让武夷山的一年四季都是球友的最佳打球时节。

武夷山风景高尔夫球场为国际标准18洞山地球场，是国内为数不多的、毗邻国家5A级风景区的山地球场之一。

18种意境，诠释高尔夫的惬意人生。

"春衿碧野"、"武夷乡韵"、"玉阶添香"、"木兰留香"、"清芬览下"、"热带风情"、"竹海栈道"、"平阳揽胜"、"红豆传意"、"幽谷知春"、"斜阳秀色"、"丹霞石景"、"层峦叠翠"、"秋语芳华"、"湖光山影"、"红峡飞瀑"、"琼枝傲冬"和

"富贵满堂"，18条球道，10个名称，用诗情画意来阐释别具一格的意境。

球场面向大王峰，眼望玉女峰，景观优美，视野宽阔，壮丽崔巍的武夷风光成为球道天然的远景屏障。其天然的丘陵地形，更令整个球场如鬼斧神工，顺山势走向，设纵深沙坑，缀人工湖泊，落差近35米的倾斜球道将球场挑战性、专业性和观赏性完美结合。

这里冬无严寒，夏无酷暑，气候清爽宜人。得益于武夷山优越的气候条件，球场一年四季都可开放。身处如此佳境，呼吸着清新的空气，享受着和煦的阳光，环顾美景，尽情惬意地放松与享受。在绿林山野，清风白云中挥舞球杆，在18条美好的球道上纵情，在纯天然的氧吧中呼吸，高尔夫的乐趣正在于此。

服务设施一览

会议大厅／一层多功能厅可召开500人的大型会议或宴会，举办中小型演出。三层的国际会议中心和5个会议室可接纳10人到180人的会议。高素质的宴会服务队伍，先进的配套设施为会议研讨顺利进行提供强有力的保证。容纳近500人的多功能厅可举行大型宴会，可伸缩大屏幕投影在顷刻间亦将之变成影院；国际会议中心标准规范，168人的标准航空座椅整齐排列，是举行会议、讲座的最佳地点。

会务商务服务／俱乐部提供周到多元商务中心及秘书服务，全天送餐服务，洗衣服务，外币兑换，票务，客房预订和旅游等代办服务，租车服务以及机场接送服务等。周全和而细心，使每一位住客在此都能感到方便、高效与快捷。

度假小贴士

武夷山风景高尔夫球场出自知名球场新锐设计师郝建彪先生之手，由国际著名球场设计师Ted Parslow担任球场监造总监。

球场占地2480亩，拥有98个沙坑和21个大小湖泊，球道全长7038码。梯台边的红色立岩，落差将近50米的立体球道，自然天成。球道的设计依借天然山谷的V型造型，少修饰。前九洞大落差、沙坑、球道、湖水和突出的红色岩石足以挑战每一位球手。后九洞被山林相夹，对球手的每一击来说更富有创造性。尤其值得称道的是球场的5号、14号和16号球道。

5号球道以风景美著称，发球台地势高，球道落差近50米，果岭周围分布三块沙坑，犹如"大珠小珠落玉盘"。球手在这可纵览武夷风光，尽享君临天下之畅快。

14号球道是一个左狗腿球道，且为双层果岭，山势环抱之中伴随面积开阔的沙坑，难度大又充满挑战，要技高一筹才能另辟蹊径。

10号球道是个右狗腿球道，并且是球场最长的四杆洞，果岭周围地势起伏不定、沙坑夹杂、湖面瀑布相伴，对距离的控制除了能考验球手的基本功，更能比拼球友彼此的谋略。

武夷山风景高尔夫俱乐部

福建 》 武夷山　度假类型 **高球胜地**

度假村实用信息

交通信息指南

　　武夷山风景高尔夫度假俱乐部地处武夷山风景区内。

离机场距离：8公里。现已开通武夷山至香港、深圳、北京、上海、厦门、福州等境内外18条航线。

离武夷山火车站距离：12公里。

离市中心距离：15公里。

离相邻商业中心距离：1公里。

地理位置

　　地处福建武夷山风景区，西靠崇阳溪，北临梅溪，东南面紧邻旅游休闲中心，在山光水色间开辟出最新旅游概念。

地址：福建省武夷山市国家旅游度假区
电话：0599－5239999
网址：www.wysgolf.com

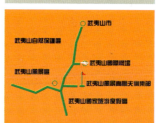

消费指南

武夷山风景高尔夫俱乐部

单人间、标准间	160美元/约合￥1280元
普通套房	2200元
豪华套房	3600元
团队价：单团订房5间以上才可享有团队价。	
单人间	690元
双人间	590元
会员、嘉宾价：	
单人间	690元
双人间	590元

（以上房价含中西早餐及客房部分免费饮料）

游走周边

周边旅游风向标

天游峰／位于六曲溪北，景区中心。东接仙游岩，西连仙掌峰，壁立万仞，高耸群峰之上。每当雨后乍晴，晨曦初露之时，白茫茫烟云，弥山漫谷，风吹云荡，起伏不定，犹如大海波涛，汹涌澎湃。登峰巅，望云海，变幻莫测，宛如置身于蓬莱仙境，遨游于天宫琼阁，故名天游。为武夷第一胜景。

九曲溪／自星村顺流而下，倒游九曲，每曲景观，言其大者：九曲溪光秀色；八曲，浅滩飞渡；七曲，澜回峰征；六曲，空谷传声；五曲，峰罗翠拥；四曲，溪山胜概；三曲，溪转峰回；二曲，坐峡观天；一曲，万丈丹青。

一线天／这里有武夷山最奇特的岩洞一线天，以洞天奇观而闻名遐迩。洞中有世上罕见的哺乳动物白蝙蝠，洞旁有竹中奇珍四方竹。一线天景区主要景点：一线天、风洞、蓝岩、楼阁岩、石门岩。

大王峰／武夷山第一峰，又是武夷山第一险峰。形如纱帽，俗称纱帽岩。它雄踞景区南大门，巍峨挺拔宛如天柱，宋朝以前又叫天柱峰。宋朝时，大王玉女的民间故事广泛流传，大杜峰又易名人工峰。

水帘洞／山水胜景别具一格，主要景点罗列章堂洞这一山水长廊中，山环水绕，山水相映成趣。

地方风俗节庆

拔烛桥／活动从正月十四晚上开始，由村中最有威望的长者率领"舞灯队"举行。"烛桥"由上下两层的木架组成，时而翻滚，时而左右摇晃，燃着的烛光在快节奏的动作中翻腾。执事者一声号令，烛桥分成两节，两队人马谁能把对方拔到自家的田里，谁就是赢者，来年也必定丰收。

蜡烛会／二月二十一日，人们会集城内，先是迎佛，紧跟各类迎牌，以戏文为内容扮装的三十六台"仙仔"，穿插在行列中间。到了晚上，数百架的"烛桥"、"烛轮"、"烛亭"沿街游行，烛光冲天，有如火龙，颇为壮观。沿街居民则燃放鞭炮，献烛礼拜、祝愿，盛况空前。

喊山与开山／每年于惊蛰日由知县主持祭祀活动，在规定的程序中，茶农齐声高喊"茶发芽，茶发芽"，以祈求神灵保佑武夷岩茶丰收，甘醇，是为"喊山"。

"开山"一般定于立夏前三日之内，茶农们赶早在制茶祖师杨太白塑像前静默行祭。早餐后由专人带至休茶地，分散采茶，待太阳升起，露水初收之后，带山人向采茶工们分烟卷，表示可相互对话，开山仪式才正式结束。

度假风尚补给站

喝茶俗／武夷山妇女喝茶习俗与其他地区的饮茶风格大不一样。它不是品茶，也不是饮茶，而是喝茶，既不用茶杯，又不用热水瓶，也不用紫砂茶具，只是用饭碗。用的茶叶也不很讲究，当地山茶即可。茶水用三角茶壶放在灶门炉前文火煨开。这里的喝茶习俗，男人概不介入，只有女性才有资格入席。这种农家妇女的喝茶习俗沿袭至今已有上千年的历史。

武夷岩茶／武夷岩茶是中国十大名茶之一。茶树生长在岩缝之中。武夷岩茶具有绿茶之清香，红茶之甘醇，是中国乌龙茶中之极品。武夷岩茶属半发酵茶，制作方法介于绿茶与红茶之间。其主要品种有"大红袍"、"白鸡冠"、"水仙"、"乌龙"、"肉桂"等。武夷岩茶品质独特，它未经窨花，茶汤却有浓郁的鲜花香，饮时甘馨可口回味无穷，而且曾有"百病之药"美誉。

度假感言

我和几位同事在休假时来到了这里，选择这里是因为我们都是高尔夫爱好者。以前打高尔夫的地方都是平面的场地，而这里是依山而设的丘陵型场地，无论是难度还是风景对我们都具有很大的吸引力。在繁忙的工作之后，到这里度假的几天里，不仅能打高尔夫，还能呼吸山林里最干净、清新的空气，最重要的是，在打球的过程中，增进了我与同事的感情，相信我们在工作中能更好地合作，共创职业生涯辉煌的未来。

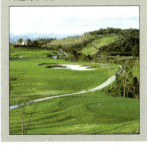

挥杆击球　挑战梦想人生

上海美兰湖高尔夫酒店

Lake Malaren Golf Resort

在上海，很难找到一个这样的地方。她宁静，远离城市的喧嚣，没有汽车的轰鸣，也没有令人烦躁的听觉污染；她自然，没有钢筋水泥的冷酷，没有空调电扇的凝滞，也没有人工斧凿的痕迹；她甚至带点奢华，举手投足间充满高贵的气息，优雅不凡。

这不是一个梦想，在罗店北欧新镇，美兰湖为宁静、自然与奢华添加最完美的注解。当你放松心情步入美兰湖的一刹那，一切烦扰都消失得无影无踪。这里就像是隐居世间的精神之所，踱步在3000多亩的USGA标准球场中，你面对的不仅是一颗高尔夫球，挥杆击打的是你的烦躁、不安和挫败，尽情享受运动的甜畅淋漓。南湖泊和北森林两个球场，就像是最好的两个朋友，一个抚慰身心，另一个鼓舞斗志。

美兰湖高尔夫酒店，诠释生活的乐趣，如果错过这个地方，人生不免会有些许遗憾。

上海美兰湖高尔夫酒店

上海　》　宝山　度假类型　高球胜地

适合人群　高尔夫球爱好者，热爱大自然的中高端人士　　　适合居住长度　1-5天

找一个理由住在这里

如果能在享誉全球的美籍设计大师Peter Thompson精心设计而成的球场打球，可谓人生一大快事。这座占地3390亩的球场，在设计上打破了华东地区一马平川的传统球场风格，传承苏格兰特色的地域布局，由南、北各18洞组成，是大上海地区唯一的36洞USGA标准球场。站在那里挥杆的一瞬，仿佛已变成久经沙场的职业选手。

这里是亚洲唯一经国际自然生态协会认证的会员球场。完善的球场设备，独创性的自设水处理工程、雷电侦测预警系统与"虹吸式排水系统"实现了零污染、零排放的安全自然循环。球场以自然生态保护为主轴，还原纯生态为宗旨，纯天然植被与沙坑、湖泊完美结合，为野生动物提供栖息场所，实现了真正的返璞归真。

度假居所

她是一座具有19世纪北欧风格的9层建筑物，拥有274间豪华客房及套房。置身于酒店任何客房都能将水岸绿荫、碧草如茵的美兰湖高尔夫球场尽收眼底。酒店所有客房及套房内的装潢均以古典风格为基调，融入优雅内敛及时尚文化的元素为主要设计走向，呈现出沉稳的风采。

美食诱惑

中餐厅

位于酒店二楼西侧。中国风格，由广粤名厨主理广式精美菜肴。还可在兰厅宴请贵宾，享受帝王般的宫廷食宴。

服务时间
午餐 11:00AM—14:00PM，
晚餐 17:00PM—21:00PM。

西餐厅

位于酒店大堂西侧。欧式风格的华贵厅堂，提供欧陆各式正餐、便餐和早餐。还可在西餐厅内高雅的罗芬厅举办小型西式宴请活动。

服务时间：07:00AM—01:00AM。

大堂酒吧

美兰湖高尔夫酒店大堂的大堂酒吧，全景长窗面对千顷绿茵。与高朋挚友在此啜饮小聚，定会乐而忘返。

服务时间：09:00AM—01:00AM。

休闲盘点

俱乐部会所／美兰湖高尔夫俱乐部除了拥有风格迥异的两座18洞球场外，更有豪华优雅，设施齐全的会所。俱乐部会所大胆采用维多利亚皇宫式建筑格调与中国传统家具设施的完美结合，在国内首屈一指。结束了一天的击球劳累，即可回到会所享受无微不至的至尊关怀。会所配置有先进的俱乐部管理系统，以实现会员资料的妥善整理和归档，真正实现了经营管理的全e化。同时还根据来宾的不同需求，提供一系列健全的配套娱乐休闲设施：VIP超豪华包间、咖啡厅、会员联谊厅、雪茄吧、桑拿洗浴……会所内的高尔夫用品专卖店，网罗了各种知名品牌的高尔夫球具和服饰，随时可以为您添置高尔夫新装备。

为给会员及嘉宾提供更全面周到的英式管家贴心服务，俱乐部推出各项举措：包括免费为所有来宾保养球鞋、免费为会员提供球包寄存服务、开通了球友Shuttle Bus（专属班车）等。俱乐部会所还建立GPS球车定位系统，通过整套系统，客人在球场击球时将更直观地从屏幕上得到球道完整资料，方便击球，同时还能进行远程服务调控，让客人还在球场里就能安排好击球结束后的各项活动。真正做到想来宾之所想，让所有人都有宾至如归的感觉。

上海美兰湖高尔夫酒店

上海 >> 宝山　度假类型　**高球胜地**

度假村精华

南湖泊与北森林／美兰湖拥有南湖泊和北森林两个专业18洞球场。目前，国内关于"生态"的讲法提出很多，美兰湖不但提出"纯生态球场"的概念，并投入大量人力物力将这个概念变为现实，真正落到实处。美兰湖高尔夫球场拥有沪上唯一国际锦标赛级会员专属制高尔夫球场。从球场规划的最初，俱乐部就与美国奥杜邦协会密切合作，着力打造一个真正意义上的再造纯生态球场环境，出于这样的理念，方成就一个今天被高球爱好者誉为"城市中难得一见的纯生态净土"的球场，更是把纯生态的理念运用到了极致。野鸭、野兔、刺猬等各种小动物纷至沓来，在南北两座球场搭建了安乐窝，与击球客人为友，成了美兰湖高尔夫俱乐部一道独特的风景线。

南湖泊传承了高尔夫文化发源地——苏格兰的大波浪、大起伏及大湖泊的地域特色。以精致为特色，借湖泊为自然屏障来构筑球道，并配以精细的花卉、山石、瀑布及小桥等景观，以展现四季分明的场景变化。起伏跌宕的人造丘陵，既还原了北欧球场的地域风格，又在球友开阔的击球视野中增添了更多的层次感，适度地增加了击球难度的同时，又保证了击球者的感观享受。

南湖泊的18洞征战完毕，再驾驶着观看球车去参观北森林会员专属球场。这里的参天大树至少有9万棵，

营造气势磅礴的丛林生态格调，葱茏绿色笼罩下的原始风貌令人赞叹。设计师Peter Thompson将一切奇思妙想都聚集在此，使这里的难度之高、挑战性之大实为国内罕见，处处挑战着球友的耐心与击球水准。如果对自己的击球水平有足够的自信，且喜欢冒险的话，北森林是个不错的选择哦。不过这里只对俱乐部的专属会员开放。

此外，大上海地区唯一的18洞灯光球场——南湖泊灯光球场已竣工，投入正式运营。在夏日静谧的夜晚，可放松心境、心无旁骛、苦练球技。无论云淡风轻的白天还是清凉宜人的夜晚，美兰湖都能提供高品质的击球环境。与夜星为伴，伴微风轻拂，各个球洞在均匀的灯光照射之下显得比日间更加静谧。灯光在水中投射出

宁静的倒影，视觉感觉妙不可言。夜战的感觉最为舒适，没有任何喧嚣干扰，足以为您在一天的忙碌之后提供一片广阔的空间回归自然。在一片余热散尽的气氛中挥杆是夏夜最惬意的事情之一，呼吸纯净空气，享受清爽高尔夫运动乐趣，沐灯畅打自在逍遥。

美兰湖高尔夫球场东生态园林工程、无锡、徐州及沈阳的生态球场及园林工程也在紧锣密鼓的筹划进行中。俱乐部业务的拓展，致力于提高俱乐部的服务品质，为会员与嘉宾朋友提供更多的福利与享受，让更多的人感受美兰湖的生态之风。

度假小贴士

高尔夫文化发源地——苏格兰

美兰湖球场设计打破了华东地区一马平川的传统球场风格，传承了苏格兰特色的地域布局。苏格兰是高尔夫发源地，该地山多，气候湿润、多雾，极适合牧草生长，因此有着连绵的牧场。相传高尔夫就是由牧人闲暇时玩的游戏发展而来。

苏格兰丰盛的绿色草原，此起彼伏的地形如大海的波浪，景色宜人。强劲的海风和大量的雨水把部分沙聚集在凹地形成天然沙坑。这一得天独厚的地貌为高尔夫运动的诞生提供了基础。繁茂的花草树木成为野兔等动物的乐园，因此猎人在这绿地上经常出没奔波，便形成一条条的路径即现在的球道。

服务设施一览

国际会议中心

美兰湖国际会议中心拥有4个200～600座会议厅，1个160座剧院，1个近千平方米的展览厅，22个风格迥异的会议室及2个多功能厅。所有会议场地皆配有世界最尖端的会务设备，有雄厚的实力举办各类国内及国际会议、宴会、展览活动。76间豪华客房，尽览美兰湖醉人的湖畔风情。

一个成功的会议中心其实是商务与休闲的完美结合体，美兰湖国际会议中心在休闲、餐饮方面也毫不逊色；70套客房尽享美兰湖风景；酒廊、西餐厅装饰华贵典雅，名厨主理，提供各种美味佳肴；室内游泳池、健身房、美容美发中心、棋牌室提供良好的休闲活动，使商务会议得以完美搭配。

休闲农庄

除了商务洽谈、高尔夫以及酒店休闲之外，美兰湖还提供了享受休闲度假、共享天伦的场所。位于酒店对面的休闲农庄欢迎各方喜爱田园生活的人们。湖畔垂钓、户外烧烤、农庄果园、绿色菜园、童趣天堂、儿童果岭园、可爱动物园、茶艺馆、才艺馆等丰富的休闲项目让您和全家的假日变得多姿多彩，美兰湖也从此名副其实地成为沪上难得的世外桃源。

消费指南

高尔夫消费参考：

来宾属性	南湖泊					北森林	
	平日				假日	周一～周二	周一～周日
	周一～周二	周三		周四～周五	周六·周日		
		女士	男士				
记名会员	￥320	￥320	￥320	￥320	￥320	￥290	￥290
法人会员	￥410	￥410	￥410	￥410	￥410	￥380	￥380
休闲会员	￥510	￥510	￥510	￥510	￥1080	￥780	￥980
会员嘉宾	￥560 赠简餐一份 团队不适用	￥510	￥650	￥650	￥1080	￥780	￥980
访客	￥560 赠简餐一份	￥810		￥810	￥1280	只供会员	

度假村实用信息

地理位置

美兰湖高尔夫酒店位于上海沪太路沿线，距离上海市中心的人民广场28公里，仅需30分钟车程。坐落于素有"中国著名小城镇"之美誉的罗店北欧新镇。

地址：上海市宝山区沪太路6655号（内美兰湖路9号）
电话：021－56590008
网址：www.lmgolfresort.com

交通信息指南

市内

人民广场： 南北高架——外环线A20（虹桥方向）——A20沪太路（浏河方向下）——美兰湖路右转

浦东： 远东大道——南北高架——外环线A20（虹桥方向）——A20沪太路（浏河方向下）——美兰湖路右转至球场

浦东机场／虹桥机场： 外环线A20——A20沪太路（浏河方向下）——美兰湖路右转至球场

郊区

嘉定： 宝嘉公路——右转弯至沪太路——美兰湖路右转至球场

松江： 沪杭高速公路——外环线A20沪太路（浏河方向下）——美兰湖路右转至球场

安亭： 宝安公路——沪太路

周边地区

昆山： 沪宁高速——A30沪太路（浏河方向下）——美兰湖路右转至球场

杭州： 沪杭高速公路——A30沪太路（浏河方向下）——美兰湖路右转至球场

南京、苏州： A30沪太路（浏河方向下）——美兰湖路右转至球场

游走周边

周边旅游风向标

周边景点

东方假日田园/位于上海市郊区环线北侧，沪太路以西，罗店镇西南部的张墅村内。以迷你宝贝宠物、奇异花海、奇异瓜果、百年果树、亿年奇石、农家乐饭店、番瓜超市为特色，结合垂钓、农艺体验、游乐、水上活动等场所，附以学农基地、百亩丘陵式葡萄园、水蜜桃园、樱桃园、橙园、凤水梨园等景观，是融生产、观光、休闲、生活、科普教育为一体的农业旅游基地。

横沙岛/位于宝山区东北部长江口，西邻长兴岛，北邻崇明岛，西南邻浦东新区，是长江泥沙冲积而成。因横亘长江口，故名。岛上田园景色美丽，拟建为国家旅游度假区，有5个活动区：自然风光区，有海滨公园和国际花卉中心；海上射击区；健身区，有高尔夫乡村俱乐部、棒球场、网球场、跳伞等综合性体育场；度假疗养区，有度假村、旅游宾馆、国际会议中心；有奖娱乐区，建设有奖娱乐游戏城、夜总会、水上竞技场等。

陶行知纪念馆/陶行知纪念馆位于沪太路、场南路口。1986年，为了纪念人民教育家陶行知所建，占地约3820平方米，建筑面积1910平方米。门厅内有毛泽东、朱德、宋庆龄、冯玉祥等人的题词，馆内环境幽雅，有池塘、小桥、山石、曲

径，掩映中可看到汉白玉陶行知头像及手持书卷的坐像。

度假风尚补给站

罗店北欧新镇

美兰湖高尔夫酒店坐落的宝山区罗店北欧新镇，是上海市政府规划的"一城九镇"之一。特邀瑞典SWECO集团参与罗店新镇的规划编制，新镇内建有高标准的学校、医院等公共服务设施，是个极具北欧特色的居住区。居住区分为现代城、花园城和生态城，以二到五层公寓、联排或独立别墅为主。

3.4平方公里的生态林区，种植有大量树木，铺设高档草坪，建设成为一个集森林、湖泊、山坡等特色风貌的上海最大的符合国际PGA比赛标准的36洞高尔夫球场和高标准

会所，同时也营造出一个傍水依林、高品质的现代绿色生态休闲区。

位于新镇核心风貌区的美兰湖，占地近280亩，波光浩渺，水天一色。为创造美兰湖亲近自然的幽雅人居环境，湖岸密植垂柳、香樟、银杏、芙蓉等成年花木，水中放养野生水禽，杨柳婀娜、天鹅戏水，人行步径怡情养生。

度假感言

酒店的硬件设施相当完备，酒店的客房和美兰湖连为一体，从任何一间客房都能看到高尔夫球场，让人觉得心情舒畅。会议服务也不错，应该算上海地区比较好的了，是商务休闲和会务的好地方。离市区也不远，罗店北欧新镇也是非常有特色的地方。

南湖泊确实是极少见的水障碍全在右边的球场，经常SLICE的新手会很痛苦。北森林则让所有球路不直的选手感到头痛，球道窄、变化多。会所正规大气，辅之以配套酒店，确实适合举办各类赛事活动。

青山碧水中的高尔夫场地

黄山松柏高尔夫乡村俱乐部

Huangshan Pine & Country Club

　　初至黄山松柏高尔夫俱乐部就一个"幽"字，从天空中俯瞰俱乐部只是在广袤的黄山绿林中的一小点，周围没有繁华的后街，没有沸腾的小吃和行色匆匆的人群，延伸开去的只有无尽的大自然。山地、森林、茶林、湿地、水库，挥杆之间白云相伴，松雀共舞，这天人合一的设计理念，体现了人与自然的和谐。

　　深入黄山松柏高尔夫俱乐部就一个"丽"字，暖红色调的风吹雪韩国料理餐厅，悬挂着各色晶莹剔透的韩国宫灯，一眼望去惊艳绝伦。酒店走廊的屋顶，也是装饰成晴丽的蓝天漂浮着大朵的白云，或者五色琉璃中盛开朵朵莲花，点滴中都渗透着设计者的敏锐美感和独特匠心，让人游走其中，有着无尽的遐想与透心的舒畅。

适合人群　高尔夫球友、商务人士、度假休闲等中高层次消费人群　　适合居住长度　1周到半个月

366
黄山松柏高尔夫乡村俱乐部

安徽 >> 黄山　度假类型　高球胜地

找一个理由住在这里

黄山松柏高尔夫乡村俱乐部是迄今为止国内唯一同时拥有原生态森林山地球场和五星级度假酒店的高尔夫俱乐部，周围紧邻黄山风景区、九华山风景区、宏村、西递村、千岛湖等旅游景区，东邻杭州，独占绝佳地理位置。

黄山高尔夫球场出自于国际著名设计大师之手，充分利用地势的跌宕起伏，保留26000余棵苍松巨木，以及独具匠心地利用近百亩原生茶园为其灌木障碍区，使整个球场环山抱水，寂静深幽，让挥杆练球既成为一种运动，又成为一种享受，是专业高尔夫球手及高尔夫爱好者不可不到的好场地。

休闲盘点

休闲设施

俱乐部休闲设施丰富齐全，现开放有：30打位全真道习场，室外游泳池，美容、美发厅，桑拿、按摩房，棋牌室，台球室，专卖店，室内与室外推杆果岭，夜总会，KTV包厢，休闲室，健身中心等。

度假居所

客房类型

现有客房近550间，一期酒店拥有客房117间套，其中包括行政套房10间，商务套房17间，大使套房1间，高级双人房89间。二期酒店拥有客房180间套，与主楼一层相连，其中包括商务单间20余间，复式套房10间，中式、西式总统套房各1间，及140余间豪华双人房。三期酒店拥有客房251间套，与主楼一层相连，其中包括行政双人房150余间，行政大床房76间，行政豪华套房20余套。

设计理念

景观规划、园林设计、建筑装饰出自国际著名建筑园林设计公司之手，酒店独特的风格设计，使每个房间均可观赏到高尔夫球场的远山近景，足不出户就可感受到高尔夫的独特魅力，让客人在享受五星级酒店贵宾礼遇的同时，领略大自然无穷的美景。

美食诱惑

一二期酒店餐饮设施分别为：香雅轩中餐厅、巴黎西餐厅、风吹雪韩国料理、品闲居、咖啡阁、紫云厅、宴会厅及7处豪华包厢。中餐厅囊括了粤菜、徽菜、川菜等各派料理。另外提供客房送餐服务和酒店24小时速食服务。

特色徽菜

黄山是我国八大菜系之一徽菜的发源地，徽菜以山珍为主要原料，以重油，重色，重火工而享有盛誉。著名的风味菜有：铁板毛豆腐，臭鳜鱼，清蒸石鸡，冬笋炖火腿，石耳炖石鸡，绩溪炒米粉，胡氏一品锅等。

当地风味小吃

主要有屯溪小烧饼，徽味小馄饨，油炸臭豆腐等。

室内果岭

室内推杆果岭是黄山高尔夫酒店的一大特色，独特的天井式结构，翠绿的仿真果岭草皮，郁郁葱葱的各式仿真树木，晶莹剔透的玻璃穹顶，让宾客在室内就能享受到大自然的氛围。

酒店荣誉

黄山高尔夫酒店在"2006中国酒店星光奖"评选活动中，获"中国最佳高尔夫度假酒店"荣誉称号。

度假村精华

彩虹谷球场

　　以黄山四大峡谷命名的四大球场之一，其设计风格为山地森林球场，满目苍翠的松树林与蓝天交汇，放眼望去，大自然的梦幻奇景尽收眼底。彩虹谷球场中有由60000余棵40年以上松树所形成的森林环境，堪称国内球场一绝。

　　此外，球道中还留植有景观树445棵，另有山茶园约90亩，球场林木之多，球道之美，在中国实属一流水平。

　　彩虹谷的18洞国际标准的球道共建有18个果岭，78个发球台，46个砂池，14个人造湖，标准杆72杆，球道总长度7032码，球道宽窄搭配得当，波澜起伏，沙坑有明有暗，为运动添加了不少难度和乐趣。

度假小贴士

　　黄山松柏高尔夫乡村俱乐部的旺季为3月16日–11月30日，淡季为12月1日–次年3月15日。

　　2007年底，翡翠谷球场(18洞，峡谷型)投入使用；

　　2008年底，芙蓉谷球场(18洞，湖泊型)投入使用。

地理位置

位于黄山市中心屯溪区的西郊约5公里处，距离黄山机场5分钟车程

交通信息指南

飞机 距黄山机场1公里

公路 距徽杭高速公路屯溪出口3公里

铁路 距火车站6公里

地址： 安徽省黄山市
屯溪区机场大道龙井78号

电话： 0559－2567878

传真： 0559－2568343

网址： www.chinahsgolf.com

安徽 》 黄山 度假类型 高球胜地

度假村实用信息

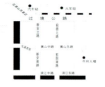

消费指南

黄山松柏高尔夫乡村俱乐部

客房房型	房价(人民币)	位置	客房房型	房价(人民币)	位置
高级双人房	880元＋15%	一号楼	商务大床房	1080元＋15%	二号楼
行政豪华套房	3680元＋15%	三号楼	别墅B户型	26800元＋15%	一期别墅区
豪华双人房	980元＋15%	二号楼	行政大床房	2080元＋15%	三号楼
复式套房	2680元＋15%	二号楼	别墅C户型	28800元＋15%	一期别墅区
行政双人房	1980元＋15%	三号楼	商务套房	1380元＋15%	一号楼
大使套房	11800元＋15%	一号楼	别墅D户型	48800元＋15%	一期别墅区
豪华大床房	980元＋15%	二号楼	行政套房	2180元＋15%	一号楼
总统套房	16800元＋15%	二号楼			

游走周边

周边旅游风向标

屯溪老街

位于黄山市府所在地屯溪区中心，老街起于宋代，店铺密集紧凑，店面、作坊、住宅三位一体。建筑高仅两三层，多为木穿榫式结构，石础、砖砌、马头墙、小青瓦、徽派木雕、金字招牌、朱阁重檐。

程氏三宅

被誉为"明代民居之瑰宝"，位于屯溪柏树路东里巷7号。7号楼的明代房主是唐伯虎的主考官礼部右侍郎程敏政的族家。门罩上有国家级重点保护文物砖雕"双凤戏牡丹"。8号楼有108块图景构成的大型木刻组画，展现了徽州木刻的精华。

程大位故居

故居位于屯溪区内，建于明正德年间（1506—1521），为典型的徽州民居建筑。楼上大厅内陈列有古今中外各式算具200多件，质地有金、银、象牙、玉、石、瓷、木等多种，式样有龟纹、八卦十余样；还有程大位著作、程氏宗谱及各种珠算资料、图片。

地方风俗节庆

抬阁

又称"抬角"，共分上、中、下三层，将儿童装扮成一出出故事造型，安置在三层抬阁上，底盘由四至八名彪形大汉抬着。抬阁的四周用纸扎成龙、凤、鹤、祥云、水花等彩灯，配上鼓乐开路、锣钹断后，热闹非凡。

跳钟馗

一种民间舞蹈。每年端午节，这些地区都要"嬉钟馗"，以求驱邪降福，保佑村民平安。

仗鼓舞

由数十人表演，击鼓者打扮成武士，右手紧握短而粗的鼓槌，左手持健铃，随着行进步伐击鼓面或敲鼓边。另有十数人手持檀木夹板，边行进边击拍。

度假风尚补给站

黄山松柏高尔夫彩虹谷球场的设计者均为世界著名高尔夫球场设计大师。由美国罗纳德先生（Ronald Fream）为总设计师，马来西亚陈川源先生（C. J. Tan）为前九洞执行设计师，美国汤姆先生（Tom Ross）为后九洞执行设计师。

度假感言

2005年到过黄山，在那里打过2天高尔夫，那是冬天去的，虽然湖里有点干，但是还能感觉到秀丽和大气。果岭非常好，因为当地气候很好，球场草地黄绿搭配非常合适。离机场也是很近，如果加上黄山旅游是非常不错的选择，值得一去。

南京索菲特钟山高尔夫酒店

江苏 ≫ 南京　度假类型　**高球胜地**

享受崇山峻岭间的高尔夫人生

南京索菲特钟山高尔夫酒店

Sofitel Zhongshan Golf Resort Nanjing

　　火车越过长江的一瞬，南京 —— 被定格在水天相接处。井井有条的城市布局衬托着这座六朝古都的尊严；城外连绵起伏的山峦如同苍龙横亘在长江两岸，每一寸土地都在宣读她所看尽的历史沧桑，每一处建筑都在向人昭示她的高贵和秀丽。

　　而紫金山就是这座城市最好的注脚，站在山上，可以将南京城尽收眼底，长江就在这里奔腾而过，留给历史无尽的感慨。隐匿在山中的南京索菲特钟山高尔夫酒店，营造了既能隐居山间，又能俯瞰全城的舒适空间。

　　在钟山高尔夫球场，当你挥杆击球后，便能看见高尔夫在蓝色天幕下划过长长的轨迹，消失在远处的一片翠绿当中。这里的高尔夫生活能带给你几分王者之气，在一段休假结束后，不知不觉中添了几分大气与从容。

适合人群　高尔夫爱好者　家庭休闲　商务会谈　　适合居住长度　3天－5天

找一个理由住在这里

　　南京索菲特钟山高尔夫酒店,坐落在风景秀丽的钟山风景区内,是南京第一家按照超五星级标准建造的高尔夫酒店,拥有国际一流水准的完善设施,是现代顶级高尔夫酒店的典范,是高尔夫运动爱好者、家庭休闲、商务旅行者和公司奖励及会议的首选酒店。

度假居所

　　套房设置: 酒店拥有高级间、豪华间、行政间、行政套间、首长套房和总统套房共140间套,每间面积均超过57平方米。

　　客房配置: 每间客房都拥有独立阳台,视野开阔,可以享受高尔夫景观,花园景观及紫金山景观;索菲特My Bed概念卧具;热带雨林花洒;宽带接入插口;直拨电话/国际直拨长途;大屏幕等离子电视机;可容纳手提电脑的电子保险箱;丰富的卫星电视频道;24小时管家式服务。

美食诱惑

　　紫金阁中餐厅 —— 主打粤菜及本地淮扬特色菜肴,风格兼并融合两大菜系之特点。中餐主厨在鱼翅,燕窝和鲍鱼的料理上,堪称南京传奇典范。

　　兰亭餐厅 —— 主打亚洲风味和西式的零点菜肴以及高档豪华自助餐。开放式厨房展示传统的意式批萨,手拉面,自制意大利面食,寿司及生鱼片吧台。日式铁板烧,中式烧烤以及西式烤排。

　　地中海餐厅/主打在中东国家被认为最精致的菜系 —— 黎巴嫩菜。黎巴嫩菜着重香料的使用,以蔬菜及谷物为主,菜肴健康清淡。黎巴嫩菜的伟大之处在于口味繁复,香而不辣,低脂健康。

休闲盘点

　　激情火焰酒吧/现场乐队的表演让人在享用鸡尾酒和雪茄的同时,尽情放松人的身心,感受别样的高雅氛围。

　　香榭丽舍俱乐部/泰式保健按摩、中式保健按摩、芳香足浴等。

　　健身中心/网球、乒乓球、司诺克、美式撞球、棋牌室;室内游泳池及儿童嬉水池。

南京索菲特钟山高尔夫酒店

江苏 〉〉 南京　度假类型　高球胜地

度假村精华

钟山国际高尔夫球场

从酒店的名字就可以得知，高尔夫球场是度假的精华所在，这一点不言而喻。环绕酒店的27洞高尔夫球场非同一般，它是由享誉全球的国际顶级高尔夫球场设计师Gary Player先生设计的。

作为钟山国际高尔夫球场的签名设计师，Gary Player结合钟山的历史和人文特点，利用多层次的地貌和自然美景，将高尔夫各种球技战术巧妙地融合，创造出独一无二的龙脉高尔夫。27洞高尔夫球道，顺应地形和水文，洞洞有型，各具特色。战略与景观、击球趣味性与价值感，在这里得到完美的统一。

度假之余，邀请三五个挚友，一起踱步挥杆，谈天说地，彻底放松商场上紧张的神经，借此结识更多的商业伙伴，也是人生一大快事。

度假小贴士

Gary Player是国际高尔夫界的传奇人物，曾夺得163座冠军奖杯，其中包括9个四大赛冠军。他是第一个夺得美国名人赛冠军的非美国球员，只花了7年时间就实现了职业四大赛大满贯。Gary Player及其设计公司曾为全球200多个高尔夫球场进行设计，这些球场涵括了所有可以想象到的场地状况和条件。

南京索菲特钟山高尔夫酒店

江苏 ∨∨ 南京　度假类型 **高球胜地**

度假村实用信息

服务设施一览

会议设施／南京索菲特钟山高尔夫酒店拥有完善先进的各种会议设施，大宴会厅可容纳300人同时用餐，也可举办400人的鸡尾酒会，另有3个会议厅和2个多功能厅，可供不同类型的活动使用。酒店宴会厅和所有会议室以及公共区域都支持无线上网，随时满足商务信息的需求。

地理位置

无与伦比的自然环境环绕着的南京索菲特钟山高尔夫酒店，距离市中心山西路仅12公里，距离南京禄口国际机场仅40分钟路程。距离火车站仅7公里之遥，交通极为便利，

地址：江苏省南京市玄武区环陵路
电话：025-85408888
网址：zs-golf-nanjing.hotel.sinotour.cn

消费指南

南京索菲特钟山高尔夫酒店客房价格

高级房　价格：786元/间(实际价格以店堂为准)，含一份中西式自助早餐

休闲娱乐场所消费标准

中西式自助晚餐　148元/人 (含雪碧、可乐、芬达)

18洞高尔夫
住店客人可享受下场打球8折的优惠；周一至周五：折后价为840元/人　周六、周日：折后价为1160元/人。以上价格含果岭费和球童费，需提前一天预订。

高尔夫练习场
55元/人 (含租杆费及1筐50个球)
人数达到20人以上，60元/人 (平日无限畅打；周六、周日2小时内打300个球)

游泳及健身　位于酒店首层，100元/人，住店客人免费使用健身房及室内游泳馆。
网球场　位于酒店首层，室外网球场，
40元/小时，住店客人可免费使用租球拍；20元/副，含3个球

棋牌室　位于酒店首层，二种规格的包间，分别为40/50/80元/小时。
斯诺克　位于酒店首层，40元/小时
撞球　位于酒店首层，30元/小时
乒乓球　位于酒店首层，30元/小时，住店客人可免费使用

交通信息指南

从南京禄口国际机场到酒店的路线

从机场高速往南京市区方向前进，上绕城公路，往长江二桥和沪宁高速方向，见"中山陵、中山门、马群B"出口的指示牌，进入"马群B"出口后上沪宁高速。

大约前行500米，进入"栖霞、马群、仙林大道"出口，待见到"仙林大学城"指示牌，然后左转直行。前行大约300米，遇到丁字型路口 (此处有红绿灯)，并有"钟山国际高尔夫"和"环陵路"的路牌，此时左转直行。

前行200米，再次遇到丁字型路口，右转，往"玄武大道"方向开，此时已行驶在环陵路上，距离酒店只有大约3分钟的路程。

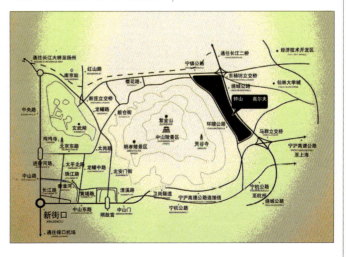

374

南
京
索
菲
特
钟
山
高
尔
夫
酒
店

江苏 》 南京　度假类型　高球胜地

游走周边

周边旅游风向标

钟山/钟山又名紫金山，主峰海拔448米，周围约30公里是全国重点风景名胜区。其山势险峻、蜿蜒如龙，早在三国与汉朝，即负盛名。钟山周围名胜古迹甚多：其山南有紫霞洞，一人泉；山前正中有中山陵；西有梅花山，明孝陵，廖仲恺和何香凝墓；东有灵谷公园、邓演达墓；山北有明代徐达、常遇春、李文忠等陵墓。

明孝陵/明孝陵是明代开国皇帝和皇后马氏的合葬陵墓，坐落于南京市东郊紫金山南麓独龙阜玩珠峰下。是南京最大的帝王陵墓，也是中国古代最大的帝王陵寝之一。2003年入选世界文化遗产。

中山陵/紫金山上的中山陵是我国近代伟大的革命先行者孙中山先生的陵墓。它位于紫金山第二峰小茅山南麓，陵中主要建筑依山势而建，周围苍松布满山波。陵墓面积8万平方米，共392级石阶。

地方风俗节庆

南京四季风情

春·南京国际梅花节/梅花，是南京市花。探梅、赏梅是南京的民俗，自六朝至今不衰。而今，南京

的珍珠泉　、傅家边、古林公园等处均有梅观，尤以梅花山为最佳。每年的2月底至3月中旬，南京都要举办国际梅花节。

夏·江心洲葡萄节/江心洲，南京城西南部长江中的一个岛，每逢7月至8月，岛内千亩葡萄园硕果累累，游人可尽情体验采摘葡萄的野趣。

秋·南京雨花石艺术节/雨花石，南京标志物之一。金秋九月，都要在雨花台风景区举办"天降雨花"表演、雨花石精品展、研讨会、采石游等系列活动。

冬·迎新年听钟声活动/迎新年听钟声活动通常在栖霞寺钟楼举行。

度假风尚补给站

六朝古都/南京是一座历史文化名城，与北京、西安、洛阳同称为中国历史上的四大文化古都。东郊汤山猿人头骨的出土，表明35万年前南京就是古人类聚居之地。公元前472年越王勾践灭吴后建城，开创了南京的城垣史，迄今已有2471年。公元3世纪以来，先后有东吴、东晋和南朝的宋：齐、梁、陈（史称六朝）、以及南唐、明、太平天国、中华民国共10个朝代和政权在南京建都立国。

钟山风景区/钟山风景区是南京著名的风景游览胜地，是国务院公布的44个风景名胜区之一，位于南京东北郊。全区包括50多个可供观光游览的景点，其中有紫金山、玄武湖、明代城垣等，山、水、城、楼、林浑然一体，景色优美，气势磅礴，是中外游客来南京必游之地。

度假感言

我们住的是786元的高级房。我实在太喜欢那个透明的玻璃房浴室啦！一边泡泡浴，一边看平板电视，真的好舒服。早上拉开落地门，坐在宽敞阳台上的小桌旁，啜着咖啡，呼吸着天然氧吧里的新鲜空气，满眼是绿，还有喷泉水景，远离了尘世的喧器，全身心都放松了。自助式早餐相当丰盛，味道也很不错，服务周到，没有要求我们家的小朋友再付半价费用，小朋友身高1米18。开房时赠送的高尔夫练习券每个房间50个球，让我看到老公的潇洒一击。

索引

省份	酒店	地址	电话	页码
河北	秦皇岛海景假日酒店	秦皇岛市海港区东港路 25 号	0335-3430888	56
湖南	长沙同升湖通程山庄酒店	长沙市雨花区同升湖	0731-5168888	178
	最佳西方武陵源国际度假酒店	张家界市武陵源高云画卷路	0744-5668888	259
江苏	南京湖滨金陵饭店	南京市江宁区金陵饭店路 1 号	025-52107666	193
	南京索菲特钟山高尔夫酒店	南京市玄武区环陵路	025-85408888	370
	南京汤山颐尚温泉度假村	南京市江宁区汤山镇温泉路 8 号	025-51190666	122
	南京紫金山庄	南京市玄武区环陵路 18 号	025-84858888	234
	苏州宝岛花园酒店	苏州市太湖国家旅游度假区长沙岛	0512-66515777	203
	苏州东山宾馆	苏州市吴中区东山镇	0512-66281888	208
	苏州金鸡湖大酒店	苏州工业园区国宾路 168 号	0512-62887878	198
	同里湖度假村	吴江市同里镇东郊	0512-63330888	213
	无锡太湖饭店	无锡市滨湖区梅园渔港路	0510-85517888	218
	徐州开元名都酒店	徐州市湖西路 1 号	0516-87888888	223
山东	泰安东尊华美达大酒店	泰安市迎胜东路 16 号	0538-8368888	162
山西	平遥云锦成民俗度假村	平遥县西大街 56 号	0354-5888888	269
陕西	西安大唐芙蓉园芳林苑	西安市曲江新区芙蓉路 1 号	029-85513888	339
上海	上海美兰湖高尔夫酒店	宝山区沪太路 6655 号	021-56590008	360
	上海世茂佘山艾美酒店	松江区佘山林荫新路 1288 号	021-57799999	229
四川	峨眉红珠山宾馆	峨眉山报国寺旁	0833-5525888	152
	九寨天堂国际会议度假中心	九寨沟甘海子	0837-7789999	77
	宜宾竹海世外桃源度假酒店	宜宾市长宁县竹海镇	0831-4999999	321
西藏	拉萨雅鲁藏布大酒店	拉萨市贡布塘路阳城广场 B 座	0891-6309999	86
	拉萨雅汀舍丽花园酒店	拉萨市金珠西路 58 号	0891-6936666	82
云南	丽江大港旺宝国际饭店	丽江市香格里大道	0888-3116688	62
	丽江悦榕庄	丽江市古城区束河悦榕路	0888-5331111	67
	仁安悦榕庄	迪庆藏族自治洲香格里拉县建塘镇红坡村	0887-8288822	72
浙江	杭州富春山居度假村	杭州市杭富沿江公路富阳段富春山居	0571-63461111	300
	杭州陆羽山庄度假酒店	杭州市余杭区径山镇双溪漂流景区内	0571-88502888	326
	杭州千岛湖开元度假村	杭州市淳安县千岛湖镇麒麟半岛	0571-65018888	183
	杭州索菲特世外桃源度假酒店	杭州市萧山区闻堰镇风情大道 3318 号	0571-83880888	331
	湖州哥伦波太湖城堡	湖州市南太湖旅游度假区	0572-2159007	336
	雷迪森国际会所莫干山别墅	德清市莫干山风景区	0572-8033601	157
	浙江南湖国际俱乐部（大酒店）	嘉兴市南湖区鸳湖路	0573-82555555	188
	乌镇西栅度假村	桐乡市乌镇石佛南路 18 号	0573-88731991	264